FREZYA

POSTiGA

POSTİGA YAYINLARI: 207
Roman

Kitabın adı: **Frezya**
Yazar: **Lemariz Müjde Albayrak**
Genel Yayın Yönetmeni: **Gökay Türkyılmaz**
Editör: **Burçin Çelik**
Son Okuma: **Münevver Latifoğlu**
Sayfa Tasarımı: **Ceyda Çakıcı Baş**
Kapak Tasarım: **Murat Gündoğan**

ISBN: 978-605-9724-13-5
Birinci Baskı: **Kasım 2015**

Sertifika No: 32393

Baskı ve Cilt
Kayhan Matbaacılık san. Tic. Ltd şti
Merkezefendi mah. Fazılpaşa cad. no 8/2
Zeytinburnu/ İstanbul
Tel: 212 576 01 36

POSTİGA YAYINLARI
Postiga Basın Yayın Tanıtım Hiz. Tic. Ltd. Şti.
Davutpaşa Cad. TİM 2 İş Mrk. No 8/505-506
Topkapı-Zeytinburnu İSTANBUL
Tel: 212 501 58 27
www.postigayayinlari.com
postigayayinevi@gmail.com

© **Lemariz Müjde Albayrak**/ Postiga Yayınları (2015)
Yayınevinden yazılı izin alınmaksızın
hiçbir yolla çoğaltılamaz.

FREZYA

LEMARİZ MÜJDE ALBAYRAK

POSTİGA

Anneme...

Başlarken...

Yaşam denen yolda, omuz omuza birlikte yürüyorduk; ama ayaklarımız, çelme takıyordu birbirine. Mükemmeli isterken, kusursuzluğa tahammülümüz yoktu; çünkü yaşamı mükemmel kılan kusurlarımızdı. Öyleyse hatalara neden tahammülsüzdük? Kendimize hata yapabilme lüksünü neden tanımıyorduk? Kendi hatalarımızı bile, neden hoş göremiyorduk? Dahası, başka birinin acılarının penceresinden bakamayacak kadar, kibirli miydik?

Ne kadar silersek silelim, gözlükçüden çıktığı ilk günkü gibi olamayan gözlük camları gibiydik hayatta. Çiziliyor, yıpranıyor ve hatta lekeleniyorduk... Oysa birimiz bir gözde, ötekimiz diğer gözdeydi... Farklıydık, ama aynıydık...

1. Bölüm

Hayatımda gördüğüm en iri kıyım adam, cehennem zebanisi gibi kapımın önünde dikilmiş; gözlerini benden kaçırıp, o iri cüsseye hiç yakışmayacak kadar ince ses tonuyla, kibar olmaya çalışarak konuşuyordu.

"Abla, Timur Abim *'Hemen getirin lan onu buraya!'* dedi. Elim mahkûm abla… Biliyosun huyunu! Şimdi gece gece iş çıkarma be ablam. Omzuma da atsam seni, yine de götürcem Timur Abi'ye. Bak valla ben de aranızda kalıyorum."

"Ben gitmem lan o mafya bozuntusu ayı herifin ayağına! Çok meraklıysa kendi gelsin! Beni bir işaretiyle ayağına koşacak orospulardan sandı galiba! Söyle o abine, benden iş çıkmaz!"

"Abla yapma etme! Bak gel, olmadı dönersin. Yakcan be abla ikimizi de."

"Ya git, gelmicem diyorum oğlum, anlamıyon mu! Bezdirdiniz lan hayattan! Kesicem ulan bileklerimi!"

"Aman diyim abla! Timur Abi öyle bir şey yaparsan önce seni diriltir, sonra kendi öldürür. Abiden izin almadan ölemeyiz be ablam."

"Ya, git Hayrullah gece gece! Sahnem var şimdi lan oğlum. Siktir! Git, bozma asabımı. Ben gel-mi-yo-rum! Anladın mı? Gelmiyorum! Haydi, git söyle şimdi o abine, ne bok yiyorsa yesin! Gitsin o koynuna aldığı şıllıklarla fingirdesin!"

Avazım çıktığı kadar bağırırken, sesim birden onun tok sesi ile kesildi.

"İlle mekân mı bastırtacan lan? Karı! Sen beni deli mi edicen lan? Gel buraya diyorsam, bana *hayır* diyecek götü boklu, daha doğmadı lan! Bak sen! Biz gelecekmişiz sanat güneşinin ayağına!"

Gelmişti! Koskoca Timur Demirsoy; kalkmış, toy bir pavyon şarkıcısının ayağına kadar gelmişti. On beş yaşımdan beri verdiğim mücadelede, ilk defa ne halt yiyeceğimi bilmiyordum. Sonum; oradan oraya savrulup, sonunda ölümü bir piçin elinden tadan ya da tuvaletin birini temizlerken ölü bulunan, açlıktan nefesi kokmuş konsomatrisler gibi olacaktı. Şimdi gelmiş, bu mafyatik herif karşıma dikilmiş; bana, Cansu Parlayan'a, nam-ı diğer Hacer'e, *gel buraya* diyordu! Ne için? Bir gecelik zevki için mi, yoksa o bakmaya doyamayacağınız kuzguni siyah gözlerinde savrulup boğularak ölmek için mi?

Tek bildiğim varsa, bu hayat bana hiç adil davranmamıştı.

Hayat bana adil olsaydı; daha bebeyken bıraktıkları, o çöp kutusunda yırtılana kadar ağlarken, beni kimse fark etmezdi, hiçliğe kapılır giderdim. Hayat bana adil olsaydı; bir helal süt emmiş gelir, beni evlatlık alırdı. Hayat bana adil olsaydı; on beş yaşındayken, Piço Mehmet denen it, yurt bekçimiz olmazdı. Hayat bana adil olsaydı; bir gün meşhur olup nefesimizin koktuğu, geceleri açlıktan gözümüze uykunun girmediği, o bataktan kurtulup da kazandığım paralarla bütün kızları kurtarma hayalleri kurarken, Piço beni satmazdı. On beş yaşında! Daha, anne olması gereken bir kadının saçlarımı okşayıp örerek beni okula yollaması gereken bir yaştayken; ter kokan, dişsiz bir herifin gözümün yaşına bile aldırmadan, tenimi kirletmesine mani olabilirdim. Hayat bana adil olsaydı...

Ne demişti Selda abla? Yıllardır onun bunun masasında, sigaradan alkole her bir boku içmekten kalınlaşmış sesiyle, tuvaletleri temizlerken: *'Yavrum, sıçmışım ha-*

yata. Hayat adil olsaydı, ahan da şu önümde bir sik taşırdım, ta en başından.'

Tabi ya, hayat bize neden adil olacaktı ki? Biz kimdik ki hayattan adalet isteyecektik? Biz, parlayan neon ışıkların altında, kendi isimlerini bile unutmuş isimsizlerdik. Biz, yırtına yırtına doğuran analarının bile istemediği, bir polis karakolunda komiserin bahtı iyi olsun diye kendi ecdadının ismini taktığı isimsizlerdik. Bize isim seçmek için çırpınan, ne bir anamız vardı, ne de o ismi beğenmeyip değiştirmek için otoritesini koyan bir babamız. Biz, bir baba tokadına muhtaç başlarını önlerine eğen, karşı kaldırımdaki saçı kurdeleli ile göz göze gelmeye hakkı olmayan isimsizlerdik.

'Eğitim sistemi bombok!' diyordu geçen gün, masaların birindeki memur kılıklı herif. Bana ne? *'Ne eğitiminden bahsediyorsun sen!'* demek geldi içimden. *'Bizim eğitim sistemi tam takır işler abicim,'* demek geldi. Biz ancak ortaokulu görürüz. Sonra? Sonra bizim esas eğitim başlar... Eğitilmezsen aç kalırsın, eğrilmezsen pansuman yaparsın.

Şimdi kabadayının teki çıkmış, *'Gel lan buraya!'* diyordu. *'Gelmesem n'olurmuş? Sanat camiasından bir parlak yıldız mı kayar? Ne bok olur lan?'* diye geçirdim içimden. Sıçtığımın dünyasında hangi günün yüzünü gördüm ki, şimdi hayıflanayım kaçırdıklarıma! Ne olurdu gitmesem?

"Gelmiyorum lan! Ne olacaksa olsun. Vurcan mı? Öldürcen mi? Sakat mı bırakacan? Ne bok yiyeceksen ye, hadi işim var. Daha sahne alcam. Sıçacak patron ağzıma, senin yüzünden be! İki konsomasyona geldik diye, ne lan bu ayaklar? İki ağamsın paşamsın dedik de, bey mi oldun ulan? Herkese diyoz biz o bokları. Şimdi siktir git, hangi karıyı beceriyorsan becer! Ben işe çıkmam. Hadi koçum! Bu kapıdan sana iş çıkmaz."

Kelimeler ağzımdan döküldükçe, karşımda duran dev gibi adamın anbean şekil değiştiren yüzünü görebiliyordum. En son kelimelerimi söylerken, ellerim hırsla bağrıma çarpıyordu.

"Ha, ille de sıçtırcam çarkıma diyorsun ha! Öyle olsun madem!"

Timur kollarımdan yakalamış beni dışarı sürüklemeye çalışırken; ben de rahat durmuyor, var gücümle direniyordum. En son avazım çıktığı kadar, "Bırak beni! Adi pezevenk!" diye bağırdığımda; sert bedenine çarpan ellerim, karşılığını suratıma inen Osmanlı tokadıyla bulmuştu. Uğuldayan kulaklarımda yankılanan, zincirinden boşalmış tok seste tek bir tekrar vardı: "Bana kafa tutacak orospu daha anasının karnından doğmadı!"

Sarsılan bedenime rağmen içimden bas bas bağırıyordum: *Ben orospu değilim!* Ama sadece içimden... Neden mi? Dışımdan söylesem ne değişirdi? *Ben orospu değilim!* Bak sen... Hangi hanım evladı inanırdı buna? Geceleri pavyonda şarkı söyleyen şıllıktım ben. Bana aile apartmanlarında daire kiralamazlardı. Ben aile çay bahçelerinde, çay servisi alamayanlardandım. Oturduğum bankı bile oturmadan ıslak mendille silerlerdi. Kim inanırdı? Ben biliyordum ya, o bana yeterdi.

Gelen darbelerin sertliğini artık hissedemez olmuştum. Gözlerim, huzurlu bir karanlığa kapanırken; istem dışı fısıltıyla mırıldanan dudaklarımdan, ne dediğimi duyamasam bile, ne çıktığını biliyordum: *'Ben Orospu Değilim...'*

....

"Ne diyor be, bu orospu?"
"Ben orospu değilim diyor abi..."

Gözlerimi açmadan, hissettiğim yumuşaklığın ne olduğunu anlamaya çalıştım. Bu, yumuşak bir yastık ve daha da yumuşak bir yorgandı. Üşümüyordum. Hatta tam tersi terliyordum bile. Faturasını ödeyemediğim doğalgazın, daimi kapalı olduğu evimde; bu neyin sıcağı diye içimden söylenirken, fark ettim ki benim yumuşak yastığım yoktu! Hatta benim yastığım yoktu! Yetimhanede bitli olmayan bir yastık bulmanın lüks olduğu günlerden alışmıştım, kirli çarşafların üzerinde kolumu yastık yapmaya. İsimsizlerin yastığı kollarıydı. Benim ne farkım vardı ki? Benim de iki kolum vardı Allah'a çok şükür. Müdür Baba, kalorifer kazanının demiriyle birini dağlasa, diğerini yastık yapardım. Ne olmuştu yani?

Şimdi onca yıl yastıksız yattıktan sonra, bu temiz deterjan kokan yastık nereden gelip girmişti başımın altına? Temiz deterjan kokusu demişken, hani şu televizyonda reklamları dönen pahalı deterjanlardan... Hani paketinde olanlardan...

Açmaya çalıştığım göz kapaklarıma sivri sivri iğneler batarken; sızlayan yüz kemiklerim, bana hatırlamam gerekenleri hatırlattı. Ben dövülmüştüm. Benim için, yeni bir şey olmasa da dövülmek, böylesine dövüldüğüm kaç kereydi? Tabi Piço'yu ve beni satın alan adamı saymazsak. Ne demişlerdi o adam için? Tüccar! Ne tüccarı be! Düpedüz pezevenkti! Hırbo işte!

P-E-Z-E-V-E-N-K

Üzerimdeki hâkimiyeti sonlandığında, yığılıp bir kenara sızınca; ne iyi etmiştim de, üzerine çayın kaynayan suyunu dökmeye kalkmıştım. Keşke o gözlerini açmadan dökebilseydim. Gerçi çaydanlık yere savrulmasa, baraka gibi izbede o beni yakardı; ama dövmekle yetinmişti. Dövüp... Neyse, bunları düşünmenin zamanı değildi şimdi. Neredeydim ben?

"Abla uyandın mı? Dur be ablam, doğrulmana yardım ediyim. Ah be ablam, ben dedim sana gel benle diye. Bak kızdırdın abiyi işte!"

"Nerdeyim ben?"

"Timur Abi'nin evindesin abla. Dün gece seni o getirdi buraya. Senin patronla da anlaştı. Seni... Ehe şey..."
"Şey ne Hayrullah? Şey ne?"
"Abi seni pavyondan satın aldı abla! Senetlerini ödedi. Gerçi, hakkaniyetli adammış senin patron. Öyle şişirmedi olayı."
"Pezevenklere bak ya! Burada mal gibi alınıp satılan benim, senin konuştuğun şeye bak! Ne alması lan? Borç benim borcum! Ben... Çalışır öderim. Hem, Adem Abi beni bu güne kadar hiç zorda bırakmadı. Mal mısınız be siz! Allah'ım ne satılığı? Ne satın alması!"
Ağrıyan başıma inat kenarına kaydığım yataktan kalkmaya çalıştım. Ayaklarımın üzerine doğrulmayı deneyerek, başlıktan güç aldım.
"Öyle deme be abla... Allah'ın hakkı için, bak benim bi kabahatim yok valla! Timur Abi ne derse odur! Bizim ekmeğimizi, suyumuzu o verir. Biz onun emrine amadeyiz be abla. O tutmasa elimizden kimse tutmaz, yok olur gideriz. Kimimiz kimsemiz de yok..."
"Yok ya! Lan pezevengin herifine, bir de beni mal gibi alıp sattığı için teşekkür edeyim bari! Lan, o pezevenk mafya bozuntusu karı ticareti mi yapıyor? Uyuşturucu ticareti mi? Ne halta kullanacak beni? Kime satacak?"
"Abla yok yemin billah! Timur Abi iş adamıdır... Leasing mi? Factoring mi ne diyorlar... Ondan firması vardır abimin. Benim kafam basmaz öyle işlere. Arada da çek senet işlerine bakarız. Bak ondan anlarım ama!" Hayrullah, bir şey unutmuş da aklına son dakikada gelmiş gibi gözlerini açarak, eliyle hararetli bir hareket yapıp, soluk almadan devam etti: "Ha bak, bir de abim mal alır satar; Kuzey Irak'a falan, Arap ülkelerine de mal gönderir. İnşaat malzemesi falan diyorlar. Ben anlamıyorum be ablam... Benim işim koruma!"
"Saf mısın oğlum sen? Çattık ya!"
Sinirle ilerlemeye çalışırken savrulan başım, bana

dün yediğim dayağı hatırlattı. Başım dönerken, tutunmak istediğim direk ellerimin arasından kaydı. Yere düşmeyi bekleyen bedenim, güçlü kollar tarafından sarmalanarak kucaklandı.

"Tamam Hayrullah. Sen çık. Kahvaltı kalsın. Hanımefendi daha yememiş konuşmaktan."

"Tamam abi... Bir emrin olursa kapının dışındayım."

"Git mutfakta bir şeyler ye! Hikmet teyze börek yapmış sana."

"Deme abi! Hemen gidiyorum."

Bu iki adamın, daha doğrusu her yerinden güç ve kudret süzülen bir adamla, iri cüssesine rağmen çocuk gibi bir kalp taşıyan diğer adamın konuşmalarını şaşkınlıkla dinliyordum. Bana sorarsanız ikisi de tehlikeliydi.

Sanki, kucağında beni taşımıyormuşçasına rahat hareket eden Timur, beni kalktığım yatağa geri yatırırken; şişmiş yüzümün bu adamın ihtişamı karşısında kim bilir ne kadar zavallı gözüküyor olduğunu düşünmeden edemedim.

"Nasılsın?"

"Dün gece dövülmüş gibi?"

Sıkıntıyla iç çeken Timur, ben hiç konuşmamışım gibi devam etti konuşmasına: "Doktor bir iki güne bir şeyinin kalmayacağını söyledi."

Benim için doktor mu getirtmişti? Yoksa komaya girmiştim de hastaneye falan mı kaldırmışlardı? Ama öyle olsa, Timur'un evinde değil parasını nasıl ödeyeceğimi düşüneceğim bir hastanede olacağımı tahmin edememiş olacağım ki, anlamsızca bir hayretle sordum. "Doktor mu geldi?"

"Evet. Bak kızım! Beni bir daha sinirlendirme! Beni ikiletme, yoksa olacaklardan sen sorumlu olursun."

"Ya, ne istiyorsun benden? Bak, anlatamıyorum galiba! Bırak beni! Ben kendi halimde şarkısını söyleyen bir *pavyon bülbülüyüm*."

Beni ilk dinlediğinde bana öyle demişti: *'Pavyon Bülbülü'* Hoşuma gitmişti. Bana ilk defa iltifata yakın bir laf etmişti biri; küçümsemeden ya da ağzımın içine düşüp, hoş tutarsam bu gece benle yatar mı diye düşünmeden. Her ne kadar cici hanımlara söylesen yüzüne tokadı yiyecek olduğun bir laf olsa da, benim duyup duyabileceğimin en iyisi buydu.

"Başlatma lan şimdi sabah sabah pavyonundan bülbülünden. Ben sana ne diyorum sen ne diyorsun! Ben kadın dövmekten zevk mi alıyorum sanıyorsun sen?"

"Ne diyorsun Timur Bey? Ne istiyorsun benden? Kaç aydır gelip beni dinleyip gidiyorsun. Toplasan beş bilemedin altı kere masana çağırttın. Sana ben konsomasyona çıkmıyorum dememe rağmen dinlemedin, patrona tehditle beni getirttin! Ne sen konuştun, ne ben... Karşılıklı sustuk, oturduk saatlerce. Dün gece kalkmış benimle geleceksin diyorsun! Söylesene, sen ne diyorsun?"

Derin bir sessizliğin ardından Timur'un gözlerinden geçen öfke dindiğinde, dişlerinin arasından çıkan sesini duydum. "Sekiz kere."

"Ne?"

"Sekiz kere çağırttım... Birinde gelmedin, altısında oturdun... Biri de dün gece."

İçimden kendime küfürler savururken, ağzımdan kaçan kelimeleri tutmak istesem de tutamadım. "Manyağa bak ya! Psikopat mısın abi sen?"

İşte şimdi sıçtığımın yüzüydü. Ama hiç de beklediğim olmadı. "Bana sakın bir daha abi deme."

Nasıl yani? Onca sözümün içinde 'abi' kelimesine mi takmıştı? İyi demezdim olur biterdi. Peki ne diyecektim?

"İyi peki demeyiz. Ne diyeyim o zaman?"

"Timur... Benim adım Timur. Sen de bana adımla hitap edeceksin!"

"Peki Timur Bey."

"Bey yok, sadece Timur."

Alaycı bir tonla, "Emredersiniz," dediğimde, Timur sabrının sonlarında olduğunu çok açık belirten bakışlarını bana dikti.

"Sen her lafa, laf mı söyleyeceksin böyle? Anan sana hiçbir şey öğretmedi mi?"

"Öğretti... Öğretti. Çöpte sesimi nasıl duyuracağımı öğretti."

"Anlamadım!"

"Gerek yok, boş ver."

"Anlamadım dedim!" *Bu herif de ota boka sinirleniyor* diye içimden geçirip, ya sabır çektim ve kendi kendime söverek konuştum. "Çattık ya... Anam diyorum, ben daha yeni doğmuş bebekken, beni çöpe atıp gitmiş. Yok öyle biri yani. Ben bağıra bağıra sesimi duyurmuşum."

"Demek o zamandan belliymiş ne cazgır olacağın." Yüzündeki gülümseme miydi bilmiyordum; ama öyleyse ilginç bir espri anlayışı olduğu kesindi.

"Sıçiyim cazgırlığıma! Bi ağız tadıyla geberememişim."

"Bir daha küfür etmeyeceksin."

"Ulan anam mısın? Babam mısın? Sana ne be?"

"Be de yok!"

"Ya yürü git işine lan!"

"Lan da yok!" İçinden ya sabır mı çekiyordu, bana mı öyle gelmişti? Gözlerimi devirerek tavana diktim.

"Hasbinallah... Ya Allah'ım, sen bana seçmece mi yolluyon bunları? Ne günahım varsa bitmedi mi çilesi?"

"Hadi gevezeliği bırak da kahvaltını et. Hepsi bitecek. Doktor bakımsız kalmış dedi."

Bir yandan konuşurken, bir yandan da tepsiyi önüme koyuyordu. Vay be, Mafyatik Timur Efendi'ye de bak. Bana tepsi taşıyordu. Lan, ben böyle her gün dövdürürdüm kendimi. Yatakta kahvaltı ha! Ben ne zaman kahvaltı ettim ki yatakta edecektim! Gece çalıştığım için gündüz hep geç saatte kalktığımdan, ekonomik olsun diye, az daha bekleyip öğleyle akşamı bir yiyordum. Sahneye de dolu mideyle çıkılmaz. Eh, inince de bir dilim kuru ekmek falan idare ediyorduk. Önüme konan kahvaltıya bakınca gözlerim kocaman açıldı.

"Yuh, bu ne be? Bunla bizim bütün yetimhane doyar. Kim yiyecek bu kadar şeyi?"

"Sen."

"Beni öldürsen bu kadarını yiyemem. Benim ömrümde mideme giren toplam yemek miktarı bu kadar değildir."

"Belli, kemiklerin sayılıyor!"

"Sen kahvaltı ettin mi?"

Timur gözlerini kaçırarak etrafa bakınırken konuştu:

"Yok, etmedim."

"E, gel bari sen de ye bir şeyler."

"Ben yersem sana kalmaz."

"Burada bir orduyu doyuracak yemek var."

"Sen ordu görmemişsin. Bu benim bir oturuşta yediğimin yarısıdır ancak."

"Yuh! Daha neler!"

"Argo konuşmayacaksın."

"İyi peki be!"

"Be yok!"

"Çattık..."

Timur'un gözlerinden geçen muzip gülümsemeyi varla yok arası yakalarken, peynir sürdüğüm ekmek dilimlerinden birini ona doğru uzattım. Önce tereddüt etse de, daha sonra almak için elini uzattığında parmaklarımız birbirine değdi. İçimi kaplayan sıcaklığın anlamsızlığıyla kendime kızarken, başımı önüme eğerek pek çoğunu ilk defa tabağımda gördüğüm reklam kahvaltılıkları ile midemi doyurmaya çalıştım. Yüzüm öyle çok acıyordu ki, lokmalarımı çiğnemek için çenemi her kıpırdatışımda içimi kaplayan acıyla yüzüm buruşuyordu.

"Çok mu acıyor?"
Beni mi izliyordu bu? Evet dercesine başımı salladığımda, gözlerimi tabağımdan ayırmamıştım. Uzanan elini fark etmesem de, yüzüme dokunarak kibarca çenemi yukarı kaldırdığında; varlığını, hücrelerimin en ücra köşelerinde hissetmemem mümkün değildi.
"Bir daha... Böyle... Bir şey yaşanmayacak! Ama sen, gene de beni sakın öfkelendirme! Anladın mı?"
Başımı aşağı yukarı sallarken; nedenini bilmediğim bir gözyaşı damlası, sağ gözümden yuvarlanarak onun elinin üzerine süzüldü. Hepsi yumuşak yatağın suçuydu. Yumuşak yatak beni de yumuşatmıştı. Senelerdir ağlamayan ve gözyaşlarını içinin derinlerine atan ben, gözlerinin musluğunu bu defa kapayamamıştım. Nasıl bir ironiydi bu böyle! Başıma gelen onca şeyde biriktirdiğim gözyaşlarım, ilk damlanın ardından birbirini durdurulamaksızın takip ederek Timur'un elinden süzülürken, o sessizce beni izliyordu.

Ağlıyordum. Neye, kime ve ne için ağladığımı bilemeden ağlıyordum. Yılların birikmişliğine, taşlaşan kalplere, nasır tutan ruhuma ağlıyordum. Bir yumuşak yatağa, bir güzel kokulu deterjana ağlıyordum. Sadece, sessizce, yılların kuraklığına su getirmişçesine ağlıyordum. Gözyaşlarım sel olurken, yumuşak yatağa içimden küfredip; yalnızlığıma, kimsesizliğime, sığınacak bir dalımın olmayışına ağlıyordum. Ben kendime ağlıyordum...

... ...

"Neye ağlıyorsun?"
"Kendime..."

2. Bölüm

"Ben ne giycem lan üzerime? Bu cicim hanım geceliğiyle, tüm günü bu odada geçireceğimi sanıyorsa o abin olacak manyak, avcunu yalar!"
"Abla bak, yeminle abimin emri var. Bu odadan çıkmayacak dedi."
"Hayrullah, oğlum sen sıyrık mısın? Abim onu dedi, abim şunu dedi! Ya, senin ant için bi kendi fikrin yok mu?"
"Abla bak, sen artık hepimiz gibi abime aitsin. Anla, beni de zor durumda bırakma."
"Kardeşim! Bak Hayrullahçım. İyisin hoşsun, iri de bir adamsın; ama alacam ayağımın altına. Lan tamam, satın aldıysa aldı lan! Heriften kaçacak yerim yok ya. Hem o senetleri dürsün so..."
"Abla küfür yok!"
"Hay ben senin Hayrullah! Tamam lan, küfür yok! O senetleri alsın gelsin hacze... Neyimi alacak? Donumu mu?"
"Abla niye anlamak istemiyorsun. Abim vurur. Öldürmekten beter eder. Tutturma evime gidicem diye ablam be, Timur Abi ne lazımsa alır."
"Ya abicim, ayağıma don alacam! Üstüme kıyafet alacam evimden! Hay ben senin..."
Ben tam sövünmeye başlamıştım ki, içeriye dolan tok ses beni olduğum yere mıhladı: "N'oluyor lan burada? Nedir bu vıdı vıdı? Küfür yok demedim mi ben sana?"

"Küfredemedik zaten! Kafama diktiğin zebani, maşallah, ona da musallat oluyor!"

Timur'un hoş kahkahası odayı doldururken, gözlerimi ondan alamıyordum. Her şeyiyle kusursuzluk abidesi gibi karşımda dikilmiş; siyah takımının içindeki beyaz gömleğinden gözüken kaslı göğsünde atan kuvvetli kalbini, sanki hayata inat önüme seriyor gibiydi. Gözlerimi neden ondan alamıyordum ve neden, kimsenin masasına ölsem gitmem derken, onun masasından uzak duramamıştım bilmiyordum; ama şu anda hangi cehennemi yaşadığımı anlamaya çalışırken, tüm ihtişamı ile karşımda duran bu beden, bana hiç de yardımcı olmuyordu.

"Hayrullah nedir koçum durum?"

"Timur Abi, yenge... Yenge diyebilirim di mi?"

Ne diyordu bu iri kıyım! Ne yengesi lan? İki tokat yedik diye yenge olaydık... Ben daha isyan etmeye hazırlanadurayım, Timur tok sesiyle, sert bakışlarını çatılan kaşlarımla büzülen dudaklarımdan ayırmadan konuştu: "Abla de Hayrullah."

Ne olmuştu ki şimdi bu adama? Sanki bütün neşesi benim bakışlarımda kaçıvermişti.

"Tamam abi, abla kıyafetlerini istiyor."

Timur gözlerini beni tartar gibi, bir aşağı bir yukarı üzerimde gezdirirken, kendimi bunca zamandır ilk defa üzerimdeki bez parçalarına rağmen çıplak hissetmiştim. Utanıyor muydum? Hem kimindi ki bu üzerimdeki, rahibe işi uzun kollu, yerlere kadar uzanan, beyaz, yakası gırtlağıma kadar kapalı gecelik? Böyle de gecelik mi olurdu be? Ama ne yalan diyim, o anda o bile bana az gelmişti. Mübarek adamın gözlerinde, sanki iç gösteren şu ışınlardan var gibiydi.

"Ben evime gitmek istiyorum! Beni buraya ne için getirdin? Ne kadar kalacağım bilmiyorum; ama ömrümün

sonuna kadar bu rahibe kılıklı entari ile dolanamam değil mi?"
Timur'un deşen bakışları yerini tartan bakışlara bırakırken, haklılığımı vurgularcasına başıyla küçük bir onay verdi.
"Gidelim bakalım senin saray yavruna. Yürü Hayrullah."

Biz nereye gidersek bu çam yarmasıyla mı gidecektik? Timur sanki zihnimi okumuşçasına bana dönerek sözlerine devam etti.
"Bundan sonra ben olmadığımda Hayrullah yanından ayrılmayacak! Bakma öyle... Dostumuz var düşmanımız var!"
"Hasbinallah! Bu ne ya? Valla gazino patronlarına senedim varken daha özgürdüm. Hem bana ne senin dostundan düşmanından! Git sen onu karına anlat."
Ben valla akıllanmamıştım. Onca dayağı ye, sonra gel sen gene adama kafa tut! Ya bana ne adamın karısından, ne karıştırıyordum ki şimdi... Ne olmuş yani evlerinde bekleyen gül gibi karıları, sıcacık yuvaları ve gözlerinin içine bakan yavruları varken, gelip pisliğine aldırmadan mekân köşelerinde onunla bununla kırıştırıyorlardıysa? Bana mı düşmüştü kaygısı? Karısı düşünsündü! Ama işte... En komiği de o pisliğe aldırmayan hırtapoz gider evde yerdeki iki tozun laf salatasını yapardı, hayatı zehir ederdi akşama kadar çoluk çocuk canı çıkmış karısına. Bilmem miydi ben böylelerini! Hem de nasıl bilirdim! Neden şimdi bu dağ gibi kalasın karısı beni rahatsız edivermişti ki?
"Ben evli değilim. Bir karım da kadınım da yok!"
İçimi kaplayan sıcak mutluluk benzeri his, nereden çıkmıştı anlayamasam da kendimi rahatlamış hissedivermiştim işte. İnce kalem gibi uzun; ama bileğinin gü-

cünü en uç noktasına kadar taşıyan parmaklarında bir alyans yoktu; yine de hangisi takıyordu ki?

Hep birlikte sessizlik içerisinde Tarlabaşı'nın arka sokaklarındaki evimin apartman kapısına geldiğimizde, çevreye yakışmayan siyah Cadillac jeep ile fazlasıyla dikkat çekmiştik. Şoför koltuğunda oturan Hayrullah, kendinden beklenmeyecek kadar çevik bir hareketle inerek benim kapımı açarken; Timur çoktan araçtan inmiş, çevreyi kesiyordu. Yol boyu yanımda oturmuş ama belli bir mesafeyi korumuştu. İnmeden aynaya şöyle bir baktığımda, yüzümün acıdığı kadar kötü gözükmemesine şükrettim. Şimdi bir de meraklı bakışlara, üzerimdeki rahibe işinin yanı sıra suratımı açıklamayı hiç içim istemiyordu. Adama bak ya! Timur Bey dün üzerimdekileri çöpe atmış. Kala kala kalmıştım bu beyaz entariye! Güler misin ağlar mısın?

Hızlı adımlarla eski apartmanın dar, pası çıkmış demir kapısından içeri süzülürken; karşı apartmanın açık camlarından birinden tiz bir kadın sesi süzülerek tam da beni buldu.

"Kız... Cansu! Nereden kız bu saatte bu kılıkla?"

Kendi kendime sabır çekerek, tepemde dikilmiş zebella gibi adamı kızdırmamak için dilimin ucuna kadar gelenleri yuttum. "Sana da merhaba ablam! Pijama partisinden! Terfi ettim de kızlarla bir kutlayalım dedik."

Kaşım gözümle yanımdaki adamları işaret ettiğimde; camdan yükselen tiz kahkaha yokuşa yayılarak, dar sokaklı tüm mahalleyi inletti. Sıkıntılı bir şekilde başkasının da dikkatini çekip çekmediğimize bakarken, karşı kaldırımdan düşe kalka yürüyen Nalân'ı fark ettim. Dün gece gene işe çıkmış, çektiği zıkkımı fazla çekmişti demek ki. Kendini toplayamadan, üzerinden yerlere süzülen kıyafet parçalarına takılarak ilerliyordu. İçimden buradan kurtulacağım güne sabır çekip, koşarak

Nalân'ın yanına ulaştım. Benimle birlikte panikle peşim sıra gelen iki adama aldırmadan, Nalân'ın kolunun altına girdim ve ona dayanak olarak bizim apartmana doğru yönlendirdim. Topuklularının üzerinde durmayı bile başaramayan Nalân, dağılmış, tutam tutam boya yanığı saçlarını geriye atmaya çabalayarak başını doğrultup yüzüme baktı ve gülümsedi.

"Kızım senin faça benden beter dağılmış! N'oldun lan? Kovuldun mu yoksa sonunda?"

"Onun gibi bi şey. Boş ver beni... Kızım kaç kere dicem içme şu meretleri! Geberip gidecen bi bo... Bir çukurda..."

Timur arkamdaki varlığını hiç eksiltmeden; ama aynı zamanda mesafeyi koruyarak bizi takip ediyordu.

"Aman! N'olurmuş gebersem! Şansım olsa geberir giderim zaten... Başka türlü dayanılıyor mu sanıyorsun?"

Nalân gene ağlamaya başlamıştı. Sızıp kalmadan önce hep ağlardı zaten. Onu içeri güç bela sokarken, Hayrullah da bana yardım ediyordu. Yukarı katta dairemin karşısındaki daireye onu taşıyorduk. O an, belli belirsiz Timur'la göz göze gelmiştim. Bakışlarında ne bir tiksinti, ne de bir hor görme vardı. Sadece... Sadece acıma...

Pislik içinde, rutubetten küf tutmuş apartmanın dökük duvarlarına Nalân'ı dayadım. Timur ve Hayrullah dar merdivenin kırık basamaklarında bekliyorlardı. Ben, Nalân'ın anahtarını bulup kapıyı açtığımda, Hayrullah sessizce zavallı kadını içeri taşıdı ve onu yatağına yatırmama yardım etti.

"Beş dakika daha verebilirseniz onu biraz rahat ettireyim."

Timur başını aşağı yukarı sallayarak onaylarken, etrafa bakınıyordu dikkatle. Boyaları dökülmüş evin benimkinden bir farkı yok sayılırdı. Tek fark benimkinde yoka yakın derecede daha az eşya vardı ve daha derli

topluydu. Nalân belli ki bir sinir hezeyanı daha geçirmişti işe çıkmadan. Bir yandan Nalân'ın kıyafetlerini düzeltip, sağına soluna bulaşmış ruj ve kalıntıları temizlerken, gözümün ucuna Timur ilişti. Bir sürahi suyu almış, bir bardakla Nalân'ın başucuna bırakıyordu.
"Uyandığında çok susayacak."
Sessizce kafamı salladım ve istemesem de Nalân'ı yıkımıyla yalnız bırakarak kendi evime geçtim. Anahtar her zamanki gibi hiç dönmeyen doğalgaz saatinin arkasındaydı. İçeri girdiğimde, içerisinin mevsim sonbahar da olsa, fazla soğuduğunu hatırlayacak şekilde ürperdim. E, tüm kış bu ev ne kadar ısı görüyordu ki? Allah'tan gecenin ayazını dükkânda geçiriyordum da, gündüz biraz olsun kırılıyordu soğuk. Eh, şimdi de üzerimdeki bu gecelikle, beton duvarların ruhum gibi ısınmamış soğuğu içime işliyordu. Üşüyordum...

Ne zaman ısınmıştım? Daha doğrusu, insan nasıl olur da hep üşürdü? Yazın kavurucu sıcağında bile, acıyan bir bakışın soğuğunda üşünür müydü? Ya da alay eden bir sesin soğukluğunda? Üşünürdü tabi... Hem de nasıl üşünürdü. Şimdi de beton duvarların soğuğundan ziyade, evin zavallılığının utancından üşüyordum. Nerede geldiğimiz saray yavrusu, nerede bizim fakirhane? Lan... 'Lan' yok! İnsan bahtsız doğar da, bu kadar mı bahtsız yaşar be! 'Be' yok! Hay anasını! Küfür de yok! Ya, bu herif beni bir dakika olsun zihnimde bile rahat bırakmayacak mı diye düşünürken titredim. Üşüyordum... Camdan karın yağışını sevinç çığlıklarıyla seyreden, o romantik çocukların üşümediği kış günlerinde; neşelenişlerine hayret ederek, her kar yağışında donmaktan korkarak üşüdüğüm gibi... Üşüyordum... Yazın sıcağında, parkta, yanlarında anne babaları ile gelen çocukların kanayan dizlerine üfleyen annelerini gördükçe üşüyen ruhum gibi... Üşüyordum...

... ...
"Neyi düşünüyorsun?"
"Üşüdüğümü..."

"Bunu giymen söz konusu bile değil! Hatta bu paçavraların herhangi birini giymen mevzubahis bile değil! Hayrullah! Yak bunları! Derhal!"
"Emredersin abi."
Hayrullah, kendi paramla aldığım bir kucak şeyi yakmak üzere toparlarken, Timur'un Kanunları gene boş duvarlarımın eşyasız odasında yankılanıyordu.
"Sana ne be! Sen ne karışıyorsun! Kimsin lan sen, benim kendi alnımın teriyle kazanıp aldığım şeyleri yaktıracaksın!"
Boş bir çabayla Hayrullah'ın pençe gibi iri ellerinden bir iki parça bir şey kapabilmek için eşyalarımı çekiştiriyordum. Benimdi onlar! Onları ben almıştım ve benimdi, anlayabiliyor musunuz? Ben kazanıp, ben vermiştim paralarını! Bir tane bile, öncesinde başkaları tarafından giyilmiş bir şey yoktu içlerinde! Kimsenin artık giymek istemediği o atıntı, sökük, lekeli şeyler değildi. Hiçbirinde çamaşır suyu lekesi bulamazdınız. Renkleri en canlı, en parlak renklerdi! Hiçbir tanesinin rengi, onlarca defa yıkanmaktan renk skalasının soluk renklerindenmiş gibi durmuyordu!
"Ben sana ne dedim? 'Be' demek yok, 'lan' demek yok!"
Timur'un sakin sesi, beni bir anlığına afallatmıştı. Bu adam bunu nasıl başarıyordu? Az önce üzerime giydiğim parlak fuşya taytım ve üzerimdeki dar, derin göğüs dekolteli ve kısa leopar merserizemi görür görmez, gözleri yuvalarından fırlamış ve elimde tuttuğum apartman

topuklu, siyah, parlak rugan ayakkabılarıma *'onları giymeyi planlamıyorsun tabi ki'* der gibi bakmıştı. Köpüren sesiyle bana ve Hayrullah'a emirler yağdırmıştı. Şimdi ise sesinin en sakin tonuyla takıldığı şeye şaşırıyordum. Be demişim, lan demişim! Bu adam beni öldürecekti!

"Ben sana ne diyim! Çattık be! Adam kendini Kadir İnanır sanıyor! Timur Abi Kanunları, zart deme, zurt deme! İyi tamam yok 'be' demek, 'lan' demek! Ama bırak kıyafetlerimi. Hayrullah bıraksana onlar benim, ben aldım onları. Canım ne isterse onu giyerim!"

Hayrullah arada kalmış, yalvaran gözlerle bana ve kıyafetlere yapışmış ellerime baktıktan sonra; ne yapayım dercesine, gözlerinden bir anlık muzip bir bakış geçen Timur'a baktı.

"Yak!"

Timur'un sesi buz gibi ve soğuktu. Ne sinir vardı, ne de sakinlik. Hatta bir an gördüğümü zannedip de umutlandığım o muziplik bile yoktu. Benim geceler boyu pis sarhoş ağzı çekerek kazandığım paralarla aldığım, benim olanı yaktırıyordu! İçimden ağlamak, bağırmak gelse de sustum. Sessizliğe gömülürken düşen omuzlarım ve yere inen bakışlarım, gözlerime dolan yaşları saklıyordu. Ben ağlamazdım. Bizim gibiler ancak dilenirken ağlardı. Bilmem ne marka eteğinin pulu düştü diye değil!

Arabaya bindiğimde, bakışlarımı gömüldüğüm sessizliği desteklercesine dışarı çevirdim. Dışarıdaki çöp konteynırının üzerinde tüten dumanlar, yeni yeni uyanan mahalleye yayılırken, saat çoktan öğleni geçmişti. Üzerimde kıyametin kopmasına sebep olan kıyafetlerim varken, artık onların da bir önemi kalmamıştı. Uyumsuzdular, biliyordum. Ama kazandığım üç kuruşla; o ucuzcu senin, bu ucuzcu benim, hangi pazarın artığı nerede diye kollarken, ancak bunları denkleyebiliyordu insan. Bir de benim için önemli olan yeni olmalarıydı.

Kimsenin teri sinmemiş olsun bana yeterdi! Yatakhanede en sevdiğin kazağı soğuk kış gününde ararken, senden iri bir kızın üzerinde görmemiş ol! O benim dediğin için dayak yememiş ol!
"Ne oldu? Konuşmayacak mısın?"
Bakışlarımı Timur'a bir an değdirip, gerisin geri ifademi bozmadan yanan konteynıra çevirdim. Hayrullah çoktan arabaya binmiş ve ilerletmeye başlamıştı. Yol geride kalırken, benim olan ne varsa, onlar da geride kalmıştı. Artık ben bile benim değildim... Ne zaman kendime aittim ki?
"Peki... Sessizlik daha iyi zaten."
Bu genç ses Timur'a mı aitti ve o konuşma mı başlatmaya çalışıyordu? Rüyamda görsem inanmazdım, bu taş kalpli mafyatiğin yumuşak bir sesle diyalog kurmaya çalışmasına.
"Onlar benimdi!" diye inledim isyan edercesine.
"Yenilerini, kalitelilerini alacağız."
O beni avutmaya çalışıyordu belki de; ama bilemezdi ki benim diyebilmenin ne kadar önemli olabileceğini. Hayatının tamamını bir şeylerini birileriyle birlikte kullanmak zorunda kalmışsan, benim diyebilmek önemliydi. Duşa bile tek başına girebilmek ne büyük lükstü, o nereden bilecekti! O babadan mafyatik koca küvetlerinde, yerden ısıtmalı banyosunda cicili oyuncaklarıyla oynarken; ben, yirmi çocukla birlikte, buz gibi suyun altında, on dakika içinde görmek zorundaydım işimi. Bitlenmemek için kısa kesilmiş saçlarımı tek başıma şampuanlamak zorundaydım. Bizimki göz yakmayan cinsten değildi ve civcivleri yoktu! Biz reklamlardaki gibi bıcı bıcı yapmıyorduk Dalin'le. Saçlarımız sabunlu kalırsa kaşıntı yapar diye kontrol edenimiz de yoktu ve kaşınırdık. Bitmek tükenmek bilmeyen kaşıntılarla kaşınırdık; ama ses etmezdik, saçlarımız 'besleme' modeli olmasın diye.

"Onlar benimdi..."
"Sen de benimsin... Unuttun mu? Satın aldım!"

Bir damla yaş sağ gözümden süzülürken; Timur'un uzanan elinden kaçınarak, avcumu yüzümde gezdirdim ve görüntünün hızla yanımdan geçip gittiği cama döndüm. Beni satın almıştı, doğru; ama o kıyafetler benimdi.

....

"Neden önemli bu kadar?"
"Çünkü senin değildi..."

Her şey değişmişti. Beni yan gözle süzen mağaza görevlileri, Timur'un etrafında dört dönmüş, durmadan bana bir şeyler giydirip çıkartmıştı. Her şey belki jet hızıyla oluyordu; ama ben buna alışık değildim. İnsanlar bana değil, Timur'a hizmet ediyor ve beni giydiriyorlardı. Evet, kabul etmeliydim; her biri ancak rüyamda görebileceğim kadar güzeldi. Yine de geldiğimiz bu lüks alışveriş merkezi de, bu bilmem kaç yıldızla ifade edilebilecek mağaza da bana yabancıydı. İçinde, beni yutacak gibi hissediyordum. Benim asla erişemeyeceğim; ama benimmiş gibi davranmam beklenen ve her an benden çekip alınacak olan bu şeyler beni korkutuyordu. Yok olmaktan korkuyordum. Bütün bunların arasında kaybolup yitmekten ve iyi kötü benim dediğim ne varsa kaybetmekten korkuyordum. Bu adamın bunları neden yaptığını bilsem, belki biraz olsun rahatlardım; ama onun varlığında yok olmaktan korkuyordum. Aynı, öldüğünde kimsenin ağlamayacağı bir toprak olmaktan korktuğum gibi...

Hayrullah onca torbayı taşırken, benim taşımama izin vermemişti Timur. Karnım guruldamaya başladığında akşamı ettiğimizi anladım.

"Hadi şurada ayaküstü bir şeyler yiyelim. Yolumuz uzun... Bu saatte Etiler'den Kemerburgaz'a trafik felç olmuştur."

Timur bunları söylerken bir taraftan da yan yan bana bakıyordu. Ne görmek istiyordu ki bu adam? Sanki yemeyelim diyecektim. Ömrümde kaç kere böyle lüks bir yerde yemek yemiştim ki ben?

"Hayrullah sen torbaları bırak gel. Biz bir yer bulalım, hızlı olsun. Sen bizi bulursun koçum."

"Tamamdır abi!"

Hayrullah hızlı adımlarla ilerlerken ben üzerimdeki cicili bicili, yeni tumturaklı kıyafetlerimle ortada salınıyordum. Evet, itiraf ediyordum keyif almıştım. İşin doğrusu kim istemezdi ki bu kıyafetlerin içinde olmayı. Tamam, bana ait değildilerdi; ama en azından şimdilik benimdiler. Hem bu kalas, kıyafetlerimi yaktığına göre bana borçlu sayılırdı, öyle değil mi? Ben bilmediğim mekânlardan geçerek, sessizce Timur'u takip ederken, yemek katında olduğumuzu fark ettim. Vay anasını sayın seyirciler, lüks mekânların yemek katları bile lüksmüş b... Be yok! Hay ben...

E, tabi biz üçüncü sınıf outletlerde, iki malum hamburgerciden başka ne bilirdik. O da cebimizde para olursa, ki olduğu da pek görülmemişti ya neyse...

"Ne yersin?"

"Fark etmez. Sen ne yersen."

Timur bir iskenderciye yaklaşırken, "Şimdilik burasıyla idare et. Seni daha sonra iyi bir restorana götürürüm," dedi. Dalga mı geçiyordu bu adam? Abi ben ömrümde bu alışveriş merkezine girmemişim. Bırak restoranda yemeyi, kazandığım üç kuruş gidecek diye dükkânın köşedeki büfeden başka yer görmemişim. Adam bana restoran diyordu.

"Hani şu filmlerdeki gibi mi?" Ah, rezil ben! Nasıl olduysa ağzımdan kaçıveren soru, Timur'un hafif gülümsemeli baş sallaması ile onaylandı. Ondan sonrasındaysa tek kelime etmemeye yemin etmişçesine, ikimiz de sustuk.

... ...

"Neden susuyorsun?"
"Rezil olmamak için..."

3. Bölüm

Eve döndüğümüzde saati akşam etmiştik. Kapıyı, ellili yaşlarını geride bırakmak üzere olan bir hanım açtı. Beyazlamış, ensesinde kusursuz bir şekilde topuz yapılmış saçlarıyla ve kıyafetleriyle, temiz ama abartısız bir hanımdı.

"Hikmet teyze, ne yaptınız bugün bakalım?"

Timur kapıdan geçerken hiç görmediğim neşesiyle, adının Hikmet olduğunu öğrendiğim kadının yanağından bir makas aldı.

"Timur, oğlum, Falaz geldi. Salonda seni bekliyor."

Timur bir an duraksayıp tekrar gülümseyerek başıyla onayladı ve "Beste nerede?" diye sordu.

Kimdi Beste? Bana *'Kadınım, karım yok,'* dememiş miydi? Ay! Sana ne kızım ya, kimse kimdi, de işte bu içim...

"Beste odasında. Aşağı inmedi."

Timur tek kaşını kaldırarak Hikmet teyzeye manidar bir şekilde baktı. Hikmet teyze başını iki yana sallayarak iç geçirirken sessizce anlaştılar. Ne olmuştu şimdi?

"Hadi sen git aldıklarımızı yerleştir... Cansu..." İsmimi söylerken duraksamış mıydı?

Kıyafetleri yerleştirdikten bir süre sonra, sıkılarak evi dolaşmaya karar verdim. Kemerburgaz'daki ev, gözüme dönümlerce gibi gözüken bir araziye kurulmuştu, son derece büyük ve lükstü. Dikkatimden kaçmayan şey; gelirken onlarca site görmemize karşın, burası sanki izole bir alan gibiydi. Kaç odası vardı kestirememiştim. Dışarıdan bakıldığında üç katlı duruyordu, bir de çatı katı vardı. Dışarıdan çatı katında çıkıntı balkon teras görmüştüm. Kim bilir ne muhteşemdi orada oturmak... Ben olsam o katta bir ömür yaşardım doğrusu.

Duvarlar lüks duvar kâğıtları ile kaplanmış, kaliteli boyalarla boyanmıştı. Dökülen bir sıva ya da akan bir tavan görmek mümkün değildi. Duvarlarda asılı tablolar bir servet değerinde olmalıydı. Tabi bu kanıya engin sanat bilgimle varmamıştım; filmlerde hep böyle oluyordu ya, oradan çağrışım yapmıştı. Girdiğim oda, orta katta bir oturma odası gibiydi. Cama yaklaştığımda, her yeri görebilen bir noktada durduğumu fark ettim. Muhtemelen yan odadan bakılınca her şey daha da net ayaklar altına seriliyor olmalıydı.

Aşağıda, bahçenin bir ucunda bir havuz ve diğer ucunda da yarı kapalı bir sera duruyordu. Açık kısımdan dışarı taşan, birbirinden renkli çiçekleri daha net görebilmek için yan odaya geçmek gerekir, diye düşündüm içimden. Camdan gözüken balkona çıkabilmek için yan odaya gitmeye karar verdim. Sessizce yeri boydan boya kaplayan kabartmalı İran halısı üzerinde yürüdüm. Tam aradaki geçiş kapısından girecekken, içeriden gelen sesler duraksamama sebep oldu. İçeride yükselen seslerden birini çok net tanıyabiliyordum artık. Tok sesin sahibi Timur'du. Karşısında konuşan, hiç tanımadığım, en az Timur'unki kadar karakteristik sesin sahibi de aşağıda Falaz dedikleri adam olmalıydı. Bu adamın sesinden bile otorite akıyordu; ama Timur ile saygıyla konuşuyordu.

"Peki, şimdi ne yapacağız abi?"

"Yangın işi iyi olmamış. Neyse ki ölen yok. Bizim tezgâhımız ortaya çıkmadan bu işi sonlandırmalıyız. Arnavut Necati ne diyor?"
"Abi ne desin? Toparlayacak tabi lokali. O da aynısını dedi: Timur'a söyle sevkiyatı bir an önce organize etsin, dedi."
"Sevkiyat için Mehmet'in elindeki belgeleri almamız şart!"
"Abi, yaptık ya planı işte. Sen içeri sızdıktan sonra plan tıkır işleyecek. Yeter ki bir falso olmasın." Falaz'ın sesi son sözlerinde kuşkuyla ciddileşmişti.
Ne sevkiyatından bahsediyordu bunlar? Aklıma uyuşturucudan başka bir şey gelmiyordu. Aman Allah'ım! Kesin beni kurye yapacak bunlar, diye bir an paniğe kapılıp; içeridekileri daha net duyabilmek için kapıya iyice dayandım.
"Falso olmaz da... Ama..."
"Ama ne abi? O belgeler olmazsa ölüyüz abi hepimiz! Devlet bizi tanır mı o zaman? Sınırda yakalanırız! Hadi onu geçtim IŞİD var! Sonrası malum..."
"Tamam lan, tamam; bir ağız tadıyla kuşkuya da düşemeyeceğiz anasını satayım!"
IŞİD mi? O neydi diyecektim ama diyemiyordum, her gün orada burada haberleri alırken! Neydi şimdi bu? Tam da o sırada arkamdan gelen boğaz temizleme sesiyle dönerek, hayatımda gördüğüm en güzel genç kızla göz göze geldim. Açık kumral, omuzlarından aşağı dalga dalga dökülen, parlak ve her halinden sağlıklı olduğu belli olan saçları, benim yanmış sarı saçlarımla uzaktan yakından alakalı değildi. Sıcak bir çikolata gibi içten bakan gözleri, toyluğun masumiyetiyle parlıyordu. Onu hayranlıkla seyrederken fark edemediğim, genç kızın taş çatlasa benden bir yaş küçük olduğuydu. Benim dünyamda ancak masal sayılabilecek berraklıktaki cildinden, pamuk gibi gözüken minik ellerine kadar

her şeyi kusursuz duruyordu. Ellerinde tutarak göğsüne yasladığı kitabı yerine, temiz ve kısa tırnaklarına bakarak kendi ellerimi saklamak istemem, olsa olsa benim kültürsüzlüğümdü. Her şeyiyle bir kusursuzluk abidesi gibi, hafif bir tebessümle karşımda dikilen genç kız, beni baştan aşağı süzerken, bir önceki gece yarısı çıkmış ojelerimi temizlemiş olmayı diledim.

Saçmalıyordum belki, belki de bu kız üzerimdeki onca falsoyu değerlendirirken, ellerim dikkatini çekecek en son noktaydı; ama yapacak bir şey yoktu, utanmıştım bir kere. Eskiden, kaç yaşlarımda olduğumu bilemeyecek kadar masum olduğum yaşlarımda, yurtta Emel Sayın filmleri izler ve ellerini taklit ederdim. Küçük tombul ellerimin bir gün onunkiler gibi olacağını hayal eder, o günleri sabırsızlıkla beklerdim. Tuvaleti temizlemekten oluşan ilk nasırlarımı ve zamanla hayatımın vazgeçilmezi olan ucuz çamaşır sularının etkilerini önemsemezsek, fena sayılmazdı bakımsız ellerim; ama hiçbir zaman bir Emel Sayın eli olmamıştı. Patron hep bakımlı ol derdi; ama ellerim buna dâhil değildi benim için. Onlar iş yapan ellerdi ve boşa harcayacak param yoktu, karşımdaki bu cicim hanım kılıklının tersine. Neden kendimi karşısında yeniden Hacer hissediyordum ki şimdi! Sırası mıydı şimdi kendimi on beş yaşında hissetmemin? On beş yaşımda bırakmıştım ben Hacer olmayı. On beş yaşında, yitip gitmiş hayallerin ellerimde bıraktığı yaralarla Cansu olmuştum. Ben, o iyileşememiş yaraların sert yüzeyleriyle ayakta kalıp mücadele etmemiş miydim? Şimdi neden bir cicim hanımın karşısında ellerimi saklıyordum? Omuzlarımı dikleştirip boğazımı temizlerken, çekingen bakışlarımı ellerimdeki nasırlaşmaya yüz tutmuş sertliklerin gerisine gömerek uzattım elimi ve "Merhaba, ben Cansu," dedim.

Cicim hanımlar ikiye ayrılırdı: Bir mütevazi görünüp seni baştan aşağı süzerek, o mağrur görüntüleri altında seni kendine layık görmeyenler ve bir de daha baştan sana acıyan gözlerle bakıp, içlerini burktuğun için senden rahatsız olarak seni yok sayanlar. Sonuç: Her ikisi de mızmız olurdu. Gereksiz nazlı olur, hayatta tek başlarına ayakları üzerinde duramazlardı ve benim gibilerde verem varmışçasına ellerini uzatmazlardı! Kaç defa havada kalan elime bakarak, arkalarını döndüklerini saymayı bırakalı yıllar olmuştu. İlk defasında insan tuhaf hissedip, ağlayacak gibi oluyordu. Hatta o sevmediğim sulu göz yanımdan olanlar ağlıyordu. Ama ben ağlamazdım! Benim gözüme olsa olsa toz kaçar, çöp batardı. Daha sonrasında da insan alışıyordu bu duruma. Dahası o bahşedilmeyenin üstünlüğünü alaya almayı öğreniyordu. Ben de kendimi tam alaya almaya hazırlamıştım ki cicim hanım kendinden beklenmeyecek derecede Oscar'lık bir performansla, en içten sıcacık gülümsemesini takınarak, elini uzatıp elimi kavradı ve ışıldayan, insanın içine baharı dolduran gülüşünü bozmadan "Merhaba, ben de Beste. Tanıştığımıza çok memnun oldum," dedi.

Benim mi ağzım iki karış açık kalmıştı, yoksa ağzımdan içeri hava girişini engelleyen dudaklarım mı yok olmuştu, kötü bir çizgi filmdeymiş gibi anlayamamıştım; ama cicim hanım elimi tüm içtenliği ile sıkıyor ve o kusur bulamayacağım sıcak gülüşünü bana bahşediyordu. Cicim hanım gitmiş, yerini Beste almıştı ve ben onun karşısında Cansu olmaktan utanmıştım.

Bu genç kız kimdi bilmiyordum; ama böylesi bir mükemmellik Timur mafyatiği ile aynı çatı altında ne arıyordu? Hayır, elbette ki kıskandığım falan yoktu! Sadece meraktı benimkisi ve uydurduğum binlerce senaryo birbirini takip ederken, az kalsın az önce kapıyı dinler vaziyette bu kıza yakalandığımı unutacaktım! Has... Küfür yok!

"Ağabeyim bana sizden bahsetmişti. Ben de tanıştırması için onu bekliyordum. Gerçi odanızı biliyordum; ama sizi rahatsız etmek istememiştim. Saldırıya uğradığınızı ve hafif morluklarla atlattığınızı söyledi teyzem. Aslında bir iki kere odanıza gelmeyi denedim; ama teyzem evde olmadığınızı söyledi. Geldiğinizde de aslında ben biraz ortalıktan kaybolmak istemiştim. Aşağı seraya indim. Serayı gördünüz mü? Ah! Gene çok konuşuyorum, değil mi? Heyecanlandım! Heyecanlanınca hep böyle oluyor! Tamam! Sustum! Siz konuşun... Sustum!"

Rabbim! Bu kız da neydi böyle! Diliyle bir odayı tarayarak adam öldürebilecek biri varsa, o da tam karşımda duruyordu ve az önceki saldırısı banaydı! Nefes bile almadan konuşmuş, heyecanla çarpan kalbini neredeyse görebilecekmişim gibi elinde tuttuğu kitabı siper etmişti. Yaralanıp yaralanmadığıma bakmak için bir iki saniye vücudumu yoklasam yeriydi sanırım; ama bana az evvel nezaket göstermiş bir taramalı tüfeğe bunu yapamazdım! Ya da yapar mıydım?

"Ne oldu bir yerinize bir şey mi oldu, yoksa bir sorun mu var?"

Kahretsin! Yapmıştım!

"Yok, ben sadece... Evet, küçük bir saldırıya uğradım. Hafif ağrılarım var da... Otursak?"

Kapıyı dinlerken yakalanarak, onaylamaz bakışlarla karşılaşacağımı zannederken; onun yerine benim aksime, yaşının toyluğunu ve heyecanlarını yaşayan, çekingen ve naif bir genç kız vardı karşımda. Hemen hemen benimle yaşıt bu kızın karşısında, olduğum kişiden utanmamak elimde değildi. Öyle ki, bu defa ben kendimi onun karşısına oturmaya layık göremiyordum. Elimden geldiğince ondan uzak bir köşeye otururken, bu defa kaldırım değiştiren karşımdaki cicim hanım değil bendim!

"Abim sizin ses sanatçısı olduğunuzu söyledi. Nasıl bir duygu?"

Tükürüğüm boğazımda takılırken, fal taşı gibi açılan gözlerim 'sanatçı' kelimesine mi, yoksa ardından gelen soruya mı daha çok açılmıştı, açıkçası kestirmek mümkün değildi. Başımı ağır ağır salladığımda, az evvelki kapı dinleme mevzusunun açılmamış olması beni mutlu etmişti; ama şimdi ne cevap vereceğimi de bilemiyordum.

"Sanatçı derken... Şarkıcıyım."

"Ah, evet, evet, tabi... Nasıl da atladım, siz çok ama çok mütevazisiniz. Ağabeyim şahane bir sesiniz olduğunu söyledi, aynı bülbül gibiymişsiniz. Benim sesim berbattır. Hep çok imrenmişimdir! Gerçi harika bile olsa, onca insanın karşısına çıkıp, dinmek bilmeyen alkışlar eşliğinde, bir kelime bile etmem mümkün olmazdı. Siz nasıl heyecanınızı yeniyorsunuz? Ah, ben olsam onca insanın karşısında düşer bayılırdım. Konserlere de çıkıyorsunuz, değil mi? Sizin yerinizde olmak isterdim! Burası çok sıkıcı... Kitaplarım var benim. Kitaplarla bambaşka dünyalara açılmanın dışında yapabileceğim bir şey yok. Bakın bu da yeni okuduğum bir kitap. Bazılarını defalarca okuyorum ve bu da onlardan biri olacak. İkincisi de çıkacakmış biliyor musunuz?"

Afallamış şekilde, art arda gelen cümlelerin arasında, ağzım cevap vermek ve yanlış anlaşılmayı biraz olsun düzeltmek için açılıp kapanırken, aslında ne diyeceğimi bile bilmiyordum. Karşımdaki kızın, acemi telaşına şükretmem gerektiğini fark etmem, onca kelime arasında pek de zamanımı almamıştı. Kitaplar... Mevzunun benim sanatçılığımdan başka bir yere sürüklenmesinden memnun olsam da, konuyla ilgili tek bir bilgimin bile olmayışı, karşımda susmuş heyecanla ağzımdan çıkacak tek kelimeyi bekleyen kıza vereceğim cevabı kara kara düşündürüyordu. Onca ayyaş sarkıntının karşısında dimdik ayakta dururken, neredeyse bu saf masumiyetin karşısında küçülerek yok olmak üzereydim.

"E... evet... ç..çok iyi bir yazar... Neydi ismi? E... evet okumayı çok isterim." Boğazımı temizleyerek kızaran yüzümü saklamaya çalışırken, kekelediğimi fark etmek bile dehşet vericiydi. Kekeliyordum... Senelerdir yenmeye çalıştığım kekelemem yıldırım hızıyla geri döndüğünde, bir kere daha neden şarkı söylerken kendimi daha iyi hissettiğimi hatırladım. "S... s... sa... sa... n... a... şşş...arkı söyleyeyim mi?" Zorlanırken kırpışan gözlerimi ve kasılan bedenimi kontrol altına almaya çalışıyor ve genç kızın karşısında daha ne kadar kendimi utandırabileceğimi bilemiyordum. Kahretsin! Kekeliyordum ve küfür etme arzusu içimde had safhada yükseliyordu. Genç kızın istekli onayıyla 'pavyon şarkısı' sayılmayacak şarkı listelerini zihnimde taramaya başladım. Ah be Gönül Abla! Nasıl da unuttum ben seni! Ve başladım mırıldanmaya:

(...)
Baştan yarat ellerimi,
Baştan yarat gözlerimi,
Baştan yaz şu kaderimi,
Tanrım beni baştan yarat[1]
(...)

Gözlerimi şarkıyı söylerken ne zaman yummuştum bilmiyordum; ama darmadağın olan benliğim, dünyanın paramparça oluşunu haykırırken; cılız alkış sesleri duydum. Tok bir erkek sesi "Bravo!" dedi. Ardından ona eş; ama bana ondan çok daha güçlü gelen ses "Sana söylemiştim," diye, ben orada yokmuşum gibi yanındaki aynı boylarda olan adama konuştu. Bu sese artık aşinaydım ve neredeyse rüyamda bile görsem tanıyabilirdim: Timur!

Yanında duran hemen hemen ondan üç yaş kadar

---

[1] Gönül Akkor ve Emel Sayın gibi pek çok sanatçının seslendirdiği, günümüzde de Işın Karaca'nın eşsiz sesiyle dinlediğimiz sözleri Ali TEKİNTÜRE'ye, müziği Muzaffer ÖZPINAR'a ait eser.

küçük adama oranla, aynı boyutlarda olsalar bile, daha heybetli duruyordu. İçime, zorlukla engel olduğum bir gülme isteği doldu! Nasıl oluyordu da bu adam, olmayan genç kızlık rüyalarımdan fırlamış gibi durmayı başarabiliyordu?

"İlk aşkı, ilk göz ağrısıydı; ama hayatta en fazla acı yaşatan, canını acıtan da oydu işte."

"O da kim be? Kimin aşkı kızım!"

Bir hayal âleminde gibi dalgın bakan Beste'den gelen bu anlamsız cümle, ortada asılı dururken; Falaz'ın verdiği ani tepkiyle, genç kız elinde tuttuğu kitabı hepimize gösterircesine sallayarak, telaşla "Kitaptan," dedi. "Kadının ilk aşkı, ilk acısı... Bu şarkı tam da oraya yakışır."

Beste farklıydı. Benim etrafımda gördüğüm kızların ötesinde bir dünyaya aitti ve kesinlikle kaldırımın bizim tarafımız olmayan bir yanıydı orası. Muhtemelen pavyondan geldiğimi duysa, kalp çarpıntısından oracıkta düşer bayılırdı. Ancak kaldırımın öbür yanına da ait değildi Beste! O fırfırlı kızların aksine, beni ya da benim gibileri küçümsemez, elinde tuttuğu romanlardan fırlama, gerçeklik üstü bir romantizm ile gözlerimizin içinden tüm yaşamımızı görmeye çalışırdı. Kimdik ki biz? Neydik? Kimine göre otobüste bile vebalı gibi yanına oturulmayacak olan, kimine göre ise acılarla yoğrulmuş bir masal kahramanı... Oysa insandık, insandım! Korkuları olan, endişeler duyan bir insan...

... ...

"Neye gülüyorsun?"

"İnsanlığıma..."

Yanıma yaklaşan Timur neye güldüğümü sorana kadar gülmekte olduğumun farkında bile değildim. Dudaklarımın kenarları, istem dışı yukarı kıvrılmışken kim bilebilirdi, benim nemrut suratlı bir pavyon şarkıcısı olabileceğimi? Patron en çok buna söylenirdi. 'Neden gülmüyorsun' derdi, ben de 'Gülünecek bir şey göremiyorum,' derdim. O da bana derdi ki: "Etraftaki onca zevzek de mi gülünecek gibi değil?" Tabi paraları bana kalsa, ben de bilirdim gülmesini; ama bana kalan; beni soyacakmış gibi bakan aç bakışlar ve mücadeleden başka hiçbir şey değildi.

"Hadi şerefine koçum. Hayrullah, al ehlikeyfini gel sen de otur."

Timur'un neşeli sesi kulaklarımda bir melodi gibi yankılanırken, ben önümdeki bir ehlikeyfin içine oturtulmuş dolu rakı bardağına bakıyordum. Bir güne ne çok şey sığmıştı böyle... Gündüzleri uyuduktan sonra ev işleri yapıp, gece de sahne alan ve bundan başka hayatındaki tek rengi Nalân olan bir kadın için, fazla hareketli bir gündü. Yorulmuştum! Oysa tüm evi, cam silmek dâhil, temizlemek bile beni alışveriş merkezi kadar yormazdı. Vay anasını! Demek bu sosyete kadınlarının, bu yüzden evde iş yapacak halleri kalmıyor diye geçirdim içimden. Bir günde öyle bir hal almıştı ki her şey, bütün bunları neden yapıyor olduğumu bile bilmeden, sorgusuz sualsiz kabul edivermiştim her şeyi hayatıma. Timur'u kabul edivermiştim... Timur'un yanı sıra gelecek olanları kabul edivermiştim. Şimdi onun rakı masasında yanına oturmuş, Falaz ile karşılıklı bardaklarını tokuşturmalarını dinliyor ve bir yandan da önüme konmuş rakıyı izliyordum. Bulanık bir beyazdı rakı, aynı benim gibi... Benim yaşamım gibi... Beyaz masumiyet miydi? Ya da her beyaz masum muydu? Masumiyet ise, beni temsil edecek bir beyaz olsa olsa ucuz içki masalarından fırlama, iyice sulandırılmış bir rakı gibi, rakı beyazı olurdu... Bulanık... Puslu...

Masanın anason kokusu burnuma dolarken, Hikmet teyzenin birbirinden güzel gözüken mezeleri guruldayan mideme müjdeci gibiydi. Ne de çok acıkmaya başlamıştım burada! İnsan rahata çabuk alışır dedikleri bu olsa gerek ki, ben bir bardak su ile günü tamamladığım günleri neredeyse unutuverecektim! Hikmet teyze elinde bir ud ile masanın baş taraflarında yerini alırken, Timur onun önüne de bir duble rakı bırakmıştı. Hayrullah da yerini aldığında, gördüğüm en neşeli aile gibi duran bu bir olmayı, bir anlığına ne de çok istemiştim! Onlar birbirlerine aittiler.

Falaz'ın karşısında oturan Beste'nin, önünde tek rakı bardağı olmayan oyken, bu aidiyetin neşesi içerisinde kendi heyecanlarından uzak, sessiz bir mutluluk yaşıyor olduğu gözlerinden okunuyordu. Vay anasına yandığımın dünyası! Bu kâinatta tek aidiyetsiz ben miydim? Sağ elimi uzatarak kavradığım rakı bardağını, tüm acı tadına rağmen tıngırdayan udun eşliğinde kafama diktim. İçindeki sıvı gırtlağımı yakarak mideme doğru yol alırken; buruşan yüzüm, acı çekişimi yansıtırcasına herkesin dikkatini çekmişti. Alkole alışkın olmayan damarlarım, sanki alev almışçasına yanarken filmlerde gördüğüm sahnelerin nasıl da yalan olduğunu düşünmeden edemedim! Tıkanmıştım ve dilim bir karış dışarı çıkmış vaziyette derin nefesler almaya çalışıyordum. Boğazımı tıkayan öksürük, sanki beni boğmak istermişçesine soluğumu kesmişti! Sırtıma vuran güçlü el ve dudaklarıma dayanan su bardağı, uğuldayan kulaklarımın ardında duyduğum; ama anlamadığım seslerin ne yapmamı emrettiğini anlatır gibiydi. Tabi ya, rakı yanında su bardağı! Hay benim salak kafam!Pavyonda çalışıp da ağzına bir damla içkiyi rica minnet sürmüş biri olarak, bu işlerin acemisi olduğumu gayet net, rezil olarak ortaya sermiştim!

"Allah'ım! Rakı içemediğini neden söylemedin!" Öksürüklerimin arasında yanan gırtlağımı zorlayarak "Bi..bi..bil...bilmiyordum!" Kahretsin! Gene kekelemiştim! Gene başlıyordum. Derin nefes almaya çabalayarak suyu olabildiğince sakin yudumlarken, Timur'un dudakları arasından sadece benim duyabileceğim bir fısıltıyla, "İçki içemeyen pavyon şarkıcısı! Hey Allah'ım!" diye söylendiğini işitsem de cevap yetiştirebilecek durumda değildim.

İlerleyen saatlerde, vücuduma giren rakının da etkisiyle, buruk tada ve masayı saran anason kokusuna alışmıştım. Timur yanımda otururken, ister istemez içimi saran rahatlığın da bunda bir etkisi var mıydı bilemiyordum; ama çok hoşlanmasam da artık ilk andaki gibi tepki vermiyordum rakı bardağını yudumlarken. Tabi hemen yanında tükettiğim galonla suyu saymazsak! Şen kahkahalar masayı sararken, ardı ardına okuduğum parçalar ortamı çoktan şenlendirmişti bile. Derken birden gözlerim Beste'nin çok uzaklara dalıp gitmiş gözleri ile buluştu. "Tanrım Beni Baştan Yarat'ı bir daha söyler misin?" dedi ve 'Neden?' diye sormayı aklımın bir köşesine yazarak söyledim. Mümkünmüş gibi, Allah'a kaderimi baştan yaratması için içimden yalvarıyormuşçasına söyledim.

Hikmet teyze, Falaz'a bu gecelik yatabileceği bir oda açtı. Ben ise sendeleyen bedenimi üst kattaki yattığım odaya doğru çıkarmaya çalışıyordum; ama merdivenler gözlerimin önünde sanki uçuyordu ve ben Superman değildim! Tırabzanlara yaslanmaya çabalarken tökezleyen ayaklarım, kendimi henüz yarısına kadar çıkmayı başardığım basamakların üzerinden geriye doğru sendelememe neden oldu ve tam düşecekken yeniden güçlü eller tarafından kavrandım! Bedenimin yaslandığı güçlü

beden, anasonla karışık erkeksi bir kokuyla arkamdan beni çepeçevre sarmalamış ve hiç bırakmayacakmışçasına beni kavramıştı. Bakışlarımı, bedenimi kavrayan ellere indirdiğimde, içimden *'bana vuran eller'* diye geçirmeden edemedim. Oysa o eller *düşecekken* beni kavrayan ellerdi aynı zamanda... Hay ironinin böylesine!
"Teşekkür ederim."
"İzin ver." Ben daha 'Neye?' diyemeden, bacaklarımın altından geçen eller ayaklarımı yerden keserek beni kucakladı ve konuşmama izin vermeden beni odaya doğru taşımaya başladı. Oluşan bu yakınlık, rakı beyazı masumiyetimi derinden irdeletiyordu. 'Ben orospu değilim!' diye haykırdığım adam, beni kendisine ağabey diyen bir genç kızla aynı masaya oturtmuştu. Durumun karmaşıklığını çözemiyordum; ama yorulmuştum. Başımı Timur'un güven veren göğsüne yaslarken, kendiliğinden kapanan gözlerimin ardında biliyordum ki, sonradan Hikmet teyzenin yeğeni olduğunu öğrendiğim, Beste'ye bir teşekkür borcum vardı.

... ...
"Ne için teşekkür edeceksin?"
"Beni... Gammazlamadığı için..."

Timur beni yatağıma yatırdığında, sanki bedenim bir an onun yarattığı boşlukla titremişti. Uzun zamandır hissetmediğim kadar kimsesiz hissetmiştim; kapının kapanma sesini, kapalı gözlerimin ardında işittiğimde. Gözlerim açık olsa gidişine ağlayabilirdim bile belki. Oysa bütün bunlara alışık olmam gerekirdi. Kimsenin ısıtmadığı evime yapayalnız girip, soğuk yatağımda ayaklarımı karnıma çekerek ağladığım gecelerde alışmıştım çoktan. Çoğu zaman bilinçsizce yatan Nalân'ın,

titreyen bedenini ısıtmak için sarıldığım zamanlarda alışmıştım. *"Aldırma deli gönlüm. Giden gitsin, sen şarkılar söyle içinden..."*[2] diye mırıldanarak, o gözyaşlarını geldikleri lanet olasıca yere geri yollamayı iyi bilirdim. Şimdiyse, içimde açılan boşluğun manasını düşünmek bile istemiyordum. Yorgundum; hayattan, değişimden ve mücadeleden yorgundum. Kapalı gözkapaklarımı dönen dünyanın akışına bırakıp, bacaklarımı her zamanki gibi karnıma çekerek kollarımla sardıktan sonra, kendimi uykunun ağır kollarına teslim ettim. Ertesi sabah uyandığımda hatırlamadığımsa, Timur'un neredeyse sabaha kadar başucumda oturup, kapalı gözkapaklarımın kenarlarından sızan gözyaşlarını silmiş olmasıydı.
... ...
"Bu sefer neye ağlıyorsun?"
"Kimsesizliğime ağlıyorum..."

---
2 Sertap Erener'in 1992 yılında çıkardığı Lâl isimli ilk albümünün açılış parçasının mısrası.

4. Bölüm

Sabah uyandığımda; ilk defa, normal yaşayan insanlara göre bir saatte kalkmış olmanın tuhaf hissi vardı içimde. Eh, haliyle akşam istediğimiz kadar geç yatmış olsak da, pavyonda çalıştığım zamanla boy ölçüşemezdi. Kalkar kalkmaz kazınan midemi alışık olmadığım rakının bıraktığı bulantı bastırdı. Sarhoş olma ve kendi irademi terk edip, kontrolümü bir başkasına bırakma düşüncesi, beni hep korkutmuştu. Hayatta sahip olup da benim diyebildiğim, kontrolünü elimde tutabildiğim tek şey kendi bedenimken, bir başkasının hükmüne kalışının ne kadar ağır ve acı olduğunu benden iyi kimse bilemezdi.

Üzerimdekilerle yattığım için kırış kırış olmuşlardı. Normal şartlarda önemsemez onlarla güne devam ederdim; ama şimdi bu eve yakışmadığım fikri beni her anında yiyip bitiriyor, içimdeki beğenilme arzusuna karşı koyabilmem mümkün olmuyordu.

Aşağıya mutfağa indiğimde, Hikmet teyze çoktan kahvaltı hazırlamaya koyulmuştu bile. Beni gördüğünde yüzüne yayılan içten gülümsemesi, ister istemez beni ben yapan ne varsa içimde saklama isteği uyandırmıştı. Yıpranmış ucuz sarı saçlarımı arkada toplamış olmama rağmen, elimle bir kere daha düzelttim ve "Günaydın," dedim.

"Günaydın kızım. Erken uyanabildin onca yorgunluğa."

"Akşam erken yattık sayılır." Hay ben dilimi... KÜ-
FÜR YOK! Hay ben seni Timur! İçime işledin be adam...
Hikmet teyze kırdığım potu fark etmeden, kendisin-
den beklemediğim şen bir kahkaha atarak konuştu: "Ah
be kızım, deli oğlan seni de kendine benzetecek sonun-
da. O kadar diyorum sokmayın şu mereti eve, günah,
bereketimiz olmayacak diye; ama bana ne dese beğenir-
sin?"

"Ne diyor?"

"Bahçede kuruyorlarmış çilingir sofrasını. Hay, beni
de oturtuyor masaya, tövbe estağfurullah..."

Hikmet teyze taze gelin gibi kıkırdarken, içeri Timur
ve Falaz girdiler. Her ikisi de görmeye alışkın olmadı-
ğım şekilde, üzerlerine eşofman altı ve yarım kollu dar
atlet giymişlerdi. Timur o güne kadar onda görmediğim
bir neşeyle, Hikmet teyzeye yaklaşarak yanağından bir
makas aldı.

"Hikmet teyzem benim! Ne yapıyormuş bakalım be-
nim güzelim?"

Timur, Hikmet teyzenin bir yanına geçerken, Falaz
da diğer yanına geçerek öbür yanağından bir makas aldı
ve bir de öpücük kondurdu.

"Teyzem benim be! Oh mis gibi peynirli börek koku-
su alıyorum! Doğru söyle Hikmoş benim için börek ya-
pıyorsun, değil mi?"

Hikmet teyze gülüşüne bir mahcubiyet katarken, du-
rumundan gayet memnun olduğunu söyleyebilirdim.

"Deli oğlanlar sizi. Akşam o kadar hengameye yine
uyandınız guguk kuşu gibi. Buldunuz bir de sesi güzel
kızı. Kızları da uydurdunuz kendinize."

Ben utanmıştım. Başımı önüme eğerek, Hikmet tey-
zenin masaya götürmek için hazırladığı malzemeleri
kurcalamaya başladım. Mutfaktan bahçeye doğru açılan
kış bahçesine kurulu masaya gözüm ilişince, kahvaltıyı
burada yapacağımızı anladım. Camekânın içindeki bu

şirin alanda, çok güzel yarı ferforje masa ve sandalyeler duruyordu. Etrafa beyaz hâkimken, kendi ruhumun karası beni anlaşılan hiç yalnız bırakmayacaktı. Allah'tan lafı yeniden Falaz devraldı da, kimse içeri girdiğinden beri, beni dik bakışlarla izleyen Timur'un farkına varmadı.

"Hikmoşcum ama böreğin tüyosunu vermiyorsun, bak gene konuyu değiştin."

Falaz, Hikmet teyzeye sarılmıştı; ufak tefek kadın, iri yarı Falaz'ın yanında minnacık kalmıştı.

"Tabi ki de senin için deli oğlan. Zaten semirmiş kedi gibi dolaşan Hayrullah'a yapacak değilim ya. O ne bulsa yiyor! Mutfağımda bir şey bırakmadı, talan etti. O kadar diyorum evlenin diye hepinize. Bak bir başına kaldın, bakamıyorsun kendine. Bir deri bir kemik kaldın. O yanında taşıdığın şırfıntılar sana ne bakacak! Ancak önüne rakı koyar onlar..." Hikmet teyze onaylamaz bakışlarla başını iki yana sallarken, bir yandan da Falaz'ın fazlaca gelişmiş kol ve karın kaslarını yokluyordu.

"Ah be Hikmoş'um, bulmuyorsun ki bana şöyle helal süt emmişinden cici bir aile kızı, evleneyim."

"Hıh, bulsam evleneceksin sanki."

Hikmet teyze umursamazca omzunu silkerken, içeriye Hayrullah ve Beste girdiler. İkisinin de dışarıdan geldiği belli oluyordu.

"Ooo... Küçük hanım, nereden böyle?"

Falaz'ın meraklı sesi, Timur'un sert bakışlarıyla sönerken hepimizin ilgili bakışları da Beste'ye yönelmişti.

"Hiiiç... Alacağım bir iki bir şey vardı da Hayrullah götürüp getirdi."

Biz masaya doğru yürürken, "Kesin kitaptır kızım," diyen Falaz'ın şen, dalgacı kahkahasına eşlik eden kelimeleri, Beste'nin kızarmasına sebep oldu. Onun gülüşüne eşlik eden Timur'un, "Zaten bir gün o kitapların içine çekilerek boyut değiştirmesinden korkuyorum," demesiyle daha da dalgacı bir hale büründü Falaz.

"Bu kız var ya, gece rüyasında bile, o karakterleri sayıklıyor."

Timur'un neşeli kahkahaları ve dalgacı kelimeleriyle, Beste'nin hafif öne eğilmiş boynu daha da düştü.

Beste'nin parıldayan çekingen bakışları, Falaz ile Timur arasında gezindikten sonra benimle buluştuğunda; sanki nereye bakabileceğini bulmuşçasına kırpıştı. Nereye bakacağını bilemeyen bu bakışları iyi bilirdim. Kimi zaman ben de önümdeki pislikleri görmek istemediğimde aynı şekilde gözlerime bir rahatlama noktası arardım. Bakışlarımın mola vereceği, zihnime ağır gelen görüntülerden uzaklaşacağım bir nokta... Kimi zaman çocuk parkına gider, oturur saatlerce çocukları ile oynayan anne ve babaları izlerdim. Bir insanın babası olması nasıl bir şeydi acaba? Korkularına gem vuran, seni ölünceye kadar koruyacağına inandıran... Benim babam hepinizin canına okur dedirtebilen... Kimi zaman bir tokadıyla ağlatan; ama varlığıyla seni kendi zihninden bile koruyan, korktuğun; ama korktuğun kadar sevdiğin... Peki ya, annesinin olması nasıl bir şeydi acaba? İmkânsızlığın içinde bile önce seni düşünen birinin olması? Başını bir dize yaslayabilmek? Yaslandığın o dizde ağlayabilmek ve senden daha içten bir şekilde birinin senin için ağlayabilmesi? Işıldayan gözlerinin ardında, senin için birinin hazırladığı salçalı ekmeğe gülümseyebilmek...

"Kızım... Kızım Cansu sana soruyorum..."

"Ha... Pardon Hikmet teyze, dalmışım."

"İstediğin özel bir şey var mı kahvaltıda?"

Özel... Özel nedir ki?

"Yok Hikmet teyze, sağ ol."

"Emin misin Hacer?"

Timur'un sadece benim duyabileceğim kadar kısık sesi, bir anda kasılmama sebep oldu. Uzun bir zamandan beri... O geceden beri, kimse bana Hacer demiyordu. Hacer ölmüştü ve şimdi Timur tabutundan çıkabilmek için çığlıklar atan bir hayalete seslenmişti.

"E-e-e-ek-k-mek..." Kekelemenin başladığı ana içimden lanet ederek, derin bir nefes aldım ve yeniden denedim: "Salçalı ekmek..."

... ...
"Hacer'i nereden biliyorsun?"
"Sen benimsin unuttun mu? Ben benim olanı bilirim!"

Yemekten sonra Timur, beni *ucuz gözüken* saçlarımdan kurtulmam için Hayrullah ve Beste ile kuaföre yolladığında, biraz içerlemiştim doğrusu. Tamam, saçlarım ucuz sarı boyadan yıpranmış ve çalı gibi duruyor olabilirdi; ama bunu kimsenin yüzüme vurmasına da gerek yoktu. Sabahın ilk ışıklarına kadar çalışan bir kadının gündüz ev işi yapmak ve uyumak arasında kendine o süslü kokana bakımlarından yapacak ne hali ne de parası olmuyordu tabi. İçimdeki kızgınlık geldiğimiz lüks kuaföre kadardı. Görür görmez dibimin düştüğü, anasına yandığımın mekânına kaç para bayılacağımızı Allah bilirdi; ama nasılsa benden çıkmayacaktı. Oh olsun o herife, dedim içimden. Sen misin beni küçümseyen, bayıl paraları da aklın başına gelsin. Tabi hesap etmediğim, rüyamda bile görsem dudağımın uçuklayacağı faturanın, Timur için devede kulak kaldığıydı. Ah! Tabi bir de, unutmamam gereken Timur Abi Kanunları uyarınca, itirazlarıma rağmen, kısacık Rihanna modeli kesilerek, saçımın kendi tonu olan, en koyu kahveye boyanan saçlarım! Bakımevinde bitlenmememiz için kısacık kesilen saçlarımıza inat, hep uzatmıştım ben o saçları. Evet, yanmış ve yıpranmışlardı; ama benim tercihimdiler. Kimsenin bana dayatmadığı ya da kimsenin mecbursun demediği benim saçlarım! Hayrullah, zebani gibi başımda dikilerek, elinde tuttuğu fotoğrafı burnu havada kuaföre uzatırken; itiraz hakkım olmamıştı bile. Saçlarım belki Kerime Nadir romanlarındaki beslemeler gibi kesilmemişti ve yüzüme eskisinden de çok yakışmıştı; ama ben kendimi o beslemeler gibi hissetmiştim: Ucuz, satın alınmış ve kimsesiz...

Eve geri dönüşümüz boyunca Timur Abi Kanunları uyarınca, saçına sadece fön çektirebilen ve kesinlikle boyanın 'b'sini bile sürdürtmesi yasak olan Beste, beni avutmaya çalışsa da nafileydi; Timur'dan bunun hesabını soracaktım.

"Cansu, bak gerçekten çok yakıştı. Gözlerin... Onlar çok güzeller ve tüm güzelliğiyle yüzün ortaya çıktı."

"Karışma Beste, senin de kalbini kırmak istemiyorum! Evet, sana karışabilir belki; ama bana ve tercihlerime karışmaya hakkı yok!"

"Cansu, Timur Ağabey bizim iyiliğimiz için bir şeyler ister."

Beste tabi ki ona böylesine güvenebilirdi ve elbette Timur onun iyiliğini isterdi. Sonuçta o Beste için 'abi' değil 'ağabey' idi; ama ben onun satın alınmış malıydım. Bu masum insanlardan hiçbirinin bilmediği karanlıktım ben. Yokluğun içinde var olup, her istediğini tırnaklarıyla taş duvardan kazıyarak alırken, kendi hatalarıyla kanayan dizlerine tuz basan Cansu'ydum.

"Nerede o!"

"Kim nerede kızım?"

Hikmet teyzenin sesi arkamdan meraklı ve sorgulayıcı şekilde geldiğinde, bir hışım ona döndüm. Kısılı dişlerimin arasından tıslarcasına konuşurken, çakmak

çakmak açıldığına emin olduğum gözlerimin düşmek istemeyen yaşlarla parladığından emindim.

"Timur denen o it... (Lanet olsun küfür yok!) İtibarı yüksek adam!" İlk hecemle gözleri fincan gibi açılarak, beni ayıplayan Hikmet teyzenin bakışlarını üzerimde hissetmek, beni utandırarak biraz sakinleştirse de, içimde kanayan yaranın acısı hâlâ kendimi haklı görmeme sebep oluyordu. Geçmişim ya da geleceğim kimsenin umurunda bile değilken, neden iki tel saçım bu kahrolası adama dert olmuştu ki? Ucuz mu görünüyordum? Evet, ucuz görünüyordum; çünkü ben ucuzdum! Bunu o anda onun yüzüne haykıramamış olmak gitgide derinleşen yarama tuz basarken, yıkılan irademle içimi saran korkuya teslim olmamak için tutunabildiğim tek şeydi öfkem.

"Timur oğlum bahçede, serasında. Geç otur, soluklan... Saçların da çok yakışmış. Eski hali de güzeldi; ama senin gibi bir kıza yakıştıramamıştım."

Hikmet teyzenin açık sözlülüğü beni etkilese de, şu anda ona da kızgındım ve içimden gelen tek şey, *'Ben o yakıştıramadığın sıfatların ta kendisiyim'* demekti. Diğer yandan tüm bunlarla kaybedecek zamanım yoktu ve bir an önce, içimdeki öfke yerini korku ve umursamazlığa bırakmadan, gidip rehin alınmış yaşamımın hesabını sormalıydım. Bahçeye doğru yaptığım hamle, yeniden Hikmet teyze tarafından blokaj yedi: "Timur oğlum seradayken kimseyi istemez ve çok kızar."

Ters bakışlarımı, kuşkuyla beni süzen Hikmet teyzeye çevirerek meydan okurcasına, "Beni gördüğünde kızmasa iyi eder!" dedim ve kendimden emin adımlarla bahçeye, oradan da seraya doğru ilerledim.

Seranın kapısına geldiğimde, içeri girip girmemek konusunda çok da emin değildim. Burası daha önce yukarıdan görüp merak ettiğim alandı. Ne yapıyordu bu adam burada? Küçük sayılmayacak bu alan, onun uyuşturucu bahçesi miydi? Yoksa... Yoksa öldürdüklerini buraya mı gömüyordu? Birden içeri girersem, acaba kesik kol ve bacaklarla mı karşılaşacaktım? Görgü şahidi oldum diye beni de öldürür müydü? Eh, tabi can tatlıydı haliyle... Kapıya uzanan elim bir an tereddüt edince, kapı içeriden ani bir şekilde açıldı ve neredeyse kapıdan daha uzun sayılacak Timur, yüzünde hain bir sırıtışla gözlerini bana dikti. Üzerimde dolanan bakışları tekrar saçlarıma ve oradan da gözlerime takıldığında, yüzündeki sırıtış giderek soldu ve gözlerim beni yanıltmıyorsa, anlamsızca sıkıntılı bir sinire dönüştü. Timur bir adım gerileyerek kapının önünü açarken, nefesinin bir saliseliğine hızlandığına bile yemin edebilirdim. Tabi ki, o sırada benim kalbim neredeyse ölecekmiş gibi çarpıyor olmasaydı...

"Sabaha kadar orada dikilecek misin? Yoksa seni içeri ben mi çekiştireyim?"

Timur'un komutunu sessiz bir itaatle dinlerken; içeri doğru attığım her adım, daha önce hiç yaşamadığım şaşkınlıkla ve hayranlıkla sanki daha da yavaşladı.

"Ne oldu? Şaşırmış görünüyorsun? Yoksa Hint keneviri tarlası mı bulmayı ümit ediyordun?"

"Y-yo-yok canım ne demek. Sadece... Ben... Ben böyle bir şey beklemiyordum."

İçerisi birbirinden etkileyici onlarca çiçek türüyle dolup taşıyordu. Her biri türüne ve rengine göre gruplanmış ve ortaya eşsiz bir renk şöleni sunmuştu. Ortada kurulu büyük ahşap tezgâhın üzerinde boş saksılar, bir takım tohumlar ve çiçek soğanları mevcuttu. Tezgâhın gerisinde üç kişilik pufuduk bir koltuk ve üzerinde bir battaniye vardı.

"Bahçıvanın iyi iş çıkarmış."

Çiçeklerin etrafa yaydığı etkileyici kokular, sinirlerim üzerinde sakinleştirici bir etki bıraksa da, esas az sonra duyacaklarımın beni şokun etkisiyle akıntıya sürükleye-

ceğini bilemezdim. "Buradaki her şeyi ben yetiştiriyorum..."
"Nasıl yani? Bahçıvan yapmıyor mu?"
"Buraya benden başka kimse giremez!"
Ben bir an kendime bakarak tereddüt edince Timur ekledi: "Ve tabi benim geçici de olsa izin verdiklerim... Evet, ne için gelmiştin?"
"B-ben... Şey..."
"Boş durma da madem, şu topağı getir bana."
Etrafıma bakındığımda, masanın dibinde duran yarısı boşalmış bir çuval toprağı fark ettim. Yeni manikür yapılmış ellerime kıyamasam da, buraya geliş amacımı hatırlayana kadar bir işle meşgul olmak benim de işime gelirdi doğrusu. Yüklendiğim çuvalı tam da Timur'un yanına, tezgâhın üzerine koyduğumda; elinde kökleri toprağa bulanmış, rengi fuşya ile mor arası, kırçıl kırçıl bir çiçek duruyordu. Timur büyük bir titizlikle, özenle seçtiği saksıya biraz toprak dökmemi işaret ederek, elinde tuttuğu kökleri itinayla yerine yerleştirdi. Çiçeğe sanki bu dünyadaki en kırılgan varlıkmışçasına davranmasını, sanki üçüncü bir göz çıkarmışçasına izliyordum. Bana acımasızca vuran bu eller, şimdi bir çiçeğin tek bir yaprağının kopmaması için hassasiyet gösteriyordu. Timur, sanki gençlik pınarından su alıyormuşçasına tek bir zerre suyu israf etmeden, incelikle örttüğü kökleri sularken; içimde yankılanan sokak çiçeklerinin günahı, yüreğimi sızlatmışsa kime neydi? Belediyenin ektiği, yol kenarı çiçeklerini kim umursardı ki? Sokağa çıkardığın köpeğin üzerine hacet giderirken ve densizin biri köküyle toprağından koparıp yapraklarını yolarken, yanından geçen 'ne de güzel çiçek' demiş kimin umurundaydı? Saksısında altın varakların olmadığı, otomatik sulama sistemleriyle gelişi güzel sulanan siyah, delikli plastikteki, solmamak için çırpınan bir çiçekti benim ruhum. Kim takardı? Gözlerime hücum etmek için çır-

pınan yaşları, derin soluklarla bastırmaya çabalamakla uğraşırken, hak etmediğim itibara layık görülmüş bir çiçeği de kıskanacak değildim ya?

... ...

"Bu ne çiçeği?"

"Kırçıllı karanfil; üzgünüm ama bitmek zorunda..."

"Nasıl yani anlamadım? Ne bitmek zorunda?"

"Kırçıllı karanfil *'üzgünüm ama bitmek zorunda'* demektir."

"Çiçeklerin dili mi var?"

"Her şeyin bir dili vardır ve tabi ki çiçeklerinde bir dili var. Mesela... Bu..."

Timur eliyle bir rafta gruplanmış soğanlardan birini işaret ediyordu. "Zamanı gelip açtığında alacalı lale olacak."

Bakışlarını bakışlarıma dikerek, siyah kalın kirpiklerle çevrelenmiş hafif çekik gözlerini bir an bile kırpmadan, bir tını daha kalınlaşmış sesiyle, "Gözlerin çok güzel..." dedi. Timur bir anda boğazını temizleyerek yeniden önüne döndü ve "Yani, gözlerin çok güzel demek," diye düzeltme yaparmışçasına ekledi. Sanki onun ağzından çıkacak kelimeleri, ben üzerime alınırmışım da sanki!

Bakışlarımı etrafta dolandırırken, yakınımda duran setin üzerinde bir grup rengârenk çiçeğe takıldı gözlerim. Çoklu dalların üzerinde, minik çocuk hırkası süslerini anımsatan birden fazla sevimli çiçek çok güzel gözüküyordu. Elimi uzatarak, "Bunlar ne çiçeği? Anlamı ne peki?" diyerek dokunacakken; Timur, ani bir hareketle bileğimi kavradığında canım acıyarak çıktığım kabuğa geri çekildim.

"Dokunma sakın!"
"B-b-b-be-be-ben..." Lanet olsun gene kekeliyordum ve yemin edebilirdim ki Timur bana acıyan gözlerle bakıyordu! Kahretsin!
"Onlar frezya..."
Yumduğum gözlerimi kaybolmak istercesine karanlığa boğarken, Timur'un erkeksi sesi kulağımın dibinde yankılanıyordu: "Suçsuzluğu temsil ediyorlar."
Aramızda oluşan sessizlik boyunca yeniden gözlerimi açarak ona bakabileceğimi sanmıyordum; ama az önce acıyan bileğimde hissettiğim yumuşak ve kışkırtıcı dudaklar bir anda yüreğimin yerinden oynamasına sebep oldu.
"Özür dilerim, moraracak."
"Önemli değil..."
Timur tenimin üzerinden konuşurken, kalbim yerinden çıkacakmış gibi çarpıyor; benliğimin bir yanı kolumu çekerek kaçabildiğim kadar uzağa kaçmamı söylerken, diğer yanı sonuna kadar kalıp teslim olmam için yalvarıyordu. Neye teslim olacağımı bilmiyordum. Kalbimin her teklemesi, sanki bir ömür tüketip yenisine başladığımı söylerken; tüm bedenimi saran korku, beni adeta alaşağı ediyordu. En son sindiğimde yedi yaşımda mıydım bilmiyorum; ama şimdi sinmiştim işte. İçmek istediğim sütü benden daha büyük ve daha iri bir çocuğa vermek istemediğimde yediğim dayakta sindiğim gibi sinmiştim. Kütüphanede elime geçen kitapta ne yazıyordu? *"Nedensiz yere mutlu olabildiğim çocukluk yıllarım..."* Benim de o yıllarım eskimiş ve çok uzaklarda kalmıştı. Kim olduğumu bilmediğim ve önemsemediğim yıllar, bir çocuğun reklamdaki bir cıngıl ile mutlu olup kahkaha atabildiği yıllar...
Tenime varla yok arası değen bir başka ten, bıraktığı izlerin üzerinden geçerken; ruhumun bir yerlerinde oluşan, beş parmağın izi beni korkak bir tavşan gibi sindir-

mişti olduğum yere. Kaçmak istesem bile bacaklarımın buna mecali yoktu ve ben kahretsin ki kaçmak istemiyordum!

"Ne için gelmiştin?"

Ne için gelmiştim? Ben... Ben kızgındım...

... ...

"Saçlarım... Buna hakkın yoktu..."

"Benim her şeye hakkım var! Ama... Haklısın, bu kadar dikkat çekici olmamalıydın..."

Koşar adımlarla kendimi nefes nefese odama attım. Kapımı kapattıktan sonra yaslandığım duvarlar sanki üzerime yıkılacak gibiydi. Kalbim dudaklarımın ucunda atarken, içimden okkalı bir küfür savurmak istedim; ama Timur tüm küfürlerimi tüketmişti.

Kanayan yaralarım vardı benim, hiç tükenmeyen bir pınarın çağlayanları gibi. Acıyordu... Ruhumdaki her bir gedik sızlıyordu. Ben ağlamazdım, dik dururdum; ama o beni büküp eğiyor, şekil veriyor, hüküm veriyordu. İçimi görüyormuş gibi yakalamıştı bileğimi ve aptal çocukluğumun suçunu görmüştü. Ben ona neden kızıyordum ki? İki üç boynu bükük çiçeğe dokundurmadığı için mi? O sadece birçok insanca aşikâr olanı görüyor ve onu şekillendiriyordu en nihayetinde. Ben çoktan Cansu olmuştum, Hacer'in canı yanmamalıydı!

Banyoya girerek tenimi yakacak kadar sıcak suyun altına kendimi attığımda, acı değildi hissettiğim; kurtulma ihtiyacıydı. Hacer, uzun bir sessizlikten sonra, yüreğimin tam ortasından, aptal masumiyetiyle cılızca baş verirken; tenimi dağlayan Timur'un ateşinden tenimi soyunmalı, ondan kurtulmalıydım. Yoksa içimde gömülü Hacer, Timur'u severdi ve bu sonum olurdu. Duvarlarım yıkılır, binlerce kırbaç darbesiyle bininci defa daha ölürdüm.

Vay anasına yandığımın! Ben kahrolası çiçeklere dokunamayan kızdım! Timur'u sevmek de neydi?

Timur'u sevmek... Böyle bir ihtimal mümkün dahi olmasa da, düşünmek bile insanı bir tuhaf yapmaya yeterdi. Peki ya Timur tarafından sevilmek? Şeytan hınzır düşüncelerini zihnime itiyordu. Hacer de böyle kanmamış mıydı, aptal hayallerin umut vadeden parıltısına? Timur, karanlığın içinde, üzerine ultraviyole ışık tutulmuş belgesel akrebi gibi parıldıyordu işte. Oysa o ölümcüldü. Keskin bir bıçaktı Timur.

O keskin bıçak tarafından bilenmek? Bu mümkün müydü? Onun Hikmet teyzeye nasıl baktığını, Beste ile nasıl konuştuğunu görmüştüm. O sahiplenici ve hükmediciydi. Hata kabul etmeyen ve kınında bile kesebilen bir tehlikeydi. Bütün bunların yanı sıra, o bir kadını nasıl severdi? Sever miydi? Yoksa dürtüleri gereği sadece sahip mi çıkardı? Bunları boşuna düşünüyordum. Hangi anne oğluna gelin isterdi beni? Ya da hangi oğul annesinin karşısına alnı ak gelinim diye çıkarırdı? Kimse! Ben beyaz gelinliği ancak, ucuz ışıklar altında sahne kostümü diye giyerdim, ki onda bile kirletmeye ne hakkım vardı? Beyaz masumiyet değil miydi? Ben olsa olsa kırmızı bir damga gibi kim olduğumu ve nereden geldiğimi üzerimde taşırdım.

Sahi kimdim ki ben?

Metres... Kapama... Timur'un bir kere bile elini süremeyeceği kapamasıydım ben. Ölürdüm de kendimi bir daha, tek bir kere daha, bir erkeğin ellerinin altında göremezdim. O halde niyeydi? Neden karşı koyamayacakmış gibi korkuyordum, karşımda duran bu çelikten örülmüş adama ve titriyordum, rüzgârda dalından düşememiş kuru bir yaprak gibi? Tenim neden hiç bilmediğim bir alevle dağlanırken, ben alev alev yanıyordum bir yangının en kor kırmızısıyla? Masum bir gelin gibi nazlanacak halim yoktu ya! Ama kahretsin ki...

Dizlerimin üzerine çökerek öne eğdiğim başımla, teslim olmuştum neredeyse kaynayan suyun kızartana kadar yaktığı sırtımın acısına. O acıyla bastırmaya çalışıyordum içimdeki korlarıyla yıkan acıyı. Tenimi dağlaya dağlaya akan su kesildiğindeyse kulaklarımda yankılanan ses tuttuğumu bile bilmediğim nefesimi ciğerlerimden söküp almıştı: "Üzerini giyin! Üşüyeceksin..."

Arkamdan gelmişti ve içimi daha da büyük bir yangın sarmıştı. Adına hayal kırıklığı mı diyecektim? Beni neden kendisine layık görsündü ki koskocaman Timur Bey? Ama gelmişti işte buraya kadar ve ben kırgın bir öfkeyle sadece kendime kızıyordum. Ben hangi namusla onun namusunun vitrini olacaktım? İki bacağın arasına sıkışmış bir namusla, kiminle boy ölçüşebilirdim? Beste imrendirecek derecede tertemiz karşımda dikilecekken, kendimi hangi yarışın kahramanı sayabilirdim? İsyanım kendime, bir frezyayı bile elime gelin çiçeği yapamayacak aptal hayallerimeydi. Oysa şimdi bu isyan kabarmış, bilediği dişlerine karşısına ilk çıkanı kurban etmek istiyordu.

Timur, beni kaynar derecede sıcak suyun altından çekerken; ona vurmak için çırpınan ellerimi kavrayarak, acıyan sırtımı bedenine bastırdı. İçimden haykırmak geliyordu; ama sesim sanki beni terk etmişti. Kelimeler ağzımdan dökülmüyor, sessiz çığlıklarla beni boğuyordu. Beni böyle görmesinden, bu kadar aciz olmaktan ve bir türlü temizlenememekten utanıyordum. Beni temizleyecek hiçbir deterjanın olmayışına lanet ediyor ve kendi kararlarımla sürüklendiğim hatalarıma isyan ediyordum. Beni ben yapan ve suçsuzluğa el sürmeye bile layık kılmayan öfkeli nefretim...

Oysa unutuyordum... Timur'un ne suçu vardı ki? O sadece Cansu'yu biliyordu, Hacer diri diri gömülmüştü.

Ben ağlamazdım!

... ...
"Bana isyan etme!"
"İsyanım sana değil... Kendime..."

5. Bölüm

İnsanın içi yanarken yaşaması ne de zormuş. Kimi zaman bir ton kömür gibi binermiş hayat insanın sırtına, kimi zaman da gerisinde o kömürün kocaman kara bir boşluğunu bırakırmış. Benim de hayatım böylesine bir yükle, dayanılmaz bir boşluk arasında gidip gelen vatman gibiydi. Varacağı yere varamayan bir vatman...

"Basma kızım bu deli oğlanın Laz damarına," demişti Hikmet teyze. O günün üzerine bir hafta geçmiş ve biz birbirimizi hiç görmemiştik Timur'la. "Anne tarafından Oflu'dur o, baba tarafından da Sürmeneli. Benim ahretliğim bana emanet etti bu oğlanı ölürken. On iki yaşındaydı elime kaldığında. Bir de Beste'm kaldı anasız babasız. Kız kardeşimin kızıdır Beste. Babası subaydı. Tayinleri çıkmıştı. Hain bir pusuda şehit düştü ikisi de..." Hikmet teyze kısa bir an için durmuş ve yutkunmuştu. Dilinin ucuna kadar gelenleri tükürmek istercesine, elinde ayıkladığı fasulyelerden üç-beş tane kadarını sıkıp beklemiş, sonra da devam etmişti: "Timur'un babası Hamdi Bey hepimize sahip çıktı. Pek merhametli adamdı rahmetli, erken öldü. Kalpten..."

"Hiç evlenmedin mi?" diye sormuştum. Başını iki yana sallayıp, "Bu iki yavrucak elime bakarken nasıl evlenirdim?" demişti. Başımı önümdeki fasulyelere gömmüş, akmamak için titreyen gözyaşlarımı saklamıştım ben de. Bir kadın kendi canından kanından olmayan iki çocuk için, tüm hayatını şekillendirirken; bir anne, kendi canından can, ruhundan ruh kattığı yavrusunu nasıl bırakır giderdi? Bir insan evladından nasıl vazgeçerdi?

İçimdeki yangın alevlerini sağa sola saçarken, derin derin solumuştum. Ciğerlerimi dolduran Hikmet teyzenin kokusu anne kokusu gibiydi. Biraz kavrulmuş soğan, biraz gül suyu... Gerçek, sıcacık anne kokusu... Tabi bu konuşma bir haftalık işkencenin başlarındaydı. Timur, sıcak suyla yanan sırtıma merhem sürdükten sonra, odamdan çıkmış ve bir daha da karşıma çıkmamıştı. Gerekli ne varsa, evde Hayrullah hallediyor, Timur'un bıraktığı talimatları bize tek tek bildiriyordu.

Eve girip çıktığı saatleri yakalamak istemiştim. Nedeni yoktu, sadece merak etmiştim. Ama onu bile yakalayamamış ve sonunda eve gelmediğine kanaat getirmiştim, ta ki bu sabaha kadar. Bu sabah çalışma odasından yükselen, ağlayan bir kemençe sesiyle güne merhaba demiştim. Kafamdaki Timur'un kemençe çalmasının mümkünatı yoktu; ama öğrendiğim kurallar uyarınca bir çalışma odasına, bir seraya, bir de Timur'un yatak odasına bunlardan ikisini temizlemek için giren Hikmet teyze haricinde kimse giremezdi!

Bu evde uyandığım ilk gün, gözlerimi açtığım erkeksi ama ferah odanın Timur'un odası olduğu ve seraya da girmiş olduğum gerçeği, kesinlikle son odaya da girebileceğim tezini ortaya atıyor sayılırdı. Yoksa sayılmaz mıydı? Sonuç itibariyle üzerimdeki rahibe işi, beyaz uzun gecelikle, çıplak ayaklarım beni kemençe sesine doğru çoktan sürüklemeye başlamıştı bile. Bütün bunları düşünecek vakit olmadığı gibi, sabah serinliği biten yazın ardından beni ürpertmişti. Deli gibi çarpan kalbim, odada kimi göreceğimi bilse bile, meraktan ölüyordum. Bir hafta boyunca neredeydi? Neden eve gelmemişti ve sabahın bu saatinde bu kemençe sesi de neyin nesiydi böyle!

Elimi uzatıp kapının kulpunu indirdiğimde, duyulan

klik sesi kemençenin tiz tınısı içinde boğulup kaybolmuştu. Açılan kapının ardında, camın önünde, masasının ardında duran Timur, elindeki kemençeyle çıkardığı tınıları kapalı gözleriyle dinliyor ve her tınının çıkışından sonra yaşadığı inişle başını ahenkle sola yatırarak ritim tutuyordu. Nameler daha da hüzünlü bir hâl alırken, yan profilden gördüğüm kadarıyla beni fark etmemişti bile. Halen daha kapıyı kapayarak odama dönmek için şansım vardı; ama çıplak ayaklarım beni tam tersine içeri taşıdı. Henüz bir ses çıkarmaya korkuyor ve karşımdaki manzarayı doya doya izleyebilecek zamanı kendime yaratıyordum. Maun kaplı odada her şey ahşaptandı. Deri karışımı koltukların kollarındaki ince ahşap oymalar, ne kadar pahalı olduklarını haykırıyordu adeta. Aynı zamanda da ne kadar zevkli biri tarafından seçildiklerini... Farklı bir tarzı vardı Timur'un. Bir köşede adının frezya olduğunu öğrendiğim bir grup çiçek duruyordu. Dokunmayı bile hak etmediğim çiçekler...

Timur, arkaya doğru taranmış kömür karası saçları ve biçimli kaşlarıyla her genç kızın kalbini çalabilecek kadar yakışıklıydı. 'Bir gün çocukları da kendisine benzerse çok şanslı olacaklar' diye içimden geçirdiysem de, ona bu çocukları verecek kadını sebepsizce kıskandım. Kemençenin tellerine eşlik ederek içimde titreyen kıskançlık, daha derin nefes almama sebep olsa da, kendimi odanın dışına atamadım. Son bir nameyle uzayarak tamamlanan ahenk alçalarak son bulurken, Timur'un açılan gözleri bir anda yan dönerek üzerime kilitlendi. Üzerimdeki uzun kollu ve yüksek yakalı beyaz ketenden gecelikle bile, o anda kendimi çırılçıplak hissediyordum. Timur'un farkındalığına eşlik eden ürpertiyle dikleşen göğüslerimi saklayabilmek için, ellerimi önümde kavuştursam da Timur pavyonda beni izleyen adamlarınkine hiç benzemeyen bir açlıkla beni süzmüştü. Korku! Korku tüm bedenimi ele geçirirken, avcının avlanmak için yapacağı hamleyi bekleyen av gibiydim. Yakalanmıştım!

"Daha ne kadar orada dikilerek, içeriyi soğutacaksın?"

"Efendim? Anlamadım?"

"İçeri gel. Kapıyı kapat." Anlık bir duraksamadan sonra devam etti: "Elektrikli soba yanıyor karşısına geç." Eliyle bana uzunca bir koltuğu gösterirken, koltuğa doğru yayılan sıcaklık çok cezbediciydi. Koltuğa hızlı adımlarla geçerek, ayaklarımı yukarı karnıma doğru çektim. Geceliğimin uzun eteklerini ayaklarımın üzerine örterek, kollarımın arasına sardım. Yaşadığım an beni eski yetimhane günlerine, yağan yağmuru üşüyerek camdan izlediğim gecenin o kör karanlığına götürdü. Şimdi de gün artık nispeten daha geç doğuyordu. Yarı aydınlanmış sabah, halen daha karanlığını korurken; yalnız ruhum, kendisine en az benim kadar yalnız bir eşlikçi bulmuştu.

Kemençenin notaları yeniden ruhuma işlemeye başladığında, Timur bu defa gözlerini yummadan çalıyordu. Kahvenin siyaha kayan değişik tonları arasında geçişler yaparak illüzyonlar yaratan gözleri; benim kara közlerime kilitlenmiş, sanki ruhumu okuyordu. Ruhumdaki karanlık boşluğu, çektiğim acıları ve içimi saran hüznü görür müydü bilmem; ama gözlerimden, kemençenin tellerine akan her sızıyı duyabiliyordum. Sızlıyordum... Sızlıyordu... Kanayan bir yara gibi sızlıyorduk...

Bir süre sonra dayanamayarak gözlerini ilk kaçıran ben oldum ve kemençe sustu.

....

"Ne işin var burada?"

"Seni merak ettim..."

"Etme! Beni merak etme..."

"Peki..."

....

Hüzündü içimi saran. Bir hüzün ki dudaklardan dökülemeyecek bir inilti gibi canımı acıtan... Ruhuma engel koyan ve gözlerimde yaşları donduran... Bir hüzündü yaşamak. Yalnızlığı doya doya sindirirken, kimsesizliğe baş kaldıran bir hüzün. Bir hüzündü benim yaşamım. Engel tanımayan ve son bulacağı günü beklemeyen... Merak etmenin bile çok görüldüğü bir hüzün... Ellerim kollarım bağlı beklemek zorunda kaldığım bir hüzündü Timur... Yaşam Timur'du ve Timur hüzündü, ruhuma ilmek ilmek işleyen... Kapalı gözlerin ardında duyulan özlemdi. Kendime bile itiraf edemediğim güvendi. En güvenilmeyeceğe duyulan, güven dolu bir hüzündü...

"Nerelerdeydin oğul?"
"İşlerim vardı Hikmet'im..."
Sabah kahvaltısına oturduğumuzda Hikmet teyze büyük bir sevinçle karşılamıştı Timur'u. Beste boynuna atılırken, dayanamayıp benim soramadıklarımı ilk soran Hikmet teyze olmuştu.
"Falaz da seninle miydi ağabey?
"Sen ne yapacaksın Falaz'ı?"
"Yok, kaç gündür o da gözükmüyor da, o olsa hiç değilse senden haber alırdık diye şey dedim ama ben... şey..."
Beste önüne eğdiği başıyla, kızaran yanaklarını saklamaya çalışsa da başaramamış ve domates gibi ortada kalmıştı. Falaz'a duyduğu hayranlık fazlasıyla belli oluyordu; ancak Timur bunu anlamasına karşın, beni şaşırtacak derecede görmezden geliyordu.
"Falaz Ağabeyin yakında gelir. Ona bir görev vermiştim yerine getiriyor!"

Kelimeler tamamlanmadan, Hayrullah yanında Falaz'la mutfak kapısında beliriverdi.

"Abi n'aber?" "N'aber fıstık?" Falaz içeriyi dolduran neşesiyle Timur'u selamladıktan sonra Beste'nin yanağından bir makas alarak Hikmet teyzeye yöneldi: "Hikmoş'um yoksa bana börek mi açtın bol ıspanaklı peynirlisinden!"

Hikmet teyzeyi kucağında kaldırıp bir tur döndürürken, Hikmet teyze taze gelin gibi kıkırdıyordu.

"Ah be deli oğlan! Dur! İndir beni!"

Ben yokmuşum gibi davranan Falaz'ın tavrını tek fark eden ben değildim demek ki, Timur tok sesiyle ciddiyetini hiç bozmadan ortamdaki kıkırdamaları yardı: "Cansu da burada!"

Falaz ağır hareketlerle Hikmet teyzeyi indirerek yavaşça bana doğru döndü. Önce Timur'a kısa bir bakış attı. Daha sonra yaklaşarak uzattığı eliyle, Timur'un emriyle kısaltılmış saçlarımı birbirine karıştırarak, "N'aber ufaklık!" dedi, yapay neşesini hissettirerek.

Yetimhaneden beri kimse saçlarımı böyle karıştırarak başıma dokunmamıştı ve bundan nefret ediyordum! Okşanmak isterdik! Biz yetimhane çocukları başımızı okşayan biri olsun diye yalvarırdık. Birimizin başına dokunan biri olduğunda, tüm acizliğimizi ortaya sererek hepimiz heves eder ve adeta yalvarırdık: *"N'olur abla, benim de başımı sever misin?"* Umut dolu bekleyiş alelacele bir iki el darbesiyle geçiştirilirken, biz bununla yetinir ve mutlu olurduk! Ta ki o çocukluktan çıkıp birer ergen olarak farkındalığımız değişene kadar! Ta ki başımızı okşamaya uzanan ellerin bıraktığı etki, bir umudu doyurmaktan daha çok, bir tiksinti ve kurtulma ihtiyacına dönüşerek başımıza ayırdıkları süreyi uzatana kadar.

"Bırak saçlarımı!"

İster istemez kasılan elimde tuttuğum çatalı, Poseidon'un mızrağı gibi sıkarak; Falaz'ı öldürmek istiyormuşçasına savurdum!

"Sakın... Sakın bir daha saçıma dokunma!"
Falaz iki adım gerilerken fırladığım yerde kalakalmıştım. Tüm gözler beni izliyordu; ama ben hiçbir şey diyemiyordum! Falaz iki elini yanlarında açmış beni sakinleştirmeye çalışırcasına 'Tamam' diyordu. "Tamam... Tamam anlaştık... Saça dokunmak yok... Başka tiklerin var mı?"
Bu adam varlığıyla bile canımı yakabilirdi ve yakıyordu! Benimle alıp veremediği neydi, ya da benden ne istiyordu bilmiyordum; ama her anı bana geldiğim yeri hatırlatırcasına haddimi bilmemi söyler gibiydi.
"Seni dizlerinden vurduğumda edineceğin tikler kadar fazla değildir!"
Timur'un endişesiz ve sakin sesi kulaklarımda yankılanırken, beni koruduğunu fark ettim. Tam arkamda duruyordu. Bir eli dokunmakla dokunmamak arası belime doğru uzanmış, diğer eli de bir yumruk halinde sıktığım çatalı kavramıştı. Parmaklarım onun dokunuşuyla tek tek gevşeyerek açılırken, Timur'da hissettiğim bariz bir rahatlama beni belimden kavrayan eliyle bedenime doğru aktı. Bu adamın çalkantılı huzuru ve saldırgan varlığı bana huzur ve rahatlama veriyordu. Sanki... Sanki o varken bana hiçbir el dokunamazmış gibi... Timur beni korumuştu! Bu hayatta beni doğuran ana bile bana arka çıkmamışken, Timur bana arka çıkıyordu.
"Cansu ve ben kahvaltıyı serada yapacağız." Bu kelimeler Hikmet teyzeye verilen bir talimat gibiyse de Hayrullah'a bakılarak söylenmişti.
Falaz "Ama abi! Seninle konuşmamız gerek," diye atıldığında, Timur keskin bakışlarını benim üzerimden çekmeden konuştu: "Daha sonra Falaz. Önce konuşmam gereken başka meseleler var..."
Farkındalık benim bedenimi sardığı gibi, Timur'un da bedenini sarmıştı. Bunu her halinden hissedebiliyor-

dum. İçime dolan taze ve erkeksi kokusu misk karışımı bir hâl alırken, sırtımdaki eli kimseye izin vermediğim şekilde aradaki kumaşları yok sayıyordu ve ben bundan rahatsız olmuyordum.

Hayat her zaman adil değil demişlerdi. Ne zaman adil olmuştu ki? Şimdi âşık oluyordum. Hem de hiç âşık olmamam gereken bir adama. İlk aşkım, ilk sevdam... Benden geriye kalmış, ne kadar ilk varsa o da bu adama feda olacaktı, adım gibi biliyordum. Belki de masumiyetimi ilk defa veriyordum. Kalbimin masumiyeti artık bu adama aitti...

... ...

"Bu seraya neden benden başka kimse giremez biliyor musun?"

"Neden?"

"Çünkü onlar benim! Kimse onlara dokunabilecek kadar arınmamış."

"Sen arındın mı?"

"Ben bedellerini ödüyorum..."

Günahların bedelini ödemek... Bu mümkün müydü? Kim ne kadar günah işlerse işlesin, ödenebilecek bir bedeli var mıydı bu dünyada? Timur neyin bedelini ödüyordu? Karıştığı karanlık işlerin mi? Hiç adam öldürmüş müydü mesela? Ya da hiç kalleşlik etmiş miydi? Hiçbir kadının günahına girmiş miydi ve gerisinde gözü yaşlı bir kadın bırakmış mıydı?

Bana neydi bunlardan! Bana neydi! Neden benim için önemli olsundu ki?

... ...
"Ne düşündün gene?"
"Ardında hiç gözü yaşlı bir kadın kaldı mı?"
...
"Şu aradan koyu kırmızı karanfil sepetini ver."
"Ben mi?"
"Başka biri var mı?"
"Bunların anlamı nedir?"
"Kalbimi kırdın demek... Bunları sen sula."

O günden sonra her gün, Timur ile serada vakit geçirmeye başlamıştık. Oraya her girişimiz sessiz bir sözleşme gibiydi. Hiç konuşmuyor, sadece onun bana verdiği küçük komutları yerine getiriyordum. Arada bazı sorular sorduğumda, cevap yerine elime bir çiçek tutuşturuluyordu, frezyalar hariç. Bir tek onlarla tek başına ilgileniyor, itinayla topraklarını değiştirip sularını veriyor ve çaktırmadan onlarla konuşuyordu. Hiç kimseye ettiğini zannetmediğim iltifatları onlara ettiğine neredeyse emindim.

Her şeye rağmen, bana bakarken bakışlarından ruhuma bir sıcaklık iniyordu; elimi ayağımı nereye koyacağımı bilemiyordum. Gözleri beni incelercesine her süzüşünde, sanki altlarında bambaşka manalar yatıyor gibiydi. Onun yanına giderken giyebildiğim en kapalı giysileri giyiyordum; ama her ne giyersem giyeyim, onun bakışlarında çırılçıplaktı ruhum. Tüm yaralarım ortada saçılı gibi, dikili duruyordum karşısında ve kekeliyordum. Kekelemelerimi ya hiç fark etmiyor ya da umursamıyordu. Ama kekeliyor ve aldığım derin nefeslerin altında boğuluyordum adeta. Ellerinin her hareketinde bir incelik ve bir sahiplenicilik vardı.

Bir gün güllerin tezgâhının önünde çarpışıverdik. Ben geçmeye çalışırken yolumu kesen bedeni, Ferhat'ın Şirin için deldiği dağ gibi yükselivermişti önümde. Kıpırdamamıştı...

"Özür dilerim... Ben..."

Timur sessizce beni izlemişti. Kuzguni bakışları, bal sıcaklığında ruhuma ruhuma akarken havada asılı duran topraklı eli yanağıma değmişti. Yanağım onun değdiği yerden alev alarak yangını tüm bedenime yaymıştı adeta. Onun nefesi yüzüme çarparken, kalbim onun ritmiyle atıyordu. Timur diyordum rüyalarımda, sabahlara Timur diye uyanıyordum. Gelmediği günlerde camda onu bekliyor ve sağda solda uyuyakalıyordum. Kimi zaman üzerimi örten bir eldi Timur, kimi zaman bakmadığım yerlerden beni izleyen bir çift gözdü. Bir defasında elinde; bana ait, yetimhane belgelerini görür gibi olduysam da bakmak için odasına girdiğimde ortalıkta görememiştim.

"Yetimhaneden neden kaçtın?"

"Bu seni ilgilendirmez..."

Anılar zihnime hücum ederken kurtulmak istediğim ne varsa üzerime çullanmıştı adeta.

"Beni her şey ilgilendirir! Neden kaçtın..."

Bir adım geri çekilerek gözlerimi Timur'un sorgulayan bakışlarına dikmiştim. Her şey aynıydı; ama artık o gözlerde emir kipleri vardı. Yıllar içerisinde törpülenerek sinen hırçın yanıma basıyor ve içimde yitik bir şeyleri canlandırıyordu.

"Sen hiç kimsesiz bir çocuk oldun mu? Hiç gözünü açtın açalı o soğuk duvarların arasında, başka dünyaları merak ederek büyüdün mü? Başını okşayan eller, artık saçların arasında daha uzun vakit geçirmeye başladığında yalnızlığı hissettin mi?"

Timur durmuş beni izliyordu. İçimde çığ gibi büyümüş senelerin yangınını bir kalemde dökmemi sessizce dinliyordu. Onun ağzından tek kelime çıkmazken, benim akmaya başlayan gözyaşlarım artık duramazdı. Ağlamıştım... Sonu gelmeyecekmiş gibi, yıllardır gözyaşı namına ne tuttuysam yanaklarımdan aşağı doğru bırakmıştım. Ta ki güçlü bir el onları kavrayana kadar... Tenimi dağlayan dokunuş, gözyaşlarımı silerek bana buyurmuştu: "Ağlama...!"

Timur her şeye hükmedebilirdi, eli her yere uzanabilir ve her şeye güç yetirebilirdi. Bir tek şey hariç: Kalbim. Kalbim bana aitti. Çektiğim acılar, özlemler ve hüzün, tüm gerçekliğiyle bir tek benim kalbimdeydi ve o bana aitti. Ona isyan edercesine artan gözyaşlarım, onun göğsüyle buluştuğunda; anlamıştım ki artık o da bana ait değildi. Sessiz bir kabullenişle dinen gözyaşlarım, onun keskin ama sahiplenici varlığında dinerek sessizliğe boğulmuşlardı. Kesik iç çekişlerim titreyen göğsümü ona daha da yaklaştırırken, her şey bulanıktı. Korku uzun zamandır ilk defa içimi bu denli yakıyor, bilinmeyenin getirdiği merak, ruhumu teslim alıyordu. Timur bir bilinmeyenli denklemin başrol oyuncusuydu hayatımda ve sessizliği, en az net ve kısa cümleleri kadar odayı dolduruyordu. Omuzlarımın gerisinden beni kavrayan kolları, aslında hiç sahibi olmadığım bir huzuru bana yaşatıyor, adeta *'güven bana'* diye bağırıyordu. Güveniyordum. Nedeni niçini olmaksızın, bana kemençenin en hüzünlü melodilerini dinleten bu adama güveniyordum. Sonunun nereye varacağını bilmediğim gibi, başlangıcının da ne olduğunu bilmeden güveniyordum. Timur başkalarına benzemezdi...

"Kaçtıktan sonra ne oldu?"

Gelen soru bir derin iç çekişimle havada asılı beklemişti. Neden sonra, belki de o bile cevap vereceğimden ümidi kestiğinde, başımı yasladığım göğsünden konuşmaya başlamıştım.

"Şarkıcı olmaktı hayalim... Emel Sayın'ın, Türkan

Şoray'ın sahnelerin parlayan yıldızı olduğu filmlerdeki gibi ünlü olacak, alkışlanacaktım. Birileri beni de beğenecekti... Sonra..." Sonrasını anlatmak ne kadar da zordu. İlk defa hayallerimi anlatıyordum birisine... Nalân'a bile anlatmadığım hayallerimi... "Sonra... Bir adam gelecekti karşıma... Yetiştirme yurdunu hediyelere boğacak, beni ne kadar çok sevdiğini söyleyecek... ve... şey... evinin kadını olmamı isteyecekti..." Derin sessizlikler girse de konuşmamın arasına, hayallerim bitmemişti ve Timur da müdahale etmemişti. Başlamıştım bir kere artık durdurmamın imkânı yoktu. "Bir ailem olacaktı. Hiç sahip olmadığım..." Akan gözyaşlarım yeniden Timur'un gömleğinde sıcak lekeler bırakmaya başladığında, titreyen nefesim tek bir özlemi dile getirdi: "Annemin beni hiç sevmediği gibi sevecektim yavrularımı..."

Ne kadar da komik gözüküyordu şimdi bakıldığında... Yeşilçam filmlerinden fırlama hayallerimle, kendimi Piço Mehmet'in Erol Taş ellerine atıvermiştim. Ellerini sabırsızlıkla ovuşturup, o zamanlar görmeyi beceremediğim gözlerindeki kurnaz parlamayla ne demişti? "Sen çok iyi iş çıkaracaksın!" O filmlerden bir Türkan Şoray olsaydım, bende aynı endamla karşılık verirdim: "Cart kaba kâğıt..." diye ama olmadı. Ben çocukluğumun genç kızlığa geçişinin saf masumiyetini verdim cevap niyetine.

Yeniden ağlamış ve ağlamıştım... Sonra silkelenerek bir adım geri gitmiştim. Gözyaşlarımı silmek için uzanan ellerinden kurtularak, yıllardır yaptığım gibi, kendi gözyaşlarımı kendim silmiştim. Başımı iki yana sallayarak derin bir nefes alıp, artık yerinde olmayan saçlarımı geri atarcasına dikleşmiştim.

"Sonrası malum. Hayal kurmak çocuk işi... Gerçeklerse yetişkinler için." Geçiştirmiştim alelacele. "Neyse, bu günlük benim için bu kadar sera yeter sanırım. Biraz hava almam gerek..."

Arkamı dönüp çıkacakken tam ensemde Timur'un nefesini hissetmiştim. Belimi kavrayan elleri, beni kendisine doğru çekmiş ve hafifçe eğdiği başı neredeyse ondan bir kafa aşağıda olan başımın tam yanına denk gelerek konuşmuştu: "Sen hâlâ çocuksun..."
Tekleyen kalbim, bir an durmuştu sanki. Aramızdaki bu yakınlık mı, yoksa konuşulmayanların bıraktığı izler mi etkiliydi bilemiyordum; ama bir şey... Küçücük bir an için bir şey, beni ona inandırmıştı. Zihnimi dolduran Timur görüntüleri, sanki adam arkamda değilmişçesine kalbimin deli gibi çarpmasına sebep olmuştu. Bedenime dayanan bedeninin sertliği beni korkutmak yerine, heyecanlandırmıştı. Dudaklarımdan bilinçdışı dökülen bir inlemeyle karışık, içimin titremesine sebep olmuştu. Hemen ardından, hissettiğim boşluk artık Timur'un orada olmadığının acı bir kanıtı olarak, beni yalnızlığımla baş başa bırakmıştı. Timur seradan dışarı çıkmış ve beni orada çiçeklerin arasında tek başıma bırakmıştı.

... ...
"Sen hiç hayal kurar mısın Cansu?"
"Eskiden kurardım..."
"Şimdi kurmuyor musun? Çok yazık! Ben her gün hayal kuruyorum. Bir gün okuduğum yazarlar gibi bir kitap yazmak istiyorum. Bir aşk romanı; ama sonunda kavuşsunlar gerçek hayat gibi olmasın..."
"Sen hiç âşık oldun mu Beste?"
"Timur Ağabeyim beni öldürürdü herhalde! Ya sen?"
"Ben aşk nedir bilmiyorum ki..."

6. Bölüm

Beste'nin kitaplarından öğrenmem gereken çok şey vardı. Aşk neydi? Aşk, okuduğumuz kitaplardaki gibi miydi? Her zaman kahraman bir adamın olduğu, zavallı genç kızın imdadına her an yetiştiği ve kimsenin sonunda kahırdan ölmediği... Bir insan kötüyse iyi olabilir miydi mesela? Bir adam, bir kadına el kaldırdıysa onu sevebilir miydi?

Timur beni dövmüştü. Bu, pek çok kadın için hazmedilemez bir şeydi. Kendi evindekilere bir kere bile el kaldırmayan adam, beni bayıltana kadar dövmüş ve varlığını, aidiyetimi her hücreme kazımıştı. Artık biliyordum ki ben Timur'un malıydım! O günden beri bana bir kez olsun el kaldırmamış olsa da, biliyordum ki Timur yanlışı affetmezdi. Biliyordum ki ona karşı gelemezdim, onu sorgulayamazdım. Timur beni her ne sebeple yanında tutuyorsa, vakti gelene dek bekleyecek ve sonra kullanılmış bir çöp yığını gibi bir yana atılacaktım. Her ikimiz de biliyorduk ki, bu sonu mutlu bitecek bir aşk masalı değildi. Yine de tüm bunlar beni ona doğru çekilmekten ve onun sunduğu güvenin varlığına, kendimi usulca bırakma arzusundan alıkoyamıyordu. Bunca zamanı tek başıma ayakta durarak geçirmiş ve hayatta kalmayı başarmışken; Timur'un girdabında boğulmaktan ve onun yarattığı etkiden sağ çıkamamaktan korkuyordum.

Günler ilerledikçe Falaz fazlasıyla gergin ve sinirli olmaya başlamıştı. Beni gördüğü yerde yolunu değiştirdiğini hissetsem de, ister istemez yemek masalarında bir arada oturuyorduk. Beste'nin anlattığı Falaz ile, benim karşılaştığım arasında dağlar kadar fark vardı. Benim gördüğüm, diğerinin kötü ikizi gibiydi! Bu adamın bana olan garezi neydi az çok tahmin edebiliyordum. Benim gibi bir kadının, Beste gibi bir kızla aynı çatı altında yaşamasına bozuluyordu muhtemelen. Benim ne olduğumu bildiğine adım gibi emindim: Pavyon şarkıcısı!

Bir gün Beste ile oturduğumuz oturma odasında, sessizce elimize aldığımız kitapları okurken; Falaz'ın sesi aramızdaki huzur dolu sessizliği bozuvermişti: "Ne okuyorsun ufaklık?"

Başıyla bana kaçamak bir selam verirken Beste'nin yanına oturarak, elinden aldığı kitabı evirip çevirmişti. "Aşk romanı."

Falaz alaycı bir gülüş sunarken, ben de elimde tuttuğum aşk romanını saklama ihtiyacı hissetmiştim. Kendimi bir anda aptal genç kızlar gibi hissetmemi sağlayıvermişti. Benim, hiç kurmadığım hayalleri anlatan kitapları okumaya hakkım var mıydı? Çoğu insanın alayla geçtiği; ama gidip gizli gizli okuduğu, hiç elde edemeyecekleri büyük aşkların anlatıldığı ve geride aslında bizlere birçok şey öğrettiğini hep es geçtiğimiz aşk romanları... Ruhumuzun temiz ve masum kalmış yanını tatmin eden ve hiç erişemeyeceğimiz adamları ve kadınları birkaç sayfada bizim yapacak kitaplar...

"Bakıyım... Şu geçen bize alıntı yaptığın mı?"

Beste'nin hafif bir utançla yere inen bakışları bir anda ilgi dolu bir neşeyle parlayarak açılmıştı: "Hatırlıyor musun?"

Falaz neşeli ve şen bir kahkaha atarak, genç kızın yanağına düşen bir tutam saçı itinayla kulağının arkasına yerleştirmişti: "Senin söylediğin bir şeyi unutabilir miyim prenses?"

Bir an gözlerim yanlış gördü zannetmiştim; ama Falaz'ın bana bakarken çekingen bir gerginlik taşıyan bakışları, Beste'ye özlem ve hüzünle bakıyordu. Sanki... Sanki... Adını bilmediğim; ama insanın içini acıtan, hiç erişemeyeceğine inandığı bir duygu gibiydi. Aşk gibiydi...

Bana döndüğünde yeniden alaycı ve dik bakışlarını takınmıştı.

"Siz ne okuyorsunuz küçük hanım?"

Ah, o küçük hanımı senin gözüne sokup, dilinden döndüre döndüre çıkarmak vardı ya... Sen Beste'ye şükret Falaz Bey! Ben senin o küçümseyen bakışlarını tek tek oyar bir de yerlerine ölü toprağı koyardım ama işte... Beste herhalde kap krizinden tez vakitte öbür tarafı boylardı o zaman.

"Aşk romanı! Küçük bey!"

Ben de aynı alaycı tonlama ile cevap vermiştim.

"Ver bakiyim..."

"Ne o, aşk öz denetim kurumu başkanı mı seçtiler seni?"

"Ha ha ha, ne de komik."

"Senin deve boyun kadar olmaya göre!"

Beste ağzı açık bizi izliyor ama tek kelime edemeden, bir bana bir Falaz'a bakıyordu.

"Sen kendine bak yer cücesi!"

"Hadisene sen oradan! Benim yarımdan çoğum toprağa gömülü; ama senin maşallah her yanın dilin gibi dışarıda kalmış!"

"Esas senin dilin bir pabuç dışarıda kalmış! Fazla yüz bulmuşsun sen!"

"Esas sen maşallah yüzsüzlüğü fazla ele almışsın! Hayır kurumu gibi burası mübarek yoldan geçen doluşmuş!"

"Sen kendine bak küçük hanım! Konuşturtma beni!"

"Konuştururursam n'olurmuş! Hadi söylesene! N'olurmuş ha! Deve dikeni!"

Ayağa fırlamış, alışık olduğum gibi kendimi savunma haline geçmiştim bile. Karşısındaki köpeğe pençe atacak dişli bir sokak kedisi gibiydim. Ellerim titriyor olsa bile, daha fazla bu adamın iğneleyici sözlerine katlanacak değildim. Evet, ben bir pavyon şarkıcısıydım, kenarın dilberiydim! Bunun cici kızlarının yanında anılmasını istemiyorlarsa, bu kendi bilecekleri işti! Utanmıyordum ve utanmayacaktım! Alnıma sürülmüşse bu leke, ben bu lekeyle yoğrulmuştum! Ben buydum ve bu olmaktan başka bir şey bilmezken, bununla suçlanmayacaktım!

"Ne oluyor burada!"

"Yok bir şey abi!"

Benden önce Falaz atılarak cevap vermiş, benim üzerimden de dik bakışlarını çekmemişti! Bakışları bana bir ihtar gibiydi. Kendi koltuğuna sinen Beste, Timur'un gelişiyle adeta derin bir oh çekmişti. Falaz'la aramızda her an celallenmeye müsait bu gerginlik, en çok onu üzüyordu. Falaz'ın adı her geçtiğinde bakışlarını neşeli bir gülüşün kaplaması ve yanaklarına dolan pembelik, bunun nedeni hakkında ipuçları verse de, ben bilmediğim bu duyguyu anlayamıyordum. Falaz; ukala, dik kafalı, küstah ama inkâr edemeyeceğim kadar fedakâr adam... Bu evdekileri benden korumak istediğini hissetmesem, belki de çoktan façasını aşağı alacağım adam! En çok da kimi koruyordu bir anlasaydım...

"Cansu? Gene bir hadsizlik mi etti bu hıyarağası!"

"Yok... Yok biz... Sadece şakalaşıyorduk." Göz ucumla Beste'ye baktığımda, derin bir minnetle bana bakıyor olduğunu görmüştüm.

"Benimle dalga geçiyorlardı ağabey, aşk romanları okuyorum diye..."

"Kızım sen de iyice pamuk prenses oldun ha!"

Timur keyifle gülmüştü. Az önce oturduğum koltuğa oturarak, beni de kolumdan tutup yanına çekmişti.

"Bize iki satır bir şey oku bakalım, biz de öğrenelim iki afilli kelime."

Beste utangaç bir şekilde kıkırdayarak eline aldığı kitaptan bir sayfa seçmişti. Kitabı Falaz'dan geri alırken, eli eline değdiğinde, hafifçe titrediğini bakmıyor olsam görmezdim. Ama görmüştüm... O an anlamıştım ki, küçücük el değmemiş kalbinde Beste hiç erişemeyeceği birine âşıktı. O da bizim gibi bir insandı ve hepimiz onu görmezden gelirken, o aşk acısıyla, imkânsızlıkların en derin yarasıyla kavruluyordu.

Hazin bir ayrılığın anlatıldığı, hüzünlü satırları tüm kalbini vererek ağır ağır okurken; ara ara Falaz'a kaçamak bakışlar atıyordu. Hüzünlü bir ayrılıktı okuduğu. Karşılanmamış beklentilerle dolu satırları, bir öpüşme beklentisinin ifadesi ile bitirdiğinde; Timur öne doğru eğilerek aniden çıkışmıştı.

"Ne lan bu! Ne okuyorsun kızım sen? Böyle öpmeler falan, yaşın ne başın ne senin!" Hah kalas! Onca duygu yükünden gidip de buna takılmıştı.

"Yok, yok öyle değil... Hem sadece..."

Panikleyen Beste kekeledikçe, sanki ben kekeliyordum. Elinde tuttuğu, kimsenin hükmedemediği tek dünyasını da yitirebilecekmiş gibi korkuyordu. Ezile büzüle elinde tuttuğu son nefes parçasına sarılması ve gözlerinin bir anda dolu dolu olması, beni kendi elbiselerimi kaybettiğim güne götürüvermişti.

"O kız neredeyse benimle yaşıt!"

Hay dilimi eşek arısı soksaydı, e mi! Bana neydi lan, ne giriyordum aralarına? Gene eski Cansu çıkagelmişti işte ruhuma. Ama ani çıkışım Timur'un duraksaması ile karşılanmıştı.

"Beste artık küçük bir çocuk değil. Onun yaşındakilerin neler yaptığını sen de en az benim kadar biliyorsun." Kelimeleri öyle üzerine basa basa vurgulu söylemiştim ki, az sonra Timur'un da benim üzerime basması an meselesiydi.

"Yani demek istiyorum ki kızı biraz rahat bıraksan? Yoksa sonunda ya davulcuya kaçar, ya da zurnacıya." Aman ne güzel, bir çuval inciri berbat ettiğim an, o an olsa gerekti. Timur öldürücü bakışlarını dik dik biraz daha üzerimde dolaştırdıktan sonra, tetikte bekleyen Falaz'a doğru kısa bir bakış atmış ve bir anda parlayan keyifli kahkahasıyla odayı inletmişti.

"Zurnacı ha! Ben o zurnayı..." Kahkahaların arasında boğulan sesinden, artık gerginliğin kalmadığına neredeyse emindim. Ama sadece neredeyse... Timur aniden ciddileşerek ayağa kalkmıştı.

"Neyse, usturuplu şeyler okuyun. Falaz! Gel koçum... Az konuşalım."

Arkamda duran, içinde düklerin leydilerin olduğu kitabın üzerine, neredeyse iyice sinerek Nalân'ı düşünmüştüm. Beste ve Nalân'ın arasındaki farkı tartmıştım. Biri bunca korunmanın altında ezilen ve boğulan; ama buna rağmen dik durmaya çabalayıp, kendisine nefes alanları yaratmaya çalışan genç bir kızdı. Öteki hayatın sillesine direnemeyip teslim olan yorgun bir kadın...

... ...
"Teşekkür ederim!"
"Ne için?"
"Beni kolladın..."
"Ödeşmiş olduk."

Özlemiştim... Nalân'ı, benim kanadı kırık, kem talihli yol arkadaşımı, özlemiştim. Onu avuturken kendi derdimi unutuşumu ve onun haline bakıp, kendi halime şükretmeyi özlemiştim. O olsa *"Aman, koymuşum damına*

şu dünyanın... Bahtım zati kem yazılmamış olaydı, anamdan erkek doğardım," derdi. Öyleydi... Bahtım kem yazılmasaydı, anamdan erkek doğardım, da hangi anadan? Nerelisin diye soranlara verecek cevabı olmayan bir kadın için, zor alanlardı bunlar.

Baştan belli bir kaderin çizgisinde, ölüme yürümekti bizimkisi. Ya biri gelir bir sahne çıkışı vururdu, ya da başka... Neticede, hep ateşe dönenen pervaneler gibi, ölüme dönenmekti bizimkisi. Ah Nalân, ah Nalân... Ne de çok özlemiştim onu... O gün, onu kimsesiz bırakıp da gittiğimden beri, bir haberini alırım diye bile bekleyememiştim.

Bir gün gene, akşam yemeği sonrası, herkes kendi meşgalelerine dönerken, benim de içime Nalân düşüvermişti. Bahtsız, kadersiz yoldaşım... Kim bilir kimin ellerindeydi, iyi etmişler midir onu? Timur'dan izin almalıydım. Gidip Nalân'ı görmezsem, bu nedeni ve gidişi belirli olmayan hayattan geriye döndüğümde kimim kalırdı ki?

Masayı toplamaya yardım ettikten sonra, Falaz ile birlikte çalışma odasına çekilen Timur'u aramaya çıktım. Hâlâ çalışma odasında konuşuyorlardı. Yarı açık kapıya yaklaştığımda gergin sesleri bana kadar geliyordu.

"Timur Abi! Bak seni öz abimden çok severim; ama bu işte hatalısın abi!"

"Sana mı soracağım lan hatamı! Sıçtırtma lan çarkına!"

"Abi konuş artık şu kadınla! Burada durdukça, sanki evin bir bireyi gibi yerleşiyor iyiden. Abi, ne için burada olduğunu sen bile unuttun!"

"Hay ben senin!"

"Abi et, küfür et! Ama bu operasyonun gidişatı o kadına bağlı. Artık zamanımız kalmadı ki sil baştan da yapalım. Bu nakliyat yapılacak ve o kadına ihtiyacımız var! Beste'yi yollayalım istersen kurt inine!"

"Hay ben senin ecdadına sıçayım! Karıştırma lan Beste'yi, it!"

Timur elini vurduğu masadan hiddetle kalkarak, Falaz'ın üzerine doğru yürümüştü. Falaz bir milim olsun kıpırdamadan duruyor ve Timur'un tüm hiddetine benzer bir hiddetle cevap veriyordu.

"Abi! Vur abi! Ne yapalım? Vursan da durum değişecek mi? Girdik bu boka, çıkacağız bir şekilde. O puştun inine gitmek gerek, bunu sen de biliyorsun. O planları alamazsak sıçtığımızın resmidir!"

Timur'un öfkesi yatışırken, bahsi geçen kadının ben olduğuma neredeyse emindim! Evet, tam da tahmin ettiğim gibiydi! Beni bir iş için kullanmaya getirtmişlerdi. Bunca zamandır içimde oluşan küçücük ilgi kırıntıları vardıysa bile, her biri birer cam parçasına dönerek bağrıma bağrıma batıyor, sızlayan yaralarımdan kan çıkartıyordu. Ben Cansu, nam-ı diğer yetimhanenin Hacer'i, gene bir bokun içerisindeydim. Ve her kevaşenin başına gelen gibi bir kuytuda ölmekti kaderim.

"Kim var orada?"

Timur'un tok sesi, adeta paramparça yüreğimde çınlarken, boğazımı temizledim ve kapıyı tıklatıyormuş gibi yaparak cevap verdim.

"Benim, sizi bölmüyorum ya."

Timur bana sorgularcasına bakıyordu. İliklerime kadar ürperen bedenim, onlarca defa *'Kim çaldı bunu?'* sorusuna verdiği cevaptan talimli, hiç açık etmeden dikiliyordu. Tek bir titreme, tek bir heyecan belirtisi... Belki de kızaran yanaklarla enseden inen tek damla ter... Hiçbiri! Ne kırpışan göz kapakları, ne genişleyen burun delikleri... Ben bir oyuncuydum. Başrol oyuncusuydum ve kendi hayatımı oynuyordum. Siyah gözlerimin içerisinde irileşen göz bebeklerim bile talimliydi, kendilerini ele vermemek için. Belki de bu yüzden, kahvenin en koyu tonuydu gözlerim. Daha doğmadan biçilmiş kaderimde, usta bir yalancı olabileyim diye belirlenmişti tüm özelliklerim.

"Ne istiyorsun?"

Timur'un benimle konuşurken kullandığı ses tonundaki bariz değişim, tüylerimi diken diken etmişti. O anda sanki ona, serada itina ile çiçeklerini saksılarına yerleştiren adama, değil de; o saksılara kestiği düşmanların uzuvlarını yerleştiren adama bakıyordum.

"Bugün Nalân'ı görmeye gidebilir miyim diyecektim. Şey, hani eşyalarımı almaya gittiğimiz gün..."

"Kes! Biliyorum kim olduğunu. Bakarız."

Falaz hiç benden yana bakmazken, ben dikkatle onu süzmeye çalışmıştım. Benim talimli bedenimde fire vermeyecek bir kaçamak aramıştım bedeninde; ama o, sanki az önce konuşan o değilmiş gibi masanın üzerindeki kâğıtlara bakıyordu.

"Ben gider gelirim olmadı."

"Sana bakarız dedim. Şimdi çık dışarı."

Bu bir ikazdı! Kesinlikle bir ikazdı ve ben payıma düşeni anlayabilecek kadar akıllıydım.

"Cansu?"

"Efendim Beste?"

"Sence o kadınlar nasıldır?"

"Hani, şey... İşte... Bilmem yani, şey kadınlar?"

"Ney kadınlar?"

Beste ile mutfakta oturmuş poğaça yapıyorduk sessizce; ta ki Beste'nin canı, çıkmaz bir soruda takılmak isteyene kadar.

"Hani, nasıl desem... Hafif meşrep kadınlar."

"Orospu mu?"

Beste saç diplerine kadar kızarırken, gözleri sanki yasaklı kriptoyu çözmüşüm gibi bana bakıyordu.

"Yok, o kadar değil de işte, daha rahat kadınlar... Hani ağabeyimin ve Falaz'ın yanında dolaşanlar gibi."

"Ağabeyinin yanında kadın mı var?"

"Ben görmedim. Ayşen'den sonra kimseyi görmedim ama..."

Beste bir anda ellerini ağzına götürerek, daha da dehşet bir korkuyla etrafına baktı. İşte bu defa kriptoyu o çözmüştü sanki.

"Ayşen kim?"

"Sus! Ağabeyim duyacak şimdi."

"Çalışma odasındalar Falaz'la, bir şey duyamaz."

Aklım hâlâ duyduklarımda, kaygıyla kaşlarımı çatmış Beste'yi inceliyordum. Beste naif kızdı. Kalbi de kendisi kadar tertemizdi ve o, korunaklı bir dünyanın altın kafesteki minik serçeydi. Kafesin kapısı açılsa uçmaya cesaret edebilir miydi bilemiyorum; ama onun gibi pek çoğunun uçamadan kanatlarının nasıl da yolunduğunu görmüştüm ben. Şimdi *orospu* dedim diye saç diplerine kadar kızarabilen, bu namusun ayaklı pankartı kıza nasıl kızabilirdim ki? Hele ki ben! Avare aklı bir karış havada, başına gelen ne varsa; belki de hak etmiş ben...

Beste sesini iyice alçaltarak, yağlanmış ellerini iki yanında masaya dayadı ve eğilebildiği kadar öne, bana doğru eğildi. "Bunu konuştuğumuzu kimse duymasın. Hikmet Anne bile. Lütfen... Yemin et aramızda kalacağına ve kesinlikle benden duymadın!"

"Ay kız, hadi anlat, meraktan çatlicam şimdi. İki gözüm önüme aksın ki, yeminle kimseye bir şey demeyeceğim. Oldu mu? Hadi!"

Beste etrafa kısaca bir kez daha göz attıktan sonra, yeniden bana doğru eğilerek konuşmaya başladı:

"Ayşen Timur Ağabeyin eski nişanlısı." Bu duyduğum nedense kalbime bir kor gibi oturmuştu. Timur nişanlanmıştı demek.

"Timur nişanlı mı?"

"Yok! Aman duymasın. O kadının adını bile anmıyoruz.

"Neden ki? Ne yaptı?"

"Tamamını bilemiyorum. Ayşen neşeli, şen bir kadındı. Benden beş yaş kadar büyüktü bildiğim; ama görsen bir havalı, bir süslüydü ki sorma. Çok zengin bir ailenin kızıymış. O tip kadınlardandı işte. Rahat, havalı... Sapsarı kaynak saçları ve ameliyatlı burnu vardı."

Her bir kelime içimi sızlatırken, ellerim istem dışı artık yerinde olmayan saçlarıma gitti. Avuçlarım ensemden boş dönerken, fark ettim ki ben başımın okşanmasına açtım. Nasıl bir açlıktı ki bu, saçlarım kesildiğinden beri ensemden çekemediğim elim nasırlaşmış hislerimi çatırdatıyordu.

"Ağabeyim ona bakarken gülümserdi. Böyle kitaplarda anlatılan gibi bir gülümseme... Nasıl desem dudağının bir yanı yukarı kavislenir cinsten." Beste hafifçe kıkırdayarak elini bana doğru salladı ve konuşmaya devam etti: "Buraya fazla gelmezdi, Etiler'de kendi evi varmış ayrı. Ağabeyim bazı akşamlar gelmez orada kalırdı. Artık ne yapıyorlarsa..." Beste gözlerini devirdiğinde, karşımda adeta Hikmet teyze var gibi hissetmiştim.

"Kız ne yapıyorlarsa yapıyorlar işte. Sabaha kadar beşik sallayacak değiller ya."

"Ay sus! Düşünmek istemiyorum... İyyy!"

Ağzımdan kaçan kahkahaya engel olamamıştım. "Ee? Ne oldu peki havalı sürtüğe?"

Beste de kahkahalarla gülerken, yaklaşan ayak sesleriyle toparlanmaya çalıştık.

"Bu ne neşe böyle bakalım?"

Timur yanında Hayrullah ile mutfaktan içeri girmiş,

bize bakıyordu. Odadaki kadar sert olmasa da, sesindeki ciddiyet hiçbir zaman oradan eksik olmayacaktı, buna emindim.

"Hiç, poğaça en güzel nasıl kabarır, onu tartışıyorduk."

Hah! Bu herif de bunu yerse, ben de Benazir Butto'ydum!

"Mayalı hamur, iyi dinlendirin kabarsın."

Bir saniye! Bir saniye! Timur bize an itibari ile espri mi yapmıştı?

"Ben de tam onu diyecektim ağabey."

"Hı hı, hep öyledir tabi... Cansu, kalk hazırlan. Hayrullah seni Nalân'a götürüp getirecek."

Öyle çok sevinmiştim ki, bir anda ayağa fırladım ve kendimi tutamayarak Timur'un boynuna sarıldım.

"Çok teşekkür ederim... Çok ama çok sağ ol..."

"Nalân kim?"

Timur taşkın sevincimden kurtulmaya çalışırken, Beste'nin sorusu her ikimizi de duraksatmıştı. Evet, Nalân kimdi? Ne demeliydim? Benim kader ortağım; uyuşturucu bağımlısı, orospu arkadaşım mı? Benim gibi bir kader mahkûmu kimsesiz mi? İsimsiz bir çığlık mı deseydim? Onun dünyası Nalân'ı anlamaya yeter miydi, yoksa sadece yargılayıp ardını mı dönerdi? Timur'un bakışlarından benden cevap vermemi beklediği anlaşılıyordu.

"Nalân benim eski bir arkadaşım Beste."

"Öyle mi? Ay tanışırız bir gün inşallah."

"Sanmam Beste. Nalân... Çok hasta..."

"Aa! Yazık... Allah şifa versin."

Beste'nin içten hüznü karşısında katılaşan bedenim yeniden gevşemeye başladı: "Amin, inşallah..."

"Nesi var?" Ne güzel! Nesi vardı Nalân'ın?

"Kalbi hasta..." Evet, Nalân'ın kalbi hastaydı. Yaralıydı... Onca çirkinliği kaldıramamış ve hasta olmuştu yüreği. Şimdi, o yüreğin acısını, uyuşan bedeninde hissetmemeye çalışıyor ve çürüyordu. Adım adım ölüme giderken, her günün son günü olmasını dilese dahi, can tatlıydı be! Kimi zaman kendinden geçmeden, sımsıkı sıktığı avucuma minik bir iz bırakırdı ve sorardı: 'Orospular da cennete gider mi?'

"Hadi sen git, ben bu kalanları bitiririm. İlk tepsiden ona da poğaça götür, olur mu?"

Beste'nin minicik bedenine sığan o kocaman, saf kalp gerçekten üzülmüştü ve ben onunla ilgili, bir an önyargılı düşündüğüm için utanmıştım. Beste Nalân'ı bilse, kendisine gelebilecek zararları umursamadan, onu bile bağrına basabilecek kadar kocaman bir kalpti...

... ...

"Yanlış gidiyoruz Hayrullah. Başka bir yere de mi uğrayacağız?"

"Hayır abla, arkadaşına gidiyoruz."

"İyi de o Tarlabaşı'ndaki evdedir bu saatte."

"Yok abla, abi onu Balıklı Rum'a yatırttı."

Balıklı Rum Hastanesi'nin ferah, ön bahçesinde adım adım bağımlıların ortak alanına doğru ilerlerken; esen rüzgârla üzerimdeki ince kabana sarıldım. Dışarının yoğun curcunasına karşın içerideki bu dingin sessizlik, tüyleri ürpertecek kadar ironikti. Kapıdan girince solda kalan ortak kullanım alanının önünde oturmuş, sigaralarının dumanını üfleyen iki erkek sohbet ediyorlardı. Üzerlerindeki eşofmanlar, onların yatılı olduklarının bir göstergesi olsa da, kollarındaki pahalı saatler buranın sosyetiklerinden olduklarını belli ediyordu. Sağa sola bakınarak nereye gideceğimi kestirmeye çalışırken, Hayrullah bana bahçenin ilerisinde bir binayı işaret etti.

Camlarında demir parmaklıkların olduğu bina, boğazımı acıtarak yutkunmama sebep olurken; deli gibi çarpan kalbim, bildiğim bir gerçeği sormaktan beni alıkoyamadı: "Burada mı?"

"Evet abla. Bu serbest alana geçmeden bir süre orada kalması gerekiyormuş."

"Anlıyorum..."

Hayır! Anlamıyordum! Nedendi? Neden benim kendinden başka kimseciklere zararı olmayan Nalân'ım, bu demir parmaklıklı binada kalmak zorundaydı? Elimdeki poğaça paketini, neredeyse avuçlarımı yumruk yapacak kadar çok sıkarken; boğazıma dizilen yumruları oradan sökebilecek hiçbir güç yoktu. Adımlarımı yavaşlatmaya çalışsam da koşarcasına kendimi girişin içinde bir yetkilinin önünde buluverdim. Ben konuşamıyordum. Demir parmaklıkların ardına bir hücre mahkûmu gibi kapatılmış masum arkadaşımı, bu hayattaki tek dert ortağımı görecek olmak, yeterince acıydı; ama henüz daha da acısının kapıda olduğunu bilemiyordum.

Hayrullah yetkiliye benim diyemediklerimi sorduktan sonra, bana dönerek başını olumsuz anlamda iki yana salladı.

"Göremeyeceğiz abla."

"Göremeyecek miyiz? Niyeymiş lan?"

"Lan yok abla..."

"Başlatma lan şimdi ebenden! Niye göremiyom lan ben Nalân'ı?"

Timur'un bana yasakladığı ne varsa unutmuştum ya da umurumda değildi. Karşımda, Nalân'la aramda kim duracaksa, kulaklarına kadar kızartıncaya dek küfretmek; saçını başını yolmak istiyordum. Ben buydum! Pavyon kadını Cansu! Ve ben gerekirse, saç saça kavga ederdim; ağzımdan çıkan en edepsiz şeyden bile utanmazdım ve ben... Timur kim olmamı isterse istesin, ben yaşamımın kavgasını vere vere nasırlaşmış bendim.

"Yenge bir süre kimseyle görüşemeyecekmiş. Tedavinin bir parçasıymış. Yoksunluk..."

"Sıçtırtmayın lan tedaviden, ben onun en kral yoksunluğunu bilirim lan! Neyini göremeyecekmişim!"

Sinir, damarlarımda yükseliyordu. Ruhumdan yükselen canavar, televizyonlarda hastanede olay çıkarıp, ona buna saldıran acayip ve nefret ettiğim o insanlara dönüşmek üzereydi. Artık ellerim titriyor, poğaça paketini gırtlaklamam bile bir işe yapamıyordu. Gözlerimi zorlayan yaşlarla bile kavga ederken, istediğim tek şey Nalân'ın iyi olduğunu görebilmekti.

"Hanımefendi! Lütfen sessiz! Burası bir hastane ve sakinlerimizi rahatsız ediyorsunuz!"

Sakinler mi? İçeride yoksunluk krizinden düz duvarları tırmalayıp, kendi etini tırnaklarıyla yolan insanlar mı sakindi? Biliyordum ben! Nalân'ı görmem gerekiyordu! O krizdekilerden biri de oydu ve o pürüzsüz teninde, onlarca defa açtığı yaraların izlerine bir yenisini eklemeden onu görmem gerekiyordu.

"Kardeşimi görmem gerek! Nalân? İyi mi görmem gerek!"

Karşımda duran adamın tertemiz kıyafetlerinden ve benim asla ait olamayacağım bir dünyayı çağrıştıran duruşundan, bir adım geri çekilmişti içimdeki canavar. Şimdi dikkat kesilmiş, yeni beliren düşmanını tanımlamaya çalışırcasına, volta atarken; adamın, benim sahibi olmadığım bilgilerin temsilcisi gibi, hafif kemikli burnunun üzerinde duran gözlüğünü işaret parmağıyla geri itişi, bir anda içimdeki canavarı yenmişti. Şimdi utanıyordum... Kendimden... Olduğumdan... Olamadığımdan... Tek bir hareketle aramızdaki fark gözler önüne serilmiş, beni alabildiğine küçümseyebileceği üstünlüğü ona vermişti.

"Nalân Hanım'ın yakını mısınız?"

"Arkadaşıyım."

Hayrullah, eğilerek doktor olduğunu yeni yeni idrak etmeye başladığım genç, hafif sakallı adamın kulağına bir şeyler söylediğinde; adam başını sallayarak bana yeniden yöneldi. Bu defa küçümseme değil daha farklı, anlamlandıramadığım bir kabulleniş vardı gözlerinde.

"Normalde size bilgi vermem yasak. Yakın akrabalar dışında kimseye bilgi veremem; ama lütfen beni takip edin," dedi. Bizi bir odaya alarak, masaya oturduğunda; eliyle işaret ederek bizi karşısına oturttu.

"Nalân Hanım benim hastam. Timur Bey sağ olsun benim özel olarak ilgilenmemi rica etti." Doktorun boğazını temizleyerek, adeta desturla yutkunuşundan anlayacağım üzere; Timur'un burada da hükmü geçiyordu! Lan! Lan yok! Hay ben... Bu mafyatiğin elinin kolunun çıkmayacağı, bir köşe bucak var mıydı bu hayatta!

"Nalân nasıl peki? Ne durumda? Onu görebilecek miyim?"

"Nalân Hanım gayet iyi. Biraz onu dinlendiriyoruz. Zorlu bir süreçten geçecek. Onu burada biraz uzun misafir edebiliriz; ancak o da tedaviyi istediği için, nispeten daha hızlı sonuç alacağız. Yoksunluk krizlerine giriyor..."

"Kendisine zarar verecek!"

"Hayır. Tabi ki de vermeyecek. Burada uygun ilaç tedavilerimiz ve yanı sıra vücudundaki eksik değerleri tamamlayacak kürlerimiz var. Şu anda uyuyor zaten ve gününün uzun bir süresini uyuyarak geçiriyor. Bir süre kimseyi görmemesi gerekli; ancak daha sonra tanıdığı, sevdiği kişilerin gelerek ona destek olması için biz haber vereceğiz. Ben düzenli olarak Timur Bey'e bilgi veririm."

Dudaklarımdan isteksiz bir *'peki'* dökülürken; sormak isteyip de soramadıklarım, boğazımda düğüm düğüm düğümlendi. Merak ettiğim tek bir şey vardı; o Serhat olacak puşt! Onu rahat bırakacak mıydı? Tabi bunu doktora soramazdım; ama herif en iyi sermayesini kaptırdığını öğrendiğinde, ne halt yerdi orası meçhuldü. Akmak isteyen gözyaşlarımı tutarak, sessizce ayağa kalktım ve teşekkür ederek kapıya yöneldim. Bir iki adım atmıştım ki aniden doktora dönerek, elimdeki poğaça paketini, daha doğrusu sıkıştırmaktan geriye artık ne kaldıysa onu, uzattım.

"Bunları ona verir misiniz? O poğaçayı çok sever..."

Doktor gülümseyerek elimden paketi alarak, başıyla onayladı. Gerçekten verecek miydi, yoksa beni avutmak için mi öyle söylemişti, bilmem; ama yine de, Nalân'ın geldiğimi bilecek olması içimi biraz olsun rahatlatmıştı.

Hayrullah'la arabada eve doğru ilerlerken, etraftaki arabalar ve insanlar kendilerince bir telaşla etrafımızdan akıp gidiyordu. Düşünmeden duramadım. Nalân... Zayıf bir kır çiçeği gibi tutunmaya çalışıp da çiğnenmiş, kimsesiz dostum; yalnızlığımın aynası. Bükük boynu, bezmiş kalbi... Vücudu arınsa bile günahlarından da arınabilecek miydi? Geçmişinden, yaşadığımız bataktan? Bir gün bir kaldırımın kenarında, bir çöplüğün önünde, kimsesiz bir beden diye bulunmaktan onu ne alıkoyacaktı? Hadi arındı diyelim; ait olduğu yaşamın yükünden ruhunu ne koruyacaktı? O bıraksa, onlar onu bırakır mıydı? Serhat piçi onun bedeninden para kazanmaktan vazgeçer miydi? Nalân'ın kırılgan ruhu, bu iğrençliği ayık kafayla kaldırır mıydı? Beyhude bir savaştı bu; ama yine de biliyordum ki ben borçlanmıştım. Nalân'ın belki de ömründe görüp görebileceği, en büyük, lüks ve ihtişamlı, bu pahalı hastane odası için Timur'a borçlanmıştım. Benim kudretimin yetmeyeceği, hayattaki tek sırdaşıma, ilaç olmuştu. Kısa sürecek bile olsa, bir nebze olsun ona huzur verebilecek bir kapının kulpunu tutabilmesine izin vermişti. Tabi Serhat puştu maydanoz olmazsa...

Bir Sezen şarkısıydı Nalân. Dudağında, dilinde ellerin izi olan bir Sezen şarkısıydı. Hüzünlü, kırılgan...

Timur ona bir hayal vermişti. Timur bana bir hayal vermişti...

... ...
"Sana borçlandım."
"Ne için?"
"Nalân... Orası pahalı bir yer..."
"Neye göre? Kime göre?"
"Bana göre..."
"Sen benimsin! Unutuyorsun..."
"Artık Nalân da senin."
"Hayır, o senin."

7. Bölüm

Odanın kapısı açıldığında, irkilerek yatakta doğruldum ve odaya adım adım süzülen Timur'un gelişini izledim. Hiç konuşmuyordu. O yakıcı akışkanlıktaki gözleriyle beni süzerken, kuzguni saçları onlara avuçlarımla dokunmam için beni çağırıyordu. Bir adım, iki adım, üç adım ve derken Timur yatağımın yanındaydı. Öylesine farklı bakıyordu ki bana. Hiç hesapsız ve sorgulamadan... Gözlerinin ardında hiçbir şey taşımadan bakıyor ve tenimi delerek ruhumu görüyordu.

Elini uzatıp yanağıma dokunduğunda, beklentiyle ona doğru yükselen başım, hafifçe yana yatarak avucunun kavrayışına kendini bıraktı. Timur'un dokunuşuna susuzdum sanki. Öyle ki o dokunmasa ölecekmişim gibi kalbim delicesine çarparken, Timur hafifçe eğilerek yavaş hareketlerle yatağın kenarına oturdu. Uzuvlarım benliğime inat ona yöneliyordu. Ona doğru hareket ederken, mantığım içimdeki isyanı kulak arkası etti. Yanağımdaki elini hiç çekmeden hafifçe kıpırdayan parmakları, çene kemiğimden saçlarıma doğru kayarken; kuruyan dudaklarımı hafifçe yalamaya çalıştım. Dilim acemileşmişçesine kendini korkakça geri kaçırırken, beni dinlemeyen sağ elim yukarı kalkarak Timur'un yanağımdaki eliyle buluştu. Bir an bile bakışlarımı kaydırıp yakalayamadığım dudakları, sanki saniye saniye bana doğru yaklaşırken nefes alamadım. Beni öpecekti! Timur beni, Cansu'yu, öpecekti!

İçimi saran panik dalgasına karşın, alev alev yanan dudaklarım beklentiyle aralandılar. Dudaklarımın arasından kaçan iniltiye engel olamadım. Timur'un nefesindeki tarçın kokusu içimi sardı. Buna engel olmalıydım biliyordum; ama gözleri... Gözlerimi alamadığım gözleri beni hapsetmişti.

"Cansu! Cansu uyan! Uyansana Cansu!"

"Hı?"

"Cansu! Ay, ne ağır uyuyorsun. Cansu uyan!"

"Ne! Uyku mu? Rüya mı?"

"He rüya, ne rüyası görüyorsun sen ya! Hadi ama bir saattir ölüm uykusunda gibi inliyorsun."

Uykulu gözlerimi ovuşturup birkaç defa açıp kapamaya çalışırken, üzerlerine oturan öküze lanet ettim!

"Ay saat kaç Beste?"

"Saat yedi."

Tükürüğüm boğazıma takılırken, deli görmüş gibi Beste'ye baktım. Gözlerim kocaman açılmış, ağzım hayretle aralanmıştı.

"Ne! Akşam yedi mi? Bu saate kadar uyudum mu ben?"

Beste şen bir kahkaha atarak elini salladı. "Yok canım, nerede... Sabah yedi tabi ki de, şaşkın."

Beste'nin bana şaşkın demesine mi takılmalıydım, saatin sabahın körü oluşuna mı, yoksa az daha, Beste içine doğmuş gibi uyandırmasa, rüyamda Timur ile öpüşecek olmama mı? Ben içlerinden saati seçtim.

"Aklını mı oynattın sen? Niye dürtüyorsun beni bu saatte! Git yat, deli mi dürttü seni benim gibi." Yorganımı kafama doğru çekerken, Beste gerisin geri çekerek, bir kez de beynimi sarsarcasına yatakta zıpladı.

"Kalk diyorum sana, hazırlanmamız gerek."

Beste'ye bir defa daha deli görmüş gibi baksam da, buradaki tek arkadaşımın neşesine uyum sağlamamak mümkün değildi.

"Nereye hazırlanıcaz? Nedir gizli görevimiz bakalım *'sabah şekeri'*?"

"Hikmet Anne bizi de yanında götürecek bugün." Beste zaten bildiğim ve beklemem gereken bir şeyi söylüyormuşçasına otuz iki diş karşımda sırıtıyordu. Yastığın altına başımı gömme isteğimi bastırmaya çabalayarak sordum: "Nereye Beste? Adım adım mı sormam gerek kızım? Sabah sabah bir kerede söylesene şunu."

Evet, sabah uyandırıldığımda günün en tatlı insanı değildim, kabul ediyordum.

"Aman sen de! Bir şeyin de tadına vara vara anlattırmıyorsun."

"Tamam, kızma hemen, söyle bakalım *'sabah şekeri'* nereye?"

Beste, aşağı sarkıttığı dudağını hemen gülümsemeye çevirerek; sağa sola sallanıp yatağıma daha da bir yerleşti ve neşeyle konuşmayı sürdürdü: "Hikmet Anne'nin altınlı bir gün grubu var. Dışarıda yemeğe gider onlar. Bugün de kadınlar matinesine gideceklermiş. Hikmet Anne bu sefer bizi de götürecek."

Beste sanki mucize gerçekleşmişçesine avuçlarını ovuşturdu ve heyecanla alt dudağını ısırdı.

"İyi de Hikmet teyze bunu sana sabah ezanında mı söyledi kızım? Bu ne telaş böyle?"

"Ay yok, dün demişti; ama sen, moralin bozuk gelince arkadaşından, ben de unutuverdim. Gece uykumda aklıma geldi, sabahı zor bekledim sana söylemek için."

Başımı yastığın altına sokarken homurdandım: "Belli! Sen rüyanda ne görüyorsan artık..."

"Bilmem senin gördüklerinden olmadığı garanti. Kaydır poponu uyku bastı şimdi."

Beste bana laf mı çakmıştı? Daha da güzeli beste bir kız kardeş gibi yanıma kıvrılıp uyumaya başlamıştı, hem de saniyesine ve küçücük ince horlamacıklar eşliğinde. Hayat acımasızdı; ama kimi zamanda kendince bir espri anlayışı vardı. Korkularımızla yüzleşirken, daha sonra baktığımızda bizleri gülümsetebilen bir anlayıştı bu, tam da Hikmet teyze ve gün grubu gibi. Beste'nin başını itinayla kaldırarak yastığa yerleştirirken gülümsedim. Nalân'dan çok daha farklı bir bedeni, kardeş gibi kucaklamak değişik geldi. Bu defa canlı, sağlıklı ve neşeli bir bedendi bu ve ben de minnetle bu kardeşliği kabullendim.

"Hadi kızlar! Hazırlanamadınız mı daha!"
"Tamam Hikmet teyze, geliyoruz! Son beş saniye..."
Beste dudağına şeftali tonunda bir parlatıcı sürerken, ben de bir yandan ayağımdaki topuklu ayakkabıların arkasını oturtmaya çalışıyordum. Uyuya kalmıştık!
"Üç saniyeye gelmezseniz sizsiz gideceğim."
"İki saniyeye oradayız Hikmet Anne! Cansu çabuk şu rujunu sür."
"Tamam kız sürdüm, yolda da tazelerim."
"Olsun sen sür, çok güzel oldun, kusursuz görün."
Gülümseyerek başımı iki yana salladım.
"Kızım kime güzel gözükücem? Gündeki kadınlara mı?" Gülümsememi genişletirken, aklıma gelen görüntüyle daha da neşelendim. "Kız beni oğullarına mı beğenecekler sen dururken."
"Aman, sen de Cansu. Ben istemem öyle! Hem seni de biraz zor alırlar Timur Ağabeyim varken."
Gülümsemem titrek bir hal alırken, bir salise durdum ve umursamazca devam ederken göz ucuyla Beste'ye baktım.
"Niye ki?"
"Ay Cansu, ağabeyimin sana nasıl baktığını görmüyor musun?"

Nasıl bakıyordu ki? Ama sormadım, korktum.

"Aman, hele şükür geldiniz! Ben de yakında bando mızıka gönderecektim; merasim, mehteran bekliyorsunuz diye."

Hikmet teyze, saçlarını kapayan, arkası incilerle bezenmiş, lacivert bir bone takmış; bonesiyle aynı renk pantolonunu, diz hizasının biraz üzerine kadar örten, beyazlı mavili karışık desenleri olan, geniş kesim, ipekten bir tunik giymişti. Bu haliyle eski filmlerdeki çok şık İstanbul hanımefendileri gibiydi.

"O, Hikmoş'um fıstık gibi olmuş, nereye böyle?"

Falaz'ın neşeli sesi arkamızda yükselirken, Hikmet teyze Falaz'a bir genç kız gibi kıkırdadı.

"Ay deli oğlan! Yaşlı başlı kadına ayıp ama oğlum."

Falaz daha da yaklaşarak Hikmet teyzenin iki yanağını sıkıştırdı ve gülerek konuştu: "Aman da aman, utanırmış da... Ama Hikmet Anne'm, bak sen değme genç kızlara taş çıkarırsın, artist gibi kadınsın."

"Aman be oğlum, artistliğimiz mi kalmış bu saatten sonra."

"Ee, bak demedi deme, istemeye geldiklerinde seni kimseye vermem ona göre!"

"Ay deli oğlan!"

Timur'un sesi içeriye girerken odada yarattığı varlığını desteklercesine tok ve gür çıkmıştı: "Nereye böyle hepiniz birlikte?"

Gördüğüm rüyayı hatırlayıp kademe kademe kızarırken, bakışlarımı kaldırıp yüzüne bakacak cesaretim yoktu.

"Aman be oğlum, hepiniz sanki kaynanamsınız! Kızları da aldım bir değişiklik olsun. Bizim gün grubuyla, kadınlar matinesine gidelim dedik de."

"Nerede bu matine?"

Timur'un bakışları beni baştan aşağı süzüyordu, biliyordum! Bakmasam, görmesem bile içimin ta derinlerinde bir yerde, sanki Timur Alarmı takılıydı ve ben onun varlığını görmesem bile hissedebiliyordum.

"Avcılar'da oğlum."

"İyi, biz bırakalım sizi."

"Gerek yok, biz şimdi buradan bir arabaya biner..."

"Olmaz! Biz mekânı da görmüş oluruz, sizi de çıkışta alırız."

"Oğlum manyak mısın? Bunca senedir kendi başıma gittiğim gün grubumda, işemeye de senle gideyim istersen. Bana bak! Ben senin daha kıçındaki boku temizlemiş kadınım. Sen git bu havanı başkalarına at."

İnanamıyordum! Hikmet teyze Timur'u azarlamıştı! Hem de hepimizin önünde!

"Yok Hikmet teyzem, biz de gideceğiz de o tarafa..."

"Ya, tabi tabi... Hadi oğlum, kal selametle. Gelin kızlar gidiyoruz."

Ve biz de anne ördeği takip eden yavrular gibi, Hikmet teyzenin peşine takılarak, odadan dışarı çıktık. Kapıdan çıkmadan son saniye merakıma yenilerek dönüp bir anlığına Timur'a baktım; ancak bana kitlenmiş gözlerini görmek, bakışlarımı sanki emerek içine hapsetti. Timur olanca sertliğiyle bana bakıyor ve mırıldanıyordu: "Bari Hayrullah bıraksaydı..."

Anladım ki Timur bir tek Hikmet teyzeye hükmedemiyordu.

"Siz şöyle oturun gençler, yan yana."

Hikmet teyze, Avcılar tarafında gittiğimiz kebapçının arka tarafında, ortası pist gibi bırakılan açıklığı görebilecek şekilde, Beste ve beni oturttu. Karşımızda iki genç kız daha oturuyordu ve bize oranla fazlasıyla süslüydüler. Beste çekingen bir şekilde elini uzattığında, ikiz olduklarını daha sonradan öğrendiğimiz kızlar, kendi aralarında kıkırdayarak bizimle tokalaştılar ve sanki biz anlamayacakmışız gibi, birbirlerine mesaj atarak hakkımızda konuşmaya başladılar. Hayır, anlayamadığım sadece elini sıktığın biri hakkında ne diyebilirdin ki? Kimilerinin diyecek şeyi, yapacak şeylerinden çok daha fazlaydı anlaşılan ki, dilleri çalışmayan ellerinin yerine geçebiliyordu. Kızları umursamadan etrafı incelemeye başlamıştım ki masanın bir kenarına tutturulmuş broşürü gördüğümde, gözlerim yuvalarından fırladı: Meyran Derya! Taksim'in arka barlarından gelip, yaz geceleri boyunca Kumburgaz'dan Çorlu'ya kadar insanları eğlendiren, kına gecelerinin müdavimi Meyran Derya. Bizim Meyran... İçimden bir ses *'sıçtık'* diye bağırsa da, uzun zamandır görmediğim Meyran'ı görecek olmak da başka bir talihti. Sessizce Beste'nin kulağına eğilerek, "Ben bir tuvalete kadar gidip geliyorum."

"Ben de geleyim."

"Gerek yok, ben hemen gider gelirim."

"Ay yok, yol uzundu ben de sıkıştım."

Hay ben talihime!

"Tamam o zaman, hadi."

Hey Allah'ım! Benim bir an önce Meyran'ı bulup, durumu kimse çakozlamadan izah etmem gerekiyordu; yoksa foyam meydana çıkmak üzereydi. Ama bir dakika! Ben neden çekiniyordum ki? Oysa bal gibi de biliyordum. Bir kereliğine o iyi aile kızları gibi, analarının yanında gelip altın günlerinde süzülen conconlardan olmak istemiştim. Bir kere olsun kimsenin kınamadığı gözleriyle bakılmak ve o sıradan denebilecek normal kadınlar gibi eğlenmek istemiştim. Dedikodusu yapılan olmak yerine, birilerinin ardından ne giydiğine, ne renk ruj sürdüğüne, hangi eteğin altına ne ayakkabı giydiğine dair dedikodu yapıp; onun kocası bilmem ne yapmışa, 'Aaaa!' diyerek eşlik edebileceğimi hayal etmiştim. O halde yapacaktım! Bunu hak edecek kadarını en azından Timur bana borçluydu ve madem bugün buradaydım, ben de içerideki o namuslu kadınlar gibi eğlenecektim. Beste tuvalete girer girmez, lavabodan tüydüm ve hemen kasanın arkasındaki odaya doğru yöneldim.

"Buyurun, bir şey mi istemiştiniz?"

"Meyran Bey'i görecektim."

"Şu an kostümünü giyiyor; ama birazdan sahne alacak."

"Yok, ama benim onu hemen görmem gerek."

"Şu an rahatsız edemezsiniz."

Önüme direk gibi dikilen garsonu sinirli bakışlarla iteklerken, Meyran'ın içerisinde olduğunu tahmin ettiğim odaya doğru bir hamle yaptım.

"Önümden çekilir misin bir dakika!"

Garson ısrarla içeri giremeyeceğimi söylerken, tüm bu kargaşa yetmezmiş gibi Beste ve o concon ikizler ensemde bitiverdiler!

"Hayırdır Cansu bir şey mi oldu?"

Hah! Bir bu eksikti lanet olasıca! Lan küfredicem onu da edemiyorum!

"Yok Beste, sorun yok. Sadece bu bey anlayışsızlıkta ısrarcı."

İkizlerden tiz seslisi gıcık gıcık cırlamaya başladı: "Ay ne işin var ki burada?"

Sana ne? Hayır, sana ne? Sanki dangozun üzerine vazifeydi; ama diyemiyordum tabi.

"Hanımefendi, lütfen masanıza geçer misiniz?"

Hah, bir bu sırık efe eksikti, yeniden cırladı tam oldu! İçimde yükselen öfke, carlama ve daha da püsüre sararak 'Kapa çeneni!' deme arzusunu bastırmaya çalışarak Beste'ye döndüm. "Hayatım, siz masaya geçin. Ben bir fotoğraf çekinip gelicem Meyran Bey'le."

Tabi bunu duyan ikizler durur mu? Durmaz elbet!

"Ay! Biz de istiyoruz fotoğraf. Sahneye çıkmadan çekinelim. Sonra terliyor falan..."
Hah! Bir bu cırlaklar eksikti!
"Ay! N'oluyor ayol! Bu ne gürültü böyle kapımın önünde!"
Ve işte, manzara tastamamdı! Meyran, tüm ihtişamı ile omuzlarının hemen üzerinde biten dalgalı sarı saçlarını, yüzüklerle donatılmış eliyle savurarak kapıdan dışarı çıktı.
"Hanımlar, ne bu böyle menopozu gelmiş kaynana gibi dır dır dır kapımın önünde?"
Meyran'ın bizi tarayan gözlerinden kaçabilmek için önümdeki sırık garsonu siper alıp, olabildiğince yere, ayakkabımın ucuna bakmaya çabalıyordum ki işte o, uzatmalı harflerle donatılmış, vahim cümleyi duydum:
"Kız! Cansu! Vallaha da sensin. Ayol gel kız buraya kaçak yosma, saçını başını yolacam senin de, tepende saç kalmamış ayol! Ne bu halin gel buraya."
Peş peşe gelen kelimeler eşliğinde, bir kolumdan tutularak, kaz kafalı garsonun ardından çekilip, Meyran'ın geniş göğsüne bastırılarak kucaklandığımda; kızların yüzüne bakamıyordum. Her birinin ağzının bir karış açık olması bir yana, ikizler çarçabuk toparlanarak bıyık altı gülüşleri eşliğinde pısır pısır konuşmaya başlamışlardı bile.
"Kız hayırsız, nerelerdesiniz siz bakiyim. Ne Nalân, ne sen... Allah seni inandırsın daha geçen senden bahsediyorduk..."
Meyran konuştukça ben batıyordum sanki. Bu bokun içinden nasıl çıkacağımı hesap etmeye çalışırken, Meyran'ı hafifçe dürtmeye çalıştım.
"Meyran, canım ne olsun işte, Nalân malum hasta garibim. Tedavisi sürüyor..."
"Aa... Nesi var ayol? Altı ay önce domuz gibiydi karı."
"Meyran! Kalbi hasta ya! Hani kalbi..."

Meyran, yüzüme bir iki saniye aptal aptal baktıktan sonra, bir kaşımla işaret etmeye çabaladığım arkadaki kızlara bir göz attı ve hemen durumu çakozladı.

"Ha, ay evet kız sorma ayol. Yine mi nüksetti. Ah bacım, ne olacak bu kızın hali böyle?"

Meyran'ın abartılı üzülmeleri süre gelirken, ikizlerden daha sessiz ama keskin bakışlı olanı ortaya atılıverdi. "Siz tanışıyorsunuz galiba?"

Yok bacım! Tanışmıyoz da burada haybeye kucaklaşıyoz! Hey Allah'ım, tüm dangozlar da beni bulmasa olmazdı tabi. Elbette sivri dilli Meyran'dı bu. Ben içimden geçirirdim de, onun dilinden dökülmez miydi, ben gözlerimi devirirken.

"Ay sen ne zeki şeysin öyle. Nereden geliyon bacım sen?"

"Bostancı'dan geliyoruz."

"Ay, kadına bak ta Bostancı'dan kalkmış gelmiş görüyon mu? Kız bu defa ilk parçayı senin için söylicem. Hadi koş geç masaya geliyom şimcik."

Meyran kaşla göz arası benim bile anlayamadığım ve yarılsam beceremeyeceğim ustalıkla kızları masaya yollarken, garsona eliyle beş dakika diye işaret verip beni odaya çekti.

"Çabuk anlat, beş dakikan var. Başına ne geldi?"

"Meyran, lütfen benim ben olduğumu çaktırma bugün, olur mu? Sana baştan demeye geldim; ama o sırık herif bırakmadı beni."

"Aman ne yapayım bacım. Bıraksam bu karılar beni hep çımırtır, seviyoz diye. Müdavimlerim bilem var burada."

"Kız sen ne zaman başladın bu kadınlar matinesine?"

"N'apiyim kızım! Karta kaçtık artık, eskisi gibi barlarda iş çıkmıyor. Burayı buldum sağ olsunlar, müdavimlerim bile oldu. Kadın kadına eğleniyoz işte. Sen onu bunu bırak da anlat hemen, ne bu gizlilik?"

"Satıldım."

"Ne? Kim sattı seni?"

"Yok lan, öyle değil. Mafyatiğin teki beni pavyondan aldı, senetlerimi de satın aldı. Şimdi ona borçluyum. Ne olacak ki işte, bir işten diğer işe."

"Kız, kapama mı oldun ayol?"

Meyran'ın şen kahkahası odada çınlarken, donuklaşan bakışlarımı gizlemeye çalıştım yılların Meyran'ından.

"Yok be kızım, ne kapaması. Herif bana elini bile sürmedi. Ne bok yemeye aldıysa beni oradan, evinin kadını yapmayacağı garanti."

"Kız seni şanslı şıllık." Meyran omzuma hafifçe vururken, muzur muzur kıkırdıyordu. "Yakışıklı mı bari?"

İşte kritik soru da gelmişti. Timur yakışıklı mıydı? Hayır desem kimi kandıracaktım ki? Timur'u hiç görmemiş Meyran'ı mı? Yoksa kendimi mi?

"Aman, ne biliyim lan ben! Herifin yakışıklılığını ben mi düşüncem, concon karılar düşünsün. Ben işime bakarım. Çıkacak altından bir bokluk gene de, dur bakalım hayırlısı. Hiç değilse Nalân'ı tedavi ettiriyor."

"Hadi ya? Nerede Nalân?"

"Balıklı Rum Hastanesi'ne yatırtmış. Geçen gittim; ama henüz görüştürmüyorlar. Tedavinin parçasıymış. İçerde bu herifin akrabaları var. Aman diyeyim açık etme lan beni. Herifin sağı solu belli olmaz. Demedi ki pavyondanım."

"Kız? Bu herif seni ailesiyle aynı eve mi getirdi?"

Eh, böyle deyince tabi bir tuhaf duruyordu.

"He, hadisene sen! Sahne almıyor musun lan? Laklaka daldık. Özledim kız sesini. Ne de içli söylerdin."

Boşuna pavyonda dirsek çürütmedik herhalde, lafı kaynatmakta üzerime yoktu.

"Ay kız deme, hatırlatma o günleri. Ne günlerdi be! Ah be bacım. Efkarlandım şimdi."

"Hatırlıyor musun, bir yaz Nalân, sen, ben Kumburgaz'a kaçmıştık bir gece. Akşama kadar güneşlenip, akşam da işe geri dönmüştük."

"Hatırlamam mı ayol! Sen bir günde bronz olacağım diye tutturmuştun, bu Omo beyazı halinle de, gece götün başın su topladıydı."

İçimden ağlamaklı bir kahkaha yükselirken, sanki bugün gibi sahne kostümünün içinde sızlayan tenimi hissetmiştim. Bir günlük hovardalık yapmak istemiştik. Bir kez olsun özgür olmak istemiştik.

"Kız hatırlıyon mu? Nalân boyuna Sezen'den Ağlamak Güzeldir dinletmişti. Eşlik etmekten iflahımız kesilmişti."

"Ay, bilmem mi! O sülük herife âşıktı o zamanlar... Dayak yiyip yiyip ağlıyor; ama yine de seviyom diye diretiyordu."

"Akıllanmadı saftirik. İki tatlı söze aç, küçücük çocuk gibi..."

"Hangimiz değiliz ki?"

Dolu dolu olan gözlerimiz birbirimizle buluştuğunda, çalan kapı artık sahne zamanı diyordu.

"E, o vakit Nalân'a gitsin: Ağlamak Güzeldir..."

"Gitsin lan..."

Masaya döndüğümde, herkesin gözü bende olsa da Meyran'ın sahne alışıyla sorulacak sorular yarım kalmıştı. Ağlamak güzeldi ve ben ağlayamazdım, şimdi değildi. Gece yastığıma başımı koyana dek olmazdı. Sonra... Sonra dilediğim kadar ıslatabilirdim o yastığı ve kimse duymaz, bilmezdi. Şimdi, istemem yan cebime koylarla kendini ortalara atıp, kırk yıllık dansözlere taş çıkaracak kadar iyi döktüren kadınlara şov zamanıydı. Hikmet teyzenin hatırını kırmayıp göbek atmaya kalkmıştım. Beste ile karşılıklı tüm hünerlerimizi sergilerken, iki normal genç kızdan farkımız yoktu. Ta ki gözlerim, geniş salonun ötesinde beni izleyen bir çift kuzguni gözle buluşana kadar: Timur buradaydı! Bir elini kaldırarak bana sessiz işareti yaptığında, artık biliyordum ki Timur hükmederdi, hem de Hikmet teyzeye bile.

… … …

"Bugün eğlendiniz mi?"
"Kendin görmedin mi?"
"Ne gördüğümü sormuyorum."
"Eğlendik."
"Arkadaşının sesi gerçekten güzelmiş."
"Sen her şeyi bilmek zorunda mısın?"
"Yo, her şeyi bilmiyorum. Mesela, senin kadar güzel göbek atamam."
"Ha göbek atıyorsun yani."
"Yok canım, ne münasebet."
"Aman Allah'ım, sen oynuyorsun."
"Yok canım, işte öyle düğün dernek, iki duble atınca, horon falan."
"Bak sen! Bu bir rüya olmalı... Roman da var mı?"
"Hacer!"

8. Bölüm

"Ispanaklı börek kokusu mu bu?"
Falaz'ın sesi sabahın loş ışıklarıyla mutfağı doldururken, ben kilere doğru ilerlemiştim.
"Günaydın Falaz Efendi." Hikmet teyzenin her zamanki hafif azarlayıcı; ama sevecen sesi, sanki sabah ezanıyla uyanmamışçasına canlı çıkıyordu.
"Günaydın Hikmoş'um, açım ben."
"Sabahın bu saati nereden geliyorsun bakiyim sen?"
"Uyku tutmadı be annem. Dolaştım öyle, az orada burada."
"Ee, dinletemiyorum ki hiçbirinize. Evlenme çağınız geldi artık. Sağda solda Deli Dumrul gibi sürteceğinize, getirin benim gelinlerimi de ben de az bir rahat edeyim."
Falaz savurgan neşesini ortalığa saçarak, Hikmet teyzenin henüz fırından çıkardığı ıspanaklı böreğin başına oturmuş, önüne konulacak dilimi bir çocuk gibi bekliyordu.
"Ah be Hikmoş'um, ne anlar zamane kızları börek açmaktan. Yenir mi onların pişirdiği. Ben seni düşünüyorum annem. Zehirlenir kalırız bir köşede maazallah. Uf! Sıcakmış..."
"Ay deli oğlan, fırından yeni çıktı, görmüyor musun?"
Kilerin kapı girişindeki camekândan yansıyan görüntüye bakılırsa, Falaz'ın sıcağı umursar bir hali yoktu.
"Uf! Harika olmuş..."
"İyi, Cansu açtı."

Lokması ağzında büyümüşçesine, Falaz boğazını temizleyerek buruşturduğu yüzü eşliğinde yutkundu ve "Bizim Cansu mu? Hani şu şeyden gelen..." dedi.
Neyden gelen? Pavyondan!
"Neyden gelen?"
"Şeyden işte... Şeyden..."
"Sanat camiasından!"
Timur'un sesini duymasam bile, içeriye yaydığı havadan geldiğini anlayabilirdim. Ne hareketli bir sabahın körüydü böyle! Yüreğim ağzımda Falaz'ın vereceği cevabı beklerken, Timur'un sesiyle olduğum yerde sıçramamam mümkün değildi. 'Sanat camiası' mı? Elbette, ben de Pavarotti'ye vokalde eşlik ediyordum ya, onu kastetmiştir; tövbe estağfurullah!
"Sen de mi erkencisin deli oğlan."
"Uyku tutmadı teyzem."
"Ay maşallah, ne derdiniz varsa böyle cümleten! Sabahın bir vakti bir namaza kalktım, meğer ortalık cemaat kaynıyormuş. Cansu, Falaz, sen... Bir Beste'm maşallah kuluçkadaki tavuklara taş çıkaracak."
"Hac... Cansu da mı uyanık?"
"Sabah bir kalktım baktım, mutfakta tıkırtılar. Geldim harıl harıl ıspanaklı börek yapıyor."
"Koy bakalım biraz da yiyelim, neye benzemiş böreği."
Hah! Koy bakalımmış! Allah'ın sırığı! Sen daha tavaya yumurta kıramazken, ben karnımı doyuruyordum kendi başıma!
"Ben koyarım Hikmet teyze, sen otur biraz."
"Ay evet, bana da bir çay koy bakalım kızım."
Önce Hikmet teyzeye çayını verdikten sonra, Timur'a bir parça börek kestim ve yanına da çayını koyup önüne bıraktım. Kalbim sınava giren öğrenciler gibi çarpıyordu.
Tüm gece uyumamış, yatakta bir sağa bir sola dön-

dükten sonra, kendimi oyalayabilmek için mutfağa inmiştim. Bulduğum tarif kitabını karıştırırken, benim de o kızlar gibi evde börek açıp, kek yapabileceğimi gösterme arzusu içimi kaplamıştı. Adı neydi? O nişanlısının... Ayşen! Hah, o sosyetik çırpıdan daha iyi yapacağıma kalıbımı basardım! Tabi ki de, su ve unla imtihanım başlayana kadar böyle düşünmüştüm. Hikmet teyze geldiğinde unun içinde kaybolmuştum adeta ve bunu yapacağıma inandığım ana lanet okumak üzereydim. Hikmet teyze önce beni oturtup temizlemiş; sonra her şeyi itinalı, titiz bir anne edasıyla tek tek anlatarak, bana yardım etmişti. İnsanın annesinin olması böyle bir şeydi herhalde. Tökezlediğinde tutan, düştüğünde kaldıran... Şimdi ben yaptım diyebileceğim bir Hikmet teyze böreğim vardı ve ilk tecrübesinin sınanmasını bekleyen taze gelin gibi, ayakta durmuş bekliyordum.

Timur ilk lokmayı alırken, gözlerini gözlerimden bir an bile çekmedi. Bir insanın bir lokma ıspanaklı böreği çiğnemesi ne kadar heyecan verici olabilirdi ki? Ama bu heyecan vericiydi işte! Bu adam sanki ıspanaklı börek çiğnemiyor da... Aman ne saçmalıyordum ben! Bal gibi de ıspanaklı börek çiğniyordu işte! Bakışlarını benden ayırdığında, yüzündeki ifadeden hiçbir şey okuyamıyordum. Timur çayından, olabilecek en ağır haliyle bir yudum aldıktan sonra, Falaz'a dönerek konuşmaya başladı: "Bugün Beste'yi okula sen götür, çıkışta da sen al. Hayrullah Hikmet teyze ile pazara gider."

"Ben burada bekliyordum ama, di mi?"

"Oğlum ne oluyor gene?"

"Yok bir şey Hikmoş'um, takılma sen anam. Tedbir birazcık."

"Ne diyor bu oğlan Timur?"

"Yok bir şey Hikmet teyzem. Azıcık tedbir günlerimiz bu ara yine. Benim haberim olmadan bir yere gitmeyin yeter."

N'oluyorduk? Mafyatiğin işleri karışmıştı anlaşılan da, bu tedbir meseleleri falan neydi?
"Bir sıkıntı mı var?"
Dilimi tutamayıp soruvermiştim işte.
"Önemsenecek bir şey yok. Sen bana bir dilim daha börek ver bakalım, eline sağlık."
Ağzının kenarından, küçük bir yumurta kabuğu çıkarıp, yandaki peçeteye bırakırken bana gülümsemişti! Aman Allah'ım! Biri lütfen, bir daha bu adam gülümserken, karşısında durmamayı bana hatırlatsın! İşte o an, niye polisiyecilik oynuyoruz, niye Don Corleone'nin evindeymişim gibi herkes hareket ediyor ve tehdit ne, sorularının herbiri uçup gitmişti. Timur gülümsemiş ve bir parça börek daha istemişti! Ben bu işi becermiştim. Börek açmıştım ve o an, sanki dünyayı düşmekte olan bir gök cisminden kurtaracak formülü bulmuş bilim adamı gibi hissetmiştim. Ben onun onayını alan bir şey yapmıştım. Kendimi ona beğendirebileceğim bir şey... Ben kendimi ona beğendirmek istemiştim.

Timur ikinci dilimi de çabucak yedikten sonra, mutfaktan çıkarak seraya yöneldi. "Cansu sen iki sade Türk kahvesi yapıp seraya gel."

Falaz da hemen ardından çıkarken bana hafifçe eğilerek, "Bu sefer beni şaşırttın," dedi.

... ...
"Hikmet teyze?"
"Efendim?"
"Benim buradaki varlığımı neden hiç sorgulamıyorsun?"
"Buradaki ne normal ki, sen olasın?"

Elimde tepsiyle, seranın kapısında dikilip nasıl açacağımı düşünürken; Timur kapıyı açıvermişti bile. Kapının eşiğinde durmuş bir eliyle kapıyı tutarken, bedenini geri çekmeye çalışarak bana geçebileceğim yer açmaya çalışıyordu. Elimde tepsiyle ona değmemeye itina ederek içeriye girdiğimde, içeride bir farklılık olduğunu hemen anlamıştım: Güller yoktu!

"Güllere ne oldu?"
"Geç otur, kahveni al."
"Ben kahve içmem ki."
"İçersin. Yalnız içmeyi sevmiyorum."
"Peki."

Kahvemi, düzeltiyorum: Zıkkımın kökü kıvamındaki kahvemi, alıp seradaki masanın bir ucuna ilişiverdim. Timur dalgın hareketlerle güllerin yerini alan gramofona yöneldi. Bunlardan en son Tarlabaşı'nda, kapımızın önünden geçen eskicinin el arabasında görmüştüm bir tane. Bunun aksine kırık dökük, yıpranmış bir güzellikti. İçimdeki, ayağa kalkıp ona dokunma arzusunu bastırırken, ne yapacağını sessizce bekledim. Kimi zaman saatlerce bu serada sessizce yanında oturturdu beni. Hiçbir şey yapmamı ya da konuşmamı istemezdi. Sadece oturur ve onun, olanca sessizlikle ve itinayla hareket edişini izlerdim. Bugün de o günlerden biri olacaktı anlaşılan; ama tek farkla: Gramofon. Timur elindeki plağı, eski ama sanki bugün imalatçıdan çıkmış gibi duran gramofona yerleştirdikten sonra, yan tarafındaki kolu yarı hızlı sayılacak şekilde çevirdi ve müziğin boğuk tınısı içeriyi doldurmaya başladı.

"Bu orijinal bir Müzeyyen Senar. Taş plak."

Gramofondan Müzeyyen Senar'ın sesi *'yaktın ah zalim beni'* derken, ne diyebileceğimi bilemiyordum. Kahveden bir yudum almışım ki Timur konuşmaya devam etti: "Bu annemin gramofonuymuş."

Anlık bir sessizlikten sonra tekrar, tok ama gerisinde özlem barındıran sesini duydum. "Bütün plaklarıyla birlikte babam saklamış. Bir odada küçük bir köşesi vardı. Annemin küçük bir mabedi gibiydi... En çok Müzeyyen Senar'ı severmiş; ama Zeki Müren'e de bayılırmış. Sesi çok güzelmiş..."

Konuşmalı mıydım? Konuşsam ne diyecektim? Neyse ki Timur beni bu zahmetten kurtarmıştı: "Babam sert bir adamdı; ama annemle mutlu bir adammış. Bir daha da başkası olmadı zaten... Küçüktüm... Geceleri bu gramofonu çalıştırır, annemin resmini karşısına alır, onunla konuşurdu."

Bütün bunları bana niye anlatıyordu ki? Ben bu yükle ne yapabilirdim? Kahvenin telvesinin üzerinde hafifçe süzülmesini bekledikten sonra, fincanı hafifçe yana eğerek dibindeki son noktayı da içtim, aynı Timur'un onu izlediğim onlarca defasında yaptığı gibi. Timur öne eğilerek, bıçak kadar keskin bakışlarını hiç yumuşatmadan gözlerimin tam içine öylece baktı. Kendimi çırılçıplak hissederken, sesi sanki tenimi sarmalıyordu.

"Kahve içiyormuşsun."

"Senden alıştım."

Timur, o can alan gülümsemesini, dudağının bir yanını yukarı doğru kıvırarak sergilediğinde; duyduğunun hoşuna gittiğini anlamıştım. Bugün bir defa daha takdirini aldığımı biliyordum. Onaylanmaya bu kadar aç oluşuma küfrederdim, şayet farkında olsaydım.

"Bugün çiçeklerle sen ilgilen."

"Güllere ne oldu?"

"Frezyalara dokunma."

Timur'un sevmediği soruları sorarsam, olacağı buydu tabi. Ne de kıymetliydi, daha bir defa bile dokunmama izin vermediği frezyaları. Tek tek her çiçekle ilgilenirken, en çok hoşuma gidenlerden biri olan menekşelerde biraz fazla oyalandım. Timur çoktan frezyalarını sulamış, topraklarını havalandırmıştı. Dayandığı tezgâhtan, kollarını geniş göğsünde kavuşturmuş beni izliyordu.

"Menekşelere daha çok vakit ayırdın."
"Onları seviyorum."
"Neden?"
"Basitler... Zor koşullarda, dışarıda bile, yaşıyorlar; ama koşullar değiştiğinde hassaslar. Küçücük bir yapraktan bir saksı dolusu çiçeğe dönüşebiliyorlar; ama suyunu biraz fazla verirsen ya da ısı hafif değişirse etkileniyorlar. Hem, minik fırfırlara benzeyen yaprakları küçük kız çocuklarının eteklerini hatırlatıyor bana. Çok basit ve masum..."
"Verdiğin kadarını geri alıyorsun yani?"
"Hayır, verdiğinden fazlasını geri alıyorsun."
Bir anlık suskunluktan sonra, Timur boynunu yan yatırarak bana baktı. Kısa kesilmiş saçlarının, muntazam bitimiyle açığa çıkan boynu; bir sunakta sergileniyordu sanki. Bana bakarak, yeniden o muhteşem yarım gülüşünü bahşettiğinde, nereye bakacağımı bilemedim.
"Kimi zaman, sen de bırakıp uzaklara gitmek istiyor musun?"
İşte bu soru... İstiyor muydum? Nereye gidecektim ki? Kimim vardı gidecek? Bildiğim neresi vardı ki bu bataktan başka?
"Gidecek yerim yok ki."
"Korkuyorsun yani?"
Korkuyordum... Hiç bilmediklerimden ve başıma gelebileceklerden korkuyordum.
"Kim korkmaz?"
Timur, adım adım bana yaklaşmış; tam arkamda, ensemdeki tüyleri diken diken edercesine durmuştu. İşte korku tam da buydu! Peki, Timur korkar mıydı? Hiç sanmıyordum. Acemi ellerim, menekşeleri bilinçsizce eşelerken; arkamdaki varlığın kuvveti, bir girdap gibi beni içine çekiyordu. Korku mu demiştim? İşte korku tam da buydu benim için. Timur'un girdabı...
"Ben kimi zaman gitmek istiyorum. Her şeyi olduğu

gibi bırakıp; kendimi Karadeniz'in yaylalarına, soğuk ve keskin havasına bırakmak istiyorum. Sisten görünmeyen o tepelere çıkmak; o pamuksu pusun üzerinde yükselen yeşile bakmak; azalan oksijenle, boza dönüşen tepelerde, rüzgârı dinlemek istiyorum. Biliyor musun? O rüzgârın tınısı, tulumun yankılı sesi gibidir."

Timur, sanki gözlerini kapamış bir şiiri anlatıyor, olmayan bir gerçekliği vadediyordu. Benim hiç sahip olamayacağım bir hayali anlatıyordu bana. Bir süre bekledikten sonra, derin bir soluk alarak, frezyaların yanına yürüdü. Arkamdan çekildiğinde, sırtımı kaplayan serinlik onun varlığını bir kere daha hatırlatırcasına, bana işkence etmişti. Timur, frezyalarla biraz daha ilgilendiyse de, ben işimi bitirinceye kadar bir daha konuşmadı. Yalnızca, sanki olanca varlığını, benim tenime işlemenin bir yolunu bulmuşçasına beni izledi.

İlk başta; ellerim titreyip, omuzlarım gerilerek sırtımı ağrıtsa da, bir süre sonra sessizliğinin huzuruna ayak uydurdum. Hangisi daha çok şey anlatıyordu? Konuşması mı? Yoksa o keskin bakışlarla izlemesi mi? Ben kendime yasaklı olmayan bir dünyada, bir durak noktası bulmuştum; menekşeler. Bu koca seranın, bana yasak olmayan çiçekleri. Timur da ona yasaklı olmayan bu büyük dünyada, kendine bir durak noktası bulmuştu; ben. Timur'un sessizliği gitgide huzursuz bir hal alırken, bir insanın sessizliğinin bile ne kadar çok şeyi ve değişken hali anlatabileceğine şaşırmıştım. Beni tedirgin etmeyen varlığı, sessizliğinin değişikliğiyle bir şeyi beklemem gerektiğinin habercisi gibiydi. Son dağınıklığı da toplarken Timur kapıya yöneldi.

"Yarın akşam için hazırlan... Cansu. Benimle yemeğe geleceksin. Hamza Ertuğrul ile akşam yemeği yiyeceğiz dışarıda."

Timur beni ilk defa serada yalnız bırakıp çıkarken; içime batan anıların soğukluğu, bir bıçak gibi parçalanmış kalbimi yararak, karnımın en yumuşak yerine batmıştı. Bir isim... Sadece bir isim: Hamza... Her şey üzerime yıkılırken, titreyen gözlerim dolu dolu bile olamıyordu. Bir el boğazıma yapışmış, aldığım nefesi ciğerlerime işkence gibi üflerken, ben büzüşüyordum. Yere iyice çömelerek, kendi dizlerimi kollarımla sararken; adeta içime kapanmıştım. Beni ben yapan ne varsa, benden uçup gidişini izledim o an. O geceden bana yadigâr, uğuldayan kulaklarımda bir çığlık gibi tek bir isim kalmıştı: Hamza...

... ...

"Beste, kim bu Hamza Ertuğrul?"
"A! O mu? İğrenç bir adam! Ağabeyimin eski nişanlısının babası. Ne yalan söyleyeyim, nişan bozulduğunda en çok o herifin yaşamımızdan çıktığına sevinmiştim."
"Ya! Neden ki?"
"Bilmem, nedeni yok... Sadece bakışları... Ne biliyim sevemedim işte..."
"Timur yemekte onlara eşlik etmemi istiyor."
"Kesin o yelloz kadın da gelecek, demek ki."

Gece sessizce ilerlemeyi durdurmuş, benimle dalga geçiyordu sanki. Hayatımdaki her şey hızla ilerlerken, bir karanlığın sabaha kavuşması nasıl bu denli yavaş olabilirdi? Yatağımın her köşesini talan ettikten sonra, gökyüzünde parlayan yıldızları görebilecek bir pozisyonda, kendimi cama konumlandırmıştım ki, içimden bir ses adeta beni azarladı! Neden çekiyordum ki tüm bunları? Çekip gitsem, kaçsam?

Beni öldürecek hali yoktu ya bu mafyatiğin! Olmadı çok çok öldürdü de, öldürse kaç yazardı? Hiç değilse benim için pavyon tuvaleti temizlemekten daha manalı bir son olurdu. Kanlı bir hazan güneşiydi yaşam. Kimi zaman durgun, dingin; kimi zaman da alabildiğine hırçın dalgalarla kaplı bir deniz gibiydi. Yaşamak öyle ağırdı ki bazen... Bazen de tam aksine umut dolu, coşkuluydu. İşte öyleydim şimdi; umut dolu, coşkulu. Bir ilham gibi doğmuştu içime; sevmeyi umut ediyordum, sevilmeyi...

"Cansu! Kalksana!"

Beste'nin heyecanlı sesi kulaklarımı doldururken, gözlerimi ovuşturarak saate bakmaya çalıştım. Ne! Saat öğlene geliyordu neredeyse! Sağa sola dönüp dururken; bu saate kadar uyumuş muydum? Bu eve geldiğimden beri uyku alışkanlıklarım da değişmişti. Eskiden sabaha karşı yatıp, öğlenin ileri saatlerine doğru midem guruldayarak uyanırken; burada sabah erkenden kalkıp; Hikmet teyzenin demlediği, sabahın ilk çayına eşlik etmek âdetim olmuştu. Geçmişe dair normallikler anormalim olmaya başlamıştı ve yaşamım alışmadığım, bilmediğim bir yöne doğru değişiyordu. Korkuyordum...

"Cansu, uyan! Timur Ağabey, öğlene kadar seni uyandırmamamızı söyledi; ama çatlayacağım artık. Sana kocaman bir paket yollamış. Hem de böyle süslü püslü bir paket. Görmen gerek, bir görsen... Hadi uyan!"

Beste'nin coşkuyla çıkan sesi, sabahımın penceresinde cıvıldaşan bahar kuşları gibiydi ama mevsimlerden kıştı. Soğuk, bu zengin eve işlemese de; iliklerim, yumuşak yorganın atından çıkarken, tanıdık kışı bilerek sızladılar.

"Kalktım kalktım. Ne paketiymiş ki? Niye bana yollamış?"

"Akşamki yemek için. 'Alışverişe vakit yok,' dedi. Uygun bir şeyleri mağazadan yollayacaklarını söylemişti, onlar geldi."

Beste'nin canlı ve heyecanlı havası, bir anda beni de sarmıştı. Yataktan fırlarcasına kalkıp, apar topar Beste'nin getirdiği kutunun başına dikiliverdim. Pijamanın altında yere basan çıplak ayaklarım, yerin soğuğuyla üşüse de umurumda değildi. İlk defa paket alıyordum, var mıydı daha ötesi? Gülümsemekten kulaklarıma varan ağzım bir karış açık vaziyette, pakete bakıyordum. Paketten ziyade kutuya! Kocaman bir kutu duruyordu önümde ve üzerinde biraz daha küçük ikinci bir kutu ve en üstte içinde ayakkabı olduğunu tahmin ettiğim bir küçük kutu daha. Üç kutu da kocaman bir fiyonkla ve abartılı bir ihtişamla bağlanmıştı. Kutuların bir köşesinde geldikleri lüks mağazanın, asla telaffuz etmeyi beceremeyeceğim kadar afilli adı yazıyordu. Okumaya çalıştım: "Haaarveyniiiccchols..."

"Harvey Nichols'dan hepsi." Beste öylesine büyülenmiş bir havada söylüyordu ki, sanırım iyi bir şeydi.

"İyi bir şey mi yani?"

"Sen deli misin? Bu kutuların içinde bir servet yatıyor."

"Vay anasını..."

Kutulardan en büyüğünü ayırıp, kurdelesini bozmamaya çalışarak açmaya çalıştım. Eski bir alışkanlıktı. Kapağı kaldırdığımda içinden siyaha bakan füme tonunda bir kabanla, kırık beyaz başka bir kaban daha çıktı. Her ikisi de diz kapağı hizasındaydı. Üzerlerinde parmaklarımı gezdirdiğimde, her iki kabanın da yumuşacık dokusu, parmaklarımı kapayarak onları göğsüme bastırma arzusuyla içimi dolduruyordu.

"Vay canına! Bir Lanvin ve bir Giambattista Valli."

"Ney, ney?"

" Bir Lanvin diyorum. Şu beyaz olan da Giambattista Valli."

"Af buyur da, onlar n'oluyo?"

"Özetle şu açık renk olanı, herhalde iki bin liradan az değildir; diğeri de..."

"Dur dur, ne dedin sen?"

Aman Allah'ım! Elimin altında, küçük çaplı bir kalp

krizi geçirmeme yetecek bir servet tutuyordum. Bunlar sadece birer kumaş parçası mıydı yani?
"Lanvin olanı da beş bin lira falandır en az."
"Çüş!"
Beste hafifçe kızararak kıkırdarken, ağzını kapadıysa da; benim yuvalarından fırlayan gözlerim, hâlâ inanamaz bir şekilde elimdeki kalın kumaş yığınına bakıyordu.
"Nasıl yani, şimdi bu elimin altında aşağı yukarı yedi bin lira mı yatıyor? Vay anasını, oha! Çüş diyorum... Kaç ekmek eder lan bunlar?"
Kafamı kaldırdığımda Beste'nin hâlâ kıkırdadığını fark ettiğimde, bir anda ağzımdan kaçan kelimeleri algılamaya başladım. Şoktaydım, evet; ama yine de bu çok fazlaydı.
"Pa... pardon... da... siz nereden giyiniyorsunuz böyle?"
Beste'nin şen kahkahası kulaklarımda yankılanırken, inanmaz gözlerimi kabanlardan ayırmak istemiyordum. Haliyle insan her gün servete dokunmuyordu.
"İşin aslı evet... Bir kumaş parçasına bunca parayı dökmek saçmalık, biliyorum; ama Timur Ağabeyim özel tasarımlar giymeyi de, bizlerin giymesini de sever. Bir de, benim tek eğlencem bu... İnsan, bu kadar kısıtlı hayat yaşayınca; haliyle donu bile marka oluyor."
Beste'nin, ellerini iki yana kaldırıp indirirken, bezmiş bir şekilde söyledikleri; ağzından çıkan 'don' lafının ona hiç yakışmayışıyla komik bir hal almıştı. Elimde olmadan kocaman bir kahkaha atarken, Beste de gülmeye başladı.
"Dona gülüyorsun, değil mi?"
"Ah evet, kesinlikle ona gülüyorum. Sana hiç yakışmadı..."
"İnsan bu evde rahatça küfredemiyor bile."

Kahkahalarımız kesilmek bilmiyor, adeta bir kahkaha krizine dönüşüyordu.

"Haklısın bu eve de yakışmıyor; ama sana daha bir başka."

Gözlerimizden yaşlar ininceye dek güldükten sonra, Beste yavaş yavaş solan dudaklarını bükerek bana döndü: "Biliyor musun? Çok sıkıldım... Her şeyden... Bu evden, devamlı birinin eşliğinde gidip gelmekten... Nefes alamıyorum. Olmam gereken kişi gibi yaşamaktan bıktım!" Beste artık gülmüyor adeta ağlıyordu. Sesi yükselirken, isyanının ne olduğunu anlayabilmek benim için çok zordu; çünkü hiçbir zaman sahip olamadığım o korunaklı hayatı yaşıyordu ve bana sorarsanız mutlu olması gerekiyordu.

"Kimine göre şımarıklık belki ve evet sağ olsun Timur Ağabey benim için her şeyi yaptı, bu güne kadar; ama ben mutsuzum. Kimse görmüyor. Hâlâ küçük bir çocuk gibi görülmekten, Hikmet Anne'nin eteğinin dibinden ayrılmayan Beste olmaktan, Falaz'ın bile bana kırılacak bir cam vazoymuşum gibi davranmasından, üniversitedekilerin yanıma yaklaşırken ödlerinin patlamasından; çünkü on adım ötemde Hayrullah'ın bekliyor oluşundan... Ben yoruldum... Mutluymuşum gibi davranmaktan yoruldum... Burası altın bir kafes gibi. Boğuluyorum... Bütün bu aptal saptal şeyleri bilmenin tek eğlencem olmasından, kitaplara gömülü o yaşamları hayalimde yaşamaktan, hepsinden yoruldum..."

Beste'nin yaşadıklarını hiçbir zaman bilemeyecek olsam da, ne demek istediğini anlıyordum. O büyümüş, bir genç kadın olmuştu; ama kimse onu görmüyordu. Sadece olması gerekenler yapılıyor ve ondan yapması gerekenler bekleniyordu. Kimse ona sormuyordu...

"Baksana, bir fikrim var..." Beste umut dolu, acılı gözlerini bana yönelttiğinde; aklıma gelen fikirden artık emindim.

"Hadi kalk giyin. Hemen çıkıyoruz."
"Nereye?"
"Gidince görürsün, önce Hayrullah'ı atlatıcaz ama."
"Sen ciddi misin?"
Ayağa fırlayarak pijamalarımı üzerimden atmaya başlarken mırıldandım: "Sence değil gibi mi gözüküyorum?"
"Önce şu kutuları açmayı bitirseydik!"
"Ah, hadi ama! Açıver işte, altından Mandrake'nin sihri çıkmayacak."
Beste önce kapıya yönelecek gibi olsa da, gerisin geri dayanamayarak dönüp kutuların kalanını açıverdi. Eline aldığı haki renkteki ipekli, çapraz dökümlü elbiseyi havada tutarken; büyülenmişçesine, *'Prabal Gurung'* diyordu.
"Sakın fiyatını söyleme, kalbim kaldırmayacak." Yan gözle elbiseye bakarken, bunun da binli rakamlarda bir şey olduğundan adım gibi emindim. Beste elbiseyi büyük bir itinayla odadaki koltuğun üzerine bıraktıktan sonra dışarı çıktı.
"On dakika sonra mutfak kapısının orada ol!"
"Tamam!"
On dakika sonra, her ikimiz de kot pantolonlarımız ve kazaklarımızla, kasım ayına uygun montlarımızı saklayarak mutfaktaydık. Hayrullah bizlere birer kere baktıktan sonra, bedeninden yükselen tiz sesiyle sordu: "Bir yere mi gidecektiniz?"
Bu adamın sesine sanırım hiç alışamayacaktım. Ne zaman o kalın bedeninden çıkan, bu uyumsuz sesi duysam; gülmemek için kendimi zor tutuyordum.
"Hikmet teyze nerede?"
"Kuran'ı sabah yarım kalmış, onu tamamlamaya gitti."
"Hah iyi! Hayrullah, kuaföre gideceğiz."
"Ama abim bir şey demedi."

"Hayrullah, abin kılımı tüyümü bilecek değil ya! Kuaföre gitmem gerek."

Hayrullah utanıp kızararak, başını öne eğerken; bir an için vicdan azabı çeksem de, Beste'nin umut dolu bakışları bu anı oldukça kısa tutmuştu.

"Tamam abla, ben hemen sizi bırakayım."

"Yok canım, gerek yok. Biz hemen bir taksiyle gidip geliriz."

"Olmaz! Abim kızar."

"Ay Hayrullah, içimi şişirdin! Ağdaya da senle mi gidicem? Şurası kuaför ayol!"

"Yok abla, öyle demek istemedim... de ... işte..."

"Tamam tamam, hadi yürü... İçin rahat etmeyecek senin. Bizi kapısında bırakır gidersin."

"Yok, ben beklerim abla sorun değil."

"Hayrullah, içeri de gel istersen ha? Nasıl olur? İki çift dedikodu ederiz?"

"Yok abla... şey..."

"Hatta olmadı, senin şu göğsündeki kıllara da iki ağda yapıştırır çekiveririz. Seni daha bir açar böyle..."

Elimle göğüslerimin üzerini göstererek sallarken; Beste yanımda kikir kikir gülüyor, içinde patlayan kahkahasını bastırmaya çalışıyordu. Gözleri yuvalarından fırlayacak kadar büyüyen Hayrullah, kıpkırmızı suratıyla kekelerken, ben hiç aralıksız devam ettim: "Öyle değil mi sence de Beste? Hayrullah'ı bu kıl tüy durumu kapamıyor mu sence de? Allah bilir sırtında da vardır; ama dert değil, söyleriz kızlara iki cart cort, iş tamam."

Beste büzüştürdüğü dudaklarını birbirine bastırırken; başıyla onaylayarak, kahkahasını içinde tutabilmek için derin nefesler almaya çalışıyordu. "Hah, işte bak Hayrullah, hazır oraya kadar gelmişken rica ederiz kızlardan bir cart, iki cart... Senin iş tamam, ne dersin? Bence harika olacak. Hadi oyalanmayalım, yürü gidiyoruz."

Hayrullah, telaşla etrafına bakındıktan sonra, cüssesinden beklenmeyecek bir titreme ile kekeledi: "Şey abla, benim şimdi aklıma geldi... Ben... ben şey yapacaktım... Abi dedi ki, şey yap Hayrullah..."

"Ney Hayrullah? Hadi acele et. Kızlara haber vermiştim ağdayı ısıtmışlardır, soğumasın şimdi beklerken. İlk seni alırlar."

"Abla, sorun olmayacaksa bu seferlik siz bizim duraktan taksiyle gitseniz? Ben sizi almaya gelirim sonra... Abi şey demişti de, onu ben bi halledeyim."

İçimden yükselen kahkahayı bastırmaya çabalarken; kendini mutfaktan dışarı atan Beste'nin, boğulma benzeri kahkahalarını duyar gibiydim. İçimden bir ses daha da üstelememi söylese de, vakit kaybetmememiz gerekiyordu.

"Ay, tüh! Neyse, başka sefere inşallah. Hadi biz kaçtık, hemen döneriz o vakit."

Hayrullah'ın cevap vermesini beklemeden; Beste'yi kolundan yakaladığım gibi, daha fazla kimseye yakalanmadan dışarı çıktım.

"Tanrım! Ağda mı?" Beste'nin şen kahkahaları arasındaki gençlik tınısı, insana umarsızca gülünebilecek günlerin olduğunu hatırlatır gibiydi. "İnanmıyorum! Dışarıdayız!"

"Beste, kodesten kirişi kırmışız gibi davranma."

"Cansu resmen kodesten kirişi kırdık."

Şen bir kahkaha dudaklarımdan yükselirken, "Seni de kendime benzettim," diyebildim.

"E? Şimdi nereye gideceğiz?"

Nereye gidecektik? Beste yalıtılmış yaşamdan mı şikâyetçiydi? Peki, o halde, ona en yalıtılmamış yaşamı sunacaktım ben de: "Mahmutpaşa'ya. Eminönü'nden çıkalım, ben çok açım önce bir balık ekmek yeriz." Beste'nin gözleri parlarken ekledim: "Sokak simitleri senden, gerçi balık ekmekler de... Benim tek kuruş param yok."

Her ikimiz de gülerken, bizi bekleyen günün büyüsünü asla bilemezdik.

Eminönü'nün, balıkçı teknelerinden aldığımız balık ekmeklerimizi yerken; hiç vakit kaybetmeden güzergâhımıza koyulmuştuk. Mısır Çarşısı'nın hınca hınç kalabalığını yararak, yukarı Mahmutpaşa'ya doğru ilerledik.

Balık ekmeğimi soğansız yemek zorunda kalmaya lanet okudum. "Lan, bu meretin de pezevengi soğanı."

Beste kulaklarına kadar kızarırken, gülümsemesi dudaklarından hiç eksik olmuyordu.

"Cansu, biliyor musun? Sen çok farklısın... Başkasın..."

"Ah be güzelim... Maalesef öyleyim."

"Ailen seni merak etmiyor mu?"

"Benim ailem yok ki. Tek ailem Nalân diyebilirim, o da biliyorsun işte; hasta."

"Ya? Kimsen yok mu?"

"Yok... Beni daha bebekken bırakmışlar..." Dilim varıp da, çöp kutusuna diyememiştim; bu defa acıtmıştı. "Bulmuş yetimhaneye yerleştirmişler, oradan da hayat işte... Şimdi buradayım, sizinle... Aman boş ver, satmışım günahımı!"

Ayranlarımızı tokuştururken, Yeni Cami'den kanat çırpan güvercinlere bir vapur sesi eşlik etti ve Mısır Çarşısı'nın balık pazarı kapısından yükselen, ahenkli gürültü onlara eşlik etti. Baharat kokuları arasında çınlayan kuruyemişçilerin sesi, adeta Mahmutpaşa'ya açılan Çiçek Pazarı kapısına kadar ulaşıyor; orada dışarının gürültüsü ve el arabacılarının sesiyle kavuşarak, farklı bir ahenk yakalıyordu. Burası yaşıyor, nefes alıyordu benim gibi. Az yaralı, biraz neşeli; ama her zaman romantik ve duygusal... Mısır Çarşısı'nın sabunlarının arasından geçerken Beste'ye döndüm: "Sabun alalım mı? Hikmet teyze muhtemelen bize çok kızacak, ona bir bıttım sabunu götürelim, ne dersin?"

"A! Harika fikir! Evet, özellikle beni öldürecek; ama olsun. Buna değdi. Ne işe yarar ki bıttım sabunu?"

"Neye yaramaz ki! Oho, saysam bitmez; ama saça çok iyi gelir. Cildi de harika yapıyor. Pahalı azıcık ama..."

"Olsun, yanımda para getirdim ben."

"Aslında biraz yukarı, sabuncuların hanına kadar yürüsek daha ucuz orada."

"Battı balık yan gider. Sabuncuların hanı mı dedin?"

Beste öylesine güzel ve masum soruyordu ki, gülümsemeden duramadım.

"Tabi, burada her şeyin bir hanı vardır."

"Biz Hikmet Anne ile sadece Kapalı Çarşı'ya kadar geliyoruz. Belki biraz da Zincirli Han'a doğru olan kapıdan, azıcık aşağı ineriz. Onun dışında çok oyalanmıyoruz buralarda."

Beste, etrafına, şehirlerarası tarihi mekân görmeye gelmiş gibi bakarken; ben onu hızlı adım Mısır Çarşısı'ndan çıkararak, sabuncuların hanına yönlendirmiştim bile.

"Bu kahve kokusu?"

"Ah, evet; meşhur kahveci. Hemen sağımızdaki köşede; ama dönüşte bildiğim başka bir kahveci var, oraya gideriz. Hemen şurada; hem daha ucuz, hem de kahveyi odun ateşinde yapıyorlar."

"Ah, Timur Ağabeyime de kahve alalım o zaman."

Ah, evet Timur! Sağ kalmak nasip olursa, bir Türk kahvesi pişirir gönlünü alırdım, umarım. Ama işin gerçeği özlemiştim buraları. Şimdi yaşıyor nefes alıyordum. Yaralı yanlarıma pansuman gibiydi kalabalığı. Kimsenin *sen* demediği, *o* demediği; hep bir telaşın hâkim olduğu... Kokusu bile bir başkaydı. Sokak simidi kokardı; yarı baharat, biraz da kahve... Plastik çiçeklerin yapma kokusu bile sarardı. İmalat kokardı yukarılara doğru, buram buram... Emek, ter... Ben gibiydi... İnsan gibiydi buralar... Şimdi Timur'u ve alacağımız cezayı düşünmenin zamanı değildi; hele de Falaz'ın yargılayan bakışlarını hayal bile etmek istemiyordum şu an. Beni suçlayacaktı kesin... Beste cici kızdı, onu ben yoldan çıkarmışımdır ne de olsa. Gerçi öyle de olmamış mıydı?

"Cansu, gel bak. Cansu, baksana!"

"Hı? N'oldu Beste?"

"Baksana şu tokalara!"

"Aa! Ay ben unuttum. Yukarı Mercan'a doğru tarihi Şark Han var, sırf böyle incik boncuk satar. Oraya çıkacak kadar vaktimiz yok; ama bak hemen şurada sırf toka, boncuk gibi şeyler satan Marputçular Han var. Nalân'la sahne için..."

"A! Sahneye birlikte mi çıkıyorsunuz?"

Hay benim dilime eşek arıları kovan yapsın, e mi! Hah, sahneyi nasıl açıklayacaktım şimdi? Hayır, ne anlamı vardı ki kendimi bu kadar kaptırmanın!

"Yani, sahne dedimse... Şey işte arada..."

Beste bir anda durdu ve beni kolumdan yakaladı. Bakışları bakışlarımı yakalayıncaya dek üzerimde ve kesin kararlıydı. Onu hiç böylesine kendinden emin ve tavizsiz görmemiştim.

"Cansu? Bana bir bak lütfen."

Neyle karşılaşacağını bilmeyen bakışlarımı Beste'nin yüzüne odaklarken kararsızdım. Neden sakınıyordum ki Beste'yi? Niye sakınıyordum? Benim kardeşim miydi ki? Hayır! Timur beni getirip onların dibine koyarken, ne olduğumu bilmiyor muydu? Bile bile beni yanlarına koyduktan sonra, ne olduğumu öğrenmelerinden neden ben çekiniyordum? Neyi kaybetmekten korkuyordum?

"Efendim Beste?"

"Bak ben çocuk değilim. Evet, biraz fazla korunaklı büyüdüm, yaşıyorum; ama ben çocuk değilim. Neyin ne olduğunu görebiliyorum. Biz... Ben Timur Ağabeyi ve yaşamını sorgulamamayı çoktan öğrendim. O ne yapıyorsa bir bildiği vardır ve kötü bir şey yapmaz."

Tabi ya her mafya çiçek yetiştirir, gül kaçakçılığı yapardı zaten!

"O vatanseverdir... Birçok şeyin, bizlerin bilmediği yönleri vardır. Bazı bilgiler biz bilmediğimizde güzeldir, ondan öğrendim."

Beste bir an durdu ve elini hafifçe kolumdan aşağı kaydırarak elimi tuttu. Avuçları öyle sıcak ve pürüzsüzdü ki, havanın soğukluğuna inat ruhumu ısıtan bir güneş gibiydi. Ilık gülümsemesi yüzüne yayılırken, "Bir şeyi daha öğrendim," dedi. "Kimi zaman insanlar da göründükleri gibi değildir." İşte bu acıtmıştı! Ben de göründüğüm gibi değildim. Aralarına sızmış bir sokak yosmasıydım ben! Kaldırım taşı... *'Pavyon Bülbülü...'*

"Sende de görünenden fazlası var Cansu, biliyorum. Timur Ağabeyim dışarıdaki herhangi bir iş adamı gibi değil. Biz onun yanındakileri sormayız ve sorgulamayız; ama o içimize, bu kadar içimize kötüyü getirmez." Aniden dikleşen başım, hayretle aralanan dudaklarımla; cevapsız bir sorunun havada duran, sessiz kelimelerini yakalamaya çabaladı. "Senin nereden geldiğin, kim olduğun seni ilgilendirir. Bunları sormayacağım. Belli ki zor bir yaşamın olmuş, yoksa yaşamının yolu Timur Ağabeyime çıkmazdı."

"N-n-na-naa-asıl yani?" Kekeleyen dilim, ağzımın içinde büyürken; Beste bir kere daha avucunun içindeki elimi sıktı.

"Bizim evi görmüyor musun? Gelen... Giden... Kalan... Biz bir aileyiz; ama yaralı bir aileyiz." Beste'nin gözleri yaşarırken, muzırca dudak büktü; "Toplama kampı gibiyiz." Gözlerindeki yaşları geri itelerken devam etti: "Hepimiz kimsesiziz o evin içinde. Birbirimizden başka kimsemiz de yok. Timur Ağabey kucak açmasa, bize baba olmasa gidecek yerimiz de yok. Kapıdaki çocuklar, Falaz, Hayrullah... Hikmet teyze bile, ben bile... Bizi tutan minnet değil; ama o başka bir şey, biz aileyiz. Timur

Ağabeyim seni bu aileye getirdiyse, her ne sebeple ve her nereden, hiçbirimiz seni yargılayamayız."

Biri bunu Falaz'a da hatırlatırsa fena olmazdı hani. Şimdi üzerime büyük bir yük binmişti. Rahatlama değildi! Bu insanlara borçluydum ben, aldığım nefesi Allah'a borçlu olduğum gibi bu insanlara da borçluydum. Benim hiç ailem olmamıştı ki...

"Ben bir pavyon şarkıcısı olsam bile mi?"

"Sen bir hayat kadını olsan bile... Kimin neden yaşamın en zor yolundan gittiğini bilemeyiz, öyle değil mi?"

İlk defa yüzleşiyordum. Kendi gerçekliğimle, ait olmadığım bir arenada, tanıdık sokaklarda yüzleşiyordum. Başımı yukarı kaldırdım ve derin bir nefes ciğerlerime dolarken dilimin teklemesine hâkim olmaya çalıştım. Deli gibi çarpan kalbime yavaşlamasını söylerken düşündüm. Bu kıza hepsinden çoğunu borçluydum.

"Evet, bilemeyiz..."

Karşılıklı yaşlar doluşmuştu bakışlarımıza. Gülümseme her zaman her acıyı örterdi; ben de gülümsedim.

"Hadi acele et, yoksa Marputçu Han'ın sadece kapısını göreceksin."

"Onca ıvır zıvıra bakmadan asla!"

Hanın tozlu zeminine adım attığımızda, Beste çılgınlar gibi neşeyle bağırıyordu. Kapı girişindeki dükkânların birine asılı otrişlerden birini kucakladığı gibi, sağa sola dönmeye başladı.

"İşte şimdi çok seksisin."

"Ah bir de Falaz bunu görse."

Beste aniden dudaklarından kaçan kelimeleri yakalayabilecekmiş gibi, ellerini ağzına kapamıştı. O saç diplerine kadar kızarırken, buna gülmemeye çalışmanın nafile bir çaba olduğunu bildiğimden kahkahayı bastım.

"Aha! Ona âşıksın! Biliyordum! Yeminle biliyordum."

"Ya... Yok öyle değil..."

"Ben sana az önce pavyon şarkıcısı olduğumu itiraf ettim, hadi ama Beste! Bu kadarcık borçlusun bana."

İşte buna durumu kullanmak denirdi.

"Ya tamam azıcık..."

"Azıcık ne?"

"Birazcık seviyor olabilirim."

Beste tuttuğu otrişin renkleri arasında kendini kamufle ederken, bir deve kuşundan farksızdı.

"Hadi canım! Birazcıkmış! Sen onu külahıma anlat. Seviyorsun itiraf et!" Ben gülüyordum; ama Beste hiç de gülüyormuş gibi gözükmüyordu. Ellerini isyanla aşağı indirirken, "Evet, evet onu seviyorum. Hem de deliler gibi âşığım! O benim ilk aşkım, tek aşkım ve son aşkım olacak; ama o beni görmüyor bile... O benim neredeyse nefes aldığımdan bile habersiz... O beni hâlâ bir çocuk sanıyor; ama ben bir kadınım, büyüdüm. Oysa o beni hiçbir zaman görmeyecek..."

Kalakalmıştım. Ne diyeceğimi bilmiyordum; çünkü aşkı bilmiyordum. Elimden gelen tek şey, bize bakan gözleri umursamadan ona sarılmaktı.

"Tamam... Bak ben bilmiyorum... Bu konularda hiç bilgim yok; ama bir keresinde Nalân demişti ki, aşk yanmak gibiymiş. Etin acısa da ateşin aşığından vazgeçemezmişsin. Falaz'ı sevmeyi bırakamayacaksan eğer, sen de ona âşık olmayı sev."

Beste, başını yasladığı omzumdan, üçüncü bir göz çıkmışçasına bana doğru baktıktan sonra; bir iki saniye sessizce başını salladı ve kocaman bir kahkaha atarak adeta patladı: "Bir halt anlamadım."

Ben de anlamamıştım; ama içimde beni yakan şeyi seviyordum. Timur'u her gördüğümde acıyan, umutsuz sızıyı seviyordum. Ona beğendireceğim bir şeyi yapmayı, onun öğrettiği gibi bir çiçeğin toprağını değiştirerek *aferin* almayı, o aferini alırken içimdeki o tatlı telaşlı sancıyı seviyordum. Benimkinin adı imkânsızsa, imkânsız da imkânsız olarak kalacaksa ve ben o imkânsızdan vazgeçemeyeceksem, imkânsıza uzanan kalbimde, bu acıyı sevip onunla mutlu olabilmeliydim. Belki bunun Beste'ye de bir faydası olurdu.

... ...
"Cansu sen Timur Ağabeyime âşık mısın?"
"Yok canım, ne münasebet!"
"Emin misin?"
"Eminim."
Ben değilim, kalbim âşık...

9. Bölüm

Yaşam öylesine umut doluydu ki kimi zaman, insan ister istemez büyüsüne kapılıveriyordu. İşte bu da o anlardan biriydi. Böylesine dürüstçe, içten gülmek uzun zamandır yaşamıma gelmeyen bir şeydi. Ben de, doya doya gülmüştüm. Öylesine gülmüştüm ki, saate bakamayacak kadar kamaşmıştı gözlerim ve bir anda kulaklarıma dolan kepenk sesiyle irkilmiştim.
"Beste?"
"Efendim Cansu?"
Beste başını elindeki yemeniden hiç kaldırmadan; bir eliyle yandaki tezgâhtaki, üstü taşlı tokalara uzanıyordu.
"Beste, dükkânlar kaçta kapanır?"
"Bilmem n'oldu ki?"
Beste hâlâ umursamadan; elindekileri, durmadan ona bir şeyler uzatan tezgâhtara vererek çantasından para çıkarıyordu.
"Lütfen bana şu anda yandaki dükkânın tuvalete gitmek için kepenklerini kapadığını söyle. Hatta arkamdaki dükkânın da... Lütfen..."
Son kelime dudaklarımdan dökülürken, Beste'nin tezgâhtarın tuttuğu minik poşete uzanan eli havada donakaldı.
"Sen ciddisin? Aman Tanrım!" Beste, önce refleksle havadaki elini geri çekerek, kolundaki saate bakmaya çalışsa da, evden öyle hızlı hazırlanıp çıkmıştık ki ikimizde de saat yoktu. Beste ceplerini ve çantasını telaşla

yokladıktan sonra yeniden tezgâhtara dönerek, "Pardon saatiniz kaç?" diye sordu.

Saat çoktan altı olmuştu da geçmeye bile başlamıştı!

"Aman Allah'ım! Ağabeyim bizi öldürecek!"

"Beste sus! Sus lütfen, şu anda Timur'u düşünmek istemiyorum! Allah'ım ben ne yaptım! Hay ben bu talihin..." Küfür yok! Hay ben Timur'un! Allah'ım, beni kesin bu defa o seranın dibine gübre diye gömecekti bu adam. Bir yandan telaşla gerisin geri Eminönü'ne doğru koşuşturuyor, bir yandan da karşılıklı söyleniyorduk.

"Cansu yeminle öldürecek ağabeyim, yeminle bak diyorum... Hem de üç kere! Allah'ım!"

"Beste hatırlatma şimdi, şimdi tek hedefimiz bir taksi bulmak."

Beste beni duymuyordu bile. Bir yandan ağlayacakmış gibi dolan gözleri, bir yandan da ellerimizdeki poşetlerin ağırlığıyla sendeliyor ve beni hiç duymamışçasına konuşmaya devam ediyordu.

"Hem Hayrullah'ı atlattığımız için, hem sen yemeğe yetişemeyeceğin için, hem de ben telefonumu unuttuğum için."

"Ne! Sen ne dedin?"

"Dedim ki; Hayrullah'ı..."

"Geç onu, sonuncusu?"

"Telefonum, onu unutmuşum."

"Ne yani? Bizi aradılarsa da kimse ulaşamadı mı?"

Beste, ağlamaklı gözleriyle, eceline adım adım yaklaşan idam mahkûmu gibi yüzüme bakıp başını iki yana salladı.

"Ah! Allah'ın hakkı üçtür. Bizi üç kere öldürecek. Kesin!"

Eminönü'nün akşam telaşesinde, çalan kornaların eşliğinde kalabalığına indiğimizde, yemeğe yetişemeyeceğim zaten aşikârdı.

"Bu trafiğe girersek sabaha kadar eve gidemeyiz. Biz en iyisi şuradan tramvaya binelim, oradan da metrobüse geçer, sonra da..."

"Sen delirdin mi? Toplu taşıma mı? Dördüncüye ölecek mecalim yok."

"Niye ki?"

"Timur Ağabeyim öyle otobüse falan bindiğimizi duyarsa, bizi öldürür de ondan."

"Manyak mı bu adam? Otobüsün nesi varmış? Mis gibi toplu taşıma işte."

Beste bana, ateşe bakar gibi baktı ve başını iki yana sallayarak, "Timur Ağabeyim onların bizim için uygun taşıtlar olmadığını söylüyor. Bir kere üniversiteden gelirken oradaki kızlarla binmeye kalktığımda bana çok kızmıştı."

Başlicaktım lan, ben bunun Timur Ağabeyine! Bu neydi ya! Kadir İnanır'ın bile bu kadar Kanunu yoktu vallahi! Ebesini diyim diyordum, diyemiyordum. Malum Timur Abi Kanunları! Hay ben böyle işin...

"Bak Beste, tramvaya binmezsek bu trafikte en az üç saat kalırız. O da Kemerburgaz'a kadar en az beş saat eder, bu İstanbul'un trafiğinde."

Beste bir iki dakika düşündükten sonra, elindeki poşetlerin ağırlığıyla salınmış omuzlarını silkeleyerek, "Battı balık yan gider," dedi ve hızla yanımda yürümeye başladı. Kendimi İngiliz leydisine orman turu yaptıran Hintli Raji gibi hissediyordum. Bu kadar mı soyuttu bu kız her şeyden? Ve ben bu kadar mı alışmıştım yük taşırken, itiş kakış bir İstanbul yaşamaya?

Tramvay durağından Aksaray'a doğru ilerlerken içerinin hafif ter kokusu karışmış, buhranlı sıcağı bana tanıdıktı. Kendi doğal ortamımda rahattım ve umurumda değildi Timur'un ne menem bir ceza vereceği. Bok değildi! Bal gibi de umurumdaydı işte! Bitmiştim ben! *'Bu adam şimdi kesin beni yüz kırbaca çarptırır, üç gün de aç bırakır,'* diye düşünmek istemesem de, işte gerçek ortadaydı. Ben yemeği kaçırmıştım; üstüne kız kardeşi gibi gördüğü, o evin mabedi Beste'yi ayartmıştım; o da yetmemiş, bir de üstüne saatlerce kimseye haber vermeden, düşman hattında dolandırmıştım! Ben ne halt yemiştim! Yerken hiç de böyle gözükmüyordu oysa; ama işte, günahlar hiçbir zaman göründükleri kadar masum değildi, öyle değil mi?

İki kaşım yüzümün yanlarından aşağı düşerken; acımaklı bir hal alan suratım, bir anda Beste'nin kalabalığa ayak uydurmaya çalışarak, itiş kakış bindiğimiz tramvayda, küçük bir çığlıkla irkilişiyle avcı duruşuna geçti. İşte tam da oradaydı! Beste'nin hemen arkasında; suratından sökercesine koparıp almak istediğim, aptal suratlı herif, pis pis sırıtarak bir şey olmamışçasına etrafa bakınıyordu. Nerede görsem tanırdım ben bu tipolojiyi. Ee, tabi boşuna dirsek çürütmemiştik bu ayakkabımıza çamur bulaşan sokaklarda.

"Sen tutsana şu paketleri Beste."
"Şışt, n'apacaksın!"
"Sen tut bir dakika."

Beste az önce, belki de hayatında ilk defa maruz kaldığı davranışın etkisiyle kıpkırmızı olmuş ve yerin dibine geçmiş suratını, omuzlarının arasından aşağı eğmiş, korkmuş gözlerle bana bakarken; hiç de on altı yaşındaki Hacer gibi değildi. O güvenli kozasından başını uzatıp bir günlük karbondioksitle karşılaşmış Beste'ydi. Oysa Hacer, hep karbondioksit solur, hiç fotosentez yapmazdı. Beste Dünya'ya kucak açıp, *"Sev kardeşim, elini ver bana...*[3]*"* derken; Hacer hep korkarak bakardı. Şimdi korkma sırası geçmişti ve geriye safi aptalların cesareti kalmıştı.

"Cansu, dur Allah aşkına n'apıyorsun?"

---
[3] Şenay Yüzbaşıoğlu'nun söylediği, kendine ait 1971 yapımı, dönemin en popüler ödül getiren şarkısı.

"İzle de gör n'apıyorum."
Elimdeki poşetleri, Beste'nin eline tutuşturur tutuşturmaz gözüm kararmıştı. Ee, dedik ya biz bu dirsekleri o kaldırımlarda boşuna çürütmedik diye. Her ezilenin bir gün ezmeyi öğreneceği gibi, ben de birçok şey öğrenmiştim elbet. İşte en beklemediği anda; o pişmiş kelle suratlı, her haltı yapabileceğini sanan herife, bir kafa koyuverdim. Etraftaki insanların onca kalabalığa rağmen geri kaçınmaya çalışmaları da, işte tam da bu andaydı. Yer misin yemez misin, diye sormak isterdi belki bazıları; ama ben istemiyordum. Dizimi herifin bir başka hamle için çoktan hazır olda bekleyen, iki bacağının arasına geçirdiğimde de içimde bir anlık bir tereddüt dahi yoktu. Tırnaklarımı, adamın suratındaki çeşitli açıklıklara geçirdiğimde araya girmeye çalışanların da bundan nasiplenmiş olması benim kabahatim sayılamazdı. Karakola götürüldüğümüzde, korkudan tir tir titreyen Beste'nin anlamsız mızıldanmalarına azıcık kulak kabartmış olsam; *'Biz öldük, ağabeyim bizi yaşatmayacak'* demesine tabi ki de hak verirdim; lakin içimde kabaran öfkenin kanıma kattığı cesaret, *'Çok da fifi!'* deme sebebimdi. Ben hâlâ 'Bu karılardan şikâyetçiyim!' diye bağıran adamı nasıl gırtlaklarımın hesabını yapıyordum o aralar; ta ki komiserin kapısında beliren, o alev saçan, iki çift, öfke dolu gözü görene kadar!
"Beste!"
Ve Beste korkudan bayılmıştı...

... ...
"*Bu pezevengin yanına kâr mı kalsaydı?*"
"*Siz orada olmasaydınız, bu pezevengin yanına kâr kalacak bir halt da olmayacaktı.*"
"*Ama biz oradaydık.*"
"*Ama olmamalıydınız.*"

Timur'un karşısında, çalışma odasında oturmuş; ecelini bekleyen kurbanlık koyun gibi soluyordum. Tek çıt yoktu. Epey bir süre, odada tek başıma bekledikten sonra, Timur gelip masasına yerleşti. En azından cezam kesileceği ve bu bekleme işkencesinin biteceği için şükretmiştim ama nafileydi. Eve geldiğimizden beri, yaklaşık iki saattir burada oturuyordum ve ben beklemenin dayanılmaz sancısından nefret ediyordum.

Bekleme... Saatler, dakikalar, saniyeler geçsin diye beklerdin. Bir duvar köşesine büzüşür, yok olmak isterdin ve o an durmuşçasına geçmezdi. Orada bekler, infazın hangi anda geleceğinin kararsızlığıyla nefes alamazdın. Beni dövecek miydi gene? Ya da beni bu evden toptan atacak mıydı geldiğim çöplüğe? Ben ne istiyordum? Geri dönmeyi, kendi acımasız ama bildiğim, tanıdığım hayatıma kavuşmayı mı, yoksa dayak bile yesem onun yamacında dolanmaya razı olmayı mı? Bana gidemezsin demesini mi istiyordum, gitme demesini mi?

Beste, karakolda bayıldığından beri, benden kötü bakışlarını eksik etmeyen Falaz da neyse ki ortalıkta gözükmüyordu. Karakolda Beste'yi kucaklayışındaki şefkat benimle karşılaşan bakışlarına işlemediği gibi, beni bir kaşık suda boğsa ancak bu kadar kötü hissettirebilirdi. Beste'yi o korunaklı dünyasından, belaya sürükleyen kötü kadındım ben ve ben her neyi hak ediyorsam o hak etmiyordu. Ben o zırhı delmiştim ve şimdi bedelini ödemek bana düşmüştü. Falaz Beste'yi odasına götürmüş ve bir daha ortalıkta gözükmemişti. Muhtemelen çok sarsıldığı için, istirahat etmesini tembihlemişti ve Hikmet teyzenin şefkatli kollarında, bir bardak ılık sütün huzuruna bırakmıştı. Benim aklıma bir daha uyarsa tehditleri, muhtemelen peşi sıra gelecekti; ama şimdi o *'sarsılmıştı'*, sırası değildi. Evet! Tam da düşündüğünüz gibi kıskanıyordum! Tanrım kıskanıyordum, hem de Beste'yi ve ben artık kendi fenalığımdan şüpheye düşmeye başlamıştım. Belki de ben, Beste'nin o pürüzsüz yaşamında bir çentik açmak istemiştim? Belki de onun, o yıkılmaz dünyasını yıkmak, erişilmez ruhuna erişmek istemiştim ve belki de, onun biraz da olsun canını acıtmak... Kahretsin! Lanet olsun! Siktir! Evet, küfrediyordum içimden; çünkü ben buydum! Cansu! Daha fazla bunları düşünerek, bu sessiz bekleyişe boyun eğmeyecek olan Cansu!

"Hayrullah nerede?"

"Cezalı."

"Onun bir suçu yok ki! Ben atlattım onu."

Timur, önündeki kâğıtlara bakan bakışlarını bana kaldırarak, gözlerimin tam içine bakarken dirseklerinin üzerinde dikleşti.

"Sen mi atlattın? Ben iki kişi olduğunuzu düşünüyordum."

"Kim? Beste mi? Hadi canım, nerede onda o cesaret?"

Timur hafifçe gülümseyerek, başını yana eğdi ve sanki bana bir sır verecekmiş gibi öne doğru eğildi: "O halde sana ne kadar korunaklı bir dünyada yaşadığını, bundan bunaldığını, artık büyüdüğünü ve bizim onun büyüdüğünü görmediğimizi falan söylemedi?" Neydi lan, bu adam? Medyum mu? Az daha ötelesem benim bile bilmediğim, kendi duygularımı, bana anlatmasından korkmalı mıydım?

"A... a... Anlat...tıı" Kahretsin! Yine kekeliyordum... Gözlerimi yumup derin bir nefes alarak, kalp atışlarımı dengelemeye çalıştım. Ağzımın içinde çakıl taşları olduğunu hayal ederek, yeniden konuşmayı denedim: "Anlattı, ama onu kışkırtan bendim."

"Sen ve senin renkli dünyan, öyle mi?"

"Ben ve benim yaşayan dünyam!"
"Ah doğru! Yaşayan, nefes alan dünyan..."
Timur neden bu kadar sakindi? Sanki karşımda beni döven o adam yoktu, yerinde Buda'nın elçisi oturuyordu.
"Bana ne ceza vereceksin?"
Timur'un gülümsemesi dudaklarında daha da yayıldı.
"Sana ceza vermemi mi bekliyorsun?"
"Vermeyecek misin?"
"Vermeli miyim?"
Pekâlâ! Soruya soruyla taarruz! Vay anasını sayın seyirciler, mafyatik CIA ajanlarından beter çıkmıştı. Başını bir yandan öbür yana eğmiş, beni inceleyerek bekliyordu. Soğuk savaş döneminde Ruslar'da bile Amerikalılar'a karşı bu sabır yoktu herhalde.
"Ben verirsin sanıyordum."
Timur ayağa kalkarak, cama doğru ilerledi ve bana arkasını dönerek camdan dışarıya, çoktan kararmış gökyüzüne bakışlarını dikti.
"Bu gece yıldızlar gözüküyor. Bulutlar açık."
"Konumuz bu değil."
Aniden bana dönerek; sanki gök gürlüyormuşçasına, topuklarını yere vura vura, üzerime doğru yürüdü ve oturduğum koltuğun iki kolunu kavradığı gibi burnumun dibine kadar eğildi. Nefesi, alamadığım nefesime karışıyor; kara bakışları bir girdap gibi bakışlarımı hapsediyordu. Öfke damarlarından taşmış bir volkan gibi her gözeneğinden çağlayarak, adeta benim tenime sıçrıyor ve orada kor bir aleve dönüşerek, ayaklarımı yerden kesiyordu. İşte şimdi bayılabilirdim! Karakolda üzerine sinmiş sigara kokusu, burun deliklerimden girip ciğerlerimi zorlarken, tanıdık hiçbir şey yoktu artık. Ben yoktum...
"Sen! Sen! Kendini çok bir şey zanneden zavallı 'pavyon' bülbülü!" İşte bu defa, bu bir hakaretti. Bana kim

olduğumu, nereden geldiğimi hatırlatan bir hakaret. "Sen kendini bir şey mi zannediyorsun? Sen cezalandıracağım kadar bir değerin olduğunu mu zannediyorsun?"

Tek kelime edemeden sadece gözlerine bakıyordum. Ne yanaklarımdan süzülen yaşların farkındaydım, ne de geride kalan uğultuların. Bana dokunmuyordu bile... Vurmak için dahi teni tenime değmiyordu. Ben dayak yemeyi mi arzuluyordum? İçimi saran bu her neydiyse, beni her şeyi reva görecek kadar küçültmüş müydü? İlgisiz ebeveynlerinin dikkatini çekebilmek için, onların her gün okudukları gazeteyi yırtıp; o tek bir tokadı bile ilgiden sayan yapayalnız çocuklar gibiydim. Onlar, ilgi adına o tek bir tokada bile nasıl muhtaçlarsa, ben de muhtaçtım. Değerli görülmeye muhtaçtım... İşte şimdi ben bir hiçtim... Kimdim ki ben? Annesinin bile daha doğmadan vazgeçtiği... Cezalandırılmayı bile hak etmeyecek kadar değersizdim.

Arkadan gelen boğaz temizleme ile Timur'un öfke dolu alev saçan bakışları kapıya döndü. Gelen Falaz'dı.
"Abi, Ayşen yenge geldi. Salonda."
Yengeymiş! Yemişim yengesini!
"Geliyorum."

Timur tekrar bakışlarını gözlerime dikerek, geçmek bilmeyen saniyeler boyunca doğruldu. Bir süre daha bana baktıktan sonra; dudaklarından dökülen her bir harf, bir tehditti: "Seninle işim bitmedi."

Timur odadan çıktıktan sonra, Falaz'ın tenkit dolu bakışlarıyla baş başa kalmıştım. Bedenimde daha fazla beni taşıyacak takat kalmamış, hepsi Timur ile çekilip gitmişti.

"Odana git." Falaz'ın buz gibi sesinden suçlayıcılık akıyordu.

"Falaz, ben böyle olsun istemedim."

"Odana git ve bekle." Hiçbir yumuşama belirtisi göstermese de, en azından başını odanın dışına döndürerek; enkaza dönüşmüş bana bakmama büyüklüğünü göstermişti. Ben de ayağa kalkarak ona doğru yürüdüm.
"Falaz, yemin ederim. Beste benim için de çok kıymetli. Ben sadece..." Falaz aniden bakışlarını tekrar bana çevirdiğinde, yerimde kalakaldım.
"Sen sadece ne? Onun nefes almasını mı istedin? Dışarıda boş anımızı bekleyen ne kadar düşmanımız var, haberin var mı? Biz ne iş yapıyoruz sanıyorsun? Tek derdimiz fındık kurları mı?"
"Ben sadece... Onun da sadece bir günlüğüne, yalnızca Beste olmasını istedim."
"Ben de isterdim Cansu. Bunca yıldır... Sadece tek bir günlüğüne bile olsa... Yalnızca sıradan bir Beste olmasını isterdim. Şimdi odana git..." Falaz'ın gözleri mi dolmuştu?

....
"Falaz, Hayrullah ne ceza aldı?"
"Ağda yaptılar."
"Ne!"
"Eh, ne de olsa, her insan korkularıyla yüzleşmelidir."

Aradan saatler geçmişti. Timur hâlâ o kadınla, baş başa çilingir sofrasındaydı. Ne konuştuklarını duyamasam da, odama gitmeden önce salonun kıyılarına inmiş kadını varla yok arası görmüştüm. Sapsarı uzun saçlarını omzunun bir yanından, gevşekçe toplamıştı; uzun boylu ve beni sinir etmeye yetecek kadar güzel bir kadındı. Derin göğüs dekoltesini vurgulayan bir ceket ve oturduğunda bacaklarının tüm pürüzsüzlüğünü ortada bırakacak kadar mini bir etek giymişti. Duyduğum kadarıyla; Timur, bu akşamki yemeği iptal ettiğinde, hasar tespiti yapmaya gelmişti akbaba. Hem o el de neyin nesiydi öyle? Timur'un koluna dokunuyordu! Böyle pahalı orospu olunca, adam tavlamak kolay olurdu tabi. Hem benim de sarı uzun saçlarım vardı bir kere! Bu kadınınkiler kadar kaliteli ve sağlıklı olmasalar da benimdiler. Hem ayrıca, pavyonda çalışırken, ne adamlar kapımda kuyruk beklerdi de, ben dönüp bakmazdım bile! Kimi kandırıyordum ki? Bal gibi de kıskanıyordum. Bu karşımdaki sarışın afetin saçından tırnağına; duruşundaki, yarışmamın mümkün dahi olamayacağı, zarafetten, elini uzatışındaki işveye kadar kıskanıyordum. O kadın gibi olamazdım, hiçbir zaman da olmak istemezdim belki; ama besbelli ki Timur onu bir kere olsun beğenmiş, karısı yapmak istemişti. Şimdi onun anısı her yerine işlemişken, karşısında duruyordu ve ben hiç ulaşamayacağım bir hayalin, hiç yarışamayacağım kırıntılarını kıskanıyordum.

Ne kıskanç bir kadın olup çıkmıştım ben bu evde böyle! Ait olmadığım bir hayatın yansımalarında ben olmayan beni yaşamak mı beni bu kadar kıskanç yapmıştı, yoksa özlem duyduğum her ne vardıysa önümde duruyor oluşunu bünyem kaldırmadığından mı, bilmem; ama bu sahte yaşamı kıskanıyordum. Ben bu yaşama ait değildim ve olmayacaktım hiçbir zaman. Hiçbir gün Timur'un yaşamının bir parçası haline gelemeyecektim; çünkü ben değersizdim. Tek bir amaç için buradaydım ve çok yakında da onu acı bir şekilde öğreneceğime emindim. Ah Nalân, ah! Şimdi burada olsan, 'Başlarım bu düttürü dünyanın çilesine!' derdin. Ben de gülerdim en acı gülüşümle ve derdim ki; 'Başla be gülüm, sen başla, ben devamını getiririm...'

Timur çilingir sofrasını kurdurttuğunda; ben de sotelendiğim kuytudan sessizce çıkarak, bağrıma bir boktan gün basıp, kös kös odamın yolunu tuttum. Evet, küfrediyordum canına yandığımın! Var mıydı o içeride gecesini şenlendiren mafyatiğin bir diyeceği? Vardıysa gelip deseydi karşıma!

Odama girdiğimde sanki zaman yine durmuştu. Odama çoktan bırakılmış poşetleri karıştırmış ve bugün aldığımız tavşanlı pijamaları üzerime giyerek, zaman geçirmeyi bilemeyen idam mahkûmu gibi odada volta atmıştım. Bir süre sonra ayağımı öyle kuvvetle yere vurmuştum ki canım acımıştı. Ayaklarım üşümüştü... Saat gece yarısı ikiyi bulduğunda, yatağa henüz kıvrılma kararı almıştım ki kapım tıkladı.

"Evet?"
"Cansu, ağabeyim seni aşağıda bekliyor."
"Üstümü değişiyim."
"Gerek yok. Hemen gelsin dedi."

Vay be! Timurcuk çağırtmış. Teşrif etmesek olmaz tabi! Fesuphanallah! Hızlı adımlarla salona indiğimde, Timur ve sevimsizlik abidesi ayakta durmuş kıkırdıyorlardı. Ay aman ne güzeldi! Hayır bilmesem, Timur'un espri kabiliyeti var derdim de olmuyordu işte. Hele de şu aptal şey, karşımda solan gülümsemesi ile tek kaşını kaldırmışken ben gülemiyordum.

"Beni çağırmışsınız."
"Ah, evet..."

Ayşen denen kadın Timur'un koluna girerek, yeniden dikleşip gülümsemesini takındığında; artık benim anladığım bir dilden konuşuyordu: Kadının dili. Her kadın gibi o da, kendi alanını benim gözüme soka soka belirlemeye çalışıyordu. Timur ise bu yakınlıktan hiç de rahatsız gözükmüyordu. O kırılası eli, kadının kolundaki elinin üzerine gitti ve ona gülümseyerek bana döndü.

"Seradan bir saksı, yeni yetiştirmeye başladığım Hint açelyasından getirmeni istiyorum."

Ne? Hint açelyası mı? Şu geçen gün getirttiği ve beni dokundurtmadığı saksı mı? Kimin için? Bu kadın için mi? Kuşku içime bir sancı gibi yayılırken, ellerimin titremesini arkama saklamıştım. Üzerimde pembe tavşanlı pijamalarla, karşımdaki kadının yanında neydim ki? Karışmış kısa kesimli saçlarım bile, açan çiçeklerin arasındaki ömrümü gösterir gibi benimle dalga geçiyordu. Beni küçümseyerek süzmesine neden aldıracaktım ki? Neyi umut etmiştim ki? Timur'un beni cezalandırmasını mı?

Ayaklarımı sürüye sürüye seraya giderken, gözlerime batan yaşları yutkunarak geri ittim. Şimdi sırası değildi, şimdi olmazdı. Ağlayamazdım... Gözlerimden akan yasın yaşını kimsenin görmesine izin veremezdim. Ben bir hayalin umuduna istemeden bağlanmış, şimdi kendi ellerimle o umudun yapraklarını sökmeye yollanmıştım. Seraya girdiğimde kendimi o tanıdık huzura bırakmamak için direndim. O aptal çiçeği alıp sessizliğimi hiç bozmadan Timur'a götürecek ve sonra kendi cehennemimde kavrulmaya dönecektim. Burada üzerime hücum eden o anıları düşünemezdim şimdi. Bir çiçeği sularken Timur'un elime değen elinin ya da bir toprağı çapalarken yüzüme bulaşan çamuru silişinin anısını hatırlayamazdım! Hayır! Boğum boğum boğazıma dizilen her şeyi yutmalıydım. Ben güçlüydüm, değil mi? Ben hayata bu ellerle tutunmuştum ve boy ölçüşmemin mümkün olmadığı bir kadının karşısındaki hezimetimi de göğüsleyebilirdim. Bendim... Tektim... Titreyen ellerime, bir derin nefesle hâkim olarak, saksıyı aldım ve göğsüme dayayarak seradan çıkıp, eve hızlı adımlarla yürüdüm. Yüzüme çarpan temiz havayı hissetmiyordum bile. Soğuktu hava, hem de buz gibiydi; ama bana işlemiyordu. Ruhum donmuştu. Saksıyı verip odama gidecek ve orada yasımı tutacaktım. Bir umudun daha yası benimdi bu gece...

"Getirdin mi?"

"Burada... Timur... Bey..."

"Şimdi onu Ayşen Hanım'a ver."
Timur ona uzattığım saksıya bakmamıştı bile. Sadece gözlerime bakıyordu. Dik ve hâlâ öfkeli bakışları, sanki bir şey anlatırmışçasına ruhumu deşiyordu. Orada neyin izi vardı, bakmaya korkuyordum; ama ruhum Timur'un çentikleriyle dolmuştu. Bizi rahat bir gülümseme ile izleyen genç kadına saksıyı uzatırken; Timur tüm ciddiyetini yeniden takınmıştı. O, benimle hiç paylaşmayacağına adım gibi emin olduğum rahat tavırlarından eser kalmamıştı.

"Bu senin için Ayşen. Hint açelyası." Bir anlık sessizliğinde, gözleri benden genç kadına yöneldi. Sessizce yeniden bana döndüğünde, kulaklarım depremin habercisi gibi uğulduyordu. "Artık gitme zamanın geldi, Falaz seni bırakacaktır."

"İstersen bu gece burada kalabilirim..."
Deprem oluyordu ya da sadece ben sallanıyordum, bilemiyordum; ama nefesim ciğerlerime yetmiyordu, panikle açılan gözlerimi yumamıyordum. Sadece bakıyordum. Karşımdaki bir çift kara göze bakıyordum.

"Odana git Cansu."
Kesin ve acımasız bu emir olmasaydı da odama gidecektim. Burada dağılamazdım. Ben dağılamazdım... Kimin için dağılacaktım ki? Kapımı kapatıp, önüne yığıldığımda, ya da gözlerimden bir nehir gibi akan yaşları itelemeye çabaladığımda, ellerimi karnıma bastıra bastıra inlediğimde... Hiçbirinde yıkık değildim ben. Ben yıkılamazdım. Nefes alıyordum ve bir insan nefes aldığı sürece, umut var demekti, değil mi? Nefes alıyor muydum ben? Benim nefesimin adı Timur muydu? Ben sevgi nedir bilmezdim ki? Ben sevemezdim... Hayır, şimdi olmazdı. Ben aşık olamazdım, lanet olsun! Aşk, benim gibi ahmakları yok ederdi. Aşk, bizim gibileri eme eme parçalardı. Bizim gibileri aşk öldürürdü ve ben ölmek için daha çok gençtim!

Bir masal mıydı ki bütün bunlar; yakışıklı prens, beni çekip alacaktı bu hayatın kaygılarından? Ağlıyordum; hem de sular gibi, seller gibi. Saçlarıma dolanan parmaklarım kafama yapışırken, karnıma çektiğim dizlerime kendimi göme göme ağlıyordum.

Bir varmış bir yokmuş, diye başlardı ya masallar; işte benimki de, olsa olsa hep yokmuş hiç varmıştı. Neyin hayaliydi kurduğum? Neyin cesareti, cüreti? Hiç yokmuş bir hayatın, hüzünlü umut kırıntısıydım ben, onu da kuşlar gagalamıştı... Geriye o buz gibi yatağa uzanıp, gece güne kavuşana değin gözlerimi kapatarak; bana kalan o son şeyi beklemek kalmıştı. Önce topukların yere çarptığı, güven veren, güçlü ayak sesleri...

... ...

"Hint açelyası, her şey bitti demek."

"Onu hiç cezalandırdın mı?"

"Hayır... O, en başından beri cezalandırılmayı hiç hak etmedi."

"Beni cezalandıracak mısın?"

"Bu senin cezandı... Yarın seninle petunya alacağız."

"Petunya ne demek?"

"Umudunu yitirme..."

10. Bölüm

Umudunu yitirme...

Odamın kapısını ardından kapamadan önce, Timur'un kulaklarımda yankılanan son kelimeleriydi bunlar. Bu gece diğer geceler gibi değildi. Bu defa o topuk vuran ayak sesleri, kapımın önünden geçip gitmemiş, ya da bir süre kapımda bekleyip beni terk etmemişti. Odama gönderilişimden saatler sonra, bir hayalet gibi o ses odama süzülmüştü. Sımsıkı kapalı gözlerimi açmadan, nefes dahi almadan beklemiştim. Yatağımın sol yanı çöktüğünde, bir ağrı saplanmıştı benim de sol yanıma. Camdan süzülen ay ışığının ince tül perdeden süzülüşü gibi, varlığı bedenime süzülmüştü adeta. Beklemiştim... Gözlerimi bir an olsun açmamaya çabalayarak, beklemiştim... O da beklemişti. O neyi beklemişti bilmem; ama ben onu beklemiştim. Bir süre sonra içimi titreten o ses, yeniden kulaklarımdaydı: "Uyumadığını biliyorum."

Geriye, gözlerimi açmaktan başka ne kalıyordu ki? Ama ben açmadım. Açarsam ruhumun kırıklarını görür diye korktum belki de. Beklentisine isyanmışçasına açmadım gözlerimi.

"Ayşen gitti."

Bana neydi? Umurumda mıydı sanki onun Ayşen'i de; kaçta, nasıl, ne zaman ve ima ettiği nelerden sonra gittiği! Allah cezanı versin, desem; sonra yine benim canım yanardı.

"Sen odana çıktıktan sonra Falaz evine götürdü."

Ne yani, kalmamış mıydı? Timur'un karanlık gözleri bana bakıyordu. Bir dakika! Ben bu gözleri görmek için ne zaman açmıştım ki gözlerimi? Bilmiyordum; ama sadece derin karanlıktaki gözleri ruhuma işleye işleye bana bakıyordu. İçimi bir sevinç kaplamıştı bir anda ve kontolsüzce. Öyle ki neredeyse yattığım yerden fırlayıp boynuna sarılabilir ve kulağına binlerce kez teşekkür ettiğimi fısıldayabilirdim. Ne için? Ya da ne hakla?

"Hint açelyaları, her şey bitti demek."

Bana, benim ellerimle o kadına *her şey bitti* mi dedirtmişti? Bir insana en ağır ceza neydi? Bence o insanı umursamamaktı. Timur o kadını, bunu kendi söyleyecek ya da kendince ifade edecek kadar bile umursamıyor muydu; yoksa ben mi kendimi avutuyordum?

"Onu hiç cezalandırdın mı?"

Bunu da neden sormuştum ki şimdi? Canım acıyordu, evet; ama bu anı bozmak, yeniden değersizliğimi kendi suratıma, bir tokat gibi çarpmak neyime yarayacaktı?

"Hayır... O en başından beri cezalandırılmayı hiç hak etmedi."

Ben bundan neler anlamalıydım? O kadının en başından beri cezalandırılacak şeyler yaptığını mı? Yoksa en başından beri değersiz olduğunu mu? Belki de her ikisini de; ama umurumda değildi. Çünkü o anda içim sanki kanat takmış özgürlüğüne uçan bir kuş gibi kanat çırpıyordu. Ben değersiz olabilirdim; ama o kadın da değersizdi Timur için. Belki aptaldım, belki de kıskançtım; ama hiç değilse o kadınla değersizliğin kulvarında eşit şartlardaydık. İçimde bir cesaret, bir alkış ve itekleme beni tek bir soru için kışkırtıyordu: "Beni cezalandıracak mısın?"

Belki bir adım öne geçebilirim hevesiydi benimki... İmkânsız ama küçücük bir umut kırıntısıydı. Bana kim olduğumu, ne olduğumu unutturan o hain eski dosttu.

"Bu senin cezandı... Yarın seninle petunya alacağız."

Nasıl yani? Bu benim cezam mıydı yani? Yani ben doğru mu duymuştum? Timur beni cezalandırmış mıydı? Onunla vakit geçirmek için, her zaman çok yorgun olan ebeveyninden tek ilgi emaresi olan tokadını yemiş bir çocuk kadar mutluydum. İçim kanat çırpıyor, gözlerim sevinç gözyaşlarını saklamak için ay ışığından kaçınıyordu. Timur beni cezalandırmıştı! Timur'un çarpık değer-ceza denkleminde, ben belki de değerliydim. Umut fakirin ekmeği, kırıntıları kimsesiz kuşların kısmetiydi.

"Petunyanın anlamı?"

"Umudunu yitirme..."

Yitirmeyecektim... Yitiremezdim... Tutunduğum tek dal bana kendince bunu dediğinde, bana sadece buna boyun eğmek düşerdi; çünkü gidecek hiçbir yerim yoktu benim. Timur'dan başka kimsem kalmamıştı. Belki bir gün... Yeterince çabalarsam, bu garip ailenin bir parçası olur muydum? Topuk vuran ayak sesleri, kapanan kapının ardından uzaklaşırken; kanat vuran sol yanım ağrımıyordu artık. Sadece boştu...

... ...

"Cansu, uyan!"

"Beste? Ne işin var burada?"

"Burada olmam yasak. Üç gün odamda kalma cezası verdi ağabeyim. Ama bunu sana anlatmazsam ölürüm."

"N'oldu ki?"

"Falaz, bana eğlenip eğlenmediğimi sordu."

"Ee, sen ne dedin?"

"Ömrümün en güzel günü olduğunu söyledim."

"Ben özür dilerim... Böyle olsun istemezdim..."

"Sen deli misin? Bu ömrümün en güzel günüydü ve tüm ömrüme sığdırabileceğim kadar heyecan vericiydi. Falaz'a da dediğim gibi, alacağım tüm cezalara değerdi."

"Tanrım! Bunu Falaz'a mı dedin?"

"*Evet. N'olmuş ki? O da bir dahakine bizi onun götürebileceğini söyledi. Düşünsene?*"
"*Düşünemiyorum!*"
"*Üstelik bana gülümsedi. Hem de o kızlara gülümsediği gibi...*"

Bu gün bir başkaydı. İçimi saran heyecanla erkenden mutfağa inmiş Hikmet teyze ile yüzleşmeyi beklerken kahvaltıyı hazırlamaya başlamıştım.
"Günaydın."
Çayın altını henüz kısmıştım ki, mutfak kapısından gelen Falaz'ın sesiyle, ellerimi üzerimdeki mutfak önlüğüne sürterek arkamı döndüm.
"Günaydın Falaz. Erkencisin."
"Uyku tutmadı."
"Beni de."
"Ne o? Bu sefer hangi planın peşindesin?"
Falaz manidar bir bakış atarak mutfak masasına doğru ilerlerken; içimde tavayı onun kafasına geçirmekle, onu haklı bulmak arasında bir vicdan savaşı veriyordum. Belki beni infaz ediyordu; ama o da kendince haklı sayılmaz mıydı? Beste gibi kutsal bir görevi benden sakınmak, en doğal hakkıydı muhtemelen.
"Çay?"
"İstemez."
Tamam, sevimsiz yanımızdan uyanmıştık belli ki.
"Bak Falaz. Benim Beste'ye herhangi bir zarar vermek gibi bir niyetim yoktu ve asla da olmayacak. Ben ne olduğumu ve nereden geldiğimi biliyorum..."
Aniden doğrulan Falaz, bir anda kolumu kavrayarak; bana istemediğim kadar yakınlaştı.
"Bilsen ve hiçbir zaman unutmasan iyi edersin!" Bu

bir tehdit miydi? "Bu evdeki ömrün geçici. Burada kalıcı bir yer tutmak gibi bir düşüncen olamayacağı gibi, Beste'nin yaşamında da senin gibi bir kadına yer yok! Tek bir defa söyleyeceğim ve bir daha tekrar etmeyeceğim; Beste senin seviyen değil!" Evet, değildi... Bunu bir anlığına unutmuş dahi olsam, saçı mükemmel kurdelesi ile tepeden bağlanmış kızlardandı. Benim kaldırıma çizdiğim sekseğim varken, onun oynadığı bebekleri vardı. Benim geldiğim yer onu kirletirdi ve ben onun durduğu yerde çürük kalırdım. Beste benim arkadaşım olamayacak kadar başka bir dünyaya aitti ve ben onu kirletirdim o da beni ezerdi.

"Peki, senin seviyen mi?"

Falaz'ın tutuşu kolumda sıkılaşırken, canım acısa da dimdik durmuş gözlerine bakıyordum. O bir anlık afallama... İşte o an anlamıştım! O bir gol atmıştı; ama ben de bir gol atmıştım ve şu an durumumuz eşitti. İkimizin de canı acımıştı; çünkü o da en az benim kadar Beste'nin seviyesine erişemezdi.

"Sen! Sen!"

"Ne oluyor burada!"

Mutfağı dolduran Hikmet teyzenin sesi, bizi bir anda birbirimizden uzaklaştırdı.

"Hiç... Cansu ile biraz konuşuyorduk."

"Günaydın Hikmet teyze."

Hikmet teyze, yutmadım bakışını her ikimize de attıktan sonra, Falaz'a eliyle oturmasını işaret edip bana döndü. "Seninle konuşmamız gerek küçük hanım."

İşte o azar anı gelip çatmıştı. "Ama önce seni ayartan suç ortağının ceza süresinin biterek, aramıza teşrif etmesini bekleyeceğim. Madem bu işte ortaksınız, o vakit benim dırdırımı ikiniz de çekeceksiniz." Nasıl yani? Beni Beste'yi ayartmakla suçlamayacak mıydı?

"Beste mi bu kadını ayartmış! Hadi ama Hikmoş..."

"Kes Falaz!" İşte bu Hikmet teyzeden korkulurdu.

"Her ikimiz de biliyoruz, dünün tek sorumlusu bu kızcağız değil. Hem ayrıca esaslı da kızmış. Tramvayda sineceğine helal olsun hakkını aramış." Az önce Hikmet teyze beni övmüş müydü Falaz'a karşı?

"Ama... Bu... Bu kadın..."

"Ama yok. Ayrıca biz seni hangi odunlukta büyüttük evladım? Ne demek bu kadın? Onun bir adı var, değil mi?"

Koşarak Hikmet teyzenin boynuna atlamıyorsam, tek sebebi Falaz'ın önünde komik duruma düşmemek içindi. Bu kadın bir mucizeydi herhalde. Minnet dolu bakışlarımı üzerinden alamazken, Hikmet teyze oturaklı bir edayla masaya kuruldu.

"Hadi kızım, bakma öyle aval aval da, bana bir çay koyuver bakiyim."

Dudağımın kenarı yukarı kıvrılırken, başımı önüme eğerek; hemen istediğini yapmaya yöneldim. Bir insanın sahip olmayı isteyeceği gibi bir anneydi Hikmet teyze. Evet, belki mukayese edebilecek bir şeyim yoktu; ama işte, öylesine insanın içine işleyiveriyordu. O annem olsa, azarlasa, sevse hatta yeri geldiğinde ikaz edici bakışlarıyla dürtüklese gıkım çıkmaz, dizinin dibinden ayrılmazdım. Anne gibiydi Hikmet teyze. Tüm hepsi çok şanslıydı. Hikmet teyzenin yanına otururken önüme aldığım ekmeği tırtıklamaya başladım.

"Oynayıp durma nimetle. Çırpı gibisin zaten, adam gibi ye bundan böyle."

Kısık bakışlarıyla beni süzer gibi bakması bile, dünyada hiç sahibi olamadığım her şeye değerdi. Beni düşünüyordu.

"Benim metabolizmam çok hızlı çalışıyor da..." Daha doğrusu param olmuyordu; ama bunun zikredilmesine gerek yoktu.

"Ya, ne demezsin, kuş kadar yiyorum demiyorsun da! Neyse zamanı geldiğinde yeterince kilo alırsın zaten. Az geriden başlamanın bir mahsuru yok." Zamanı geldiğinde mi? Neyin zamanı? Yaşlanınca mı? Gerçi Hikmet teyze yaşına göre oldukça iyi duruyordu. Düşüncelerime Falaz sırığı limon sıkmasa olmazdı tabi, konuşmaya dalıverdi: "Ya Hikmoşum, susiyim diyorum da neyin zamanı geldiğinde? Yani akıl var..."

"Neyin olacak, a benim dangalak oğlum! Bu kız hep böyle misafir kalacak değil ya, bu evde. Er ya da geç..."

Ne? Ne? Dur, dur bir dakika ne?

"Er ya da geç Hikmet teyzecim biz şu kahvaltıyı bitirip, Cansu ile işlerimizi halledeceğiz."

Ve işte o ses... Mutfağı dolduran, kendinden emin ve tok, her hali iki yanı keskin bıçak gibi... Timur... Omuzlarına attığı ceketi ve yüzüne düşmüş bir parça kısa saçı ile, elleri cebinde hali bile bir başka tehlikeliydi. Hiç durmadan tehdit yağdırıyordu varlığı ve en büyük tehdidi benim varlığımdı. Ben onun karşısında, rüzgârda kalmış bir kuru yaprak gibiydim ve her an kırılmayı bekliyordum. Amacımı, varlığımı ve nedenlerimi unutturuyordu. Kim oluğumu, ne olduğumu, dahası anı unutturuyordu. Ona bakarken sadece an vardı, o an...

"Gel bakalım keskin sirke, bir sen eksiktin bu sabah. Geç otur, Cansu sana çayını doldursun. Bu evde kahvaltılar da adam gibi edilemiyor ki zaten artık."

Hikmet teyze bu sabah bayâ bir formundaydı anlaşılan. Ben içimden kıkırdarken; Timur, tüm cakasına rağmen, annesini dinleyen uslu bir çocuk gibi, geçip masadaki yerine oturdu. Bakışları beni derinlerime kadar didiklerken; Falaz başını iki yana sallayarak, sandalyesini yana doğru kaydırdı.

"Beste aç mı kalacak?"

Ne yani? Düşündüğü Beste miydi?

"Kimse bir iki sabah aç kalmakla ölmez, biliyorsun." Buyur buradan yak! Gaddar herif! Bık bık bık... Ölmezmişmiş, seni de aç bırakalım da görelim! Acaba hiç açlık nedir bilmiş miydi? Nereden bilecek ki... Dur bir dakika! Beste'ye açlık cezası mı vermişti bu mafyatik!

"O başka ama, o daha küçücük bir kız."

"O küçük değil Falaz!" Timur'un sesi sertleşerek, keskin bakışlarının hedefine Falaz'ı aldı. "Unutma ki neredeyse Cansu ile yaşıt. Hem çok meraklıysan, sen de onunla aç kalabilirsin."

Falaz sinirlenerek ayağa kalkarken, sert bir biçimde sandalyesini geriye ittirdi.

"Tabi ya! Ne demezsin! Bir gün... Bir gün bu yüzden başımız belaya girecek." Falaz işaret parmağını kaldırmış, daha önce onda hiç görmediğim bir sinirle Timur'a doğru sallıyordu. Bu adamlar; her anları tetikte, alev almaya ramak kalmış kıvılcımlar gibiydiler. Birbirleriyle çarpışıp yangınsız atlattıkları her anlarına, yanlarındakini şükrettirecek kadar tehlikeliydiler. İşte şimdi fasulye sırığı yanlış ata oynamıştı! Timur oturduğu yerden, daha önce hiç görmediğim bir hızla kalkarak; Falaz'ın havada asılı duran elini kavradı. Kolunu arkaya büktü ve suratı masaya yapışana değin Falaz'ı öne eğip, omuzlarını saran ceketi sırtından bir sevgili gibi kaydırarak yere bıraktı. Ceketin örtemediği, belinde duran silahı; bana onun ne olduğunu hiç sorgusuz hatırlatıyordu: Azrail'im!

Belli ki Falaz'ın canı acıyordu; ama bunu yüzünden okuyabilmek mümkün değildi. Orada sadece öfke vardı, salt, erkeksi bir öfke... Pavyonda onlarca defa gördüğüm bir şey varsa, o da çekilen silahların arasına girersen sen gümbürtüye giderdin. Hayatta kalmanın bir numaralı kuralını uygulayarak, birkaç adımla Hikmet teyzeye yaklaşırken; onun sakin tavırlarla hiç umursamadan elindeki işine devam ediyor oluşuna şaşkındım.

"Beni iyi dinle Falaz! Beste benim! Sen benimsin! Bu ev, bu iş, burada gördüğün her şey benim!"

Timur'un öfkesi soğuktu. İnsanın içine işleyerek üşütecek kadar soğuk, bir adım daha gerileterek gelecek artçıdan korkutacak kadar soğuk. Dişlerinin arasından tıslarcasına çıkan sesin hedefi olabilecek kadar cesur olan Falaz'ı tebrik etmeliydi. Bu öfkeyi adeta bilerek çağırmıştı. Neyin uğruna? Beste? Timur başıyla beni işaret ederek devam etti: "Bu kadın da benim! Ve şimdi benim canım ne isterse, nasıl isterse öyle yapacağım! Sana hesap vermeyeceğim, kimseye hesap vermeyeceğim! Ucunda ne varsa o da benim! Benim yöntemlerimi beğenmiyorsan siktir olur gidersin!"

Timur yavaşça Falaz'ın kolunu bırakırken, bir adım geri çekildi. Gözleri yeniden benim dehşetle açılmış gözlerimle buluştuğunda, sözlerinin hedefi hâlâ Falaz'dı. "Kalacaksan beni sorgulayamazsın, sadece itaat edersin. Şimdi siktir git ve Hayrullah'ın yerine geçip Beste'nin kapısında bekle." İsyancısını, uğrunda isyan ettiği değerlere bekçi mi yapıyordu? "Cezası bitene kadar, bir daha bu sabahki gibi o odadan burnunu çıkartmayacak." Çüş! Bu herifin haberinin olmadığı bir halt var mıydı? İşin tuhafı, bütün bunlara göz yumuyordu.

Hikmet teyzeye baktığımda; ortada toz duman yokmuşçasına, mutfak tezgâhındaki işlerle uğraştığını gördüm. Bir tepsiye yiyecek bir şeyler hazırlıyordu. Falaz öfkeyle omzunu silkeleyip, az önce Timur'un elinde ezilen bileğini ovuştururken dışarı yöneldi. Adımları isyan doluydu. Her şeye rağmen Beste'yi düşünüyor oluşu mu beni etkiliyordu, bilemiyordum; ama takdir ediyordum. Hiç değilse bana karşı bile dürüst olacak yüreği vardı. Peki ya Timur? Daha ne için burada olduğumu bile bilemeden yaşıyor, buraya alışıyordum. Ev gibiydi burası, yuva gibi...

Timur Hikmet teyzeye başıyla işaret ettikten sonra; kapıya yönelmeden yere düşen ceketini alıp, belindeki silahı yoklayarak tekrar omuzlarına attı.

"Seni kapıda bekliyorum."

Beni mi? Dudaklarımdan sessizce bir *'peki'* döküldüğünde, Hikmet teyze ile göz göze geldim. Elinde tuttuğu tepsiyi bana uzatıyordu.
"Paltonu almaya çıkarken bunu da Beste'ye bırak."
"A...ama Timur?"
Hikmet teyze tepsiyi elime tutuşturduktan sonra, tezgâha dayanarak bir kaşını havaya kaldırarak bana baktı. Bir iki saniye beni süzdükten sonra, "Sence bu evde onun haberi olmadan kuş uçar mı? Neden Falaz'ı yolladığını sanıyorsun kapıya?" diyerek arkasını döndü. Peki, bu da güzeldi. Ne güzeli be! Manyaktı bu adam, hem de düz manyaktı!

Beste'nin kapısının önüne, elimde tepsiyle geldiğimde; Falaz beni öldürecekmiş gibi bakıyordu.
"Ne o? Vicdanın mı rahat etmedi?"
"Seni dinleyecek vaktim yok. Çekil kenara, Timur beni bekliyor."
"Ah tabi ya! Malum çok mühim sera işleriniz var." Ellerini iki yanda açarak, alaycı bir hal takındıktan hemen sonra, Falaz dikleşerek üzerime doğru bir iki adım attı. Omuzları gerilmiş, boynu aşağı bana doğru eğilerek tehlikeli bir tavır almıştı. "Beni iyi dinle, seni küçük sürtük! Her ne hayal kuruyorsan, unut! Sen buraya kapılanamayacaksın... Zamanı geldiğinde görevini yerine getirecek ve defolacaksın! Sana yemin ederim ki, böyle olmasını sağlayacağım!" Ellerim titrese de omuzlarımı olabildiğince dikleştirerek, başımı yukarı kaldırdım. Gözlerimi bir saniye bile kırpmıyordum. Ne diyebileceğimi bilmiyordum; ama bunu ona belli edemezdim. Benden ne istiyordu bu herif? Hepsi manyaktı bunların; ama pabuç bırakmayacaktım. Ben Hacer'dim! Cansuy'dum! Ben hayatta kalmayı, bugüne kadar nasıl başardıysam başaracaktım. Ben en büyük yıkımlara bile göğüs gerdiysem, gözümü bir mafya çırağının korkutmasına izin vermeyecektim. Ben ezilmeyecektim! Çünkü yeterince

ezilmiştim. Bakışlarımı tam da onun bakışları gibi kısarak gözlerinin içine, tam gözbebeklerine dikerek, daha da dikleştim. "Sen öyle sarı fasulye sırığı, şimdi çekil önümden."

Ben bir hayatta kalandım. Omzumla ittirdiğim Falaz'ı, neredeyse yok sayıp odaya girdim. Beste'ye olup biteni hızlıca anlatarak dışarı çıktım. Kritikleri gece yapardık nasılsa. Dışarı çıktığımda; Falaz'ın beni süzen bakışlarına aldırış etmemeye çalıştım. Ta ki merdivenlerin başına gelene dek! İçimde beni dürten sese kulak vermesem, ben ben olmazdım, değil mi? İşte bütün zaafım ve bütün kurtarıcım o sesti! Hızlıca dönüp Falaz'a dil çıkarsam, ne olurdu ki? Benden daha sonra intikamını alacağını bile bile büyük bir keyifle yaptım! Fasulye sırığı n'olucak! Arkamdan söylenmelerini umursamadan, hızlıca aşağı inerken keyifim yerine gelmişti. Falaz'a karşı bu cesareti nereden bulmuştum, sözlerimle neyi kastetmiştim, ya da o neyi kastetmişti hiçbir fikrim yoktu; ama yapmam gerekeni yaptığıma inanıyordum. Bir fasulye sırığı beni korkutamazdı! Ben en belalı pezevenklere pabuç bırakmamıştım da şimdi bir zirzopa mı bırakacaktım? Asla! Ben bir hayatta kalandım, her koşulda da kalacaktım. Bin defa daha da olsa, kendime söz verecektim. Dibine vurduğumun zıpçıktı dünyasına direnecektim. Yenilmeyecektim ben, yenilemezdim... Ben... Ben yenilemeyecek kadar çok bedel ödemiştim, hayattan alacaklıydım; daha hesabımız kapanmamıştı.

"Daha oyalanacak mıyız?"

Kapının önünde beni bekleyen Timur'un yanına ulaştığımda, o kor alevi gözlerin beni beklediğini görmek, içimi bir kere daha hoplatmıştı. İçimi yepyeni bir titreme sararken, her duygu birbirine geçmişti. Korku, heyecan, nefret, sevgi... Hepsinden biraz... Hangisi gerçek, hangisi sahte bilemediğim; onlarca renk tayfı gibi, beni boğana değin sarmalayan duygular. Hani filmlerde falan olurdu ya; âşık olursun da hani, yüzüne olduk olmadık anlamsız bir gülümseme otururdu. İşte bu adam, onun tam zıddıydı. Benim boğazıma oturan düğüm, gözüme oturan yaş olmuştu. Demir bir bilyeydi; ne yutabiliyordum, ne de tükürebiliyordum.

"Şey... Geldim."

"Hadi, ben fikrimi değişmeden çabuk!"

Peki...

"İşin varsa gitmeyelim."

Ah, işte bu yediğim ters bakış!

Başıyla önüne düşmemi işaret ederken, kelimenin gerçek manasıyla kapaklanabilirdim.

"Bir yavaş be kadın! Yürü dediysek yuvarlan demedik."

Lanet olsun! Kolumu tutmuş, dengemi bulmamı sağlamaya çalışıyordu; ama benim elim ayağıma dolanıyordu.

"Ta...ta...ta..." Si... Küfür yok! Ay başlıcam! Gene kekeliyordum!

"Ta...ta...tam...mmm...maaamm..."

Arabaya bindiğimizde; Timur üzerine mimlenmiş gibi duran, omuzlarındaki ceketi savurarak arka koltuğa attı ve sürmeye başladı.

"Hep böyle kekelemiyorsun?"

Bu bir soru muydu? Evet, soruydu sanırım.

"E...vet, be...ben he...y...heyy...can... Heyecanlanınca ke...keee...liyo...ruuuumm." Gel de küfretme! Ediyordum! Ediyordum, hem de ne küfürler! Kendime ediyordum! Ne heyecanıydı şimdi bu? Çan kafalı kadın! Ah, bu adamla birlikte bir yerlere gitmek yetmiyormuş gibi bir de...

"Heyecanlı mısın şimdi?"

Ah, bir soru daha. Tanrım! Gözlerimi geriye devirebilir miydim lütfen! Ona bakamıyordum bile. Ona buna heyheylenen bu herif, neden benim kekelememerimi sabırla dinliyordu ki? Bakışlarımı camdan gördüğüm, geçip giden görüntüden ayırmamaya çalışarak cevap verdim: "Bi..bi..biraz."

Timur'un direksiyonun altında varla yok arası duran eli, aniden benim kucağımdaki elimi yakalayarak avucuna aldı. Yok artık! Çüş! İnanmıyordum! Bakışlarımı aniden elimi tutan ele indirdiğimde; gözlerim fanus gibi açılmış, yerlerinden fırlamak için beni zorluyordu. Az öncekine heyecan mı demiştim ben? Hayır, hayır! O heyecanın yavrusu bile sayılmazmış. O anda kalbim kulaklarımdan fırlasa, gözlerim olmayan aklımın yerine kaçardı. Ellerim titriyordu, hem de zangır zagır. İlk refleksle elimi önce geri çekmek istedim; ama öyle kuvvetli tutuyordu ki çekemedim. Beni hapsetmişti. Ruhumu hapsettiği, bedenimi tutsak ettiği gibi, ellerimi hapsetmişti.

"Sakin ol." Emredersin! "Derin bir nefes al şimdi." Sesindeki anlayış mıydı? Her ne haltsa kara kafalı herif! Elimi böyle tutarsan ben nasıl nefes alacaktım! Ya da neremden alacaktım! Ah Tanrım!

"B...b...b...be..be..." Sustum.

"Tamam, sakin ol. Sessizce nefes al."

Timur'un başparmağı, başparmağımın hemen üzerindeki yumuşak yeri okşamaya başladığında, dünya durmuştu. Bulutlar bile süzülmeyi bırakmıştı. Ne yapmam gerekiyordu? Hah! Nefes alacaktım, doğru ya...

"Şimdi nefesini ver." Nefesimi tutuyor muydum?

"Tamam, şimdi sakinleş." Emredersin! Ona kızmak, yanında böyle hissetmekten çok daha iyiydi. İçimden ona sinirlenmek, elimi bir kez daha kararlı bir şekilde çekmek için çırpınsam da olmadı, olamadı. Ona sinirlenemedim, elimi çekemedim. Öylece elimi tutan eline bakakaldım. Nefes aldım, nefes verdim. Evet sakindim. Deli gibi atan kalbime rağmen sakindim. Işığa uçan pervaneler gibi uçuyordum mahvıma, ama sakindim.

"Sakinim."

Timur'un eli elimden ayrılırken; bakışlarımı yeniden camdan dışarıya döndürdüm ki, elinin tenimde bıraktığı boşluğu dolduran gözyaşlarımı göremesin. Ben değişmiştim, ne kadar hayatta kalabilirdim ki artık?

"Hiç destek aldın mı?"

"Kekeleme için mi?"

"Evet."

"Bir keresinde bir abla vardı. Üniversite tiyatro ekibinden öğrenciler gelirdi yetiştirme yurduna, destek için. On yaşlarımda falandım. O abla kekeleyeceğim zaman durmamı ve derin nefes almamı söylemişti. Bir de şu çakıl taşı şeyi işte... Bir süre geldi, nefes egzersizleri falan yapardık. Sonra o da gelmedi. Ben gösterdiklerine devam ettim."

"Tek başına bu kadar idare ettin yani?"

"Yok, bir de Nalân... Nalân nasıl? Çok özledim ben onu."

"Bir iki güne ziyaretine gideceğiz."

Ah! Şu an sevinçten havaya uçabilirdim. Nasıl da özlemiştim... Nasıl da ihtiyacım vardı... İçimdeki bu şeyi bir o anlardı, bir o sarardı yaralarımı...

O gün belki de ömrümün en güzel günü sayılabilirdi. Timur'la aldığımız petunyaları, serada birlikte saksılarına yerleştirip, topraklarını tazelerken; yan yana sessizce çalışmıştık. Sadece çiçeklerden konuşmuş, başka hiçbir şeyden bahsetmemiştik. Ellerimiz toprağa bulandıkça birlikte huzur bulmuştuk. Timur'un itinayla saksıların içini toprakla doldurmasını izlemek, öylesine keyif vericiydi ki; onun açtığı boşluklara minik kökleri koymayı unutabilirdim bile. Ama avuçlarımın içinde, o narin çiçekleri tutmak öylesine rahatlatıyordu ki beni, en ufak bir hata yapmaktan korkuyordum. Küçücük bir hatamda, Timur'un beni bir daha seraya almayacağından korkuyordum sanırım. Dudaklarının kenarına konmuş çarpık tebessümü, insanı sadece film diye izleyeceği hayallere sürüklese de, o tebessümde yaşardı be insan. Ben çiçekleri tutarken, onun üzerlerine toprak eklemesinde adeta bir ahenk vardı. Sabah Falaz'ın bileğini kırarcasına büken kasları, şimdi bir şiir gibi kolları kıvrılmış gömleğinin altından varlıklarını belli ediyorlardı. Kollarının her hareketinde...

"Cansu, biraz daha toprak dökersen çiçeğe Fatiha okuyacağız."

"Hı?"

"Petunyayı diyorum, gömdün."

"Ha? Ah! Ay, pardon." Allah'ım n'olyordu bana? Çedene görmüş keklik gibi, neydi bu halim? Sağa sola saçtığım toprakları acemi bir telaşla toparlamaya çalışırken, Timur'a çarpmasam çok daha güzel olacaktı tabi; ama Tanrım! Yine kekeleyecektim!

Timur kollarımdan yakalamıştı! Kaçacak yer? Sağım? Solum? Başımı çeviremiyordum bile. Bana bir nefes kadar yakındı. Kollarıma dokunan, toprağa bulanmış ellerinden birini kaldırarak; dudaklarımın tam üzerinde, işaret parmağını, varla yok arası tutmuş yüzüme bakıyordu. Sanki ilk defa görmüşçesine yüzümün her noktasına bakıyor, her nefeste adeta varlığımı içine çekiyordu. Timur bir girdap olmuş bana hiçbir kaçış vermemişti. Uzaklaşmak için çırpınan kalbime inat, ciğerlerim onun verdiği her nefesi içime hapsedebilmek için isyan ediyordu. Bu gerçek olamazdı! Ben buna izin veriyor olamazdım! Onlarca defa direndiğim şeye, şimdi şuracıkta teslim mi olacaktım? Yanacağımı bile bile, sonum olacağını bile bile ve sonunu getiremeyeceğimi bile bile...

Dokunduğu yeri yakıyordu. Teni tenime değmiş

miydi, yoksa benim hayalimin ürünü müydü? Nefesinin ciğerlerime karışması, damarlarımda akan bir lav gibi benliğimde iz bırakarak ilerliyordu. Ben ona layık değildim... O canlıydı, gerçekti... Nefes alıyor muydum, ya da ayaklarım tutuyor muydu? Hiç bilmiyordum... Timur'un, dudaklarıma bir tüy gibi değerek dolanan parmak uçları, kendi dudaklarına değdiğinde ben gözlerimi yummuş tüm zihnimi kapamıştım. Onun benden bir an çekilmeyen karanlık gözlerine bakabilmek, benim harcım değildi. Bakarsam o gözlere, kaybolurdum, çıplak kalırdım... O bakışlar... Utanıyordum... Ben ona, o gözlere yakışmazdım... Bir an gözlerimi açıp, kendimi ne olursa olsun, girdabın gittiği yere kaptırmak istesem de, bir yanım haykırıyordu: Bunun sonu yoktu. Timur bir gün gidecekti yaşamımdan ve bana sadece bu anılar kalacaktı. Utandığım, beni kendime verdiğim sözlerden alan, sonunda kaybedeceğimi bile bile oynadığım, bu oyun kalacaktı. Oysa benim verebilecek hiçbir şeyim yoktu, bir nefeslik canımdan başka... Oysa ben, sağlam köklerden beslenen umarsız bir çiçek değil, sadece tutunmaya çalışan bir köktüm. Tüm diğer kökler gibi... Timur beni gömerdi...

....

"Bu çiçekler kadar güzelsin."
"Ama ben çiçek değilim."
"Peki ya nesin?"
"Köküm."

11. Bölüm

Fısıltılarımız birbirine karışırken, aniden seranın kapısı ardına kadar açıldı. Falaz bilmeden de olsa beni kurtarmıştı. Timur'un tenime değmek üzere kuruyan dudaklarından, varla yok arası bir küfür savrulurken; Falaz'ın yükselen sesi, seraya girme cesareti göstermesine sebep olan şeyi sıralayıverdi: "Abi, acil! Bir sorun var, Arnavut Necati'yi vurmuşlar."

Falaz'ın aniden içeri girişiyle bir an irkilerek geri sıçrasam da, Timur'un beni kavrayan avucu kolumu bırakmamıştı. Sert bakışları Falaz'la buluştuğunda, yüzündeki korkunç ifadeden haberin hiç de iyi olmadığını anlayabiliyordum. Yüzümü çevirip Falaz'a bakamıyordum, utanıyordum. Dönüp baksam, Timur'un kolumu hâlâ tutan elini kınayan bakışlarını görecektim sanki; ama ses tonundaki öfke dolu çaresizlikten, ölenin onlar için önemli biri olduğunu anlayabiliyordum.

"Ne dedin sen?"

"Arnavut'u indirmişler abi. Sabah oğlunu okula bırakmak için evden çıktığında, evinin önünde vurmuşlar."

"Siktirsin pezevenkler!"

Timur kolumu tutan elini çekerek, saçlarının arasından geçirip, sert bir dönüş yaptı. Yeniden geri döndüğünde bir an göz göze geldik. Gözlerinde hüzün mü vardı?

"Oğlan?"

"Yok, oğlana dokunmamışlar. Karısının ailesi almış, kadın da sinir krizi geçirmiş, hastaneye kaldırmışlar."

Timur bu defa iki elini birden yüzüne kapayarak, bir iki saniye bekledi. Sonra sanki yüzündeki tüm deriyi sıyırırcasına hiddetle haykırdı. Gırtlağından yükselen kükremeye eşlik eden kırılma sesleri içinde, az önce ektiğimiz o birbirinden güzel petunyaların etrafa dağılışını bir film gibi izliyordum. Bir adım, iki adım... Sinmiş omuzlarım aşağı düşmüştü, geri geri bir kurtarıcı gibi Falaz'a doğru çekiliyordum. Kendimi ait olmadığım bir dünyanın tüm tehlikesinin ortasında bulmuştum. Ne oluyordu? Bir çocuk babasız kalmış; bir eş, kocasını uğurlarken, evinin önünde öldürülüşünün evladının yüreğine kazınışını izlemişti. Ne olmuştu yani? Dünyada onlarca insan anasız babasız kalırken ve binlercesinin başını sokacağı bir evi dahi yokken, bir insanın babasını kaybetmesi ne demekti ki? İnsanın babası ölse canı acır mıydı? Bilmiyordum ki... İnsanın evladından vazgeçtiği dünyada, baban ölse ne olurdu?

"Oğlanı bu eve getir. Kadının başına da hastanede bir koruma dik..."

"Abi... Abi anlamıyor musun? Daha fazla ötelenecek yeri kalmadı!" Falaz artık isyan ediyor, bağırıyordu. "Daha kaçımızın indirilişini izleyeceğiz? Hadi bi tarafına ediyim, bizi geçtim! Oradaki çocuklar, o ahali daha ne kadar dayanacak? Ne kadar daha bekleyeceğiz abi? O silahlar örgütün eline geçerse ne olacak, haberin var mı? Abi n'oluyor sana? Bir orospu..."

"Yeter!"

Timur, Falaz'ın yakasına yapışmış silkeliyordu; Falaz ise duruşundan bir şey kaybetmeden dimdik karşısında, gözlerinin içine bakıyordu.

"Abi seni tanıyamıyorum... Bu mu adaletin? Vatan sevgin? Vaz mı geçiyoruz? Öyleyse söyle, ben yoluma devam edeyim." Neler olduğunu anlayamıyordum; ama tüm bunların ortasında kendimin durduğuna emindim. Her ne oluyorsa, bir şekilde tüm bunlar bana bağlanıyordu. Timur Falaz'ı itekleyerek yeniden arkasını döndü. Bu defa başı düşünceli bir şekilde aşağı düşmüş, öylece duruyordu. Yenilmiş miydi? Timur? Timur, hiç yenilir miydi?

"Hamza'ya haber ver, Necati'nin cenazesinden sonra buluşuyoruz. Plan aynı." Bir süre bekledikten sonra da eklemişti: "Şimdi kaldırmamız gereken bir cenaze var."

Sessizlik... Falaz'ın bıraktığı enkazın ardında, havada asılı kalan derin sessizlik... Timur bana *git* dememişti, *bekle* de dememişti; ama ben gidememiştim. Onu, başını bile kaldırmadan söylediği kelimelerden sonra bırakamamıştım. Sessizce banka ilerleyişini ve orada oturup, yerdeki dağınıklığa gözlerini sabitleyerek, öylece bakışını izlemiştim. Sadece bir an; yere eğilip dağılan saksıların kırıklarını toplamaya başladığım an, tek bir kelime çıkmıştı dudaklarından: "Bırak!" Bırakmıştım ben de. Öylece ben de onu izlemiştim. Sessizce gidip yanına oturmuş ve onun baktığı noktaya, onun gördüklerini görebilme arzusuyla bakarak, beklemiştim. Sera'nın açık kalan kapısından içeri giren serinlik, beni üşütmüyordu; çünkü yanımda o vardı. Timur; çoktan buz tutmuş ruhuma ateşi üfleyen, o ilk kıvılcımdı.

"Benim ne yapmamı istiyorsun?"
"Hiç... Sadece olmuş olman gerekeni olacaksın..."
"Bir... Bir... Orospu mu?"
"..."

Olmuş olmam gereken... Ben bir hayat kadını olmalıydım, öyle mi? Kimsesiz, tecavüze uğramış, satılmış ve arkasız... Olabileceğim tek bir şey vardı benim, o da bir hayat kadını olmaktı! Artık bazı cevapları almanın zamanı gelmiş de geçiyordu bile. Susmuş, beklemiştim. Neden mi? Çünkü sorgulamamak işime gelmişti. Belki de ilk defa yaşamımda bir şeylerin farklı, masalsı olabileceğine inanmak istemiştim. İnanmamıştım belki; ama istemiştim. Hani filmlerde olur ya, zengin adam her ne sebeple ilgilenirse ilgilensin genç kadınla, eninde sonunda âşık olurdu ve onu çeker kurtarırdı. Oysa benim esas şimdi kurtarılmam gerekiyordu. Ben bu zamana kadar, kendi başımın çaresine bakmışken; şimdi başsız kalmış koyun gibi bekliyordum. Bir orospu olmuş olmam gerekiyordu benim; ama sürpriz! Ben orospu değildim!

"Ben orospu değilim!" Ayağa kalkmış haykırıyordum. "Sen bana baksana! Mafya bozuntusu! Her ne bok için beni burada tutuyorsan, buraya kadar! Benden bitti. Sağ ol, iyiydin, güzeldin, hoştun. Muhabbetin de sağlamdı. Ama bitti!"

"Otur aşağı!"

Ne? Hâlâ bana hükmedeceğini mi sanıyordu bu herif? Hem de dizlerine dayadığı kollarına doğru eğdiği başını, bir an olsun kaldırmaya tenezzül etmeksizin?

"Sen bana baksana! Sen bana hükmedemezsin! Kimse bana hükmedemez!"

"Kapa çeneni, otur aşağı!"

"Bak hâlâ..."

Timur'un bakışları ağır ağır yükselirken; vücudumda geçtiği her noktaya, eziyet edişini hissedebiliyordum. Sanki uyuyan ejderha bir taşın içerisinden uyanıyordu. Demirden pulları karşımda kabarırken, tıslayan ses bir defa daha emretti: "Otur dedim!"

Peki, oturacaktım; ama o istediği için değil! Bu ses, bu bakışlar... Ayaklarımda derman kalmamıştı. Oturmazsam Beste gibi yığılabilirdim.

"Sor hadi."

"Neyi?"
"Sormak istediğin her şeyi."
Hiç anlamamış gibi yapmanın faydası olur muydu? Olmazdı elbet. İşte onca zaman yüzleşmek için can attığım an gelmişti ve ben sormak istemiyordum.
"Peki tamam. Soruyorum."
"Sor." Ah Allah'ım! Kafamı hangi duvara çaksaydım! Bu herif emretmemek diye bir şey bilmez miydi?
"Tamam. Öncelikle beni neden getirdin bu eve?"
"Diyelim ki bir operasyon yapmamız gerekiyor ve diyelim ki bunun için senin gibi birine ihtiyacımız vardı."
"Ne operasyonu?"
"Bir nevi silah işi diyelim."
"Silah kaçakçısı mısınız?"
"Hayır."
"Nesiniz?"
"Vatansever."
"Resmi görev mi?"
"Hayır."
"Kimin için?"
"Ne önemi var?" Ah hayır, hayır, o tek kaşını kaldırarak başını hafif yan eğişiyle bakmamalıydı bana öylece. Bu bakış... İşte benim ezber bozanımdı...
"Önemli..."
Timur başını yeniden eğerek, "Masum insanlar diyelim," dedi.
"Peki yasal mı?"
"Hayır."
"Tamam. Seçme hakkım var mı?"
"Hayır."
"Neden ben?"
"Kimsesizsin." Peki, bu acıtmıştı işte. Kimsesizdim ben, bu hayatta. Ölsem gitsem ardımdan ağlayanım olmazdı. Belki bir Nalân; o da Serhat onu her dağıttığında, sessizce, sorgulamadan toplayanı kalmazdı da ondan.

"Tehlikeli mi?"
"Evet."
"Ne yapmamı istiyorsun?"
"Diyelim ki bir adam var ve o adamda benim için gerekli bazı belgeler var. O belgeleri alman gerekiyor."
"Ne belgesi?"
"Depo planları ve sevkiyat çizelgeleri."
"Bu kadar mı?"
"Hayır. O belgeleri alman için o adamla biraz yakınlaşman gerekecek." Vay be! Aynı filmlerdeki gibiydi yani. Tek fark bu gerçekti ve beden benim bedenimdi. Benim nicedir hükmetmeye yemin ettiğim bedenim!
"Hamza mı? Eski nişanlının babası."
"Evet."
Ne kadar yakınlaşmam gerekebilirdi ki?
"O...o...onunla... yatmamı mı istiyorsun?"
Timur, yere saçtığı topraktan gözlerini yıldırım hızıyla benim gözlerime diktiğinde; sanki kaçacak yerim kalmamış gibiydi. Tanrım! Hayır! Lütfen evet demesindi, lütfen....
Ama Timur ne evet, ne de hayır dememişti. Hışımla ayağa kalkarak, seradan dışarı yönelmişti. O giderken gerisinde sesi yankılanıyordu: "Ortalığı toparla, hepsini çöpe at!" Emrin olur cicim! Öfkeliydim. Bu aptalın beni sürüklediği hayallere kapıldığım için, kendime öfkeliydim. Aptal umutlarla hayallerin peşinden kaç kez daha koşup, kaç defa daha tökezleyecektim? Boşluğa her çaput bağlayışımda ben yıkılıyordum, işte bu da o boşluktan biriydi. Dünya barışı gelir miydi ben hayal edersem, ya da küresel ısınma tersine döner miydi? Topunun canı cehennemeydi! Değersiz yaşamımın kimsesizliğinin de, Timur'un da canı cehennemeydi! Aptal gözyaşlarımın da canı cehennemeydi! Onun kapıdan çıkışının; çıkarken bir an bekleyip, elini pervaza dayayışının ve sonra başını hafifçe belli belirsiz geriye eğmesine inat, yeniden

hiç ardına dönmeden gitmesinin de canı cehennemeydi! Öylece ardından bakakalmak sadece benim acizliğimdi. Aynı yaşamın kayıp giderken, bana nanik yapmasına bakmak gibi bakakalmıştım. Tercih hakkım var mıydı? Yoktu... Tek gerçek vardı ki, ben iflah olmaz bir hayalperesttim ve burnum boktan çıkmıyordu.

Petunyaları çöp poşetlerine doldurup, etrafa saçılmış toprak ve saksı parçalarını toparladıktan sonra odama giriyordum ki, Beste'ye yakalanarak akan gözyaşlarıma engel olamamıştım.
"Cansu, sen ağlıyorsun..."
"Evet, şey..."
"Necati Bey için mi? Oğlana ne kadar yazık olmuş, değil mi? Babasını vurmuşlar gözü önünde."
"E...evet..." Ah ne kadar zordur kim bilir? Benim kaybedecek kimsem olmamıştı ki. "Sen cezalı değil misin? Ne işin var dışarıda?"
"Yok, erken bitirdi Timur Ağabeyim. Yarın cenaze evine yardıma gideceğiz. Akşam duasını yapıp geliriz. Sonra da yemeğe hazırlanman için sana yardım edecekmişim, kuaför falan."
"Anlıyorum."
"Esas odaya girelim de, bak sana ne anlatacağım."
O an, Beste'nin bu heyecanlı telaşına maruz kalmak için ne günah işlemiştim? Odama kapanıp ağlamak istiyordum. Üstelik kaybettiğim babama değil; o lanet olası piç, hiç var olmamıştı ki ona yanacaktım! Kaybettiğim umutlarıma ağlayacaktım.
"Gel."
Odaya geçtiğimizde; Beste daha da bir çocuksu neşeyle, yatağımın üzerine oturarak, kollarını iki yana

açıp, bedenini geri bırakıverdi. Beste'nin sırtı yatağa çarpıp, onu hoplatırken; o bir yandan eliyle yanına vurarak bana yanına gitmemi işaret etmişti. Ne yani? Şimdi çocuk gibi ben de yaylı yatağa atlayacak mıydım? Beste'nin ısrarlı vuruşuna bakılırsa evet, başka çarem yoktu. Peki, öyle olsundu! Sırtım yatağa çarptığında, içimin gergin tellerinden hafiften bir kıkırdama, sonra da anlamsız bir kahkaha yükseliverdi. Bu... bu... çok... çocukçaydı! Ve benim yeniden çocuk olmaya ihtiyacım vardı.

"Ee? Ne oldu bakalım?"

"Falaz... Sen yemek getirdikten sonra odama geldi."

"Ne!"

"Öyle değil!" Beste hemen kızarıvermişti ve ben buna, bir neşeli kahkaha daha atmıştım. "Yani ben yemek yerken bana eşlik etti. Yalnız yemeyi sevmediğimi bilir."

"Ya? Demek yalnız yemeyi sevmediğini biliyor?" Ben biraz imalı mı konuşuyordum? Yok canım... Ama keyifliydi.

"Evet, ben küçükken kimse yoksa yemezdim, çoğunlukla da kimse olmazdı yemekte. O zamanlar Falaz ailesini yeni kaybetmişti ve kimseyle konuşmuyordu. Yemeğini de mutfakta yiyip odasına gidiyordu. Bir akşam yemekte ben öylece oturmuş, yememek için direnirken; o bir tabak yemekle çıkageldi. Tam karşıma tabağı vurarak oturdu ve bana *şımarık* dedi. O günden beri yalnız yemedim. Kimse yoksa Falaz vardı."

"Vay be, esaslıymış kız." Birlikte gülüşümüz yükselirken; Beste, dirsekleri üzerinde dönerek hafifçe doğruldu ve ayaklarını arkasında havada sallamaya başladı. "Esas bu sefer geldi oturdu ve önce bana biraz seni sordu."

"Ya? Ne sordu?"

"İşte ne kadarını biliyorum, sen yanımda nasıl davranıyorsun falan... Sonra bir şey oldu! Bir anda elini uzattı ve yüzüme düşen saçımı geri kulağımın ardına itti. Sonra da parmak uçlarını çenemde kaydırıp, tam buramda bir iki saniye bekletti!" Beste parmağının ucuyla Falaz'ın elinin geçtiği yeri takip ederek, hülyalı bakışlarla uzaklara dalmıştı. Kalbinin gümlemesini, az daha ben bile duyabilirdim.

"Ee? Başka? Sonra ne yaptı?"

"Ay, sonra bir anda yanmış gibi elini çekti ve bana 'şımarık' deyip gitti."

Aha! İşte buna kahkahayı atardım da, Beste karşımda hüzünlü gözlerle bana bakıyordu. Tanrım, bu Falaz kılmettinini sen hangi zamanında yarattın bilmem ki! Hay hödük herif, bal gibi o da seviyordu işte Beste'yi. Ben ki bunca zamanın sarrafı anlamaz mıydım bir bakışta! Gelsin külahıma anlatsın.

"Cansu, ne demek şimdi bu? Niye bana hâlâ küçük bir çocuk muşum gibi davranıyor? Bir an bakıyorum ve bana bakışları sanki... Sanki... Bilmiyorum ki. Bir başka işte."

Beste'yi kollarımın arasına çekerken, ne diyeceğimi bilemiyordum. Ne diyebilirdim ki? Üzülme Beste, sen bir kılmettin fasulye sırığına vuruldun, bekle bahar gelirse fasulye verir, yeriz mi?

"Beste, bak ben bu aşk meşkten pek anlamam; ama bir şeyi öğrendim ki, sadece senin çabanla sana gelen, sende durmaz. Tabi ki çabalayacaksın; ama unutma ki başka seçeneklerin her zaman var..."

"Sen delirdin mi? Dışarıda bir erkeğe bakarsam ağabeyim beni öldürür."

"Peki, bakmazsan, Falaz'a duyduğun hislerin aşk olup olmadığını nereden bileceksin?"

Evet, nereden bilecekti? Mukayese edecek bir şeyi yoksa elinde, insan bilebilir miydi ne iyiydi, ne kötüydü? Ne aşktı, ne değildi? Ben anlayabilir miydim içimdeki hislerin ne olduğunu? Hiç sanmıyordum...

....

"Cansu, mutlu aşk var mıdır?"
"Bilmem, vardır herhalde."
"O zaman neden bütün meşhur aşklar ayrılıkla, ölümle bezenmiş?"
"Çünkü diğerleri nazar değmesin diye hikâyelerini anlatmamış."

Cenaze akşamı, Timur ve Falaz cenaze evinden ayrılmış, bizi eve Hayrullah getirmişti. Timur'un ve Falaz'ın gelişiyse, günün ilk ışıklarına kalmıştı. Cenaze evindeyken, onları uzakta bazı adamlarla konuşurlarken görmüştüm. Bir şeyler döndüğünü tahmin etsem de, ne olduğunu mutfak servisi arasında anlayamamıştım. Oysa sabaha karşı eve geldiklerinde, bu eve geldiğimden beri belki de ilk defa Timur ve etrafındakilerin ne olduklarıyla yüzleştim.

Timur en önde yürüyordu. Siyah ceketi sabah soğuğuna rağmen omuzlarının üzerindeydi. Yakası açılmıştı; kırış kırış beyaz gömleğinin kolları, dirseklerinin hemen altına kadar kıvrılmış, gergin kol kaslarının altında yumruk yapılarak sıkılmış ellerini açıkta bırakıyordu. Yüzünden hiç eksik olmayan ciddi ifadesi, bu defa daha da vahşiydi. Saçları dağılmıştı, alnına düşmüş tutamları, avuçlarımda onlara dokunma arzusu uyandırıyordu. Oysa onları beklerken dikildiğim, çalışma odasının camından fark edemediğim, yanağının hemen yukarısında şakağını bulmayan küçük yara iziydi. Beni tedirgin eden, bu mesafeden günün şafağında göremediklerimdi. Gömleğindeki kan lekelerini de görememiştim. Sadece arkasından, aynı erkeksi hoyratlıkla bir adamı sürükleyerek getiren Falaz'ın, sert ve tehditkâr hareketlerini görebiliyordum. Sürüklediği adamın yanında ve arkasında yürüyen korumalar, etrafı tehditkâr bakışlarıyla süzerek; adamı yaka paça arka bahçeye yönlendirmişlerdi. Kapıyı büyük bir telaşla açan Hayrullah, Timur'un talimatlarını dikkatlice dinledikten sonra; Timur içeri girerken hızlı adımlarla Falaz'ın yanına katılmıştı.

Bir an önce bu odadan çıkmalıydım! Alelacele çalışma odasının kapısından çıkıp, kendi odama yöneldiğimde; merdivenleri çıkan ayak sesleri gitgide yaklaşıyordu. Tam odamın kapısına varmış ve içeri girmek üzereydim ki, ardımdan yükselen ses beni olduğum yere mıhladı.

"Sen uyumadın mı?"

Yok anam, uyudum ama bu benim uyurgezer halim!

"Uyudum... Uyuyordum... Yani şey..." Hey ben senin! Ay, sanki inanacaktı, ben bir şey deseydim.

"Madem ayaktasın bana bir gömlek getir."

Ben adımlarımı sık tutarak, Timur'un odasına yönelirken; o da çalışma odasına girmişti. Kısa bir süre içinde, elimde bir beyaz gömlekle çalışma odasına girdiğimde; ayaklarım sivil itaatsizlik ilan ederek, oldukları yere mıhlanmış ve kapının önünden bir adım daha atmayı reddetmişlerdi. Timur gecenin yarısından çoğunu önünde geçirdiğim, yüksek pencerenin pervazına kollarını iki yana açarak dayanmış, başını önüne eğmiş öylece duruyordu. Günün yeni doğan ışıkları, teninin kaslı kıvrımlarında dans ederken; benim kalbim hiç bilmediğim bir ritmin melodisini çalıyordu.

Bir insanın karnında baklavaları olurdu; ama ya sırtında? Bir erkeğin sırtı bile kaslı olur muydu ya? Ne biliyim, benim gördüklerim genellikle olsa olsa sütlaçtan hallice olduklarından, bildiğim tek kas tanımı şöbiyetti. O yüzden gömleğini çıkarıp, yere bırakmış Timur'u görmek, bünyeme ağır gelmiş; hazımsızlık yapmıştı. Tanrım! Kalp krizi geçiriyordum. Evet, evet, bu olsa olsa kalp kriziydi. Aman Allah'ım! Buracıkta ölecektim ben.

Ben ölürken Timur dönüp arkasına bile bakmayacak ve ben soluk alamazken, kendi çapımda, gözümün önündeki kaslara isim araya araya gidiverecektim.

"Beni dondurarak öldürmek niyetindeysen, daha çok beklemen gerekir, kolay üşümüyorum; ama sen gene de ver gömleğimi."

"Hı?" Ne? Gömlek? Ah! Evet ya! Elimdeki. Dur bir dakika, bu adamın ensesinde gözleri mi vardı?

Yeni tıraş olmuş kısa saçları, o belirgin izi yaparak ensesini açıkta bırakıp, biçimli başının üzerine doğru kalınlaşırken; açıkta kalan ensesi, kelimenin tek anlamıyla öpülesiydi. Tanrı beni ateşle imtihan ediyordu; ama ettiğim tüm yeminlere tövbeler olsundu ki karşımdaki ten... Bir dakika ya, beni nasıl görmüştü bu adam? Cam, tabi ya!

"Gömleğin."

İyice yaklaşmış, gömleğini uzatıyordum; ancak o, tüm sözlerine karşın, yerinden kıpırdamadan bekliyordu. Adeta biraz daha gözlerimin bayram etmesi için bana müsaade ediyordu. Elim havada bir iki dakika bekledikten sonra, bir kolunu pervazdan ayırarak gömleği kavradı. Kavradığı gömlek miydi elim miydi bilmem; ama bir anda kendimi onun bedeninin ısı alanında buluvermiştim. Evet, ısı alanı; çünkü o ateş saçıyordu. Damarları nasıl bir kan pompalıyordu bilmem; ama benim damarlarımdan çekilen kanı da emmişti sanki. Bir an, gözünün hemen altındaki minik yaraya, istem dışı elim kayıvermişti.

"Tanrım, ne oldu?" Endişelenmiştim, içim acımıştı. Sanki onun değil, benim tenimdeydi yara. Gün ışığı aramızda ince bir duvar gibi süzülürken; Timur adeta serada yarım bıraktığını tamamlarcasına, diğer eliyle çenemin altını kavramıştı. Yüzündeki anlık çarpık gülümseme, giderek ciddileşirken, bakışları bir anda alev almıştı. Tenimde dolaşan parmaklarına isyan etmem gerekiyordu, hatta adımlarımı kaçarcasına bu odanın dışına taşımam gerekiyordu; ama ben, az önce kalp krizi geçirmiştim ve şu anda ölüydüm. Kurumuş dudaklarım aralanmış, merakla hiç bilmediği bir şeyi beklerken, bakışlarımı kaçırmıştım. Gözlerime bakmasına izin veremezdim, bakarsa görürdü. İçimde sakladıklarımı, olmadıklarımı ve olamayacaklarımı, hepsini görürdü. Bu bir tango değildi; çünkü ben onun dengi değildim.

"O...o...o... k...kkk...ka...kan m...m...mı?" Yerdeki gömlekteki kandı...

Timur, hiç cevap vermeden çenemdeki tutuşunu sertleştirerek, bakışlarımı kendi gözlerine çevirdi.

"Neden bekledin?" Neden bekledim? Bilmiyordum ki...

"U...u...u...uyu...yu...yu...uyuyamadım."

"Derin nefes al." Si... Küfür yok! Nefes mi alayım? Derin nefesmiş, ben nefes alamıyordum burada! İstilacı kokusu ciğerlerimi ele geçirip, ruhumun kılıfına işlemesin diye uğraşıyordum. O gittiğinde, kirliye götürdüğüm eşyalarını koklayarak içime çekmemek için, kokusunu hiç bilmeyeyim diye uğraşıyordum. Acımadığı benliğimi ondan korumaya uğraşıyordum. Ama yok! O her şeye hükmetmeden duramazdı, değil mi? Ondan kaçırdığım bir parçam kaldıysa, onu da zimmetine geçirmeden rahat etmezdi.

"Seninle ne yapacağım ben?" Timur başparmağını yeniden, aheste bir sakinlikle çenemde dolaştırırken; nefesini yüzüme vuracak kadar derin bir soluk vermişti. Başı isyan edercesine, bir an geri düştükten sonra, dudakları bir anda önce dudaklarımla buluşmuş, kısacık bir anın ardından alnımda aradığını bulmuşçasına mola vermişti. Ben ne olduğunu anlayamamıştım bile. Dudaklarım bir erkeğin şefkatiyle ilk defa buluşmuştu; ama neye uğradıklarını anlayamadan, kimsesizliğimi hatırlatırcasına kalakalmışlardı. Sadece bir yangın vardı tenime sıçrayan. Hiçbir erkeği dokundurtmamaya yemin ettiğim tenimde, yeniden bir istilacı mola vermiş, öylece duruyordu. Oysa ben isyan edemiyordum, bir adım dahi geri atamıyordum. Alnımı öylece, kor kadar sıcak dudaklara teslim etmiş; gözlerimi bu ana yummuştum. Ne Timur'un dudakları alnımı bulduğunda; ne de beni çekip kollarının arasına alarak, çıplak tenine acıyla bastırdığında bakabilmiştim yüzüne. Az önce kriz geçirmiş kalbim, elektroşoku yemiş, atlı gibi koşuyordu; ama kollarım iki yanımda salınmış, öylece duruyordu. Uzuvlarımı nereye nasıl koyacağımı bilemiyordum. Yüreğimdeki yaralar kanıyordu. Saçlarıma bir öpücük daha konduğunda, daha fazla tutamadığım boğazımdaki düğüm göz pınarlarımdan akarak, Timur'un göğsünün yakıcı sıcaklığıyla buluşuvermişti. Şefkatti bu, benim bedenimin alışık olmadığı, ruhumun hiç bulmadığı, o acımasız şefkat. Dahası, insanı hep en zayıf anında yakalayan ve onu pençeleriyle yakalayıp kendine esir eden şefkatti.

"Sen hiç öpüşmedin mi?"
"Öpülmüştüm."
"Ama öpüşmemişsin?"
"Farkı ne ki?"
Ve kaçıp gitmek için yalvaran aklıma inat, dudaklarım farkı o sabahın ilk ışıklarında öğrendi.
... ...
"İşte öpüşmek budur."
"Bu öpüşmek olamaz."
"Neden?"
"Çünkü... Bu... yangın..."

12. Bölüm

Benim bilmediğim ama beklenen gün gelmiş çatmıştı. Sonunda cenaze hengâmesi geçmiş, buluşma merasimi başlamıştı. Anladığım kadarıyla bu büyük bir buluşmaydı. Anlamadığım insanın, eski nişanlısının babasıyla buluşması, neden büyük bir olay olsundu ve bütün bunlarla ne bağlantısı vardı? Bildiğim tek şey, Ayşen denen o kevaşe, besbelli ki yırtığın tekiydi. Babasının da su götürmez oluşu aşikârdı. Önyargı mı? Hayır, ben buna altıncı his diyordum.

O gece, Timur beni öptükten sonra, bir yangına dokunmuş gibi apar topar gömleğini alarak odadan çıkmış, düğmelerini bile merdivenden inerken iliklemişti. Daha sonrasında gün içerisinde, ne Timur, ne de Falaz gözükmemişti; ama korumalar bizim evin arka tarafına geçmemize izin vermemişti. Öyle ki meraktan ölecek noktaya geldiğim, akşamın ilerleyen saatlerinde, Timur üstü başı dağınık bir şekilde eve girmiş ve hiç konuşmadan yukarı odasına çıkarak duşa girmişti. Falaz ise ortalarda hiç görünmemiş, ondan da geç bir saatte eve girerek onun için ayrılan odaya, ortalıkta dolaşmadan geçmişti.

Hikmet teyzeye, onlara yemek götürüp götürmemeyi sorduğumda, bana *'hayır,'* dedi ve alışmamı söyledi. Ama olmazdı ki, Timur açtı. Tüm gün bir şey yememiş olmalıydı. Onun omuzladığı yükü ağırdı. Evet, bana yaptığını tasvip etmiyordum ve asla boyun eğmeyecektim; ama onun gibi bir adamın, her zaman kendince haklı sebepleri olurdu. Onu onaylamıyordum; ama ona saygı duyuyordum. Bana elini kaldırmıştı bir kere, bu değişmezdi; ama belli ki, bu bir savaştı ve her savaşın, sadece bir kazananı olurdu; bu da değişmezdi. O yüzden savaşlarda her yol denenirdi.

Bu sebebini bilmediğim, nereye varacağını da bilmediğim bir savaştı ve o da bir hükümdardı. Bu hükme giden yol neyse, kır çiçeklerini çiğneme pahasına o hükmederdi, çünkü ondan beklenen buydu: Hükmetmesi. Timur çocukluğundan beri bununla büyümüş, bu olmak için büyütülmüştü. Ben nasıl kimsesizliğimle var olmak için büyümüşsem, o da Hikmet teyzenin hikâyelerine bakılırsa hükmetmek için doğurulmuştu. Oysa her hükmeden, aslında hizmet ederdi ve o da kaybettikleri pahasına hizmet ediyordu.

Ben yalnızdım, bu su götürmezdi; ama o da yalnızdı. Üstelik benden daha da acınası bir biçimde, o bunca insanın içinde yalnızdı. O yüzden geceyi yapayalnız, çalışma odasına çekilerek tamamlamayı tercih etmişti.

Timur açtı. Bir insanın yenik düştüğü en temel dürtüydü açlık. Açlığın bir dolu çeşidi vardı ve insan açlık için neler yapmaz, neleri feda etmezdi ki? Bir kuru somun ekmek için ruhunu bile satardı. Satmıştım... Cezalandırılmak için bir odaya aç ve susuz günlerce kapatıldığım zamanlarda; kendimden tiksine tiksine, ben olmayı bırakıp boyun eğmiştim. Bir insan açlık için neler yapmazdı ki? Ya da bir çocuk? Ben sadece on altı yaşımdaydım ve kendimden vazgeçmiştim. Bir kuru somun ekmek için teslim olmuştum, ağlaya ağlaya ve işte, tam da o an kirlenmiştim. Bir kuru ekmeğe teslim olup vazgeçerek, benliğimi kirletmiştim. Ondan sonra ölümü beklemektense Hacer'i öldürmüş, Cansu'yu doğurmuştum. Tüm bunları düşünürken, kararımı çoktan vermiştim; Hikmet teyze ne derse desin, Timur açtı ve kimse aç kalmamalıydı.

Kendimi oyalayabilmek için apar topar yaptığım, yeni öğrendiğim elmalı kekimden kocaman bir dilim kesip; yanına da bir bardak ılık süt koydum. Çalışma odasının kapısında kendimi bulduğumda, bedenim neredeyse istem dışı hareket ediyordu. Bir an bekledim. Tereddüttü belki, belki de korkuydu; ama Timur açtı. Tüm gün, tek lokma yememişti ve ben açlığın ne olduğunu biliyordum.

Kapıyı tıklatarak içeriye girdiğimde, karanlığın içerisinde masasında oturuyordu. Dirseklerini masaya dayamış, başını da kollarının arasına almıştı. Parmaklarını, dokunmak için parmaklarımın sızladığı, saçlarının arasından geçirmişti. Öylece önündeki kâğıtlara bakıyordu. İnsanların gördüklerinde titrediği hükümdar, şimdi yapayalnız bir çocuk gibiydi.

"Bir şey mi var Cansu?" Timur doğrularak, gece siyahı gözleriyle bana bakarken; sanki ruhum çırılçıplak kalıvermişti. Az önce emin olduğum şeyden, artık o kadar da emin değildim.

"Şey, tüm gün bir şey yemedin, ben acıkmışsındır diye düşündüm."

"Aç değilim."

"Ama ben yaptım keki." Aman ne mühimdi! Hay benim şapşal kafam! Ne diyordum ben adama? "Yani... Şey..."

"Tamam, tamam. Bırak şuraya." Şükür!

Olabildiğince hızlı hareket ederek, masanın etrafından dolaştım ve sandalyenin yanından, erişebileceği bir yere koymak için uzandım. Sanırım o an, aslında sadece ona yakın olmak istemiştim; oysa Timur, konuşkan havasında değildi. Ne zaman olmuştu ki? Tepsiyi bıraktıktan sonra doğrularak, yanından ayrılacakken, Timur bir anda beni bileğimden yakaladı.

"Süt mü?"

Dalga mı geçiyordum lan, ben bu adamla? Süt ne alâkaydı harbiden?

"Hani gece, rahat uyursun diye..." Gözlerindeki anlık parıldamayı ve açlığı görmemek mümkün değildi. Utanmıştım. Süt aşkına! Yanaklarım kızarmıştı.

"Süt uygun... Sütü severim..." Anlık geçişler vardı gözlerinde; bir derinlik ve ardından, belki de bir boşluk. Onu anılara sürükleyen ve oradan yalnızlığını yüzüne vuran, bir boşluk... Anlamlar yüklemek istemesem de, baktığım en derin siyah gözlerdi.

"Yorgunsun." Bu bir soru değildi.

"Evet yorgunum." Timur'un kelimeleri de bir cevap değildi. Beni kendine doğru çekip, karnıma başını yasladığında anlamıştım ki, bu bir tespitti. Timur'un o dokunulası siyah kafası, karnıma yaslı öylece dururken, sessizce bekledim. Ne yapacağımı bilemiyordum. Durdum ve sadece onun yalnızlığını emmek istedim. Emip, onun birileri için kıymetli bedeninden sökerek, yorgunluğunu hafifletmek istedim. Öylece bekledim.

Ne kadar durduk bilmiyordum; ama bir elim, bileğimden avucunun içine sabitlenmiş olsa da, diğer elimle saçlarına dokunmaktan kendimi alamamıştım. Nasıl karşılayacağını bilmesem de, elimin bu şefkatli hareketini engelleyememiş, hatta engellememiştim. Oysa, sanki Timur'un da buna ihtiyacı vardı. Öylece karnıma yaslanmış, saçlarını karıştırmama müsaade etmişti. Belki de ben, tenimin heyecanla titreyen duygu toyluğunda, onun rahatlamasına müsaade etmiştim. Öylesine yalnız, yorgun ve kimsesiz duruyordu ki...

Bir süre sonra konuşmuştu: "Neden insanlar yaşamları sonlanırken hep aynı bakarlar?"

"O adam öldü mü?"

"Bugün buraya, bizden başka kimse gelmedi."

Elim hâlâ saçlarındaydı ve biz çok doğal bir şeyden bahseder gibi; ailem dediği insanlar, hemen burnunun dibindeki evde gündelik yaşamlarına devam ederken, arka bahçedeki atıl kulübeye getirdikleri adamın yaşamının, nasıl son bulduğunu üstü kapalı konuşuyorduk. Biz normal değildik, ancak yaşam da normal değildi.

"Bir yaşama son vermek ağır bir yük mü?"
"Çok ağır."
"Kim olursa olsun mu?"
"Kim olursa olsun."

Ben tereddüt eder miydim? Mesela o pislik herifi ya da Piço'yu öldürebilme şansım olsa, hiç vicdan azabı duyar mıydım?

"Belki bazen o yükü taşımaya değerdir."
"Evet değer."

Başı hiç kıpırdamadan, karnımda durmaya devam etmişti ve ben de ayakta öylece beklemiştim.

"İnsan yüklerini ne zaman bırakır?" Bu soruyu ona sorarken, gerçekten bir cevap istemiştim. Bir gün kendi yüklerimi bırakma şansım olur muydu, bilmek istemiştim; fakat o anı da bozmuştum. Timur başını kaldırarak, gözlerime bir süre bakmış; sonra da içimde hiç bilmediğim bir yeri titreterek, "Yüklerini bırakamazsın. Onlar seni sen yapar," demişti ve bileğimi bırakarak beni odadan yollamıştı. Ben kapıdan çıkarken, her zamanki kararlı ve kendinden emin sesiyle seslenmişti: "Bugün gördüğünü zannettiğin adam, belki de Arnavut Necati'nin oğlunun en büyük kâbusudur."

Yüklerimizdi bizi biz yapan ve kimi zaman birilerinin yükünü alırken, kendi yüklerimizi arttırırdık. Beni de ben yapan yüklerimdi. Aynaya bile baktırtmayacak kadar oradaydılar, yüreğimin tam orta yerinde.

Oysa bu geceki yemek için hazırlanırken, beni ben yapan yüklerim yerine derin bir heyecan vardı içimde. O muhteşem kadınla, onun şartlarında karşı karşıya gelecektim sonunda. Ayşen... Timur'un geçmiş yüklerinin bir parçası. Ne cins bir, insan yiyen vampirle karşı karşıya kalacaktım, bilmiyordum; fakat kısa, koyu renk saçlarımla, Timur'un yanında olabildiğimce mükemmel olmalıydım. Timur benim mi diyecektim? Asla! Peki ya, bu döngünün bir parçası mı olacaktım? Hayır, her ne kadar kopamasam da, dâhil olmayacaktım bu oyuna. Ben sadece geçici bir aile bulmuştum ve içimdekileri anlamaya çalışıyordum. Bahanelerim vardı bu yüzden. Nalân vardı, onu beklemeliydim nasılsa. Bir yanım *kaç* derken, neden öteki yanımın gitmediğini anlamalıydım. Ben, bir hayatta kalandım ve her şeyi içgüdülerimle yapardım. Şimdiyse içimde tek bir güdü vardı, o da bu gece Timur'un yanında mükemmel gözükmek. Ne amaç için? Neye hizmeten? Bilmiyordum. Sadece ömrümde bir kez olsun, mükemmel olmalıydım. Kusursuzluğun eli değmeliydi üzerime, kabul görme arzusu gibi.

"Cansu, mükemmel gözüküyorsun!"

"Ah Beste, bana yardım eder misin? Saçlarımın arkasına şu fönü tutar mısın?"

"Ver bana, otur sen şöyle."

"Kızım, senin elinden gelmeyen var mı?"

"Var tabi, baksana Falaz Bey beni beğenmiyor."

"O da nereden çıktı?"

"Beni deli etti bu sabah."

"Ne oldu? Ne yaptı ki?"

"Sabah sabah tutturdu; yok efendim ne biçim giyiniyormuşum ben, yok çarpık bacaklarımı mı sergiliyormuşum okuldaki erkekler baksın diye, fazla heveslenmeyecekmişim kendimi yırtsam kim bakarmış bana. Daha neler neler."

"Ciddi misin sen?"

"Evet, bir sinirliydi ki bu sabah anlatamam."

"Allah Allah!"

"Ya Cansu, ben çok mu çirkinim? Çok mu silik biriyim?"

"Ne münasebet!"

Beste'nin yeşile çalan ela gözlerine, hüzünle süzülmüş koyu kıvrımlı kirpiklerine ve duru tenindeki hafif pembeliğe bakarak ona, "Şarkı sözü gibisin," dedim.
"Cidden mi?"
"Evet, cidden. Bazı şarkı sözleri vardır ki, onlara âşık olursun. Oysa onlar süslü püslü, tasarlanmış şeyler değildir. Duru, sade ve öylesine gerçektirler. Hayatın ta kendisi gibi dururlar ve seni kalbinden yakalarlar. Sen de onlar gibisin. Bu evin dünyasına ait değilsin; ama gerçeksin, abartısızsın, durusun... Su gibisin." *Kusursuzsun, pürüzlerin yok, masumsun ve masumluğunun güzelliğiyle büyüleyicisin... Benim olamadığım gibi...* Bu kadarını çok istesem de, sadece içimden diyebildim. "Seni kıskanmış olabilir mi?" *Benim gibi?*
"Kim? Falaz mı? Yok canım... Dünyada kıskanmaz o beni."
"Neden ki?"
"Yani, ne biliyim... Senin dediğin gibi yaptım, diğer çocuklarla da arkadaş olmaya başladım. Dün Falaz beni okula bıraktığında, kapıda bölümdekilerden biriyle karşılaştık, ismi Tansel. Ders notlarını verecektim, fotokopiciye gittik, bir de baktım Falaz arkamızda. Atkımı arabada bıraktım diye gelmiş. Atkıyı bana verirken bana bakmıyordu, sadece ters ters Tansel'e bakıyordu. Resmen ödünü kopardı çocuğun."
"Eee? Sonra n'oldu?"
"Ne olacak? Hiçbir şey. Öylece baktı ve gitti."
"O kadar mı?"
"Aynen o kadar. Hiç değilse, bana bakmadan *'bu zibidi kim?'* demesini beklerdim. Yontulmamış yağmur ormanı." Beste'nin, Falaz taklidi yapışına ister istemez gülmüş olsam da, sesindeki hüznü hissedebiliyordum.
"O zamandan beri de bana çarpık bacak diyor. Uyuz!" Beste başını iki yana sallayarak küçük bir çocuk gibi so-

murtmuştu ve bu haliyle öylesine tatlıydı ki, bir ayna tutup ona ne kadar güzel olduğunu göstermek isterdim.

"Bence seni kıskanmış."

"Yok canım." Bunu derken bile gözlerinde bir umut parıltısı vardı. "O sadece her zamanki 'Hey! Ben en sert çocuğum' hallerini takınıyor. Yakında okulda dolanıp birilerini tehdit ederek, kısmetimi kapatırsa şaşırma. Ne de olsa ben dokunulamaz, erişilmezim ya!" Yine kendimi tutamayıp; Beste'nin kendisiyle dalga geçerek, adeta kendi kendine konuşuyormuşçasına içten hallerine gülmüş ve ona sarılmıştım.

"Aman, yesinler. Fasulye sırığı ağır abi."

Beste kıkırdarken, yanakları pembeleşmiş ve sanki yeni açan bir gül goncası gibi canlanmıştı.

"Bu arada çocuğun bir daha yanıma geleceğini sanmıyorum."

"Neden ki?"

"Falaz ceketini geri atarak, çocuğun silahını görmesine sebep oldu. O sırada Tansel'in bakışlarını görmeliydin. Yuvalarından fırlayacaktı sanki." A, benim saftirikler kraliçem! Allah'ım bu kızın bu saftirikliğini ne yapacaktık?

"Ay, Beste! İlk söyleyeceğini en son söylüyorsun, inanmıyorum sana." Kelimeleri acı çeker gibi söylemiştim ve Beste'nin gözleri kocaman açılarak bana bakakalmıştı.

"Ne?"

"Ah benim saf arkadaşım. Kızım sence Falaz'da, istemeden birilerine belindeki silahı gösterecek bir hâl var mı? Hem sence gerçekten silahla içeri girmeyecek olsa, okul güvenliğinden geçerken sorun olmasın diye arabada bırakmaz mı? Bal gibi de oğlanı tehdit etmiş."

"Sen ciddisin."

"Ben ciddiyim." Onu taklit ederek kahkaha atmıştım.

"Ama neden ki?" Allah'ım sana geliyordum!

"Yasak elma her zaman çekicidir."
"O beni beğenmiyor bile!"
Bu kızla konuşurken gülümsememek mümkün müydü? İsyanında bile bir çocuksuluk vardı.
"Tanrım! İnatçısın değil mi? Ama sana söylüyorum; o sana değer veriyor, hem de çok. Sana bakarken kıymetli bir mücevhere bakar gibi bakıyor."
"Hah, Falaz'dan bahsediyoruz." Bir an, bana başını eğerek baktıktan sonra devam etti: "Hem Timur Ağabeyimi unutma, öyle bir bakış söz konusu olsaydı, o gözler çoktan oyulmuş olurdu."
"Ve işte tam da bu yüzden diyorum ki, sen yasak elmasın."
Şimdi Beste daha da kıkırdayarak gülüyordu: "Evet yasak elmayım, çarpık bacaklı yasak elma."
"Hiç de bir kere, tüm çarpık bacaklar aşkına, senin bacakların sütun gibi."
Beste'yi yanıma doğru çekerek, yere düşürdüğümde; ikimiz de gülerek bacaklarımızı havada sallıyorduk.
"Neler oluyor burada?"
Falaz'ın odama dalmış olmasına, başka zaman olsa kıyameti kopartırdım; ama şu an gülüyorduk, mutluyduk. Falaz'ın ciddi bakışlarını umursamadan, ikimiz de aynı anda konuşmaya başladık.
"Çarpık bacaklarımızı..." Kopan kahkahalarımızdan, cümlenin devamını her ikimiz de getirememiştik. Kendimi biraz topladığımda Beste'ye muzipçe bakarak, kolumla dürttüm ve Falaz'a dönüp, "Çarpık bacaklarımızı yaylandırıyoruz, bize katılmaz mısın Bay Fasulye Sırığı? Yoksa seninkiler sütun mu?" deyiverdim.
Beste yüzümdeki alaycı şaşkınlığa daha da gülerek cesaretlendi ve Falaz sanki hiç yokmuşçasına bacaklarını daha da sallayarak, "Aman Cansu bilmiyor musun, sırıklar dümdüz ve sütun gibi olurlar. Eminim onun silkelenmeye ihtiyacı yoktur," dedi. Onda bir anda beliren

bu cesarete, ben bile hayret etmiştim. Beste, ne kadar ileri gidebileceğine dair içimdeki şüpheleri, bir an sonra gidermişti: "Aslında biliyor musun Cansu? Tansel'in çok güzel bacakları var."

Aman Allah'ım! Bu kız ne diyordu böyle! Cesareti hoşuma gitse de, içimden bir ses zavallı çocuğun alçı odası biletinin kestiğini haykırıyordu.

"Tansel de kim?"

Falaz'ın sesi daha çok telaşlı gibiydi. Yoksa panik mi demeliydim?

"Fotokopicideki çocuk. Sence de çok yakışıklı değil miydi Falaz? Çok da düzgün bir çocuk, iyi bir aileden geliyor." Ah! Hayır Beste, dur... Tanrım! Falaz'ın gözlerindeki acı mıydı?

Beste gitgide cesaretleniyor ve sanki genleşiyordu. O anda daha dik duruyordu. Omuzları gerilmiş, rahat bir tavırla kolları arkasında yere yaslanmış, başı hafifçe eğilerek tek kaşını manidar bir şekilde yukarı kaldırarak, saçlarını geri savurmuştu. İşte bu hali, her kadının içinde yatan Amazon genetiğini kanıtlar gibiydi. Beste ilk defa meydan okuyordu ve adım gibi biliyordum ki benden güç alıyordu. Madem öyle, ben de hakkını vermeliydim, değil mi?

"Ha, şu yakışıklı çocuk!" Kelimelerimin üzerine basarak uzatırken, Falaz'ın yüzünde beliren telaş ifadesi her şeye bedeldi. Kusura bakma Tanselcik seni sevmiştik!

"Sen nereden biliyorsun?" Falaz, vermesi gereken tepkileri veremiyor; söylemesi gerekenleri söyleyemiyordu. Bunu gözlerinde görebiliyordum; çünkü paniklemişti. Evet, ben bu duyguyu biliyordum! Erişemediğin şekeri bir başkasının yemesini her defasında izlemek gibiydi. Oturduğum yerden doğrularak ayağa kalkarken, en umursamaz tavrımla konuştum: "Sana ne? Kızsal şeyler bunlar, ağda günümüzde bize katılırsan, söz sana da anlatırız."

Falaz'ın gözleri bir an yerlerinden çıkacakmış gibi büyürken, bir an sonra tüm iradesi geri gelmişti. Az önceki kendine güveni olmayan çocuk, yerini her zamanki zorbaya bırakmıştı.

"Salak saçma konuşmayın be! Bana bak Beste, o okula adam gibi gidip geleceksin! Abuk sabuk birileriyle başını belaya sokacak olursan, ne olur biliyorsun!"

Vay! Tehdit ha! Beste yerinde sinerken, benim hiç de pabuç bırakacak halim yoktu.

"Sen bana baksana! Sen kimi tehdit ediyorsun bakalım? Hem Beste'nin turşusunu da kuracak haliniz yok herhalde?" Elimi Beste'ye uzatarak onu da ayağa kaldırdım ve yeniden Falaz'a dönerek konuşmaya devam ettim.

"Farkında mısın bilmem ama, Beste genç bir kadın. Elbette birçok insanla olduğu gibi, kendi gibi genç erkeklerle de tanışacak ve paşa gönlü istediğinde evlenip kendi ailesini kuracak." Bu son kelimelerin onun canını acıtacağını hissederek, özellikle üzerlerine basa basa söylemiştim. İntikam mı alıyordum? Belki, sonuçta intikam soğuk yenen bir yemekti; ama esas istediğim, bu kas yığını fasulye sırığını sarsmaktı. Elimde olsa kollarından tutar ve kör gözlerini açana dek sarsardım.

"Sana mı kaldı lan? Sen misin Beste'nin avukatı."

"Bana lan deme!"

"Dersem ne olurmuş?"

Evet, işte tam da o an, kafamın üzerinde bir hayal balonundaki görüntüde, dizimi bu oyulmamış odun parçasının iki bacağının arasına geçiriyordum. Neyse ki tam da o anda, ummadığım bir şey oldu ve Beste öne atılarak ikimizin arasına girdi.

"Sen kendi işine baksana Falaz? Timur Ağabeyim sence Cansu'nun odasına böyle daldığını duyarsa ne der? Ayrıca da arkadaşlarım ve ne yaptığım beni ilgilendirir! Kimliğime son baktığımda, o saçımı çekebileceğin yaşları çoktan geçmiştim. Git kendi çöplüğündeki şeylerle ilgilen. Ne diyordun sen onlara Cansu? Hani 'c' ile başlayan? Şey..."

"Concon?"

"Hah conconlarınla ilgilen. Senin hükmün onlara söker."

Anam! Beste benim gibi konuşuyordu! Allah'ım lütfen beni, bu kızın ahlakını bozmakla yargılama, amin!

Biz Beste ile kıkırdamalarımızı tutmaya çabalayarak, Falaz'a odanın çıkışını gösterirken; her şey farklıydı sanki. Sanki ben, ben değildim ve yaşam o an için paralel bir boyuta geçmişti. Korkuların, endişelerin ve yalnızlığın olmadığı, mutlu olduğumuz ve genç kız olduğumuz bir boyuta. Tek derdimizin burnumuzun üzerindeki sivilce olduğu bir boyuttu burası. Gülüyorduk hem de katıla katıla. Arka bahçemizde mafyatik oyunlar oynanmıyordu ve biz farklı dünyalardan değildik. Sadece o anlık bile olsa, biz yaşamı alt etmiştik. Gülen gözlerimiz vardı ve umutlarımız vardı. Umudum vardı... Neyi umut ettiğimi düşünmek bile istemiyordum. Sadece normal ve sıradan olmak istiyordum, o kadar.

"Timur Abi seni yedi buçukta alacakmış."

Falaz çıkarken, ne için geldiğini hatırlamışçasına bunu söylemiş ve son bir defa daha Beste'ye bakarak dışarı çıkmıştı. O kısacık bakışta, sanki onun da gözlerinde bir fark gördüğüme yemin edebilirdim; özlem gibi, hasret gibi. Kim bilebilirdi ki, insan en çok, en yakınında durana hasret kalabilirdi.

Saat yedi buçuk olduğunda, Timur her zamanki dakikliğiyle beni almış, arabayı sessizce sürmeye başlamıştı. Bana bakmıyordu bile. Ne vardı bir küçük bakış atsa, beğense ve beğendiğini söylese. Öyle çok hazırlanmıştım ki, Beste'nin onca müdahalesine sesimi bile çıkartmamıştım. Sonunda raflardaki dergilerin, ön kapaklarını süsleyen kızlara benzemiştim. Onların çoğu boş bakardı; ama benim gözlerim heyecanla bakıyordu. Beğenilme, kabul görme arzusuyla... Kısa saçlarıma bile alışmıştım sonunda. Çok pratik ve havalıydılar. Bana kalsa, binlerce defa pavyondaki makyajıma benzeteceğim makyaj yerine, Beste'nin pürüzsüz ve berrak gözüken, varla yok arası makyajı kaplamıştı yüzümü. Kirpiklerim hiç böylesine uzun gözükmemişlerdi. Ben arabaya binerken, Timur beni görmüyormuşçasına boş bakışlarla, kısa bir an için bakmış ve bakışlarını çevirmişti. İçimde bir şeyler parçalansa da, biliyordum ki şu an güzeldim. Takdir bekledim, heyecanımı bastıracak bir iki güzel söz; ama gelmedi. Olsun, ne yapalım? Ben yine de güzeldim.

"Olmuş mu kıyafet üzerime."

"Ben modacı değilim. Düzgün gözük yeter."

Yuh! Bu kadar da öküz olunmazdı ki, be kardeşim.

"Umarım *'seni utandırmayacak'* kadar düzgün gözüküyorumdur."

"Beni çok az şey utandırır."

"Ah! Senin de duyguların var demek."

Timur kafasını çevirerek, bana ters ters baktıktan sonra, yeniden yola dönmüştü. Bu akşam korumalar yoktu.

"Korumalar nerede?"

"Gerek yok."

"Pek de sosyal biri sayılmazsın, değil mi?"

"Olmam gerektiği gibiyim."

Peki, neden ısrar ediyordum ki bu huysuz herifle konuşmak için? Ne öğrenmeye çalışıyordum sorusunu geçtim, hayır öğrensem ne olacaktı yani? Şu an, aslında gitmemem gereken bir yemeğe, herifin birine peşkeş çekilmeye gidiyordum ve ben tabanları yağlamak yerine, paşa paşa bu adamın isteğine uyuyordum. Vazgeçtim; ben, sadece merak etmiştim. Hiç de kimsenin isteğine falan uymuyordum bir kere. Ben sadece meraktan, hani o yerler nasıl olur, görmek için gidiyordum. Derler ya; *dayak buldun kaç, yemek buldun ye...* Ben de bu saçma durumdan kurtulacaktım; ama önce Nalân'ı beklemem gerekiyordu. Onu ardımda bırakamazdım herhalde. O bir çıksın hele, ondan sonra onu da alıp Antalya taraflarına gidebilirdim. Belki de Bodrum'a... Kim bulacaktı ki bizi, o kalabalığın içinde. Hep hayalimizdi öyle sıcak bir yerlere, kimsenin bizi tanımadığı bir mekâna yerleşmek. Sessizce kalabalığa karışıp, aralarında yok olmak. Kışları tenha olurdu; ama olsun, biz birbirimize yeterdik. Nasılsa o tedaviden çıktıktan sonra, Serhat denen o şerefsiz, kızın peşini kolay kolay bırakmazdı. O yüzden bizim için en iyisi kaçmaktı. Şimdi kaçarsam onu ardımda, Timur'un insafına bırakamazdım, hele de dün gece onun ne olduğuyla bu kadar yüzleştikten sonra.

"Sen mafyacılık oynamadığın zamanlarda ne iş yapıyorsun?"

Timur küfredercesine iç çektikten sonra, cevaplayacağını düşünmediğim sorumu cevapladı: "Birincisi ben mafyacılık oynamıyorum. İkincisi birçok işim var."

Şimdi benim, *'havamda değilim kapa çeneni'* hallerini anlayışla karşılayıp susmam ve boyun eğmem mi gerekiyordu?

"Ne gibi mesela?"

"Ne kadar meraklısın sen." Anlaşılmıştı, huysuzduk. Ne zaman değildik ki?

"Huyum kurusun." Somurtarak önüme dönsem de, biliyordum ki, evet meraklıydım.

"Otellerim var. Bazı ihaleleri de alıp iş teslim ediyorum. Nakliye şirketim de var ve ticaret yapıyorum. En son Amerikalı bir firma ile ortaklık kurduk maden işinde."

"Maden mi?"

"Evet."

Ay, içim şişmişti! Bu nasıl bir iş silsilesiydi böyle! Hiçbirinden bir halt anlamıyordum; ama şu ticaret ve nakliye sıralamadaki mafyatik işler olsa gerek, diye düşündüm.

"Sen hiç Amerika'ya gittin mi?"

"Evet."

"Nasıl bir yer?"

Başını hırçınca bana döndürdükten sonra, gördüğünden memnun kalmamışçasına aynı hızla gerisin geri tıkalı trafiğe çevirdi.

"Güzel bir yer; ama fazla kalabalık."

"Sen kalabalığı sevmiyor musun?"

"Sevmiyorum."

"Ben seviyorum. Kalabalıkta insan kaybolabilir. Kimse sana bakmaz ya da yargılayacak kadar seni tanımaz." Bakışlarımı camdan dışarı çevirerek, kalabalığın içinde kaybolmanın nasıl bir his olduğunu düşünmeye başladım. "Kalabalıkta hepimiz aynıyız."

Bir süre sessizlikten sonra; Timur, boğuk bir sesle, "Kalabalıkta düşmanın geldiği yönü göremezsin," dedi. Peki ya, düşman senin kendi beyninin içindeyse?

Bir daha, gideceğimiz lüks restorana gelene kadar, konuşmamıştık. Gazetelerde, gecede kişi başı bin lira para bırakıldığı yazan restoranlardan biriydi geldiğimiz yer.

Valelerden biri kapımı açarken, Timur hızla hareket ederek araçtan indi ve yanıma geldi. Bana dokunmamaya özen gösterircesine, bir adım önüme geçmeden kulağıma, "Bu gece fazla konuşma. Sadece gözlemle, özellikle de Hamza'yı," dedi.

"Onu baştan çıkartmamı mı istiyorsun?"

"Hayır, soğuk davran ve çok konuşma. O sana gelecektir."

"Neden ki? Belki de beni beğenmez? Belki tipi değilimdir?"

"Emin ol gelecek." Beni bulan bakışları, üzerimde sadece varla yok arası bir saniye dolaştıktan sonra, yeniden önüne dönerken; o geçen geceki tanıdık bakışı yakalar gibi oldum: Açlık. "O benim olan her şeyi ister."

Allah'ım! Vurun beni! Herifteki özgüvene de bakın! Kafamı duvara vurmak istiyordum; ama bu hiç de *'elit'* kaçmazdı, öyle değil mi?

Kendimizden emin adımlarla ilerleyerek, bizi karşılayan adam tarafından özel bir odaya götürüldük. Ayşen denen kadın, çoktan masaya oturmuş, elinde içi kırmızı bir sıvı ile dolu bardağı döndürerek bekliyordu.

"Merhaba."

"Timur, merhaba sevgilim." Bu kadına ayar oluyordum. Daha da fenası, bu kadını boğmak, yolmak, hatta parçalara ayırıp her bir parçasını seradaki bir saksıya gömmek istiyorum; ama çiçekler kururdu.

Kadın tiksinmiş gibi bana bakarken; Timur, küçük bir el hareketiyle sandalyeyi benim için tutan adamın yerini alıp, sandalyemi çekerek masaya oturmama yardım etti ve bizi masaya getiren adamın çektiği sandalyeye geçerek oturdu.

"Baban nerede?"

"Birazdan gelir, trafiğe takılmış."

"Trafik tabi." Timur canı sıkılmış gibi başını salladı.

"Bu fingirdediğin kadını neden getirdin? Bu bir iş yemeği!" Ben irkilsem de, Timur benden önce davranarak dilimin ucuna kadar gelen kelimeleri bastırdı.

"Öncelikle onun bir adı var; Cansu ve canım kimi isterse onu getiririm." Timur'un boğuk ve öfke dolu sesi, emredercesine masayı doldururken; kadının yerinde, bir miktar geri çekilmesine sebep oldu. Fingirdemeyi inkâr etmemişti; ama kabul de etmemişti. "Ayrıca görüyorum ki, baban seni önden yollamaya çekinmemiş. Gerçekten de trafikte mi kaldı? Yoksa belki de, o gelmeden önce eski nişanlınla biraz sohbet edebileceğini mi ümit etti? Bence ben beklemekten sıkılmadan önce gelip, bu masaya otursa iyi eder."

Evet, ağzım bir karış açıktı ve kesinlikle toplayamıyordum. Demek kadının tek oturarak bizi, pardon düzeltiyorum, Timur'u, beklemesi planlıydı. Bu kadar dolambacı şeytan bile düşünemez diyecektim de, Timur maşallah şeytana pabucu ters giydirmişti. Ayşen'in şuh kahkahası da cabasıydı hani.

"Senin en çok bu yönünü seviyorum. Asla taviz vermiyorsun, değil mi? Oysa zaafları olan bir adam için fazla cesursun." *Bana kalırsa sen cesursun cicim, hem de fazlasıyla!*

"Ben olsam cesaretimi fazla sorgulamam Ayşen. Malum sonra ne yapacağım hiç belli olmaz." Flörtleşiyorlar mıydı, yoksa ben mi paranoyak olmuştum? Timur'un *Ayşen* deyişinde farklı bir şey vardı; kızgınlık gibi, öfke gibi, huzursuzluk gibi. Ben de bu kadının karşısında ister istemez öfkeleniyor ve Timur'u kıskanıyordum. Bu eve geldiğimden beri, her konuda kıskanç bir kadın olmuş çıkmıştım zaten. Her şey bana eksiklerimi ve olamadıklarımı hatırlatırken, en çok da Timur'u kıskanıyordum. Ona sahip olabileceğimden değil... Sadece kıskanıyordum... Hele de mükemmelliğin ayaklanmış abidesi, ona apaçık asılırken; biçilen rollerimin arasında, babasına asılmak olsa bile, içimden kadının saçlarını yolarken kendimi hayal etmeye engel olamıyordum. Sağ gözüne bir yumruk çaksam, sonra da ayağımın topuğuyla başparmağını ezsem ve... Tanrım neler düşünüyordum ben!

Onların anlamsız sohbetlerini ve Timur'un her an ısıracakmış gibi hırlayarak konuşmasını dinlemektense, etrafı izlemeyi tercih ettim. Bir daha ne zaman görebilirdim ki böyle bir yeri? Madem buradaydım, tadını çıkartmak gerekmez miydi? Masadaki sesler kulağımda silinirken, etrafın bordo kadife ve varaklı dokusunu zihnime kazımaya çalıştım. Her şeyi daha sonra Nalân'a anlatacaktım. Keşke o da burada olup, bunları görebilseydi. Bir ara masadaki çatal bıçağın bile gerçek gümüş olduğunu söyleyebilecek kadar kendimi havaya kaptırmıştım. İhtişamlı avizeler, yüksek tavandan aşağı sarkıyor; ağır ahşap masaların, yüksek sırtlı oymalı sandalyeleri ile bir bütün oluşturuyordu. Burası sanki eski bir sarayın yemek salonundan ilham alınarak yapılmıştı. İnsana kendini değerli hissettiriyordu. Şimdi zenginlerin niye binlerce lira bayılarak bu tip yerlere geldiğini anlamıştım; değerli hissedebilmek için. Personelin bile, her şeyi sizin için biz yapalım, havaları vardı.

Bana sorarsanız bütün bunlar, sadece yaşamı zorlaştırıyordu. Güzeldi, hatta muhteşemdi; ama ister istemez kasılıyor ve var olmayan biri gibi davranmaya sizi itiyordu. Oysa Timur'a baktığımda, tüm bunlar onun üzerinde doğal duruyordu. O olduğu gibiydi. Ne fazla kibardı, ne de buraya ait değilmiş gibi duran bir hali vardı. Her zaman olduğu gibi, bulunduğu yeri dolduruyor, etrafa fazlasıyla eril bir farkındalık yayıyordu. Vücudunun her hareketi, siyah bir panter gibi saldırgan; ama aynı zamanda zarifti. Her bakışında, ne yaptığını bilen bir hâl vardı. Ceketinin kollarından çıkan, beyaz manşetlerini süsleyen zümrüt kol düğmeleri, onun varlığını kaplayan siyahlığa karışıyor ve ufacık bir detayda onu farklılaştırıyordu. Ona dair hiçbir şeyde kusurdan eser yoktu, her şey mükemmelliğin altın oranında örülmüş gibi, sağlam ve çekiciydi. Her hali, *o hata yapmaz* diyordu, *onun zaafları yok*. Ayşen'in bahsettiği zaaflar her ne ise, emindim ki o kadın yanlış biliyordu. Timur'da bir iğne deliği kadar bile açık yoktu ve o hep kazanan, hep hükmeden olabilirdi. Bu insanlarla derdi her ne ise, mutlak galibin o olacağı daha şuradaki duruşundan belliydi. Timur buraya, bu lüks mekâna aitti ve benim var oluşumun aksine, onda hiçbir hata yoktu. Olması gerekendi o, oysa ben olmam gerekeni hiçbir zaman olamamıştım.

"İyi akşamlar, trafiğe takıldım. Kızım..."

Masaya gelen yabancı ses ile irkildim ve bir anda dalıp gittiğim yerlerden, gerçekliğe geri döndüm. Beklenen Hamza gelmişti. Aman Allah'ım!

"Timur, nasılsın?" Timur bu gecenin başından beri, her zamankinden daha da gergindi ve Hamza'nın gelişiyle bedeni adeta taşlaşmıştı; ama ben bunu fark edebilecek bir halde değildim.

"İyi."

Adam masaya oturmadan önce, bana elini uzattığında donup kalmıştım.

"Bu güzel hanımla beni tanıştırmayacak mısın?"

"Cansu, bu Hamza Bey. Cansu... Bir arkadaşım."

"Arkadaşım derken?" Adamın bakışları, imalı bir hâl alırken; dudaklarına da nahoş bir tebessüm yerleşmişti.

"Bir süre bizimle kalıyor."

"Anlıyorum."

Ne anlıyorsun be? Bir bok anladığın yok senin! Allah'ın cezası beş para etmez insan sürtüğü! Allah'ım... Allah'ım... Allah'ım... Hayır! Bu oluyor olmazdı... Hayır, bunu şu an yaşıyor olamazdım!

Bana uzanan eli, şuursuz bir refleksle benden beklendiği gibi sıkarken; ağlamamak için kendimi zor tutuyordum. Zihnime üşüşen anılar, feryatlar ve daha niceleri... Karşımda şık ve marka elbiseler içinde, en pahalı parfüm şişesine düşmüşçesine oturan bu kokuşmuş adam, gerçek olamazdı. Kader böyle bir şey değildi; reddediyorum, itiraz ediyorum! Hayır! Bu adam, karşımda aynı pis sırıtışla, yüzüme bakarak, beni ölçen bu adam, bu dünyada öldürmeye yeminler savurduğum iki adamdan biri olamazdı! Yüreğim buraya gelirken duyduğu heyecanın şiddetiyle parçalara ayrılırken, yaşam bir kez daha bana oyununu oynamış ve geçmişimin hayaletlerini yüzüme çarpmıştı. Hamza! İmkânsız var olabilirmiş. Dünyadaki tüm Hamza'lar tek bir kişi olabilirmiş. İsim zihnimin duvarlarında yankılanırken, uğuldayan kulaklarımda sadece bir tek ses vardı, o da Timur'un sesiydi.

"Cansu, iyi misin?"

"İ...i...i..." Hayır, kekeleyemezdim, şimdi olmazdı. "İ...i...iyiyim. B...be...ben tansiyonum." Benim tansiyon sorunum hiç olmamıştı ki? Benim hep yaşamsal sorunlarım olmuştu. Tıbbi kayıtlarımda darp vardı, işkence vardı, tecavüz vardı; ama tansiyon hiç olmamıştı.

"Bu kadar güzel bir bayanı böylesine beklettik tabi, kusura bakmayın Cansu Hanım. Hemen siparişleri verelim."

Pislik herif nasıl da kibardı. Şu an geçmişimden çıkagelen kâbusuma bakıyordum ve hiçbir şey söyleyemiyordum. Tenimin adım adım çürüyerek parçalandığı hissi, tüm içime yayılırken; içimde yükselen bir şeylerin eşiğinde sallanıyordum. Bakışlarımı kaçırmak istesem de bunu yapamıyor, sadece nefret dolu boş bakışlarla karşımdaki adama bakıyordum. Onun ışığını silerek boşalttığı bakışlarımdı. Ben yeniden küçülmüş, büzüşmüş ve o taş duvarların kapladığı pis odadaydım. Burnumda çürümüş artıkların kokusu vardı yine. Adamla birlikte içeriye gelen kokuyu yok saymaya çalışarak, Timur'un temiz kokusunu almaya çabalasam da ciğerlerim isyan ediyordu. Soluk alamıyordum. Bu koku... İçimden sanki hiç çıkmayan pisliğin, tenimdeki kirin kokusu... Yıllardır üzerimde taşıdığım kâbusum, etten kemikten karşımda durmuş; ama beni tanımamıştı. O benim yaşamımı karartırken, ben aslında tanınmayacak bir hiç olmuştum. Koca bir sıfır, boşluk.

Benimle tokalaşırken normalden biraz daha uzun sıktığı elim, adeta yanıyordu. Elime baktığımda titrediğini görebiliyordum; ama acıdan başka hiçbir şey hissetmiyordum. Tek bir şey vardı zihnimde, o da kirliydim. Elim kirliydi, bedenim kirliydi, ben kirliydim. Kirlenmiş, kirletilmiştim. Onlarca defa yıkansam da çıkmayacak bir kirdi üzerimdeki ve şimdi, elim sanki ağırlaşmış gibiydi. Demirden bir bilye oturmuştu boğazıma, ne yutabiliyordum, ne tükürebiliyordum. Ağlamamalıydım, ağlayamazdım...

Yaşadıklarımı zihnimden atmaya çalıştıkça, her şey tüm canlılığıyla hücum ediyordu. Kilitlemiştim ben onları Hacer'le, yok saymıştım. Yeni biriydim ben, Cansu'ydum... Yarattığım dünya iskambilden kuleler gibi alaşağı olmuş yıkılıyordu. İçimi nefret sararken, karşımdaki adamın aptal kahkahaları; duyamadığım, kulağımda uğuldayan sesi; dahası tüm varlığı, bir kamyon gibi üzerime çarpıyordu. Bana bir soru soruluyordu; ama ben anlayamıyordum. Tek bildiğim kirliydim, arınamıyordum... Ne yapsam beni arındırmaya yetmiyordu. Canım acıyordu.

Bacaklarımın arasındaki acı dolu sızı, kabullenişin çok ötesine vardığında; sadece sağ elimi oynatmak ve bir yudum su içmek istedim; ama elim bir kütük olmuştu adeta. Parmaklarımı kıpırdatamıyordum. Elim kirliydi... Ellerim kirliydi... Ben kirliydim... İçimde yükselen ellerimi yıkama arzusu, beni deliliğin eşiğine taşısa da gidip yıkamalıydım!

Bir daha hiçbir erkeğin bana dokunmasına izin vermemeye ettiğim yemini, Timur'la unutmuştum. Şimdiyse yeminim etten kemikten karşımda durmuş, benimle dalga geçercesine tokalaşmıştı. Tenimi acıtan mahlûkat, kibarlık abidesi gibi rol kesiyor; çapkın bakışlar atıyordu. Ah, oymalıydım o gözlerini! Kaynar suyla haşladığım bedenimde benden bir iz taşıyor muydu, gözükmüyordu; ama esas yüzüne iz bırakmalıydım, hatta öldürmeliydim. Belki beni de öldürürlerdi; ama ben ondan sonra hiç yaşamış mıydım ki? O zaman sadece on altı yaşındaydım! Sadece bir çocuktum!

Üzerimi çamuruyla kirlettiğinde, ben sadece kendi kızından bir iki yaş küçük bir çocuktum! Ellerimi gidip yıkamalıydım ben... Sandalyemi hızla geri iterken bir an sendeledim. Üzerime dönen bakışlardan sessizce özür dilerken, Timur'a olabildiğince kararlı gözlerle bakarak, "Lavaboya gitmeliyim," dedim. Bakışlarımda deliliğin temelleri yatıyordu muhtemelen.

"Seninle geleyim."

"Gerek yok, hemen gelirim."

Etrafı bir pus bulutunun ardından görüyordum. Garson, ne istediğimi anlamışçasına bana yol gösterirken, adımlarımı olabildiğince hızlı tutmaya çalıştım. Gözyaşlarım akmakla akmamak arası genzime batarken, gördüklerim önümde titriyordu. Bende şans olsaydı... Çoktan ölmüş olurdum...

Lüks lavabonun içerisine girdiğimde, içerisinin bir salon kadar büyük oluşunu ya da iki tane geniş kanepenin yerleştirilmiş olduğunu fark etmedim bile. Tek istediğim, ellerimi yıkayabilmekti. Soğuk su tenimi dondurana kadar yıkamalıydım. İçerideki kadınlar delirmişim gibi bana bakıyorlardı; ama ben ağlamaktan göremiyordum bile. Rimelim akmış gözaltlarım kapkara olmuştu. Dağılmıştım, farkında bile değildim. Arınmam gerekiyordu benim.

Ellerimin derileri yüzülene dek, ovuştura ovuştura yıkasam... Bedenimin kiri arınır mıydı? Arınmazdı; ama ben yine de yıkayacaktım. İçinde bulunduğum hezeyan umurumda değildi. Ne Timur, ne bakışları, ne de Ayşen; hiçbiri umurumda değildi. Sadece ellerime değen soğuk su vardı ve ardı ardına ellerime pompaladığım sabun. Kulaklarım uğulduyor, içimde tek bir kelime yankılanıyordu: Kirlisin. Ellerimi yıkamalıydım. O pisliğe değen elimi arındırmalı, belki de kesip atmalıydım.

Kapı tıkladı. Kadınlar tuvaletinin aynasında, Timur'un yüzü belirdiğinde; içerideki bir iki kadın söylenen ters bakışlarla dışarı çıktı. Kim bilir hakkımda neler düşündüler; ama umurumda değildi! Sadece soğuktan uyuşmuş; ama yine de hâlâ kirli olan ellerim vardı benim!

"Cansu? Neler oluyor?"
"Yok bir şey..."
"Nedir bu halin? Ne oluyor?"
"Ellerim... Onları yıkamalıyım..."
"Yıkıyorsun zaten."
"Yeterince temiz değiller."
"Temizler Cansu." Timur alnımın ortasından boynuz çıkartmışım gibi bana bakıyor ve anlamaya çalışıyordu. Bir hıçkırık dalgası daha içimden yükselirken, "Değiller!" diye haykırdım. "Yeterince temiz değiller! Hiç olmayacaklar! Kahretsin hiç temiz olmayacaklar artık!"

Ne kadar zamandır burada olduğumu takip edememiştim. Timur bana yaklaşarak omuzlarımdan tuttu. Beni kendine çekmeye çalışırken, feryatla irkildim: "Dokunma bana! Sakın dokunma bana! Dokunma..." Yere, dizlerimin üzerine çökerken; daha fazla bacaklarımda derman kalmamıştı. Sadece evime, kendi tanıdığım bildiğim yere gitmek istiyordum. Nalân'ı istiyordum. Gerçi artık bir evim de kalmamıştı. Timur eşyalarımı yaktığından beri, benim olan hiçbir şey yoktu artık. Bedenim bile benim değildi ve benim canım acıyordu, tenim acıyordu, ruhum acıyordu. "Dokunma..." diye sayıklıyordum, sanki geçmişin hayaletiyle mücadele eder gibi.

Timur ne olduğunu anlayamasa da, yeniden omuzlarımdan kavramaya çalışıp yere yanıma çömeldi ve beni kendisine doğru çekti.

"Tamam, geçti..." Ne diyeceğini bilemiyordu! Aman Allah'ım, normal bir zaman olsa bu haline kahkahalarla gülebilirdim. Sanki delirmişim gibi bana bakıyordu, ki evet delirmiştim. İrkilerek sarsılan ve titreyen bedenimi tutmaya çalışırken, "Benim Cansu, sana zarar vermeyeceğim. Vermem. Şimdi gözlerime bak," diyebiliyordu sadece.

Gözlerim ona bakamıyordu. Sanki baksalar, bir an bir boşluk yakalayıp bedenimin en derin sırlarını keşfedecek, ruhumun hazinelerini ele geçirecekti. Korkuyordum. Süzülen yaşlarımı saklarcasına başımı önüme eğdiğimde, Timur'un sert elleri soğuk sudan büzüşen parmaklarımı yakaladı. Yıkamak istiyordum... Ellerimi, bileklerimi, kollarımı... Tüm bedenimi... Gıcırdayana kadar tenim ovmak istiyordum.

"Bana bak Hacer."

Ah, hayır, inlemek istiyordum, ki inlemiştim de. Hacer, geçmişin tozlu hayaletiydi. Bu gece Hacer vardı, onun dramıydı bu; kaç senedir Cansu'nun yüzleşmekten kaçtığı, derinlerde bastırdığı.

"Timur, lütfen... Lütfen dokunma bana."

Oysa Timur beni hiç dinlemiyordu. Kollarıyla sararak, beni göğsüne çekti ve bir süre orada tutup, içeri girmek isteyen bir iki kadını ters bakışlarıyla kovaladı. Her ne kadar kaçmak istesem de Timur bir sığınak gibiydi. Kulaklarımda uğuldayan sese şuursuzca karşılık vermeye çabaladım. Bana dokunmamasını söylememe rağmen, göğsü sanki saklanabileceğim bir korunaktı.

"Şimdi seninle buradan çıkacağız. Masaya haber yollayacağım ve buradan ayrılacağız tamam mı?"

Sesindeki şefkat miydi? Ne olduğunu bilmiyordu ya da neden delirdiğimi anlamıyordu; ama sanki acıyor ve anlayış gösteriyordu. Sessizce başımı sallayarak onayladığımda, Timur pimi çekilmiş bir el bombasını taşırmışçasına, beni yukarı çekerek kaldırdı. Bedenine yakın tutuyor, sanki kendini bana siper ediyordu. Bir anlık bir boşluk kalsa aramızda, yeniden musluğa koşarım diye korkuyordu belki de. Kenardan aldığı minik, beyaz havluyla, ellerimi büyük bir dikkatle kuruladı ve sonra hâlâ akmakta olan gözyaşlarımla birlikte gözlerimin altını sildi. Eğilerek kulağıma, "Hazır mısın?" dediğinde, ister istemez içimi bir titreme sarmıştı; ama baskın gelen, tüm bedenimi kaplayan tiksinti ve çaresizliğin verdiği korkuydu. Yıllar öncesindeki gibi çaresiz hissediyordum kendimi. Sanki haykırsam, kimse duymayacaktı yine. Oysa Timur duymuştu. Bir şekilde duymuş ve beni korumaya almıştı.

"Seni taşımamı ister misin?"

Başımı iki yana sallayarak reddederken, ilk adımımda tökezleyerek Timur'un üzerine yapıştım. "Bana yaslan hadi." Ayağımdaki topuklulara lanet ederek, titreyen bacaklarımı kırmamak için ona yaslandım. Konuşamıyordum. Bir tek kelime söylersem, yeni bir ağlama krizine girebileceğimden korkmuştum. Timur, beni dışarı çıkartırken, üzerime ceketini giydirdi ve kapıda bekleyen adama cebinden çıkarttığı yüklü miktardaki parayı vererek, bir şeyler söyledi. Hava buz gibiydi. Üşüdüğümü, titrediğimi hissetmiyordum. Tek istediğim buradan bir an önce uzaklaşmaktı.

"İçeri girip haber vermek istersen..."

"Seni burada bırakmayacağım. Sonra ararım onu."

Şükür ki ismini zikretmemişti. Araba geldiğinde, beni yeni doğmuş bir bebeğe gösterilen itinayla arabaya bindirdi ve hızla sürücü koltuğuna geçti. O arada içeriden bir garson paltolarımızı getirerek arka koltuğa bıraktı.

"Üşüyor musun?" Timur paltoları alarak üzerimi sarmaladığında, onun sadece beyaz gömleğiyle durduğunu görerek utandım.

Timur son sürat gaza basarken, sessizce dışarıda akıp giden görüntüleri izledim ve bir süre sonra gözlerimin önünde kayıp giden görüntü yerini hissiz bir uyuşukluğa ve derin bir karanlığa bıraktı. Uyuyakalmıştım.

....

"Seni utandırdım."
"Beni çok az şey utandırır. Bu onlardan biri değil."
"Ben bunu yapamam Timur. Bunu benden isteme..."
"Senden neler istediğimi bir bilsen... Uyu."
"Sormayacak mısın?"
"Şimdi değil."

13. Bölüm

Her doğum bir umuttu, her ölüm de bir hayal kırıklığı. Yaşam ise başlı başına bir yaraydı, kanayan. Benimkiyse en derinde kanıyordu. Kurtarılamaz, anlamsız bir yaraydı ve ben ne umut olmuştum doğduğumda, ne de bir hayal kırıklığı olacaktım vakti geldiğinde. Bunu kimse için kolaylaştırmaya niyetim yoktu. O yüzden direniyordum. Bulduğum binlerce bahane gibi, bu da bir bahaneydi ama olsun. Korktuğumu söyleyemezdim. Oysa öyle çok korkuyordum ki sonunda bana uzanan en ufak ele tutunur olmuştum, tıpkı şu an Timur'a tutunduğum gibi.

Beni götürmesine izin veriyordum. Gözlerimi açtığımda etrafımızdaki hava daha da sertleşmişti. Arabanın koltuğu, olabildiğince geriye yatırılmış, stilettolarım ayaklarımdan çıkartılarak bacaklarım Timur'un kabanı ile örtülmüştü. Gecenin karanlığı arabanın farlarıyla parlayan engin bir beyazlıkla kaplıydı. Simsiyah gecede parlayan kar taneleri, mucizevi bir şekilde yeryüzüne yolculuk ederken, etraf karanlık bir orman yolu gibiydi.

"Neredeyiz?"
"Abant."
"Ne? Ben ne kadardır uyuyorum?"
"Eh, sanırım ihtiyacın vardı. Daha iyi misin?"

Daha iyi miydim? Hayır. Hiç uyanmadan uyumak istiyordum; ama biraz daha uyursam bu adam beni Erzurum'a kadar götürürdü herhalde.

"Olucam... Sanırım... Hep oldum."

Geçecekti, bununla da baş edecektim, emindim. Yaşamanın bir yolunu daha bulacaktım. İçimdeki kanama bittiğinde, ben bir kere daha Hacer'i yok edecektim; ama şimdi değildi. Şimdi bunu yapacak gücüm yoktu.

Koltuğu doğrulttuğumda, otel ışıkları olduğunu düşündüğüm ışıklardan daha uzak, kütük ev görünümlü butik bir otelin önüne arabayı park ediyorduk. Burası neşeli ve romantik, Noel filmlerinden fırlamış gibi, şirin bir mekândı.

"Arabadan paltonu giymeden inme. Benim kabanımı da üzerine al. Dışarısı çok soğuk."

Sessizce başımı salladım ve ona hâlâ üzerimde, bir koruma kalkanı gibi beni saran ceketini uzattım.

"Bunu al bari."

Timur sessizce ceketini benden alırken, parmakları parmaklarıma temas etti ve bir an bana dokunma dememi beklercesine irkildi. Rahatsız olmamıştım. Tanıdıktı sanki, sığınak gibiydi dokunuşunun tenimde bıraktığı iz. O noktadan elime yayılan bir güç gibiydi. Saatlerdir, onun kokusuyla kaplı ceketinin içinde uyumaktan mıydı bu his, bilmiyordum ve o an düşünemeyecek kadar canım acıyordu. Neden buraya gelmiştik ki?

Ben kabanları üzerime giyerken, Timur hızlı hareketlerle sürücü koltuğundan inerek, silecekleri havaya kaldırmış ve dönerek benim kapımı açmıştı.

"Bana tutun, o ayağındakilerle kayıp kaseyi çatlatma."

Dudağımın bir kenarı istemsizce yukarı kıvrıldı. Bu adamın bahaneler uydurmaya çalışan hali de komikti. Neler olduğunu hâlâ anlayamıyordu, bakışlarındaki karmaşadan ve çekiniklikten bunu anlayabiliyordum; ama yine de kendince duruma hâkim oluyordu. İşte tam da buna hayrandım. Yine hükmediyor ve sahip çıkıyordu. Onun olana sahip çıkıyordu ve ben de istesem de istemesem de onundum. Aslında istiyordum da; çünkü yorgundum. Birinin benim yerime yaşamın komutlarını devralmasına muhtaçtım.

Ayakkabılarımı giyerek aşağı bir adım attığımda, ince tabanlı stilettolarımın kara gömüldüğünü hissederek soğukla içim titredi. Ah! Bu stilettolar kaç para, haberin var mı senin yağan kar? Timur, soğuk havada üzerine ince ince uçuşarak yağan kara aldırmadan, rüzgarla savrulan kapıyı benim için tutuyordu.

"Üşüyeceksin."

"Ben alışığım. Dur bir dakika..."

Timur kapıyı kapar kapamaz beni kucakladı. "Ne yapıyorsun!"

"Ayakların ıslanıyor."

Hah! Bunca şeyin içinde tek derdimiz ayaklarım mıydı yani? Evet, kabul; otelin kapısına yürüyene kadar, onları hissetmemekle donarak düşmeleri arasındaki evreye gelecek halim yoktu; ama şu an bana sunduğu reddedemeyeceğim kadar güzeldi. Bana bir ebeveynin çocuklarını koruduğu gibi yaklaşıyordu ve ben içimdeki kanayan yaralarla bunu reddedebilecek kadar cesur değildim.

Gece yarısını bayâ bir geçmiş saatteydik ki, otelin ağır ahşap kapısı kapatılmış ve kenara zile basmamızı söyleyen bir not iliştirilmişti.

"Zile basar mısın?"

Sessizce söylediğini yaptım ve kısa bir süre sonra, kapıyı uykudan kalktığı belli olan, orta yaşlarının sonlarında bir adam açtı. Adam uykulu gözlerini kırpıştırarak geleni tanıdıktan sonra minnet dolu bir gülümseme ile, "Timur Bey, hoş geldiniz. Sizi beklemiyorduk," dedi.

"Buyurun, geçin geçin. Kar sabahtan beri hiç kesilmedi. Üşümeyin."

İçeriye girdiğimizde bizi saran sıcaklığa minnet ederek, biraz daha Timur'a sokulmak istedim; ancak adamın varlığı yapmam gerekeni hatırlatır gibiydi.

"Teşekkürler beni taşıdığın için."

Timur kucağındaki varlığım doğalmış gibi beni indirmeden duruyordu. Girişten anlaşılacağı üzere burası sonradan otele dönüştürülmüş, şirin bir mekândı. İçeride çapraz geçen kütük bağlar, Beste'nin tarihi romanlarındaki lordların kaldığı hanları hatırlatıyordu. Timur beni az ilerimizdeki, yanmayan şöminenin karşısındaki koltuğa, büyük bir özenle indirirken, "Her zaman..." dedi fısıldarcasına. Yanakları soğuktan mı pembeleşmişti? Timur'u utandıran çok az şey vardı; ama hiçbir şey demek değildi bu, öyle değil mi?

Etrafımızda bizi rahatlatmak ve ısıtmak için dört dönen adama döndüğünde, yeniden hükümdar geri gelmişti.

"Seni de kaldırdık Altan abi."

"Olur mu Timur Beyim. Ne demek. Her zamanki odanız dolu bu akşam. Keşke geleceğinizi önceden söyleseydiniz."

"Yok, o odayı istemiyorum. Çatı boş mu?"

"Boş tabi. Orayı hazırlayayım hemen."

"Tamam. Ama biraz çabuk. Genç hanım yorgun."

"Tamam, ben hemen Semra'yı kaldırıyorum, size sıcak bir şeyler getirsin."

"Yok, gerek yok. Semra ablayı rahatsız etmeyelim. Nasıl bu ara?"

"Sağlığınıza duacı. Çok şükür her şey yolunda."

"Doktor kontrollerini kaçırmıyor, değil mi?"

"Kaçırır mı hiç! Siz olmasanız, silah zoruyla bile götüremem; ama sayenizde birini bile aksatmıyor."

Adamın Timur'a bakışlarında minnet ve şefkat vardı. Sanki onun için çok değerliymiş gibi bakıyordu. Timur'un değerli olmadığı bir kişi var mıydı?

"Altan abi, unutmadan; şu içeriden geçilen ek odayı da hazırlayıver. İki yatak istiyorum, ayrı."

Adamın bakışları bir an hafif bir şaşkınlıkla bana yönelse de, usta bir manevra ile toparlayarak, "Tabi ki de," dedi ve hızlı adımlarla gitti. Utanmıştım. Kim bilir içeri girdiğimizde benim için neler düşünmüştü. Kısık bir sesle Timur'a, "Teşekkürler," diye fısıldadım.

"Sıcak bir şeyler getireyim sana, içmek için. Aç mısın?"

Aç mıydım? Öğleden beri hiçbir şey yememiştim. Midem gurulduyordu; ama sanki bir yudum bir şey yutarsam, kusacak gibi hissediyordum kendimi. Başımı hafifçe iki yana sallayarak önüme eğdim. Timur burayı ezbere biliyormuş gibi ortadan kayboldu ve bir süre sonra küçük bir tepside iki bardak sıcak süt ve kalın bir dilim limonlu kek ile geldi.

"Biraz bir şeyler ye. Sabah daha iyi bir kahvaltı yaparız; ama şimdilik bunları bulabildim mutfakta."

Benim için aramış, süt ısıtmış ve uğraşmıştı.

"Yemesem de olurdu."

"Olmaz, zaten bir çırpısın." Hikmet teyze iki, hoş geldin! Eh, diyen boşuna dememiş; üzüm üzüme baka baka kararır, işte olacağı buydu. Timur'un da içine sonunda Hikmet teyze kaçmıştı.

"Efendim?"

"Hı? Yok! Teşekkür ederim. Teşekkür ederim dedim." Ben az öncekileri yüksek sesle söylemiş olamazdım, değil mi?

Sessizce süt bardağını alarak, diğer elimle keki kavradığımda; Timur'un da diğer süt bardağına uzandığını gördüm. Gerçekten süt seviyordu! Bu adamın her hali farklıydı.

"Sen yemiyor musun?"

"Yok, sen ye."

Peki, yiyeyim. Hayır, yiyemem! Olamaz! O yemiyorken yutamıyordum. Önce bana ne ki dedim. Sonra baktım olmuyor, kekin ısırdığım yerini kendi avucuma çevirerek onun burnunun dibine resmen dayadım.

"Hayatta olmaz. Sen yemeyince ben de yiyemiyorum. Lütfen bir ısırık al. Bu arada kek cidden çok güzel."

Timur hafifçe tek tarafa doğru gülümseyerek, iki eliyle keki tutan elime uzandı ve avucumu yakalayarak kekin ısırdığım yerini tekrar yukarı çevirdi. Kara başını eğerek, dudaklarıyla parmaklarıma en yakın noktadan, tam da benim ısırdığım yerden, keki ısırırken; elimi çekip ona *'dokunma'* demek istedim; ama diyemedim. Büyülenmiş gibi onu izliyordum. Dolgun dudaklarının aralanarak, inci beyazlığındaki dişlerinin hafifçe görünüşünü ve pembe dilinin erotik bir davet gibi keke dokunarak, hâlâ hafifçe bir yana doğru gülümseyen dudakların arasına çekişini... Gözleri gözlerime kilitlenmişti; ama ben onun gözleri dışındaki her yere bakıyordum. Boğazım kurumuştu, bilincim itiraz ediyordu. Bu sadece kekti, tamam mı? Sadece kek olmalıydı. Limonlu, enfes bir kek!

"Odanız hazır beyim."

Ah! Çok şükür mü demeliydim, yoksa kahretsin şimdi sırası mı? İçim acıyordu. Sarsılmıştım ve düşünmemeye çalışıyordum. Oysa Timur, çok güzel dikkatimi dağıtıyordu. Tek sorun neden dikkatimi dağıtması gerektiğini bilmediğiydi ve dokunduğu her yer yanıyordu. Hamza ile tokalaşarak taşlaşan elim, onun dudaklarının dokunuşu ile karıncalanarak çözülmeye başlamıştı. Bana yabancı elim, şimdilik Timur'un büyülü etkisinde, sessizce itaat ederek bana hizmet ediyordu. Peki, Timur hayatımdan gittiğinde ne olacaktı?

Altan Bey aramızdaki hiçbir şeyi görmüyormuş gibi bakıyordu. Takdir edilesi bir duruştu gerçekten. Belki de Timur'un oynaşmak için getirdiği kadınlara alışık olduğu için, gördüğünü görmüyordu! Ayşen'le mi geliyorlardı acaba buraya? Peki, bu beni neden bu kadar rahatsız ediyordu ki?

Timur genç ve sağlıklı bir erkekti sonuçta ve elbette fizyolojisinin çağrılarına kulak verecekti. Allah kahretsin! İçimi saran hırçın ve talepkâr hisler her neydiyse, aklıma üşüşenler, benim Timur gibi bir erkeğe asla sunamayacağım şeylerin ta kendileriydi ve benim bunlar için Timur'u kıskanmam kadar anlamsız bir şey olabilir miydi? Öyleyse nedendi? Neden mideme bir anda, sanki bir taş oturmuştu? Neden kalbim ağrıyordu ve için için öfkeliydim? Sanırım limonlu kek bu saatte insana ağır geliyordu.

"Hadi gel."

Elini bana uzatmış, onu tutmamı bekliyordu. Ben ona *'bana dokunma'* dedikçe, o sanki bir yemin etmiş gibi küçük ve büyük temasların bir karışımıyla benliğime sızıyordu. Altan Bey bakışlarını kaçırarak önüne döndüğünde, ayağa kalkarak Timur'un eline baktım. Tutmayı reddederek, her iki elimi de aşağı indirip, üzerimdeki paltosunun uzun kollarının ellerimin üzerine düşmesine izin verdim. Timur hiçbir şey söylememişti. Sadece merdivenlere geldiğimizde, hafifçe dirseğimin hemen üzerinden tutarak bana, "Dikkat et, düşme," dedi.

Halıyla kaplı ahşap merdivenleri gıcırdatarak yukarıya doğru çıkarken, bir gecede benim düşmemle ne kadar ilgilenmiş olduğunu düşünmeden edemedim. Oysa ben zaten düşmüştüm.

"Timur Beyoğlum, bir isteğin olursa resepsiyonu çaldırman yeterli."

"Yok, sağ ol Altan Abi, sen uyuyabilirsin. Bir tek sabah bize buraya uygun kıyafetler bırakabilirsen sevinirim. Genç hanım, otuz dört beden ve ayakları da otuz altı numara. Beni biliyorsun."

"Tabi beyim."

Altan Bey, biz odaya girerken aşağı doğru yöneldi ve gözden kayboldu.

"Burası çok güzel." Aslında başka şeyler sormak istiyordum; ama sormaya cesaretim yoktu. Hem bana neydi ki? Kimi getirirse getirsindi canım! Benim derdim

başımdan aşmıştı zaten, iyice meraklı kocakarılara dönmüştüm.
"Sen içerideki odada yat."
Sessizce başımla onaylayarak, içeri odaya yöneldim. Burası yüksek çatılı bir çatı katıydı. Alçak kapıdan içeri girdiğimiz nokta, çatının yüksek tarafıydı ve bir camla aydınlanıyordu. Tamamen ahşap kaplanmış bu odada, bir banyo ve minik bir ayna vardı. Oda nispeten küçüktü; ama yeterli konfordaydı. Hele de benim evim diye uyuduğum yerlerin çoğuna göre lükstü bile. İçerideki odaya geçtiğimde, çatının ikiye bölünerek içerden geçişli iki ayrı oda olarak tasarlandığını anladım. Bu odada banyo bulunmadığı için daha büyüktü ve aynı diğer odadaki gibi geniş bir pencere ile aydınlanıyordu.

Kar durmuştu; ay ışığı, yağmış karın üzerinde gizemli parıltılar sergilemeye başlamıştı. Beyaz çarşaflarla kaplanmış yatağın önüne, plastik terlikler bırakılmıştı. Ayağımdaki ayakkabıları çıkartarak, bunları giyerken; çorabımın çoktan kaçmış olduğunu fark ettim. İçimden hafifçe bir küfür savurarak, ince külotlu çorabı çıkartıp, uzun duvarın bulunduğu taraftaki komodinin yanındaki çöp kutusuna fırlattım. Yalnızdım. İçimi bir süreliğine terk etmiş olan ağlama hissi, yeniden ruhumu ele geçirmeye başlamıştı. İşte tam başladığım yerdeydim. Ben *dur* diyemeden, yaşlar gözlerimden süzülmeye başlamıştı. Yalnız, kimsesiz, acılar içindeydim.

Doğarken neden gülmezdi de, ağlardı insan? Ağlamaya mı lanetleniyorduk, bilmediğimiz günahlarımızdan? Yoksa gülmenin kıymetini bilmemiz için, önce ağlamayı mı öğreniyorduk? Bir maruzatım vardı hayata; ben bu dersi, çift dikiş okumuştum, artık ezbere biliyordum. Ne zaman dik dursam, ne zaman ayaklarım üzerine doğrulsam, ben yine sınıfta kalıyordum. Kendi kendime acımam henüz bitmemişti ki, kapım telaşlı bir tıklama ile açıldı.

"Rahatsız etmiyorum ya?"
Timur ben ağlamıyormuşum gibi içeriyi bakışlarıyla süzerek, boğazını temizledi ve odaya girdi. Bu odanın içerisinde olduğundan da büyük gözüküyordu. Geniş omuzları bir duvardan diğerine değecek gibi duruyordu. Sanki biraz başını eğmese, tavanla bir olacakmış gibi hareket ediyordu. Konuşmak istemiyordum. Sanki konuşursam, sesim de tüm diğer her şey gibi bana ihanet edecekti. Gözyaşlarımı avuçlarımla silip, başımı iki yana sallayarak konuşmasını bekledim.

"Banyo benim tarafta. Kullanmak istersen..." Bir kere daha boğazını temizledi. Bahane mi uyduruyordu, beni yoklamak için?

Tekrar başımla onaylayarak, içimden teşekkür ettim. Timur'a teşekkür edecek, ne çok şeyim olmuştu.

"İstersen bu tarafta da yatabilirsin." Başparmağıyla kapıdan dışarıyı, diğer odayı gösterirken kaygılıydı.

"Böyle iyi." Yeniden sessizliğime sığınarak, başımı önüme eğdim ve dökülmek için biriken gözyaşlarımı saklayarak banyoya yöneldim. Banyonun kapısını kapar kapamaz, küçücük alanda aynada kendimle baş başa kaldım.

Aynada bana bakan şeyin, bugün Timur'la o yemeğe gitmek için hazırlanan Cansu ile alâkası yoktu. Karşımda bir harabe duruyordu. Dağılmış... Neresinden başlayacağımı bile bilmiyordum. Ne yapmalıydım? İçimden sadece sarsılarak ağlamak geliyordu. Yeniden suyu açarak, ellerimi altına koymaya bile korkuyordum. Nefes almak batıyordu ciğerlerime. Keşke gerçekten delirebilseydim. Belki o zaman, her şey silinirdi ve sadece kendi hezeyanlarım kalırdı geriye. Gerçeklik olmazdı belki. Şanslıysam hayali bir dünya bile kurardım kendime... Sadece Timur'un ve benim olduğum, imkânsızları mümkün kılan, sahte bir mutluluk...

Dizlerimi bükerek, yerde kendi içime kapandığımda acizdim. Fayansların soğuğu bile etki etmiyordu. Üşümek, sanki duygularımı da donduruyormuşçasına iyi geliyordu. Sıcaklık hiç sahip olamayacağım şeylerin masallarını anlatırken, soğuk bana ne olduğumu söylüyordu. Mücadele et diyordu. Soğuk bildiğim bir şeydi, hep üşümüştüm ben. Bir çocukken, yanmayan kaloriferlerin gecesinde yurttaki tek yorganımı bir başkasına kaptırdığımda da; sıcak su fazla gitmesin diye soğuk suyla kış ortasında banyo yapmak zorunda kaldığımız, toplu banyolarımızda da; karlı gecelerde balkona cezaya bırakıldığımda da... Şu an beni sarmalamaya çalışan sıcaklığın aksine soğuk tanıdıktı. Oysa sıcak, o bizim bilmediğimiz evlerde yanan ışıkların fısıldadığı bir masaldı. Benim hiç dinlemeye hakkım olmamıştı.

"Cansu, Cansu! Bana bak diyorum! Cansu!"

"Timur?"

"Cansu, benim. Bana bak, buradayım."

"Timur?"

"Hacer, tamam. Her ne olduysa, ben buradayım artık. Yavaş, sakin... Hacer."

İsmim bir anahtar gibi dudaklarından dökülürken; yeniden çekildiğim gerçeklik, onun şefkatli ve panik dolu kollarının arasıydı. Benimle birlikte yerdeydi ve beni kucağına çekerek sarmalamıştı, bedeniyle. Dudakları şakaklarımı yalıyor, nefesi saç tellerimi havalandırıyordu. Kendi kendine sayıklar gibi, acı dolu bir sesle beni teskin etmeye çalışıyordu. "Bunu sana ne yaptı Hacer?"

Anlamaya çalışıyordu. Belki de anladıklarını kabullenmeye çalışıyordu.

"Hadi gel, yüzünü yıkılalım."

Onu hiç böyle çaresiz görmemiştim. Hükmünün sınırlarının dışında kalıyordum ilk defa ve o çaresizce çırpınıyordu.

"Gel buraya." Başka çarem varmış gibi, beni kelimeleriyle yönlendiriyordu; ama bir an bile kolunun altından titreyen bedenimi ayırmıyordu. Hafifçe başımı aşağı eğerek, yüzümü yıkadı. Sabunla yüzümü ve ellerimi ovalarken, ılık suyla durularken dokunuşları şefkat doluydu.

"Şimdi beş saniye dışarı çıkacağım ve sen tuvaleti kullanacaksın. Eğer altı saniye olursa, ne durumda olduğun umurumda değil, içeri girerim." Kelimeleri zorba gözükse de, sesi panik doluydu. Ona yardım etmek istiyordum, kendime yardım etmek istiyordum; ama yorgundum. Yapabileceğim tek şey, onu daha fazla telaşlandırmamaktı. Sessizce tüm komutlarına uyarken, akan yaşlarıma engel olamadım. Sanki senelerce içime stokladığım, kirpiğimin dibinde sakladığım tüm yaşlar dökülüyordu. Banyodan çıktığımda kapının hemen önünde bekliyordu.

"Gel bakalım." Beni yeniden koruma kalkanına alırcasına, kolunun altına çekti. Elindeki peçete ile burnumu sildiğinde irkildim. "Küçük hanımın sümükleri de gelsin bakalım." İğrençsin Timur! İyk! Şu an uyuşmuş olmasam... Ama uyuşmuştum. Sessizce gözlerine baktım ve yeniden başımı önüme eğdim. Beni hangi ara açtığını bilmediğim yorganların içine, yatağıma yatırırken; ona, 'Bana dokunma!' demek istiyordum; ama onun dokunuşlarında başka bir şey vardı, iyileştirici bir şeyler. Beni sıcağına çekerek bana hükmediyordu.

"Beni bırakma."

"Seni bırakmayacağım Hacer."

Benimle birlikte yatağa girerek, arkamdan sarıldığında ve kendi bedenine dayadığında; onun tüm sıcaklığı, donmuş tenimden sızarak, çatlaklar yaratıyordu. Bir kolunu boynumun altından geçirmiş ve önümden yukarıdaki omzuma doğru sarmıştı. Yüzüm cama, camdan da gökyüzüne bakıyordu. Başucumuzdaki lambayı kapatarak, yorganı üzerimize çektiğinde; sadece durgunlaşan havada, giderek soluklaşan bir karanlık vardı, Timur'un siyah bakışları gibi... Onun güçlü iki kolunun arasında olmak, kasılan bedenimi yumuşatıyor; atmayı çoktan bırakan kalbimin çarpmasına sebep oluyordu. Dudakları kısa saçlarımın arasında kelimeleri fısıldarken, duyduklarım birer ninni gibiydi. Derin soluklarını hissedebiliyordum. Tek istediğim ondan kaçmak yerine, ona daha fazla yaslanabilmekti. Sanki ona tutundukça omuzlarımdaki yükler azalıyordu ve daha fazla yalnız hissetmiyordum. Ona yüklediklerimdense hiç haberim yoktu. O dakika bencildim. Sadece o an, huzuru yaşamaktan kaçamıyordum.

... ...

"Hamza, geçmişinden bir hayalet, değil mi?"
"O benim geçmişim."

Yavaşlamak... Sabah gözlerimi açtığımda, her şey yavaşlamış ve sanki zaman havada asılı kalmış gibiydi. Güneş akşamki kar yağışına inat camdan süzülerek, odayı dolduruyor ve havada uçuşan tozları masum bir çocuk gibi parıldatıyordu. Eskiden, küçükken; güneşin parıldattığı toz zerreciklerini yakalamaya çalışır, başım dönene dek kendi etrafımda dönerdim. Her dönüşün sonu, üzerine düştüğüm kendi popomun acısıyla biterdi. Büyülü zerreciklerdi onlar. Yaşamı, o an için bana güzel kılan; ama bedelini popomdaki acıyla ödediğim anlardı.

Parmaklarımı havaya doğru uzatarak, küçüklüğümdeki gibi bir iki tanesine dokunmaya çalışırken; içeriden Timur'un sesi kapı ağzına doğru bir yaklaştı ve hızlı bir şekilde uzaklaştı. Anlamadığım bir dilde telefonda konuşuyordu ve konuşurken küçük odayı arşınlıyordu.

"Uyandın mı?"

"Saat kaç?"

"Ona geliyor, acıkmadın mı?"

Karnım kurt gibi açtı ve midem gurulduyordu neredeyse.

"Acıktım. Bu saate kadar uyuduğuma inanamıyorum."

"Bana mı soruyorsun." Timur o öldürücü gamzesini ortaya çıkarırcasına, yana doğru hafifçe gülümseyerek; diğer odaya yöneldi ve elinde bir yığın giysi ile geri döndü.

"Altan Abi bunları bulabilmiş. Seni sıcak tutar. Giyin de kahvaltıya inelim."

Sessizce başımla onayladım ve o düzenlediği işlerine geri dönerken, lavaboda kendime çekidüzen verdim. Giyinmek için odama geri dönerken, telefonda bir dolu talimatlar verdiğini duydum. Tahminimde yanılmıyorsam, telefonun diğer ucundaki Falaz'a, bizim pazartesiden önce dönmeyeceğimizi söylemişti. Demek ki hafta sonunu burada geçirecektik. Sanırım bu bir tatil sayılırdı ve ben ilk defa tatil yapıyordum.

"Hazır mısın?"

"Komik gözüküyorum." Üzerimdeki mor kar pantolonu ve krem rengi, ince polar, boğazlı kazak ile astronottan halliceydim; ama hiç değilse rahattı ve sıcaktı. Timur gülerek, "Sanırım donarak ölürken, Coco Chanel'i mezarında dikmek hoşuna giderdi." Hah! Adam resmen benimle dalga geçerek, gülüyordu!

"Neyse, ben hazırım." Ayağıma Timur'un bıraktığı, ayıcıklı çorapları ve içi yünlü çizmeleri de giydikten sonra, karşısında dikilmiştim. Timur da siyah, kalın bir kar pantolonu ve yine siyah bir balıkçı kazak giymişti. Adamın emaneten giyindiği kar hali bile klastı resmen.

"Montları sonra alırız. Önce kahvaltı edelim. Yoksa seni beklerken pabuçlarımı yemeye başlayacaktım, bayan uykucu."

"Timur'a ne yaptın?"

"Hı?"

"Sen, hey! Yabancı! Çabuk söyle? Timur nerede ve ona ne yaptın?"

Timur sıcak bir kahkaha atarken, bu şakacı ve rahat hali her an bünyeme alerji yapacakmış gibi beni huzursuz etmişti.

"Ne o? Her zaman şu senin dediğin şey gibi mi olmamı isterdin? Nasıl diyordun?" Kocaman açılmış gözlerimle ona bakarken, yanağımdan makas alarak ahenkle, "Mafyatik..." demesine ağzım bir karış daha açılmıştı. Benim tüm o deli zırvalarımı dinliyor muydu? Timur bir kez daha gülerken odadan dışarı çıktı.

Aman Allah'ım! Tehlike! Timur'un en zorba halinden, en ciddi haline kadar hepsini yaşamıştım. Serada saatlerce yanında yerimi almış; beni kısa net cümlelerle bilgilendirişlerini dinlemiş; zaman zaman onun içinden geçen, o yorgun yanı bile yakalamıştım. Oysa şimdi, karşımda hiç bilmediğim bir adam duruyordu. Şefkatli, anlayışlı ve şakacı... Kaç tane Timur vardı? Ona bir şeyler sormaya korkuyordum.

"Hafta sonunu burada geçireceğiz. Pazartesi döneriz. Sen de biraz toparlanmış olursun." Timur bir kaşını kaldırarak, hafifçe yandan bana bakıyordu. "Aylardır çok şey yaşadın." Dengesizi unutmuştum... Bu adam tam bir dengesizdi ve ben onun girdabında dönerken, yok olup gidecektim.

Ne olduğum, kim olduğum ve ne olacağım, onun iki dudağının arasındaydı. O isterse Cansu, isterse Hacer oluyordum. Allah bilir, isterse başka neler olurdum. Kendime bile itiraf etmek istemesem de, bana göstereceği bir gıdım sevgi umuduna aç benliğim, onun göstereceği her kalıba girmeye hazırdı. Sırf o istiyor diye, haşlanmış yumurtayı bile sevebilirdim. Benim gibiler için, tek bir gerçek varsa; o da bitlerimizi kabul ederek, başımızı okşayacak bir avuç için her kalıba girerdik. İçimizdeki o boşluk ve dışlanmışlık hissi asla kaybolmazdı. Hiçbir sevgi bize yetmezdi; çünkü biz sevgi denen şeyi bilmezdik. Bir yanımız asla kendimize güvenmezdi. Bir kızın, ilk aşkı olan babasını arardı kalplerimiz ve sadece akışta akarak yok olurduk, Nalân gibi. Yüreğimi işte tam da bu yüzden herkese kapamıştım. Onu koruyabileceğim kadar korumaya yeminler etmiş, kimsenin beni bir kere daha kandıramayacağına inandırmıştım kendimi. Şimdi Timur'a bakarken, kanmak için dünden razıydım. Sadece bir hafta sonu... Ne zararı olurdu? Ben, tüm zaaflarımı bilirken; iki güncük *miş* gibi yapıversem, ne olurdu?

"Kalmak zorunda değiliz. Ben iyiyim, dönebiliriz." Kahvaltımızı sessizce ederken, birden söyleyivermiştim.

"Kapa çeneni uykucu. Sessiz halin daha çekilir." Oh be, neyse, Timur derin bir hummaya yakalanmamıştı, ya da dün gece ben uyuyakalınca uzaylılar tarafından kaçırılmamıştı. Hödük geri gelmişti. Oh be! Rahatlamıştım. Bir an yeni Timur ile nasıl başa çıkacağımı bilememiştim doğrusu. Bir şey değil, Falaz bunu bile benden bilirdi.

"Dün gece planlarını mahvettim. Özür dilerim." Heloleyo! Dün gece esas beni uzaylılar kaçırmıştı! Kömürlüğe kapatılıp, üç gün aç bırakılmadan özür diliyordum! Şokun etkisindendi, kesin.

"Özür dileyecek bir şey yok. Düşünme şimdi bunları. Bir yolunu bulurum ben, hep bir yolu vardır." İmkânsız yoktu, değil mi, Timur Bey sizin için?

Etraf bembeyazdı. Soğuk üzerimdeki kıyafetlere işlemiyor, karların üzerinde parıldayan aldatıcı güneş, sanki beni ısıtıyormuş gibi yüzümü aydınlatıyordu. Faytonun üzerinde genzime dolan temiz doğa kokusu ile karışık at kokusu, daha önce yaşadığım hiçbir anıya benzemiyor, hiçbir şeyi çağrıştırmıyordu. Sadece hafif hafif yüzüme çarpan rüzgârın serinliği ve yanımda oturan adamın güçlü bedeni vardı. Etraf gibi tertemizdi zihnim. Düşünmek istemediklerimi yeniden bir odaya kilitlemiştim zihnimde.

Sabah birlikte ettiğimiz, sade; ama benim için eşsiz güzellikteki kahvaltının bıraktığı etki miydi; yoksa bizi evli zanneden, otelin diğer misafirleri olan yaşlı çiftin etkisi miydi, bilmiyordum. Timur'un bu yanlışı düzeltmeyişi de cabasıydı. İlk defa utanmamıştım ya da kınanmamıştım. Bir daha yaşayamayacağım bu ana tutunmak istemiştim.

Timur, bana hiç faytona binip binmediğimi sorduğunda; gözlerim parıldayarak, çocuksu bir heyecan içimi kaplamıştı. Başımı iki yana sallayışım da ondandı. Gülümsemişti bana, hani şu başını bir yana eğerek, dudağının bir yanını ısırdığı çarpık gülümsemelerden biriydi. Kalp atışlarım hızlanmış, neredeyse adımı bile unutmuştum. Hoş adım neydi ki benim? Ben bile kim olduğumu bilmezken, insanların beni anlamasını beklemek ne kadar da insafsızlıktı.

Timur, elini tutmam için uzattığında; bu sanki bir davetten de fazlasıydı. Sanki zamanı durdurarak, paralel bir evrene bir kapı açmıştı. Sabah getirilen kalın montu üzerime giydirirken, öldürücü elleri bir bebeği tutarcasına itinalıydı. Nereden geldiklerini bilmediğim bere ve eldivenleri, kendi giydirmişti bana ve ben hâlâ nasıl hayatta kaldığıma şaşıyordum. Gözlerimin içine bakarak gülümsediğinde, bugüne kadar gördüğüm Timur'dan çok daha gençti. Beni inciten eller, şimdi beni sarmalıyordu ve bu hayatın bana yaşattığı onlarca ironik sürprizin içinden, en inanılmazıydı bu. Evet, kabaydı ve az konuşuyordu; ama çok şey ifade ediyordu.

Kendimi bu döngüye kaptırmamam gerektiğini bilsem de, çaresizce reçel kavanozuna düşen arılar gibi ona çekiliyordum. Bu aldatıcıydı, geçiciydi; ama benim buna ihtiyacım vardı. Bunun olmasını istiyordum. Bu bir hayaldi ve şu an oluyordu. Ben buna karşı koyacak kadar güçlü değildim. En azından bu an için değildim. Sadece kabul etmiştim. Direnmemiştim. Ellerimi eldivenler için uzattım ve o kısa, siyah saçlarıma bereyi takarak, kulaklarıma kadar çekerken; sesimi çıkartmadan, onun bakışlarını okumaya çalıştım. İfadesizdi. Timur sağlam bir ajan gibi bana sızarken, kendine dair hiçbir şeyi açık etmeyecek kadar soğukkanlı ve benden bile daha çok talimliydi. Ben histerik bir şekilde, ne olduğumu önüne dökerken; o sadece beni rahatlatıyordu. Sadece derin bir durgunluk ve sanki şaşkınlık vardı yüzünde.

Şimdi yanında çocuklar gibiydim. Sadece bu an vardı ve gülüyordum. Bu kadar basit miydi yani gülmek?

"Tanrım, göl mükemmel gözüküyor."

"Evet, öyledir. Kafamı dinlemek istediğimde, kar varsa buraya gelirim."

"Yalnız mı?" Hoppala! Bunu neden soruvermiştim ki şimdi

"Kafamı dinlemek istediğimde dedim, di mi? Tabi ki yalnız."

Aman boyun bir karış daha uzadı! Dil çıkartmak istiyordum, kesinlikle dil çıkartmak istiyordum! Allah'ım, engel olamıyordum! Ve çıkartmıştım da... Oy!

"Senin o dilini!" Timur bana doğru bir hamle yaptığında, daracık arabanın içinde usta bir hamle yaparak, geri çekilmiş olsam da; bileklerim, onun kıvrak çevikliğiyle ellerindeydi. Avuçları neredeyse bileklerimi tamamen kaplıyordu. Beni kızgınlıkla karışık refleksle kendine doğru çektiği sırada, arabanın bir taşın üzerinden

geçmesiyle, burun buruna kalakaldık. Ben bir süre bir şey söylemeden öylece bakarken; Timur'un gözlerindeki öfke, kısa bir anda yerini şaşkınlığa bıraktı. Sanki beni ilk defa görüyormuş gibi bakıyordu.
"Boynuzum çıkmadı, değil mi?"
"Hı?"
"İki kaşımın ortasında boynuzum çıksa hissederdim herhalde."
"Saçma sapan ne diyorsun be kadın?"
Timur bileklerimi bırakarak, geriye doğru çekilirken; sesinde, öfkesinin yerinde, sanki yeni bir keşif yapmış kâşifin şaşkınlıkla karışık ketumluğu vardı. Bulduğu her neyse, başka biri ondan önce ifşa etmesin hissi gibi.
"Ne biliyim, öyle bakıyordun ki, iki kaşımın ortası kaşındı."
"Ben seni bir kaşırım da, dua et kadınsın."
Bu sanki daha önce ona engel olabilmiş gibi! Sanki ikimiz de aynı şeyi düşünmüşüz gibi, gözlerini benden kaçırmıştı. Boğazını temizlediğinde bir şey söylemeye çalıştığının farkına vardım; ama belli ki bu onun için zor bir şeydi.
"Kusura bakma..." Ağzının içinde bir şeyler geveleyivermişti.
"Ne? Anlamadım?"
"Özür dilerim."
Herhalde arabadan düşüp, kafamı da taşa çarpmıştım! Yok yok, Timur hummaya yakalanmıştı! Aman Allah'ım! Timur hummadan ölecekti! Vah vah! Pek de gençti! Allah'ım sen onu bize bağışla.
"Ne?"
"Eh be kadın! İlle açık açık söyletcen mi? Özür dilerim dedim. Rahat mısın? Sana öyle şey etmek istemedim... Şey işte... Yani en başta da vurmazdım da... İşte öyle gerekiyordu. Sende çok uçmuştun be kızım. İşte,

iştin o zaman sadece. Yani... Şimdi de... İş de... O zaman derken... şimdi de... işte... böyle."

Bir cacık anladımsa, ahan da bir gecede Britney Spears'dan daha sarı olaydım! Adam böyle demiş önüne dönmüş, bir kere daha boğazını temizlemiş ve yutkunmuştu. Aman Allah'ım, Timur benden özür dilemişti! Ne için olduğu karışık olsa da, bir şeyler için dilemişti işte. Ortaya karışık, bildiğin cacık! Mutluydum. Mutlu olmuştum. Beni mutlu etmişti.

"Yürüyelim mi biraz?"

"Olur." Uçalım mı deseydi, o bile olurdu.

Timur öndeki faytoncuya bir şeyler söyledikten sonra, duran at arabasından hızlıca inerek benim de inmeme yardım etti. Beni öyle tutuyordu ki ellerimi nereye koyacağıma, adımımı nereye atacağıma karar veremiyordum. Hiç tanımadığım bakışların yansıması, bilmediğim tutuşlardı bunlar. Daha önce insanların bakışlarındaki şehveti ve açlığı görmüştüm, hem de defalarca; ama bu başkaydı. İnsanın içini yakıp, ismini unutturan cinstendi. Talepkâr olmayan, saygılı bir şeylerdi. Sıcacık...

"Cansu?"

"Efendim?"

"Yakala!"

"Neyi?" dememe kalmadı suratıma bir kartopunu yiyiverdim! Aha! Ben bunun altında kalır mıydım? Tabi ki ASLA! "KARTOPU SAVAŞI!"

Çığlık çığlığa bağırarak, kahkahalar atıyor ve elimden gelen en hızlı şekilde, ardı ardına Timur'a kartopları savuruyordum. Karşılığında yediklerimi saymazsak, oldukça başarılı sayılabilirdim; ama Timur'un iri ellerinin fırlattığı kar topları, havan topu mermisi gibi olunca işin rengi değişiyordu.

"Oha! Az yavaş! Yuh!"

"Canın acıdı mı?"

"Tanrım, seninkiler delip geçiyor. Nasıl yapıyorsun, içine taş mı koyuyorsun?"

Popomu ovuştururken kaşlarımı çatmıştım.

"Gel buraya beceriksiz, bak böyle yapacaksın."

Koşarak yanına yaklaşmış ve karı eldivensiz avuçlarında sıkıştırışını izlemiştim. Elleri soğuktan kızarmıştı; ama o, hiç etkilenmemiş gibiydi.

"Küçükken böyle yapardık. Falaz bu işte çok iyidir."

"Beste iyi ki, sağlam atlatmış çocukluğunu."

"Falaz onu hep kendi takımına alır korurdu. Yoksa çok şişlerdim de işte, kendini o zamandan beri Don Quijote sanıyor salak."

"Neden? Âşık olmak salaklık mı?"

"Bunca yıldır herkesten sakladığını sanarak susuyorsan, dangalaklık tabi."

"Biliyor muydun yani?"

Timur ters ters yüzüme baktıktan sonra, yeniden büyük bir itinayla kartopunu sıvamaya devam etti.

"Kör olan bile görür."

"Ama Beste hiç öyle düşünmüyor."

"O da onun salaklığı."

"Sen olsan söyler miydin?"

"..."

Timur, sessizce sırtını dönerek; biraz ötemizdeki büyük ağaca doğru yürümeye başladı.

"Kardan adam yapalım." Konuyu değiştiriyordu.

"Bence senden çekiniyor, senin onaylamayacağından korkuyor."

Timur hızla döndüğünde, yeniden burun buruna kalmıştık.

"Aşk korkaklar için değildir."

Soluklarımız birbirine karışırken, ne demek istediğini anlıyordum. Aşk cesaret isterdi, ona tutunacak eller isterdi, onu kabullenebilecek yürek isterdi ve ben kabul ediyordum. Daha fazla itiraz etmemin kime ne yararı vardı ki? Ben tüm korku ve imkânsızlıklarıma rağmen, gökte uçan kuşa âşık olmuş küçük kırmızı balıktım. Onlarcasından sadece biriydimse de, âşık olmuştum. Verecek hiçbir şeyim yoksa da âşıktım. Ben Timur'a âşıktım. Bunu inkâr etmemin ne faydası vardı? İnsan kalbinin bildiğini zihninden saklayabilir miydi?

Erkeksi kokusu karla karışarak bedenime işlerken, öylece duruyorduk. Kar üzerimize inceden yağmaya başladığında, gözlerimiz birbirinden başka bir yeri göremiyor, öylece birbirinin derinine bir şey görebilecekmiş gibi bakıyordu. Saniyeler durmuş kar alev almıştı. Yanıyordum. Kalbimdeki acı köz, artık başka bir şeydi. Kabullenmenin rahatlamasıyla, imkânsızlığın acısı karışıp, aşkın tutkusunda yeniden şekillenmişti sanki. Ona verebilecek hiçbir şeyim yoktu. Sadece o benim ilk aşkımdı.

İnsan varlığını bilmediği bir şeyin yokluğunu aramaz, derler; oysa ben şimdi, Timur'un varlığını biliyordum. Onu başka bir gözle, yüreğimin gözüyle görüyordum ve o gittiğinde hayatım eskisinden de korkunç bir kâbusa dönecekti. Ben sıcağı bilmezken, soğukla idare ediyordum. Oysa şimdi donarak ölecektim. Madem öyleydi, sadece bu an vardı. Adı olmayan ben ve bir tek şu an yanımda taşıyacaklarım... Aşk korkaklar için değildi, değil mi? Öyleyse ben de korkak olmayacaktım. Parmaklarımın ucunda yükselerek, Timur'un bana değmeden aşağıda parmaklarımın üzerinde teğet duran ellerinden ellerimi çektim ve omuzlarını kavrayarak güç aldım. Ya şimdi yapacaktım ya da ömrümün sonuna kadar, nasıl bir şeyi kaçırdığımı merak ederek yaşayacaktım. Biraz daha eğildiğimde, onun da bu anı beklediğini açıkça ifade eden aç gözlerini gördüm.

Timur açtı; ama açlığı hoyrat ve yıkıcı değil, sabırlı ve beklemediğim şekilde itaatkârdı. İşimi kolaylaştırmıyordu. Dudaklarımı dudaklarına değdirdiğimde, bu yakıcıydı; hem de bir öncekinden çok daha fazla. Bu bir ihtiyaç, ya da bir kafa dağıtma değildi. Bu tamamen, başlı başına bir kafa karışıklığıydı. Dudaklarım korkakça dudakları üzerinde hareket ederken, gitgide cesaretlerimi kaybediyordum ve ayaklarım geri düşüyordu. Ben yasak olana el uzatmıştım... Bunu yapmamalıydım... Buna ne hakkım...

Topuklarım yerle buluştuğu anda, Timur'un sahiplenici tutuşu belimi kavrayarak, beni kendisine doğru çekmişti. Artık o yeniden bir hükümdardı. Dudakları, dudaklarımı uzun uzun talan ederken; hiçbir şeyin önemi kalmamıştı. Korkularım talan olmuş, kalbim yerinden koparak, ona ait olan bir hücreye kendini gönüllü kapatmıştı. Artık inkâr edebileceğim hiçbir şey kalmamış, son kalem de fethedilmişti. Değersiz varlığımda var olan ne varsa, artık Timur'undu. Ardından geleceklerden korksam da, aşk korkaklar için değildi.

Dili, dilimle tutkunun dansını ederken, ben kabullenmiştim. Gözyaşlarımı saklayamıyordum. Onlar, ince ince yanaklarımdan süzülürken, ben cesurdum. Varlığımın bir sonu olacaksa, onu ben seçecektim ve o son, bu aşk olacaktı. Hayatımda bir defa olsun, kendi adıma bencilce bir şey isteyecektim ve sahip olamayacak olsam da, ondan geleni kabulleneceğktim.

'Sen âşıksın diye, o da sana âşık olmaya mecbur mu?' demişti bir keresinde biri. Değildi. Dudakları dudaklarımdan bir solukluk ayrılıp, yeniden buluştuğunda; nefes iki dudağın arasında yer değiştirdiğinde; biliyordum ki aşk, kimi zaman tek kişilik bir yangındı ve âşık tek başına yanmaya gönüllüydü. Ben de gönüllüydüm.

Onu, son öpüşümmüş gibi öptüm. Onsuz ölürmüşüm gibi öptüm. Bir önceki öpüşünde bana ne yaşattıysa, ona aynısını yaşatmayı dileyerek, dervişin duası gibi öptüm. Ellerim ne zaman saçlarına ulaşmıştı ve elimdeki ıslak eldivenleri nasıl çıkartmıştım bilmiyordum ve onların neden Timur'un elinde olduğunu düşünmüyordum. Masum değildi hiçbir yanı. Sadece birbirine ezercesine çarpan; dişleri arasında, tatlı bir sızıyla ezilerek, aynılarını tekrar etmeye çabalayan dudaklarımız vardı. Avuçları ne zaman bereden kurtulmuş saçlarımı kavramıştı ve başımı ayırmaya izin vermeyecek şekilde kendine çekiyordu, farkında değildim. Dilinin ağzımın içindeki varlığı, sanki hiç yabancı değilmiş gibiydi. Ağzımın hâkimi gibi kıvrılıyor, dişlerimin gerisinde gezinip dilimi aynılarını yapmak için adeta davet ediyordu. Mahremdi, özeldi; ölümdü, dirilişti. Avuçları yanaklarımdan süzülen yaşları avuçlayıp, nefes almaya çalışırken, ikimizin arasında fısıldanan bir ilahi gibi, benim için kutsaldı. Geri çekilebilirdim ama çaresizdim. Bir adım geri atsam, beni zorla tutmayacağına nedense emindim; ama o sanki hasta ruhumun tek ilacıydı. Gözleri gözlerimden içeri akarken, ben cesurdum. Aşk benim içindi, aşk bendim...

... ...
"Üşüdün mü?"
"Hayır, ya sen?"
"Beni bir kere daha böyle öpeceksen, evet."
Öpmüştüm...

14. Bölüm

Kimsesizdim, hiçtim. Savrulan küllerdim; ama Timur tutuyordu ellerimden. O bana değdiğinde, yüreğim bir yangın yeriydi. Kendimden geriye ona verebilecek hiçbir şeyim kalmamışken, o bana varmışım gibi hissettiriyordu.

Dudakları dudaklarımdan ayrıldığında, büyük bir buzula hapsolmuş gibiydim. İçim acıyor, onu sahte vaatlerle kendime bağlamak istiyordu; ama yapamazdım. Bunu kimseye yapamazdım. Benim gibi bir harabe, hiçliğin içinde kimseye bir şey vadedemezdi; hele de Timur gibi bir adama. Ona kızıyordum; ama aynı zamanda benim için kocaman bir şeydi Timur. Erişmesi imkânsız, kusursuz... Pürüzsüzdü... Asiydi, boyun eğmezdi. O bildiğini okuyacak, eğilmeyecek, eğrilmeyecek, hep kazanacak, hep alacak insanlardandı. Onu hak edebilecek kızlardan, o masum kızlardan olmayı öyle çok isterdim ki... Oysa benim eğitimim bile ona yetmezdi...

Onca kabadayılığına karşın, çalışma odasındaki kütüphanede onlarca diplomayı görmüştüm. Daha bu sabah bile, konuştuğu dili değil anlamak, nece olduğunu bilecek kadar bile onun dengi değildim ben. Ben ona neyimi verebilirdim ki? Hiç sevmemiş ya da sevilmemiştim; ama hayatta her şeyin, bir karşılığının olması gerektiğini bilecek kadar görüp geçirmiştim ben. Dudakları dudaklarımdan bir nefeslik ayrılır ayrılmaz, başım aşağı düşmüştü.

"Gidelim mi?" Çekiniyordum. Her an birileri bir yerlerden çıkıp, 'Bu bir şakaydı, sen de kimsin ki!' diyecek gibi hissediyor ve gitmek istiyordum. Tek başıma, kendimi dizlerime kapamak istiyordum. Yorulmuştum, kimine göre kısacık yaşamımda hayat beni yormuş, asırlık yükler yüklemişti üzerime.

"Hayır, gitmeyelim."

Aşağı düşen başım, Timur'un keskin itirazı ile hızla yukarı kalktığında; gözlerim, onun alev alev bakan bakışları ile buluştu. Çenesi kasılmıştı ve yanağının gerisinde bir kas seğiriyordu. Dudakları ince bir çizgi halini alırken; kaşlarının biçimli kavisleri çatılarak, öylece bana bakıyordu. Kızgındı, sanırım... Yani... Öyleymiş gibi bakıyordu. Ne diyebilirdim ki? Kendince haklıydı, sonuçta bendeki cürete, ben bile kızıyordum. Kuş balığa ne derdi? Sen uçamıyorsun; ama ben yüzerim, mi? Masalarda bile olmazdı. Benim, içimde adına aşk dediklerim, haddimi aşmıştı. Ben sadece, tüm yaşamım boyunca bu tek güzel hissi içime verdiği için minnettar olup susmalıydım.

"Ben... özür..."

"Sakın! Sakın benden özür dileme."

Ah, işte şimdi yanmıştım! Oysa sandığımın aksine, o sert bakışlara inat, en yumuşak dokunuş boynumun sağ yanını kavramış, inceden bir kavisle hareket ediyordu. Gözlerim kendiliğinden kapanırken, kasılmasam bir kedi gibi mırıldayabilirdim.

"Sakın Cansu, benden böylesi güzel olduğun için özür dileme." Güzel mi? Kim? Ben mi? Az önce yarı yarıya kapanan gözlerim fal taşı gibi açılmış, elinde yumuşak bir ipek gibi salınan boynum dikleşmişti.

"Ben mi güzelim?" İster istemez, sesim cırlar gibi çıkmıştı dudaklarımdan. Timur'sa dudaklarını bir tarafa doğru kaydırarak, hafifçe gülümsedi sadece ve kara başını eğerek boynuma itiraz edemeyeceğim kadar hızlı bir öpücük kondurdu. Beni mühürlemişti! Yemin ederim dudakları ateşte kızdırılmış bir demirdi ve boynumun tam da omzumla bitişmeden biraz üzerinde kalan yerinde, çarpık bir gülümseme barındıran mühür izi bırakmıştı. O beni işaretliyordu. Bana belli etmeden, çentik çentik ruhuma kendini kazıyordu ve böyle bir enkazda neden var olmak istiyordu, işte onu hiç anlayamıyordum. İçimde vahşi bir memnuniyet, çaresiz bir acizliğe savaş açmıştı, bir tek öpücükle. Tüylerim diken diken olurken, bir yanım ummadığım bir beklentiyle sarsılsa da, diğer yanım anıların sarsıcı öfkesiyle nefes nefese kalmıştı. Teslim olma diye haykırıyordu bir ses kulaklarımda. Teslim olma! Umuda, hayallere teslim olma! Geçmiş arsız bir kahpe gibi, bulduğu her çatlaktan üzerime hücum ediyordu.

"D...du...du...du..r!"

Sanki boğazım yırtılmış, kalbim içinden çıkmıştı. Gırtlağımdan yükselen hayvansı sesi tanımıyordum. Bakışlarım onu, etrafı, hiçbir şeyi görmüyordu. Sadece deli gibi atan kalbim vardı ve uğultusu kulaklarıma vuruyordu. Sanki ışık bir anda sönmüş, tüm dünya karanlığa gömülmüştü. Ben korkuyordum... Her şey sanki yeniden oluyordu. Kulaklarımda çınlayan çığlık, gerçekten boğazımdan mı çıkıyordu; yoksa hepsi hayalim miydi ayırt edemiyordum. Kendimi tutamıyor sadece sarsılıyordum. Hızlı nefes alıp verişlerim, Timur'un sert ve telaşlı elleri altındaki sıkı tutuştan kurtulmaya çalışan, yaralı bir hayvanın hırıltıları gibiydi. Oksijen yetmiyordu; hiçbir oksijen yetmeyecekti ve ben boğulacaktım adeta.

"Hacer, Hacer bana bak. Cansu... Benim... Timur, Cansu... Hacer bana bak, nefes al... Nefes al..."

Ağzımdan dökülen kelimeleri kulaklarım duymuyordu. Onlar kelime miydi, yoksa çığlık mı onu bile bilmiyordum. Telaşlı nefesim bir şey anlatmaya çalışıyor; ama kâğıttan kuleler gibi yıkılıyordum. Timur'un sesinin tınısı vardı sadece; ama ben anlamıyordum. Her şey silinmişti... Dünya kararırken, ben tutunmaya çalışıyordum. Yer açılmıştı ve beni soğuğuna çekiyordu. Hiçbir şey yeterli değildi. Yeterince nefes alamıyordum, yeterince tutunamıyordum; tıpkı benim gibi her şey yetersizdi.

"Cansu, Cansu bana bak diyorum. Hacer sana emrediyorum; nefes al!"

Suratımı tutan elleri, başımı bir yöne doğru sabitlemeye çalıştıkça, akan yaşlarla kayıyordu. Gözlerimin utançtan görmek istemediği bir yere, sanki bakarsa her şeyi göreceğinden korktuğum bir yere. Bakamazdım, hayır bakmamalıydım.

"Cansu! Bana bak! Benim Timur ve sen benimsin! Sana emrediyorum! Nefes al! Benimle kal..."

Kulaklarımda yankılanan emir cümleleri ve işittiğim sert sesin aksine yumuşak dokunuşlarla, belli belirsiz şakaklarıma değen dudakların zıtlığı, hiçbiri geçmiş değildi; ama tanıdıktı. Karşımda belirmeye başlayan sert silüete, öylece bakıyordum. Sanki bir ölüyü canlandırabilecekmiş gibi, Timur'un elleri yüzümü okşuyor; dudakları telaşla bir şeyleri tekrar ediyordu.

"Benim Cansu, yemin ederim benim. Buradayım bak! Hadi, lütfen, lütfen beni çaresiz bırakma... Sen yapabilirisin... Sen güçlüsün..."

Gözlerinde acıma ya da başka bir şey değil, sadece acı vardı.

"Yemin ederim ödeteceğim, ağzına sıçtığımın pezevenklerinin her birine tek tek ödeteceğim! Ölmek için yalvaracaklar... Şerefim üzerine yemin ederim ki, ödeyecekler..."

Neyi ödeyeceklerdi?

"Buradayım, benimle nefes al... Benimlesin... Ben özür dilerim... Özür dilerim... Lütfen... Lütfen..."

Ben ne yapmıştım ki? Özür mü dilemeliydim?

"Hacer... Senin suçun değil. Lütfen, lütfen kaçma benden. Benim, bak buradayım... Tamam vur, kus öfkeni lütfen... Gene bağır... Ama durma böyle lütfen..."

Öylece bakıyordum. Konuşsam sesim çatallı çıkacak kadar, boğazım yanıyor ve acıyordu. Çevrede kimse yoktu. Sadece Timur ve ben vardık. Meraklı bakışların olmayışına şükretmeliydim; ama olsalardı bile, ben sadece Timur'u görüyordum. Bakışları bir kere bakışlarımı esir aldığından beri, netleşen tek görüntü oydu benim için. Yanağında kan vardı. Kan! Titreyen elimi kaldırarak yanağındaki kana dokunmaya çalıştım. Nefesim onun nefesi ile aynı ritimde, göğsümü bir yükseltip bir alçaltıyordu. Suratına dokunduğumda beni kendine çekerek geniş göğsüne bastırdı.

"İşte böyle, nefes al, benimle nefes al."

Sesi öyle çok şey vadediyordu ki, belki o bile bilmiyordu. Başım sessizce onun güven veren göğsüne yaslandığında, yerde olduğumuzu fark ettim. O dizlerinin üzerine çökmüş, beni de kucağına çekmişti. Ne zaman yere inmiştik ve neden inmiştik hiçbir fikrim yoktu. Vücudumun içinden ruhum çekilerek alınmıştı sanki. Ben bir enkazdım... O sırada Timur'un ellerini bir an için gördüğümde, o güçlü elerin üzerindeki kan çizgilerini gördüm.

"Ellerin..."

Kendimi geri çekmeye çalışsam da buna izin vermedi. Yeniden saçlarımı kavradı. Bir eliyle yanağımı okşarken, "Önemi yok," dedi sadece. "Senin yaralarının yanında önemi yok." Yaralanmış mıydım?

Kendimi ısrarla geri çekmeye çalışırken, bir hezeyan daha geçirmemden korkarmış gibi kolları gevşese de, sadece ona bakabileceğim kadar çekilebildim. Aman Allah'ım! Bu yaraları ben yapmıştım! Elimi kaldırıp bir kere daha yanağındaki ize dokunurken, "Ben... Ben seni tırmaladım..."

"Önemi yok kedicik. Şimdi bunu düşünme." Kendimi biraz daha geri çekmeye çalışsam da, içimden bir ses bencilce, tekrar kendimi onun kolları arasına bırakmamı ve yüklerimi onun taşımasına izin vermemi söylüyordu.
"Ellerin... Onları da tırmaladım..."
"Sen iyi bir savaşçısın." Gülümsüyordu.
"Ben çok özür dilerim... Ben..."
"Önemi yok dedim ya..."
Beni yeniden kendine çekerken, temkinli olduğunu hissedebiliyordum. Timur derin bir iç çekerken; inip kalkan göğsüne bir kedi gibi sokulmuş, ona sarılıyordum. Az önce tetiklenen anılarıma inat, şimdi arzuladığım sadece onun sıcaklığıydı. O olmasa ısınamayacak ve donarak ölecektim. O olmasa, kanım damarlarımda akmayı reddedecek, kalbim atmayı bırakacaktı. O bedenimde dolaşan yaşam elektriğiydi. Hücrelerim bir tek ona tepki veriyordu.
"Bütün o şeylere nasıl dayandın?" Bu aslında gerçek bir soru değildi. Ben utanıyordum, avazım çıktığınca haykırırken, her şeyi aslında tüm çıplaklığıyla anlatmıştım. Bir kara leke gibi üzerimde taşıdığım her ne varsa, daha fazla içimde tutamamıştım. Bir yerde geçmiş şu anla karışmış ve ben bir bir tüm utancımı Timur'un önüne serivermiştim.
"Benim hatam."
Bir anda dudaklarımdan dökülen kelimelerle, Timur kaskatı olmuştu. Öfke damarlarında bir nabız gibi atıyordu ve ben taşlaşan bedenini hissedebiliyordum.
"Senin hatan mı? Böyle mi düşünüyorsun?" Bana inanamıyormuş gibi bakıyordu.
"Ben inanmamalıydım... Aptal hayaller kurmamalıydım... Ben..."
Timur anlık bir hiddetle beni kendinden uzağa çekerek, bana bağırdı: "Sen sadece on altı yaşındaydın kahrolası. Kimsesiz ve on altı yaşındaydın!"

"Senin seçtiklerin de kimsesiz değil mi?"

"Evet." Bir anda ifadesi yeniden yıkılmış ve utanan bir hal almıştı. "Arkalarında üzülecek kimseleri olmayacaklar... Arkalarını soracak kimseleri olmayacaklar..." Timur acımasızdı. "Ben onlara imkân ve seçenek sunuyorum, tecavüz etmiyorum!"

"Benim hatam..."

"Sakın!" Timur omuzlarımdan tutmuş, beni hafifçe sarsmıştı. "Asla bir daha bunu söylemeyeceksin." Peki, söylemeyecektim ama benim suçumdu. Ben aptal hayallere inanmıştım. Oysa hayaller çocuklar içindi ve benim çocuk olmak gibi bir lüksüm olmamalıydı. Lüks bizler için değildi.

"Hadi gidelim. Acıkmışsındır. Mangal hazırlatmıştım."

Sesi ve sözleri, gayet sıradan bir anı yaşıyormuşuz gibiydi; ama beni tutuşunda bambaşka bir şey vardı. Bana kırılmış parçalarımı toplarmış gibi dokunuyordu. Yürümeme izin vermeden kucağına almış ve daha önce bizi beklemesi için ilerideki yolun kenarına yolladığı at arabasına taşımıştı. Beni koltuğa oturtmak yerine kucağından hiç indirmeden, benimle birlikte arabaya tırmanıp kucağına oturtmuştu.

"Bizi görecekler." Bağırmaktan kısılmış sesim boğuk çıkmıştı.

"Ee?"

Utanmıştım. Timur ise umursamadan dimdik duruyor ve tüm sahipleniciliğiyle beni sarmalıyordu. Daha fazla dayanacak gücüm kalmadığında, bedenine yüzümü iyice gömüp tüm yüklerimi ona bıraktım. Beni yargılamıyor, kabulleniyordu; tıpkı benim de onu kabullendiğim gibi. Günahlarımızla birbirimizin karşısında, vahşi ve çıplak ruhlarımıza bakıyorduk. Ben her adımı kan kokusu yayan, yaralı bir hayvan gibiyken; o görkemli bir avcıydı.

... ...
"Benim de seçeneğim olacak mı?"
"Senin tek bir seçeneğin var Hacer."
"Söylemeyecek misin?"
"Benim."

Umut, cehennemden gelme bir tohumdu ve acıyla keder kardeşti yüreğimde. Ben umudu ekmeye korkuyordum; ama o arsızca köklerini salarak tohumlarını saçıyordu.

Altan Bey, mangalı kurmuş; elektrikli ısıtıcının ısıttığı bir masa ayarlamıştı, ahşap terasta. Timur beni masaya oturtup mangalın başına geçtiğinde, sanki zamandan bağımsızdık. Burada geçireceğimiz bir günümüz daha vardı; ama ben şimdiden bu anın bitmesinin hüznüne düşmüştüm. Her şeyim gibi bu da buruk bir mutluluktu. Elimden kayıp gideceğini ve kısacık süreceğini bildiğim bir mutluluktu. Her şeyi bir yana bırakıp, bu anın tadını çıkarmaktan başka ne kalıyordu ki elime? Ben de öyle yapmaya karar verdim.

"Rakıyı koy sen, etler çıkıyor."

Timur neşeli bir çocuk gibi, mangalın başında hızlı hızlı hareket ediyordu. Yine rakı sofrası kurulmuştu ve yine Timur'un yanındaydım. Onun bardağını doldurduktan sonra, şişenin ağzını kapayarak kenara bıraktım.

"Sen içmiyor musun?"

"Bilmem, içeyim mi?"

Timur elinde bir tabak etle gelirken gülümsedi.

"Koy hadi bir kadeh kendine de." Tabağıma yiyebileceğimden fazlasını doldururken; beni en derinimden vuran, o çarpık gülümsemesi ile yüzüme baktı ve "Seni çabuk çarpıyor?" dedi. Geçen seferi hatırlayarak yüzüm yanmaya başlamıştı.

"Ben pek içmem."

"Neden? Yani iç diye demiyorum da, merak ettim."

"Sarhoş olup, bedenimin kendi kontrolüm dışında, başka birinin insafına kalması fikrinden nefret ediyorum." Bu sözlerden sonra, sanki dilim çözülmüştü: "Bedenim benim, onun üzerinde tek hüküm bana ait olmalı." Ondan bir onay ister gibi gözlerine baktım ve sonra kendimi daha da savunmak istercesine "Kimi zaman kendimi uyuşturmak fikri cazip gelse de, birinci elden Nalân'la öğrendim ki, o uyuşukluk geçtiğinde acı ve yıkım onlarca katı şiddetle geri dönüyor. Sonra geriye sadece harap bir kabuk bırakıyor."

Timur karşıma oturmuş, bana öylece bakıyordu. Siyahın en derin tonlarındaki gözlerinden binlerce düşünce geçiyordu; ama ben hiçbirini yakalayamıyordum. O bana böyle baktıkça benim içimden durmadan konuşmak geliyordu.

"Senin yanında içebilirim..."

"Neden?"

Öyle ani gelmişti ki bu soru, bir anda düşünmeden cevapladım: "Çünkü sana güveniyorum."

Kelimeler dudaklarımdan çıktıktan bir iki saniye sonra, beynimde idrak çanları çalmaya başladı. Geri alabilmeyi öyle çok isterdim ki. Timur bir iki saniye daha bana tüm dikkatini vermişçesine baktıktan sonra, yerinde dikleşerek bardağını kaldırdı.

"O vakit, şerefe bülbül."

Bana uzanan, cırmık içindeki eline bakılacak olursa; bülbül yerine kedi dese yeriydi, hem de nankör kedi!

"Şerefe."

Karşılıklı gülüp konuşuyorduk. İki arkadaş gibiydik. Timur sanki sıradan bir adamdı ve ben de onun sıradan arkadaşıydım. Rahattık ve ben belki aldığım alkolün etkisiyle, belki de asırlar gibi gelen bir zamanın gerginliğinin boşalmasıyla gülüyordum. Tek bildiğim mutluydum ve gırtlağımı yararak inen içkinin bunda biraz payı varsa, tüm yüz buruşturmalarıma değerdi bu an. Her yudumumda Timur da yüzümün aldığı şekilsiz hallere gülüyordu. Fonda taş plak sesi ve Safiye Ayla, karşımda mermerden yontulmuş kadar kusursuz bir adam, önümde yiyebileceğimden bile fazla yiyecek... Yarın yoktu, dün yoktu... Sadece bu an vardı...

"Birazdan çatlayabilirim."

"Hayır, o sucuğu bitireceksin."

"Tanrım! Ben bu kadar yersem ölürüm."

"Esas bunca zaman eriyerek ölmediğine şükretmelisin."

Şen bir kahkaha attıktan sonra, kahkahamın kendime tuhaf gelmesi ayrı bir şeydi tabi; ama önüne geçemiyordum.

"Ah, galiba sarhoş oldum." Ve bir kahkaha daha attım.

"Daha olmadın, hâlâ çakırkeyifsin."

Timur da bana o çarpık gülüşüyle gülüyordu; ama bu defa yüzü daha gençti sanki ve muzırdı. Onun bakışlarına karşı kıkırdamamak elimde değildi. Gülüyordum ve o da bana bakıp başını iki yana sallayarak gülüyordu.

Kollarımı önümde kavuşturarak, önümde erkenden çöken karanlığa doğru eğildim oturduğum yerde. Derin karanlıkta sokak lambalarının parıldattığı karlar, sanki üzerilerinde peri masallarının peri tozları serpilmiş gibi güzeldi.

"Üşüdün mü?"

Timur oturduğu yerden kalkarak üzerime Altan Bey'in bizim için bıraktığı polar şallardan birini dolarken, erkeksi kokusu genzimi gıdıkladı.

"Yok, ben sadece... Burası çok güzel..."

Ne diyeceğimi bilemiyordum. Yine çok yakındık ve

o bu kadar yakınımda durduğunda, kelimelerim aklımdan uçup gidiyor, zaman yok oluyordu. Geriye sadece o an ve o kalıyordu. Timur geri çekilmedi. Öylece gözlerime bakıyordu.

"Evet, çok güzel." Nefesi yüzüme çarparken; tenim ürpermiş, içimde bir arzu fırtınası kopmuştu. Beynim bulanıktı, hafiften başım dönüyordu; ama ben bunun sebebinin içtiğim içkidense Timur olduğu yönünde, kendimden emindim. Aramızda konuşulmayan sözler asılı duruyordu. Bakışlarımı ondan alamamış, ona büyülenmiştim. Siyah gözleri her zamankinden daha koyu ve karanlıktı. Dokunuşunda belli belirsiz bir sertlik, tenime varlığını hissettirirken; nefesinin hırıltılı dokunuşu, ilkel bir çağrı gibiydi. Kulaklarımı tıkamak istesem bile, içim izin vermiyordu. Ona teslim oluyor, avuçlarının içinde yavaşlayarak onunla doluyordum.

"B..B...Ben bi..bi...bir ka...kaddd...deh daha..." Hay canına yandığımın! Yine kekeliyordum! Timur ise hiç istifini bozmadan kendi kadehine uzanarak dudaklarıma götürdü. Ah Allah'ım! Ölüyordum! Evet, şu an burada ölüyordum ve bu benim en mutlu ölümümdü! Ne olduğunun farkında olsam bile, önüne geçemiyordum hareketlerimin. Ne kadehe eğilişimi durdurabilmiştim; ne de iki elimle Timur'un elini kavrayarak, dudaklarıma değen soğuk bardaktan tüm genzimi yakan bir yudumu içişimi. Onun kendi gibi sert, sek içkisi gırtlağımı yakarak inerken, kalbimdeki yangının yanında solda sıfır kalmıştı. Timur bir, rakı sıfır! Maç Timur'un.

Gözlerinde esen karanlık fırtına, daha da koyulurken; soğuğun sessizliğinde esen rüzgârdan başka hiç ses yoktu.

"Hava bozuyor."

"Hıhı."

Neye hıhı? Anlamıyordum ki ne dediğini. Sadece o eşsiz dudakları raks eder gibi kıpırdıyor ve ben gözlerimi ondan alamıyordum. Dudakları... Kurumuş, diliyle nemlendirdiği dudakları. Yutkunmuş muydu? Gırtlağındaki o çıkıklık hafifçe hareket ederek, bakışlarımı boynuna çekmişti. Lanet olsun! Ah! Hafifçe belirginleşmiş sakalları çenesinin altından boynuna doğru yok olarak, geriye üzerinde güneşi yansıtan buğday gibi parlayan tenini bırakmış ve zihnime ahlaksız oyunların sızmasına sebep olmuştu. Nalân, sana ve anlattığın hikâyelere lanet olsun! Zihnimde hiç durmadan çalan bir çan, bana bir tek şey söylüyordu: Nasıl olurdu? Kendimi Timur'un dokunuşlarına bıraksam ve onun dışında geride kalan her şeyi unutsam? Ya beni beğenmezse? Her defasında ne kadar zayıf olduğumu söylediğine göre, belki de daha dolgun kadınlardan hoşlanıyordu ve belki de göğüslerim onun beğenisi için fazla küçüktü? Apandisit ameliyatımdan kalma yara izimi iğrenç bulurdu belki? Sekiz yaşımdaydım ve pansuman yapılmadığı için mikrop almış, böylece yara derinleştiği için iz saçma bir hal almıştı. Bu kadar zamandır karnımın hemen altındaki yatay bir çizgi halinde duran kalın, kabarık izi umursamamıştım; ama şimdi dizimdeki sıyrık izlerini bile umursuyor, onları Timur'un bakışlarından kaçırmak istiyordum. Onca kusursuz mükemmellikte kadından sonra... Ayşen...

"Ayşen'e âşık mıydın?" Aferin kızım, hep böyle ol, anın içine et; e mi?

Timur gerilerek geri çekilirken, afallamış gibi bana bakışlarını kaçırdı.

"Bu da nereden çıktı şimdi?" Ah! Âşık olmuştu! Si...! Küfür yok! Hay ben! Bana neydi, olmuşsa olmuştu. Bunun bu kadar çok içimi yakmaması gerekiyordu; ama lanet olsun ki yakmıştı işte. Timur'un önündeki bardağı alıp kafama dikerken, hiç düşünmemiştim. İçki geçtiği her yeri dağlıyor, dağlarken de içimde yükselen histerik ağlama hissini körüklüyordu.

"Cansu, n'apıyorsun?"
"Hiç!" Sesim sert miydi? Sert olmasını hedeflemiştim; ama bu kadar da değil.
Nefesim tıkanmıştı. Bir bu eksikti.
"Hey Allah'ım! Kızım n'apıyorsun böyle. Az yavaş!"
Timur, fal taşı gibi açılmış gözleriyle, panik içinde suyu burnuma dayarken, pardon orası ağzımmış, bir yandan da sırtıma vurmaya çalışıyordu. Her şey bir anda çok basit ve komik göründü gözüme. Kulaklarımda çınlayan kahkahalar bana aitmiş!
"Ah, gülüyorum."
"Evet, gülüyorsun." Kendimi tutmaya çalıştıkça, daha çok gülüyordum. Hiçbir şey bu kadar komik gözükmemişti gözüme. Kendimi ilk defa yalnız hissetmiyordum. Yanımda Timur vardı ve zamanı dopdolu dolduruyordu.
"Bir şarkı söyliyim mi?"
"Söyle." Söyledim. Dilim ağzımda dolanırken, içimden geldiğince söyledim; kana kana, en güzel parçamı söylermiş gibi. Kelimelerim bittiğinde yeniden Timur'un kucağındaydım, ağlamıyordum ve o beni yukarıya odamıza taşıyordu. Bizim odamıza...

"Hops! Soyunmam gerek."
"Ben yan odadayım. Soyunabilecek misin?"
Tüm dünya dönüyordu; ama soyunurdum herhalde. Abartılı bir baş hareketi ile onayladıktan sonra, Timur odadan tam çıkacakken, ayaklarım durduğu yerde birbirine dolanarak beni yere çekti. Ah, canına yandığımın!
"Hey, dur, dur. Tamam, gel bakalım."
Timur beni bir oyuncak bebek gibi kaldırarak yatağa oturtmuştu. Uyku ne tatlı gözüküyordu şimdi. N'olurdu

ki üzerimdekilerle kıvrılıversem? Timur kazağı üzerimden çıkarıp pantolonumu aşağı çekmeme yardım ederken, boğazını temizlediğini duydum. Beğenmemişti!

"Çok mu çirkinim?"

"Hı? Ne?"

"Fazla zayıfım değil mi? Göğüslerim de çok küçük..." Atletimin içinden beyaz, kapalı kesim sütyenimi çıkarıp, ilerideki sandalyeye doğru fırlatırken; tüm vücudumu yakan bir alev vardı sanki. Ne kadar soyunsam yetmiyor, damarlarımda dolaşan lav dilime vuruyordu.

"Cansu, n'apıyorsun sen Allah aşkına! Giy şunu üzerine." Timur geceliği kafamdan geçirmeye çalıştıkça, ben ısrarla ayağa kalkmaya çalışıyordum.

"Bacaklarım da çırpı gibi, hatta sen ameliyat izimi görmedin. Bak çok çirkin." Atletimi kaldırmaya çalışırken Timur elimi yakaladı.

"Güzelsin, tamam mı? Hem de..." Boğazını hafifçe, birçok defa yaptığı gibi temizleyip yutkunmaya çalışarak kısık bir sesle, "Günah kadar güzelsin," diyerek cümlesini tamamladı.

"Ama Ayşen kadar değil. O çok güzel bir kadın. Saçları da sarı ve uzun."

Timur bedenimle verdiği mücadeleyi kazanarak, geceliğimi başımdan geçirmişti nihayet ve eteğini aşağı doğru çekerken neredeyse bir *oh* dediğini duyar gibi olmuştum.

"Tanrım! Sana bir daha içki içirmeyeceğim. Yemin ederim içki yok!"

Yeniden kıkırdadım ve bir parmağımı Timur'un dudağının üzerine koyarak, "Tutamayacağın yeminler etme koca adam," dedim.

Avucumu yakalayarak, parmağımı dudağına bastırırken, bir anda bakışları alev almıştı sanki. Gülümsemem yüzümde solarken, o öylece bakıyordu. Kor alevde dövülmüş keskin bir kılıç gibiydi. Elimi tutan eli ne gevşiyor, ne de canımı acıtıyordu. Öyle yakın geldi ki bir an duruşumuz, dudaklarım kurudu ve bir kez daha tenimde dolaşan lav damarlarımı yaktı. Timur öylece bakıyordu ve ben her saniyesinde, bilmediğim bir şeye teslim oluyordum. Teslimiyet hiç böyle tatlı ve cezbedici olmamıştı. İlk defa bu esareti istiyordum. Kalbimde yanan alevler vardı, boğazımda düğümlenen bir şey vardı. Titreyen ellerimde, çarpan kalbimde, her hücremde adını bilmediğim bir şeye çağrı vardı. Sadece onun kıvrımlı dudaklarına bakıyordum ve içimi saran korkudan yine ona sığınıyordum. Timur benim çıkmazımdı. Neye çağrıldığımı bilmeksizin, ona çekiliyordum her defasında. Kömür karası saçlarında dolaştırmak istiyordum parmaklarımı, yüzünün yanında bir çizgi çizmek istiyordum avucumla. Ona yakın olmak, kokusunu ciğerlerime toplamak istiyordum, en son nefesimmiş gibi. O, benim gibi kızlara hiç anlatılmayan masalların, beyaz atlı prensi gibiydi ve ben ona dokunmak istiyordum. Boşta kalan elimi kaldırarak yanağını avuçladığımda, yanan bakışları benden uzağa kaçtılar. Bedenini eğebildiği kadar eğerek kulağıma, "Bitiremeyeceğin şeylere başlama bülbül," diye fısıldadı.

Dudaklarından dökülen kelimelerin anlamı zihnime yayılırken, içimi saran panik dolu korkuyla biliyordum ki; o güldü, ben de gülün dikenli dalına asla konamayacak bülbüldüm. Onun dikenleri vardı, benimse çırpınan küçücük bir yüreğim. Avucum yanağında, öylece duruyordum. Ne bir adım geri atabiliyordum, ne de bir adım ileri. Bedenimden yükselen ihtiyaç ve ruhumdan gelen engellerle, sanki bir uçurumun önünde duruyordum. Timur hiç hareket etmeden duruyor, bakışlarını bana çevirmeden sabitlendiği duvarda kâinatın sırrını keşfedecekmiş gibi bekliyordu. Sessizlik gerginliğe işlerken, havada tutkunun kokusu vardı. Elimi tutan eli, aynı sertlikte kıpırdamadan kalbinin üzerine bastırılmıştı; sanki o da başka bir titremeyi bastırıyordu. Diğer eli yanında aşağıda yumruk yapılmış, hayalet düşmanları bekliyordu sanki. Teni tenime öyle yakındı ki, derin nefes alışlarını duyabiliyordum. Başımı döndürsem ve dudaklarımı dudaklarına bastırsam ne kolay olurdu. Oysa yapamıyordum. Pek çok şeyin dönümüymüş gibi bekliyordum. Belki de ilk hamleyi ondan bekliyordum. Güvensiz bedenimin onunla şekil almasını bekliyordum.

"Hadi... Uyu artık..." Timur sanki zorlanırcasına yerinden doğrularak, yüzüme bakmamaya çalıştı. Bakarsa ne olurdu? Ne görürdüm gözlerinde? Benden saklayabilir miydi? Beni omuzlarımdan kavrayıp yatağın içine kaydırırken, bir an sonra kesilecek temasımızın soğuk boşluğu içimi kavradı.

"Beni bırakma."

"Bu gece olmaz bülbül. Bu gece kendime güvenmiyorum." Ne için güvenmiyordu?

"Ama ben sana güveniyorum."

Timur kapıya döndükten sonra, derin bir nefes vererek yatağa yorganın üzerine uzandı ve beni gözeneklerinden içeri alabilecekmiş gibi kendisine çekti. Sert bedeni sırtımda cevapsız onlarca soruyla dururken, benim içimde sadece huzur vardı. Onu hissedebiliyordum, varlığını, erkekliğini... Ama ona nedensizce güveniyordum. Yorganın üzerinden kendini belli edenin ne olduğunu bilsem bile, beni korkutmuyordu. Yıkım yoktu, gözyaşı yoktu... Sadece huzur vardı. Işıklar kapandı ve etraf karardı.

"Bu gece kâbuslarım gelmeyecek."

"Uyu."

Uyudum...

... ...
"Ben hiç âşık olmadım."
"Peki, ya Ayşen?"
"Sadece işti."
"Benim gibi mi?"
"Sen iş değilsin... Artık..."

15. Bölüm

Günün ilk ışıkları odaya dolarken; sessiz bir çağrı zihnime dolmuşçasına, yarı uykulu gözkapaklarımı aralamıştım. Timur hâlâ arkamda duruyor ve beni sımsıkı kollarının arasında sarmalıyordu. Uyuduğum en tuhaf uykuydu bu. Yanımda bir başka bedene, hem bu kadar yakın hem de bu kadar uzak olduğum, farklı ve büyülü... İçimi saran duygu karmaşasına eşlik eden başımdaki ağırlık beni olduğum yerden kıpırdatmıyordu. Timur hâlâ yorganın dışında duruyordu, üşümemiş miydi bu adam? Yoklamak için elimi elinin üzerine yerleştirdiğimde şaşılacak derecede sıcak olduğunu fark ettim. Onu uyurken hiç görmüş müydüm? Uyurken onun da kirpikleri, masum bir çocuk gibi kapalı göz kapaklarının titreşimiyle, öldürücü bakışlarını gizler miydi? Ya da yüzünde şuursuz bir huzur barındırır mıydı uyku? Ne çok şey merak ediyordum. Oysa bazı cevaplar hemen sırtımda yaslanmış, beni uzaklaşamayacağım kadar sıkı ama şefkatle, onları almam için bekliyordu. Ufacık bir kıpırdasam... Anın sessizliğini bozmaktan korksam da, merak galip gelmişti. Sert tutuşunun içinde birazcık debelenme ile döndükten sonra, Timur'un yüzünün sert hatları ile burun buruna kalmıştım.

Bu yüzde çocuksu hiçbir şey yoktu. Köşeli çenesini kaplayan kısa, sert ve siyah sakallar, uyurken bile gergin duran çene, her an açılıp seni olduğu yere mıhlayacakmış gibi duran ok gibi sert ve kalın kirpiklerle çerçevelenmiş çekik gözler, hafifçe kemikli ve kelimenin tam anlamıyla kararlı duran bir burun... Bu adamın vücudunda basit diye bir şey yoktu. Her an yabancı bir düşmana karşı dimdik doğrulabilecek çevik kaslarla bezenmiş bedeni, yırtıcı bir hayvan gibi uykuda bile tetikteydi. Onu ormanda hayal etsem o görünmeyen bir yerlerden, beklemediğin bir anda üzerine atlayan simsiyah bir kaplan olurdu. Vahşi, elle tutulamaz, boyun eğmez bir kaplan.

Cuma gecesinden bu yana benim için çok şey değişmişti aslında. Ben, onun hep var olan bu vahşi yanının ötesindeki sahiplenici şefkati ile yüzleşmiştim. Beni sorgulamamıştı, sanki zihnimi okumuşçasına parçalarımı bir araya koymuş, benden karşılığında hiçbir şey beklememişti. Dün geceyi düşünürsem ona çok şey borçluydum. Ben inkardan kabullenmeye, hezeyanlarım arasında onu bedenime kabullenmeye razıydım dün gece. Düşününce tüylerim ürperse de ne olacaktı ki? Bakire bir kız gibi korkup kabuğuma mı sinecektim? Neyi kaybedecektim? Genç kızlık hayallerimi mi? Hem bedenime ne kadar kötü davranabilirdi ki? Üstelik bu benim seçimim olacaktı! Ben de normal olacaktım... Oysa hiç de öyle kolay değildi...

"Daha ne kadar bana öyle bakmaya devam edeceksin?"

Timur huzursuz bir kıpırdanmayla bedenini geri çekerken, kollarının tutuşunu hiç hafifletmedi. Gözleri açılmamış ama çenesi daha da gerilmişti. Çene kemiğinin üzerinde varla yok arası bir kas seğiriyordu.

"Ah! Uyandın mı?"

"Lanet olsun, uyudum mu ki?" Bu kelimeler ağzından varla yok arası bir sövünme gibi dökülürken, gözleri hâlâ sımsıkı kapalıydı. Bedenimle arasına sıkıştırdığı yorgandan bile gerginliğini hissedebiliyordum. Dur bir dakika! Çift kişilik yorganın benim üzerimde olmayan ne kadar kalanı varsa aramıza bir duvar gibi tıkıştırmıştı. Aman Allah'ım! Bu düşünce zihnimde yepyeni bir acıyla yankılandı. Benden tiksiniyordu! Bana dokunmak, gerekmediği sürece değmek istemiyordu! Ah Tanrım, nasıl, nasıl bu kadar aptal olabilmiştim! Benim gibi bir kıza neden dokunmak istesindi ki? Kullanılmış, ısırılmış elma çöpü gibi fırlatılıp atılmış... Ah... içimi derinden yakan acı, hücrelerimi adeta patlatarak yayılırken kaçıp saklanmak, kendimi karşımdaki dolaba kilitlemek istiyordum.

"Sen ne saçmalıyorsun?"

Si... Küfür yok! Lanet olsun! Yüksek sesle mi söylemiştim? Yok canım, daha neler!

"Hı?"

"Çeksene kızım elini. Eline koluna hakim ol!"

"Hı?"

Tanrım ağlayabilirim. Ne diyordu bu adam? "Anlamadım."

"Çek şu elini!" Ah! Tanrım! Kalçasını mı mıncıklıyorum! Hayır, hayır hayır! Ah! Yer yarılsaydı da, dibine girseydim... Allah'ım evet, elimin altındaki sert ve yuvarlak kalçaya elimi koymuş, yukarı aşağı avucumu hareket ettirerek parmaklarımla küçük daireler çiziyordum! Gel de şimdi küfür etme. Hay anasına yandığımın! Öylece dalmış, parmaklarımı Timur'un üzerinde gezdiriyordum. Elimi ateşe dokunmuş gibi çekmemle onun yataktan fırlayarak doğrulması bir oldu.

Ayaklarını yataktan aşağı indirmiş, arkası bana dönük öylece duruyordu. Allah'ım yedi büyük günahtan birini mi işlemiştim? On Emir'i mi çiğnemiştim? Hayır yani ben bu kadar mı...

"Bu kadar mı tiksiniyorsun benden?"

"Tiksinmek mi?" Timur hiddetle ayağa fırladı. Öfkeliydi. "Sen buna tiksinmek mi diyorsun?" Eliyle işaret ettiği yere doğru bakışlarımı kaydırdığımda, gözlerim yerlerinden fırlayacak gibi açıldılar. Vay anasına yandığımın! Timur'un belinden aşağıda küçük... yok büyük... yok yok hatta kocaman bir dağ vardı.

Ağzımı açıp da tek bir kelime edememiştim. Sadece gözlerim kocaman olmuş, bakakalmıştım.

Timur üzerime doğru yatağa eğilerek kollarımı kavradığında, ürkerek geri çekilmeye çalıştım.

"Sen nasıl bir acı çektiğimi biliyor musun? Günlerdir, haftalardır sana bu kadar yakın olmak; ama..." Yatağa otururken ellerini kollarımdan hafifçe kaydırarak tutuşunu gevşetti ve onların avuçlarından düşmesine izin verdi. "Seninle ne yapacağımı bilmiyorum... Sana nasıl davranacağımı da bilmiyorum. Lanet olsun seninle ilgili hiçbir şeyi bilmiyorum!"

Timur öfkeliydi; ama belli ki öfkesi bana değildi. Aramızda görünmez bir düşman varmışçasına ona sövüyordu. Yeniden kollarıma yapışarak beni kendisine çektiğinde, benim bakışlarım hâlâ onun belinden aşağıda, neyi görmeyi umduğumu bilmeden dolanıyordu.

"Bana bak, gözlerime." Başımı kaldıramıyordum. Utanıyordum. Oysa bu bir emirdi ve ben itaat etmeliydim. Gözlerimi gözlerine bakmaya zorlarken Timur konuşmaya devam etti: "Sana bakan gözlerimde hiç tiksinme görüyor musun? Sence bunlar tiksinen bir erkeğin bakışları mı?" Başımı hafifçe iki yana sallarken, orada gördüğüm şeyleri adlandıramadığımı fark ettim. Gördüğüm, bildiğim hiçbir şeye benzemiyordu. Ne pavyondaki aç bakışlar gibiydi, ne de sokaklardaki ilgisiz bakışlar gibiydi. Sıcak bir lav gibi içime akıyor, değdiği her noktayı yakıyordu. Gözleri bir yangın yeri gibiydi. Ne derlerdi hani eskiler? Gözler kalbin aynasıdır. O halde kalbi de bu halde miydi? Kor ateş gibi dağlanmış mıydı? Ben de onun içinde izler mi bırakıyordum? Çünkü benim hissettiğim buydu. Kaçınmakla daha da yaklaşmak arasında öylece duruyor ve ona bakıyordum.

"Başına gelenler..." Boğazını temizlerken bir eli kolumdan ayrıldı ve yerine buz gibi bir soğukluk bırakarak yüzümü kavradı. "O adamların hepsini parçalara ayırmak istiyorum. Benim olana el uzattıkları için ellerini kopartmak istiyorum. Sana bakan bakışları oyup yerlerinden çıkartmak istiyorum ve..." Ve ne? Timur söylediği kelimeleri tartıyor, adeta beni ürkütecekleri eliyor gibiydi. "Sana nasıl kıydılar? Nasıl!" Kelimeler boğazında boğulurken, daha fazla sesindeki acıya dayanamayarak, dudaklarına uzandım ve onu dudaklarımla susturdum. Benim yüzümden acı çekiyordu. Benim hatalarım, aptal hayallerim yüzünden... Dudaklarına bir kere dudaklarımla dokunduktan sonra hafifçe geri çekilerek, "Benim hatam, ben aptal hayaller kurmasaydım..."

Bu defa Timur beni susturdu. Öpüşü hiç de yumuşak değildi; ama kendi gibi sahipleniciydi. Aidiyetle öpüyordu beni. Dudaklarım dudaklarının arasında eziliyor ama acımıyordu.

"Sakın, sakın kendini suçlama." Diğer eli sırtıma kayarken, onun bedeninden güç alıyordum. O önümde durmuyor olsa yatağa gerisin geri yığılabilirdim. "Hacer, pavyon bülbülüm... Sen değil, sıçtığımın pezevenkleri suçlu ve yeminle koparacağım, sana değen her bir hücrelerini, çekirdeklerine ayıracağım." Yanağımdaki eli saçlarımın arasından enseme doğru kayarken, beni soluksuz bırakırcasına bir kere daha öptü.

Bir insan hem küfredip, hem de öfkesinde bile nasıl bu kadar şefkatli olabilirdi? Dudakları dudaklarımı defalarca kavrayarak, sessiz yeminler edip içimdeki yoksunluğu dolduruyordu. Sessizce fısıldıyor, bana *'Sen suçlu değilsin,'* diyordu. Öyle miydim? Hiçbir önemi kalmamıştı o an için. Zihnim, içim, her anım bilinmez bir beklentiyle dolmuştu; yüreğim bir kuş gibi çarpıyordu. Sırtımda dolanan el, hiçbir şeye benzemeyecek kadar sakindi. Aceleci hiçbir şey yoktu Timur'da. Dudakları mühür gibi dudaklarıma değiyor, geri çekilmeden bir dudağımı esir alıyor ve dişleriyle ismini kazıyarak bir sonrakine hazırlıyordu. Beynimde bir sis bulutu kendimi her saniye onun kollarına bırakıyor, daha da bedenine yaklaştırıyordu. Kollarında eridim, desem yeriydi. İçimi saran tüm korku sanki bir sis bulutu ardına itiliyor ve bana yabancılaşıyordu. Her saniyesinde ona karşılık vermek için yanıp tutuşuyordum; ama ne yapacağımı bilemiyordum. Elimi yukarı, ensesindeki saçların arasına koyduğumda yaralı bir hayvan gibi inlediğini duydum. Bu çok vahşi ve ürkütücü bir sesti. Zihnim kaçma komutları verse bile, bedenim kıpırdayacak durumda değildi. Yüreğim titriyor, avucum yanıyor, parmaklarımın ucu karıncalanıyordu. Timur derince içini çekerek şakağını şakağıma dayadığında, sanki o anlar bittiği için isyan edecekmiş gibi hissettim. Bana sarılıyor, sıkı sıkıya göğsüne bastırıyordu. Derin nefes alışverişleri kulağımı gıdıklarken, kendini yatıştırmaya çalıştığını anlayamamıştım bile.

"Tanrım, Tanrım, Tanrım..." Bir dua gibi mırıldanıyordu. Gözlerini yumduğunun farkındaydım. Kıpırdayamamama rağmen tüm algım açık, adım adım onu hücrelerime emiyordum. Başımı yumuşakça oynatarak onun şakağına sürtündüm. "Be...be...beni... incitmmm... meyeceksin... b...b...bi...biliyo...y...y...yorum." Cümle ağzımdan bin bir zorlukla çıkmıştı; ama biliyordum. Korkuyordum; ama onun beni incitmeyeceğini biliyordum işte.

Önce hafif bir gülme sesi duydum; sonra Timur'un, "Nereden biliyorsun bülbülüm? Nereden?" derken beni altına alarak yatağa yatırışını bir film şeridi gibi izledim. Öylesine hızlı olmuştu ki, itiraz etmeye ya da bir şey söylemeye vaktim olmamıştı bile. "Nereden biliyorsun? Ben bile bilmezken? Söylesene?" Dudakları bir kere daha dudaklarıma değerken bedeninin tüm ağırlığı beni

altına hapsetmişti. "Ne kadar zor biliyor musun? Hiçbir fikrin var mı, sen öylece kollarımın arasındayken?"
"A...a...am...ma..." Sözlerimi tamamlayamadan bir kere daha öpüldüm. Ardı ardına dudakları dudaklarımı ezerek açılmaya zorlarken, dili özür dilercesine şefkatle ağzıma hükmediyor ve sonrasında dudaklarımı dudaklarının içinde hapsediyordu. Delirebilirdim. Her şey sanki üzerime geliyor, nefesim kesiliyordu. Öyle bir fırtınaya tutulmuştum ki, muhteşemliğinden ne kaçabiliyor ne de içinde yürüyebiliyordum. Timur alnını alnıma dayarken, yeniden acı bir tebessümle gülümsedi.

"Ah minik kuş, senin için hayal ettiklerimi bir bilsen..." Derin bir nefes daha verirken, gözleri gözlerimi hapsetti. Bedeninin her noktasını hissedebiliyordum. Bacaklarımdan birini iki bacağının arasına esir almıştı; ama kalçalarını bana değdirmeden öylece durmaya çalışıyordu kollarının üzerinde. Gözlerinden alevler saçılıyor, bakışları içimde yangınlar çıkartıyordu. "Ama yasaklısın, değil mi? Senin bedenine, sen hükmedersin?" Benim kelimelerimdi... Şimdi onun dudaklarından işittiğimde, bana alaycı derecede yabacı gelen benim sözlerim. Kendimi bıraksam, onun ellerinde şekil alsam ve onun olsam, o olsam... Timur'un geri çekilmeye başladığını hissettiğimde, içimi kavrayan telaşla ona tutundum.
"Gitme."

Ne istediğimi bilmiyordum, neyi tetiklediğimi de. Sadece onun yerinde kalacak boşluktan daha çok korkuyordum artık. Hayatımın geri kalanını dolduracak, pişmanlıkla dolu o boşluğu göğüslemeye hazır değildim ve bedellerini ödemeye neredeyse hazırdım. Şu an onun bedenimde bırakacağı soğuk izlere hazır değildim. Sadece onun sıcağında ısınıyor, sadece onun dokunuşuyla unutuyordum. Büyülü bir şarap gibi kavrıyordu her hücremi.

Ellerim acemice ona tutunmaya çalıştılar. Öylece, kendime çekmeye çalışıyordum. Panik dolu acemi öpüşlerle öpüyordum şakaklarını. Hırçın bir panik dalgası bacaklarımı mıhlandıkları yerden yatağa bastırarak kalçalarımı ona doğru yükseltti. "Gitme, n'olur... gitme." Çaresizce onu istiyordum. Sonunun nereye varacağını bilmeden, sadece bir sefer olsun düşünmeden... O olmak istiyordum, tek bedende bütün olmak istiyordum. Yüklediğim tüm anlamları hiçe saymak ve onun verdiği kadarına razı olmak. Ruhum sadece ona tutunmak istiyordu. Sırtında bir yük gibi bütün kararlarımı ona bırakmak...

"Olmaz bülbül. Yapamam... Seni..." Kelimelerini yarıda keserek, telaşla dudaklarına dudaklarımı bastırdım. Acemice az önce onun bana yaptıklarını ona geri veriyor ve konuşmasını istemiyordum. Gözlerimden akan yaşlarla bedenimi bedenine hapsetmeye çalışıyordum. Bir an sonra ondan yükselen kesif bir küfürle görünmeyen zincirlerin boşandığını biliyordum. Artık onu tutacak hiçbir şey yoktu ve kendisini tutmasını da istemiyordum. Bedenime değen son ellerin onun elleri olmasını, yaşamımda bu anlara dair hatırlayacağım her şeyin sadece onunla olmasını istiyordum. Nefesim kesilirken istediğim tek şey, bedenimden anıları söküp almasıydı.

Elleri titriyor ama ustaca bedenimde dolaşıyordu. Dokunduğu her yerde benden sessizce izin alıyor ve dudaklarını dudaklarıma değdirirken beklediği izni kutsuyordu. Geceliğim yukarı sıyrılmış, tenimi olanca çıplaklığıyla onun teninin dokunuşlarına sermişti. Gecelik başımdan uçup giderken o hâlâ üzerimde giyinik bir şekilde duruyor ve sadece gözlerime bakıyordu. Bir an içimi amansız bir panik sarmaya başladı. Ona beklediği hiçbir şeyi veremeyecek, onun için yetersiz kalacaktım ben. Bedenim bilmediği bir beklentiyle yanarken, hep ondan aldığımı ama ona hiç vermediğimi ve veremeyeceğimi fark ettim. O benimle olmak istemiyordu... Dudakları daha da haşin bir öpüşle boynumdan aşağı kayarken, dili bıraktığı tüm izleri silermişçesine tenime dokunuyor ve gözlerimden süzülen tuzlu yaşların izlerini takip ederek yenilerini bırakıyordu. Aramızda sadece atletim ve külotum kalmıştı, onun kıyafetlerini saymazsak. Gerçekten daha ileri gidebilecek miydim?

Tutku... İsmi bilinmeyen bir şiir gibi asılı duruyordu aramızda. Her bir dokunuş, her bir nefes... İnliyordum ve sanki yalvarıyordum her inlememle; 'sev beni' diyordum. Bu öyle bir büyüydü ki, gözlerimi yummak istemiyordum. Timur'un gece kadar derin bakışlarından gözlerimi bir an olsun ayırırsam, saçlarının arasına mıhladığım ellerimi bir an olsun çekersem sanki tüm kâğıttan kulelerim yıkılıverecekmiş gibi hissediyordum. Pamuk ipliğiyle tutunmuştum bu âna ve tüm anıların, var olan her bir acıyla üzerime yüklenmesinden korkuyordum. Oysa onun varlığı bambaşkaydı. Ölçeklendiremeyeceğim kadar büyüktü, nasıl desem? Güven verici. Onsuz çok üşürdüm ben.

Vazgeçmek kadar zordu o ânı yaşamak. Parmakları arsızca tenimde çizgiler çizerken, dudaklarının ruhumdaki izleri silmektense yenilerini açacağından korkuyordum. Bir de o izler silinir de, yerlerine asla erişemeyeceğim yeni umutlar ekilmesinden sanırım... Birçok şeyin yanında onu hissediyordum, yakarcasına tenimi her mühürleyişi, dudaklarıyla ilahi bir yakarış gibiydi. Sıyrılan atletimi ellerimle tutup geri indirmek istesem de durdum. Avuçlarımın içi acıyıncaya dek çarşafları sıktım, o kasığımın hemen üzerindeki ameliyat izimi öperken. Biçimsiz kabartıya değerken, dudaklarının melodisi değişmişti sanki. Hırıltılı nefesi acıyla salınmıştı ciğerlerinden. Dili izi yalayarak geçerken gözlerimi ondan kaçırmak istedim, yapamadım. Kusursuz değildim ve asla olamayacaktım; ama bununla yüzleşmek...

"Bu nasıl oldu?" Sesi boğuk ve derindendi. Giyinik olmasına rağmen, kaslarının üzerimdeki her bir hareketi ile dalgalanışı beni bir yandan hipnotize ediyor, bir yandan da kusursuzluğuyla utandırıyordu. O kusursuzdu.

"Apandisit ameliyatı oldum."

"Kaç yaşındaydın?"

"Sekiz."

Dudakları bir kez daha izin üzerine eğildi. Bir öpücük, bir öpücük daha... Tam sekiz kere öptü yara izimin her tarafından. "Neden bu kadar kötü," diye sormadı. Hiçbir şey demedi ve sadece öptü. "Sanki öpersem geçer..." dercesine.

"Çok çirkin."

"Çok mükemmel..."

O mükemmelin ne olduğunu bilmiyordu ki... Mükemmel kendisiydi. Mükemmel kelimesi onunla tarif edilecek bir kavramdı. Ama ben... Ben mükemmel değildim... Sadece bendim işte.

Beklentiyle yanıyordum. Bir şeyi istiyordum; ama neyi? Hiçbir fikrim yoktu. Sadece bacaklarım aralanmak istiyor ve içime bir kor düşmüşçesine titriyordu. Düşmüştü zaten. Ruhumu eriterek zonklayan en hassas yerlerimden kayganca akıtıyordu. Bilmiyordum lanet olsun! Başıma gelen neydi? Bir erkek dokunursa ne olurdu? Bilmiyordum. Bana hiç dokunulmamıştı ki, ben daha önce sadece kopartılmıştım. Etim etimden, tenim tenimden alınmıştı. Şimdiyse başka türlü bir dağılıştı bu. Korku ve arzunun bir arada beni parçalarıma ayırdığı bir şehvetti.

Eli kalçamdan bacaklarıma doğru kayarken, bir ipeği avuçlarcasına nazik; fakat kaçmama izin vermeyecek kadar kararlıydı. Bacaklarımı kaçırabileceğim bir yerim yoktu oysa, ben felç olmuştum! Öylece izliyordum kendimi, dışarıdan izlercesine. O büyülü bir melodiydi ve her hırıltısında, her inlemesinde beni ilmek ilmek avuçlarına bağlıyordu. Çenesi külotumun bel kesimine değerken, gözlerinde bir an şeytani bir alev yakaladım; günah gibi, ürkünç. Doğanın en yırtıcı hayvanı olduğunu bağıran bir alevdi. Sıkı lastik gevşeyerek aşağı doğru kayarken, tüm kalp atışım üç saniye durdu. Üç kısa saniye. Zaman dondu. Sessizlikte bir uğultuydu kulaklarımdaki ve kalbimde pompalanmak için biriken kan, o sessiz ama uğultulu saniyelerin şiddetiyle tüm bedenime tek bir hareketle pompalanarak bir şey yaydı: Panik.

"Hayır, hayır, hayır! Dur... dur...d...d...du...duu... du..."

Timur doğrularak oturmuş ve beni kucağına çekerek savrulan kollarımı zapt etmeye çalışıyordu. Sadece "Tamam..." dediğini duyabiliyordum. Ağzım kurumuş, boğazım düğümlenmişti. Gördüğüm doğadaki en öldürücü şey, beni kırılmış porselen parçaları gibi tutmuş yapıştırmaya çalışıyordu beceriksizce.

"Tamam... Tamam... Hacer tamam... geçti. Bir şey yapmıyorum. Durdum bak. Durdum. İstersen yataktan da kalkayım; ama sakinleş. Tamam. Bak kalkıyorum."

Ağlıyordum... Sessiz hıçkırıklar gırtlağımda boğulurken, ben sadece ona tutunuyor ve gitmesine izin vermiyordum. Hâlâ sert erkekliği kalçama batsa bile, artık bir tehdit olmadığını biliyordum. Hiçbir zaman olmamıştı ki. Sadece bir bakış... Bana erişemeyeceğim yükseklikleri hatırlatan ve saf erkeksi tutkuyu anlatan o bakış... Ben sakattım. Ruhum sakattı benim. Ben asla Timur gibi bir erkeğe yetemezdim. Kirliydim. Frezyalara dokunmaya bile hakkı olamayacak kadar suçluydum.

"Lanet olsun! Geliyorum!"

Timur'un öfkeyle bağırışı uyuşan bedenime çarparken, bağırdığının ben olmadığımı anlamak bir iki saniyemi aldı. Odanın kapısı deli gibi çalınıyor, Timur'un rahatlayamayan bedeninde öfke dalgaları olarak yayılıyordu. Kapıdaki her kimse ona küfrederek kapıya kadar gitti ve kapıyı tüm hiddetiyle açmasıyla okkalı bir küfürle gerisin geri kapatması bir oldu.

"Siktir! Falaz!"

Kapıyı bir kere daha açtı ve yeniden okkalı bir küfür daha savurarak geri vurdu.

"Siktir! Beste!"

Kapının öbür tarafında Beste'nin şaşkınlık nidası duyulurken Falaz'ın acı inlemesi yayıldı. İçeri adım atmak için acele eden ayağı kapıya sıkışmıştı.

"Çek lan ayağını."

"Kapıyı açarsan çekicem."

"Siktir!"

Timur kapıyı tekrar çarpmadan önce, "Aşağıda kahvaltı salonuna gidip beni bekleyin," diye bağırdı.

"Ta..."

Muhtemelen Falaz *tamam* demeye çalışıyordu; ama sesindeki şaşkınlık, yarım kalan kelimeden bile okunabiliyordu. Hayır, neye şaşırmıştı ki? Ne umuyordu? Fasulye sırığı n'olcak. Tanrım! Beste de gelmişti!

Timur hızlı ama kontrolü ele almış hareketlerle geri döndüğünde, paniğinin sebebini anlamıştım. Tatmin olmamış erkek doğası tüm ihtişamı ile pantolonuna rağmen ortadaydı. İstem dışı bir kıkırdama yüzümü hâlâ ıslatan yaşlara inat ağzımdan kaçıverdi. Timur öfkeyle suratıma baktıktan sonra, bir anda o da gülmeye başladı.

"Basıldık bülbül."

"Baskın basanındır." Omzumu silkerken hâlâ titriyor oluşumu saklamaya çalıştım.

"O halde intikam zamanı elbet gelecektir. Çok ciddiyim. İzle ve gör." Timur kendinden emin bir neşeyle konuşurken bir yandan da benim kıyafetlerimi toparlayıp bana getiriyordu.

"Ben alırdım."

Timur kısa bir süre durup öylece bana baktıktan sonra, bir şeyin farkına varmışçasına yarım gülümsemesini takınarak, "Ama ben getirmek istiyorum," dedi. "Haydi, seni giydirelim ve kahvaltıya inelim."

....

"Sen acı çekiyorsun hâlâ... Şey..."
"Senin kadar değil bülbül... Senin kadar değil."

Kahvaltı salonuna indiğimizde, Falaz ile Beste çoktan bir şeyler yemeye başlamışlardı. Onlardan başka kimse yoktu salonda henüz. Falaz lokmaları peş peşe ağzına tıkıştırırken, sanki günlerce aç kalmış gibiydi. Bizi gördüğünde çenesi yavaşlarken, sorgulayan gözlerle Timur'un omzumdaki eline dikmişti bakışlarını. Kendimi bir anda yanlış bir şey yapıyormuşum gibi hissederek geri çekmek istedimse de, Timur'un omzumdaki eli çelik gibi yapışmış bir milim bile çekilmemi engelliyordu. Beni hafif bir ittirme ile geri geri kaçmak istediğim masaya yönlendirirken etrafa da kontrol edermiş gibi kısaca bir bakış attı.

"Ne işiniz var lan, sizin burada?"

Beste ürkek gözlerle Falaz'a bakmış ve "Ben sana demiştim gelmeyelim," diye kısık sesle fısıldamıştı.

"Sizi özledik. Hayatımızda bana laf sokup duran bir Cansu olmayınca İstanbul'un tadı olmuyor."

Hay ben senin! Küfür yok! Lan bir laf sokcam, bin yıl o lafla yaşayacaksın da işte, sen Timur'a dua et!

"Zevzeklik etme lan."

"Yok abi, harbi bir boşluk oluyor böyle. Bakıyorum her şey bir yolunda, Beste bir eskisi gibi söz dinler. Olmuyor Allah için. Bünye kaldırmıyor olaysızlığı biliyor musun?"

Ellerimi yumruk yaparken edebileceğim onlarca küfrü zihnimden geçirerek, kendimi avutmaya çalıştım. Oysa o sırada Timur'un sandalyemi çekerek beni oturttuğunu fark etmemiştim bile. Ağzından Falaz'a dökülen sözlerin onca kabalığına karşın, bana hareketlerinde tarifsiz bir zarafet vardı. Sanki sahiplenicilik gibi... Bilmediğim bir güven, bir huzur.

"Lan oğlum alacam şimdi seni ayağımın altına. Hırt mısın lan sen?"

"Ayıp oluyor ama abi, kızların yanında hırt mırt. Aç mısın? Gerçi siz sallana sallana gelene kadar bir şey kalmadı pek ama. Sahi n'aptınız o kadar saat yukarıda?"

"Ebeni..." Timur *Hasbinallah* çekerek başını iki yana salladı ve gözlerini bir anlığına yumup derin nefes aldı.

"Bok ye emi Falaz. Niye geldiniz diyorum bir vukuat mı var? Hikmet teyze nerede?"

Falaz biraz rahatsızca yerinde kıpırdandıktan sonra, huzursuz bir bakışla Beste'ye imdat istermiş gibi baktı.

"Şey, şimdi Hikmet Anne'ye çıkarken haber verecek vaktimiz olmamış olabilir. Ama yoldan aradık bak vallahi."

"Sadede gel."

Timur bir yandan da eliyle havada bir işaret yaparak, masanın yeni yiyecek tabakları ile donatılmasını istedi, göremediğim bir yerlerdeki birinden.

"Ya şimdi şöyle oldu, Beste okulla şeye gidecekmiş, ben olmaz dedim. O ısrar etti. Ben güvenli bulmadım ama abi. Bak yani söyle şuna bir şey."

"Ya Timur Ağabey, söyle şu zebaniye benim işime karışmasın. Okuldaki arkadaşlarla..."

"Arkadaşlarla dediği Tansel diye bir zibidi abi!"

"Ya bir sussana sen! Ya Timur Ağabey, Tansel sınıftan biri. Biz kalabalık gidecektik bir kere. Pazar günü hep birlikte Kıyıköy'e günübirlik gidip gelecektik. Hikmet Anne izin vermişti."

"Ya tabi, Tansel zibidisi kullanacak bi de arabayı.

Gelip hanımefendiyi alacakmış. Biliriz biz o kıyı bucak köyleri."

"Ya bir sussana sen!" Beste sinirle homurdanarak Falaz'a öldürücü bakışlar atıyordu. Timur ise olabildiğince sakin ve neredeyse keyifli denebilecek gizli bir gülümsemeyle onları izliyordu. "Ağabey, bak vallahi yok öyle bir şey. Esas bu kaba, kendini beğenmiş, fikrisabit, mağara adamı! Beni kaçırdı. Neymiş gözünün önünde duracakmışım pazar pazar!" Beste gırtlağından tahammül edemez bir hırıltı çıkartarak sözlerini pekiştirirken, Falaz bakışlarını başka yerlere kaçırmaya çalışıyordu. Oysa onlarda hiçbir pişmanlık yoktu.

"Bitti mi küçük hanım? Abi hiç güvenli değildi. Gördüm ben kendini bi bok zanneden o Tankut zibidisini."

"Tankut değil Tansel. Bari ismini doğru söyle, kalın kafalı."

"Her ne boksa işte! Zibidi!"

"Sen! Sen! Sen!"

"Yeter!" Timur takınmaya çalıştığı ciddiyeti ile ikilinin atışmasını bölerken, Falaz'ın gözlerinin içine bakarak konuşmaya devam etti. "Bu hafta getir bakalım şu Tansel'i bir eve de, bir tanışalım bakalım, zibidi miymiş değil miymiş." Aha! İntikam zamanı! İçimde kopan kahkahayı bastırmak için kendimi zor tutarken, Falaz'ın itirazla açılan ağzı bir anda kapandı. Yüzünde kırmızıdan beyaza bir renk değişimi yaşanmıştı.

"Ne uğraşacan abi ya elin zibidisiyle. Ben hallederim."

"Gelsin dedim."

Beste'nin yüzünden panik okunsa da, bir yandan da Falaz'a 'oh olsun!' diye fısıldamayı ihmal etmemişti. Başka zaman bir arada fazlasıyla güleceğimiz bir şeydi. Başka zaman... Ne zaman? Ben kendimi bu ailenin akışına kaptırmış gidiyordum.

Altan Bey ve gençten bir çocuk, masamıza ellerindeki büyük tepsilerle yaklaşarak çeşitli peynirleri ve başka yiyecekleri bırakmışlardı. Masaya dört yeni çay bırakılmıştı. Timur her birinden birer parça tabağıma koyarken, istem dışı eline dokundum durdurmak için.

"Yeter, bu kadar yiyemem."

"Yersin, yersin. Hadi başla bakalım." Timur koparttığı simit parçasını ağzıma tıkarken; Falaz sanki her bir hareketimizi, dudaklarından çekmediği çay bardağının ardından, büyük bir dikkatle izliyordu.

"Siz niye geldiniz abi buraya? Ne işiniz var? Hamza ile yemekte değil miydiniz siz? Yemek de yenmemiş? Bir şey mi oldu?"

"Mahallenin muhtarı mısın lan sen? Hayırdır?"

"Bilmem? Esas sana hayırdır abi? N'oluyo?"

"Elinin körü oluyor. Canım istedi kalktım yemekten sana mı soracam? Aman Falaz Bey izniniz olursa nişanlımla bir hafta sonu başımı dinleyeceğim. Sizin için uygun mudur efendim?"

"Çüş!"

Falaz ağzına almış bulunduğu çayı püskürterek öksürürken, ben ağzımdaki lokmayı bütün olarak yutuverdim. Son kelime ondan mı benden mi çıkmıştı, yoksa ikimizden de çıkıp birbirine mi karışmıştı muallaktı.

"Ciddi misin? Ay inanmıyorum! Tebrikler, tebrikler, oh ya! Biliyordum ya." Aramızda bu duruma en şaşırmayan Beste gibi gözüküyordu. Ayağa fırlamış ellerini çırparak bizleri tebrik edip, neşeyle kahkahalar atıyor; beni elimden tutarak kendisine doğru sarılmak için çekiyordu.

"B...bi... yy... yannn...nnnlıı..."

"Yanlış falan yok, nişanlandık."

Ne zaman?

"Ne zaman?" Falaz içimden geçirdiğim soruyu duymuşçasına, yüksek sesle dile getirmişti. Şu an kendim de şokta olmasam onun suratının haline gülebilirdim.

"Ani bir karardı." Evet, fazla ani bir karar... Hatta tam olarak bir salise önce alınmış bir karar.
"Belli."
"Falaz! Kaşınma. Kalk tebrik et Cansu'yu."
"Abi eşeğin kulağına su kaçırma ama. Tamam yedin bizi, yeter bu kadar."
"Akıtıcam ille pekmezini. Lan kalk tebrik et kızı."
"Abi, kafayı mı yedin sen? Hummaya mı yakalandın? Söyle buluruz bir çaresini. Manyak mısın abi sen? Abi bu kızla..." demesine kalmadı Falaz'ın bana doğru uzattığı parmağı Timur kavradığı gibi bükerek, masanın üzerinden ayağa fırladı.
"Kalk tebrik et!" Timur'un sesi tehditkar ve buz kadar soğuktu. Falaz istemeye istemeye boyun eğerek ayağa kalktı ve beni tebrik etti. Tebrik ederken gözlerinde salt bir öfke vardı.
"Abi çok yanlış yapıyorsun." Bu defa şaşılacak şekilde ben de ona katılıyordum. Yanlıştı bu... Yalandı...
"Onca plan... Sevkiyat..."
"Sıçayım emi planına, sevkiyatına. Tüm planı değişiyorum. Değiştim hatta. Sevkiyata ben gidiyorum."
"Abi kafayı mı yedin? Kendini öldürtmek mi istiyorsun bir orospu uğruna?" Timur Falaz'ın çenesini iri, pençe gibi eliyle kavrayarak sıktığında, ben konuşamıyordum. Ağzımı açarsam yeniden kekeleyeceğimi biliyordum. Sadece bir tenis maçını izler gibi onları izliyordum. Timur öldürücü bir sesle üzerine basa basa ağır bir hecelemeyle, "Bir daha nişanlıma hakaret edersen seni hadım eder, köpeklere yedirtirim," dedi. Beste dehşet içindeydi. İnanamayan gözlerle Falaz'a bakıyordu. Neredeyse ağlayacak gibiydi.
"Bu kadar ruhsuz olduğunu ben bile düşünemezdim." Beste, alt dudağı titrerken Falaz'a suçlarcasına haykırmıştı. "Cansu'ya nasıl böyle dersin!"
Beste arkasını dönüp dışarıya doğru giderken, Falaz

Timur'un elini sertçe ittirerek silkindi. "Anlamıyor musunuz?" dedi giden Beste'nin ardından ve bana çaresizce baktı. "Anlamıyor musun? Abi öldürteceksin kendini. Buna izin veremem, vermem. Seni kaybedemem. Kendi sonunu hazırlamana seyirci kalamam. Kız, istersen döv, öldür. Ama ben nefes aldığım sürece kendini ölüme böyle süremezsin." Kızamıyordum Falaz'a. O haklıydı. Timur her ne yapıyorsa yüreğime kocaman bir ağırlık oturmuştu. Planları neydi ve o neden vazgeçmişti tam olarak bilemesem de, kendini tehlikeye attığını anlayabiliyordum.

Falaz'ı daha önce hiç anlamadığım kadar anlıyordum şimdi. O da Timur'u seviyordu. Benim sevdiğim gibi değildi; ama bir baba, bir ağabey gibi seviyordu. Onun için canını verirdi ve ona zarar verecek şeyler, onun düşmanıydı. Benim varlığım da Timur'a zarar veriyordu. Bunu görebiliyordum. Bu nişanlılık yalanı nereden çıkmıştı bilmiyordum; ama Timur oyunun kurallarını değiştiriyordu. Bilinmeyenler varken değişen kurallar ne kadar sağlam olurdu ki?

"Falaz h...h...haakk...haklı..." Derin bir nefes aldım, gözlerimi kapattım. Ona bakarken konuşamıyordum. "Biz nişanlı falan değiliz ve beni korumak zorunda değilsin. Sana gereken neyse, onları o adamdan ben alacağım."

"Hayır! Birincisi; bu işe artık burnunu sokmayacaksın. İkincisi; biz nişanlıyız. Tartışma bitmiştir."

"Abi, sevkiyata sen gitsen bile, o belgeler olmadan hangi gün, hangi depodan çıkacak hangi tırda silahların olacağını bilemeyiz. O belgelere ulaşmamız gerek. İçeri sızmamız gerek."

"Gerekmez. Tırları takip etmeyeceğiz. Ben planladım. Karşı tarafa adamlarımızı koyacağız ve silahları teslimattan önce oradan ele geçireceğiz. Ben de orada

olacağım ve silahların doğru teslimatını yapacağım. Sadece dağdaki geçişi kollayacağız."
"Abi bu imkânsız." Falaz'ın gözlerinde acı vardı. "Sen oraya gidemezsin... Olmaz... Ben giderim. Tamam, madem öyle ben giderim."
"Hayır!" Timur'un sözü, bir emirdi.
"Abi, sınırın öbür yanında başarı şansımız sıfır. Tırların şoförlerini sınıra yaklaşmadan değişmemiz gerek. Normal yollarla geçirmeliyiz. Bizim adamlarımız olursa, sınırdan geçirebiliriz. Yoksa dağ yolundan geçirecekler ve silah direk yanlış ellere gidecek. Orada şansımız yok, anlamıyor musun? Bu intihar! Çatışmada kurtulma şansı yok! Gidemezsin!" Kalbim sızlıyordu. Falaz'ın dudaklarından acıyla dökülen her söz, ok gibi kalbime batıyordu. Her şey sonsuz bir uçurumdan yuvarlanır gibi üzerime geliyordu. Timur ölebilirdi... Bu olamazdı, olmamalıydı...
"Vaktimiz kalmadı Falaz. Dua edelim de çatışma çıkmadan sınırın öbür tarafında silahları yakalayalım."
"Ben gidiyim..."
"Hayır. Tartışma bitmiştir. Benimle gel Cansu. Konuşmamız gerek." Sessizce takip ettim. Falaz'a bakamıyordum. Onun bakışlarındaki hüzünlü acıyı görmeye dayanamazdım.
Açık havaya çıktığımızda karların üzerinde parlayan güneş gözümü kamaştırıyordu. Donmuş gözyaşlarım akmadan, öylece kamaşan gözlerimde asılı duruyorlardı. Bir kızın en mutlu olması gereken günü, nasıl kâbusu olurdu?

... ...

"Seninle evleniyoruz."
"Olmaz Timur."
"Sana olur mu diye sormadım. Kaç günde hazırlanırsın?"
"Sen ciddisin?"
"Ben her zaman ciddiyim."

"Biz birbirimize göre değiliz."
"Ölmez de yaşarsam, tam birbirimize göreyiz bülbül. Ama ölürsem, sen mirasçım olacaksın."
"Bunu kabul edemem!"
"Sana sormadım."

16. Bölüm

Anlamadığım bir dildi aşk. Timur o gün dönüşte, Beste'nin Falaz'ın arabasında dönmesine izin verdi. "Konuşacaklarımız var," demişti; ama yol boyunca susmuştuk. Sadece bir kelime... Her defasında yüreğimi dağlayan ve dağlayacak olan o bir kelime. Ölürsem demişti... Ben bu ihtimali hiç düşünmemiştim ki. Evet, her zaman farkındaydım; ama hiç inanmamıştım, yüreğimden var olduğunu geçirmemiş, hiç böylesine önemsememiştim. Timur ölmezdi, ölemezdi! Ben onun mirasını ya da başka bir şeyini istemiyordum ki. Sadece var olsun, o hep olanca kudretiyle öylece dursun istiyordum.

Kelime dudaklarından dökülürken bakışlarındaki hüzünlü gülümsemeyi görmüştüm. *Su testisi su yolunda kırılır.* O da sanki buna inanıyor gibiydi. Oysa onun intikamları vardı, alınacak hesapları, ödenecek borçları vardı. Ölemezdi! Ne bana *nişanlım* demesi, ne de evleneceğimizi söylemesi, hiçbiri önemli değildi. Tek önemli olan, onun paravan yaşamının gerisindeki onlarca şeyi atlattığı gibi atlatmasıydı.

Peki, hadi bunu atlattı diyelim, bir diğerini atlatabilecek miydi? Onun yaşam biçimiydi bu ve artık anlıyordum ki o isimsiz bir kahramandı. Taşıdığı her yük, bir başkasının yastığa güvenle başını koyuşuydu. O yükler yüklenirken ruhuna, birileri şükrediyordu Allah'a. Bir gün bir yerlerde gözlerini kaparsa kimse bilmeyecek, duymayacaktı. O sadece onlarca iş zincirinin sahibi, zengin, yüksek egolu, fazlaca kaba; ama yeri geldiğinde bir salon beyi Timur olacaktı. Babası gözlerinin önünde vurulan bir çocuğun intikamını aldığını kimse bilmeyecekti. Onlarca şeyi, birilerinin elleri kirlenmesin diye kendi ellerini kirleterek yaptığını, ya da sadece öyle olması gerektiği için öyle olduğunu kimse bilmeyecekti. Hiç kimse Karun kadar zengin sosyetik mafyatiğin, neden ismine bir kara leke gibi beni yapıştırmaya niyetlendiğini bilmeyecekti.

Hikmet teyze Beste'nin daha kapıdan girer girmez, neşeli çığlıklarla yumurtladığı nişanlılık haberini ellerini açıp Allah'a şükrederek kutlamıştı. Timur'u alnından öperek, fazla uzatmadan evlenmezse bu gidişle guguk kuşu gibi kocayıp gideceğini söylediğinde, hepimiz gülmüştük. Timur Falaz'ı hatırlattığında, Hikmet teyzenin "O, senden de dangalak!" demesini hiçbirimiz unutmayacaktık. Hayrullah'ın "Yenge," diyerek elimi öpmeye kalkması da cabasıydı. Sonra herkes çekildiğinde benim ellerimi yakalamıştı Hikmet teyze. Gözlerine bakmaya zorladığında, bakışlarıyla orada bir annenin endişeli neşesini görmüştüm. Biraz buruk ama içten... Bana "O, senin yaralı ruhunun en az senin kadar yaralı eşi," demişti. Kelimelerinde öyle büyük anlamlar yatıyordu ki, anlayabileceğimden bile fazlaydı.

Bakışlarını bir an benden kaçırmıştı, sanki gözlerimin içinde gördüklerinden çekinmişçesine ellerini çekerek kendi kollarında dolaştırmıştı. Hikmet teyze, "Kimi zaman hava soğuk değildir ama üşürsün. Üzerini neyle örteceğini bilemezsin. Hoş, neyle örtersen ört yine de üşürsün; ama işte bir umuttur... O, o kadar çok üşüdü ki bilemezsin. Kimseyi yanına yaklaştırmadan, kendi başının çaresine baktı. Bizleri sahiplendi küçücük yaşında. Baba mirasını göğüsledi... Belki annesi ölmeseydi... Bilemiyorum... Belki de böyle olması gerekiyordu," dediğinde sesinde pişmanlıklar vardı. Sanki küçücük bir çocuğa yetememenin getirdiği eziyet ve çaresizlik vardı o seste. "Bir tek şey söyleyebilirim sana kızım," demişti. "Yaşadıklarımız hamurumuza bir şekil verir; ama ne olacağımıza kendimiz karar veririz. Seçimler daima bizimdir, sonuçlarına da biz katlanırız."

Bu hayatta aldığım ve alabileceğim en büyük nasihatti bu. Seçimlerimi hep ben yapmıştım. Peki, şimdi neyi seçiyordum? Kendime bahaneler uydursam da biliyordum, sadece yüksek sesle söyleyemiyordum.

Elimde olmadan gözyaşlarım döküldü o anda. Hikmet teyze gözyaşlarımı silerek bana *ağlama* dedi. Daha önce kimse silmemişti böyle gözyaşlarımı. Anne gibi... O an, ona *anne* demek istedim. Hiç tanımadığım, bilmediğim bir kadının yerine oturtmak istedim. 'O sevdiklerini yüceltir' demişti Hikmet teyze; ama bilmediği vardı. O, beni sevmiyordu ki... O sadece onun olana sahip çıkıyordu. Bense olanca acizliğimle bu hayale boyun eğiyordum. İstesem giderdim. Sadece azıcık, küçücük bir an daha bu büyüyü yaşamak istiyordum. Muhtaçtım bu anılara. Onca şeyin yanında, tutunacağım ve hayalini kuracağım bir iki güzel şey olsun istiyordum; Timur gibi. Sadece birazcık daha gözlerimi kapayacaktım... Kopamıyordum...

Aradan dört gün geçmişti. Çetin bir gün ve saat belirleme savaşından sonra, Tansel'in akşam yemeğine gelmesi için kararlaştırılan gün gelmiş çatmıştı.

"Cansu, hiç içim rahat değil. Tansel geldiğinde ya o taş kafalı olay çıkartırsa."

"Hah, birazcık aklı varsa çıkartır."

"Ya Cansu, öyle deme. Tansel iyi, düzgün bir çocuk ve benden hoşlanıyor."

"E, n'olmuş yani?"

"Ben onu hayal kırıklığına uğratmak istemiyorum.

Ben Falaz'a aşığım; ama onun beni göreceği yok." Öylesine sitemkârdı ki, içimden gidip Falaz'a vurmak ve *dangalak* demek gelmişti. "Sadece sahiplenici bir baba gibi davranıyor o kadar." Artık bana acıyla bakıyordu Beste. İsyan etmek, Falaz'ın da onu sevdiğini söylemek istiyordum; ama bu neye yarayacaktı? Sadece bir bu kadar daha, onun Falaz'ı beklemesine mi? Cesareti olmayan bir adamı ömrün boyunca beklesen ne olurdu? Senin için mücadele etmeyen bir adama umutlarını bağlasan? Bu onun canını daha çok yakmayacak mıydı? Bir ömür Falaz'ı uzaktan izlemek, ona dokunmak istediği gibi dokunmayacak olmak. Gerçek sevginin yeri dolar mıydı bilmiyordum, hatta Beste'ninki gerçek sevgi miydi onu da bilmiyordum; ama yaşamına devam etmeliydi. Böylece bekleyemezdi...

"Yaşam devam ediyor Beste. Biliyorum için acıyor; ama hayatta birçok şey unutulur. Geriye sadece rüzgârı kalır. Nefes aldıkça hayat devam eder."

"Yaşamıma devam etmeliyim senin de dediğin gibi. Haklısın; ama bir şey eksik... İçim acıyor. Nefes alamıyormuşum gibi geliyor. Sanki Tansel geldiğinde, bildiğim tüm yaşam son bulacakmış gibi... Ben Falaz'a o kadar uzun süredir aşığım ki, bir başkası nasıl sevilir bilmiyorum." Beste'nin gözleri hemen parlak yaşlarla dolmuştu. Onun odasında, yatağın üzerindeki onlarca seçilmeyi bekleyen elbisenin arasına oturmuş el ele tutuşmuştuk. Anlatsın, içindeki her şeyi kussun diye sessizce avuçlarını sıkıyordum. "O taş kafalının bana asla bakmayacağını biliyorum. Onca güzel kızı yanında dolaştırdığı, burnuma burnuma soktuğu zamanlarda, kendime onlarca defa söyledim; ama işte öyle olmuyor. Hep bir umut vardı içimde. Hep bir yanım bekledi, hayal kurdu. Şimdi sanki bunların sadece bir hayal olduğu gerçeğiyle yüzleşecek gibiyim. Cansu canım çok acıyor."

Kollarımın arasında onu sararken, öyle iyi anlıyordum ki. Hayallerinin sadece hayal olduğuyla yüzleşmek ve bir anda ellerinden uçup giderken, gerçeklerle yüzleşmek nasıl acıtırdı biliyordum. Tek bilmediğim bu denklemdeki aşktı. Aşk mucizeler yaratır mıydı?

Hazırlıklar tamamlanmış ve en nihayetinde o saat gelip çatmıştı. Bakalım Tansel Bey zibidi miydi, yoksa esas zibidi bizim Falaz sırığı mıydı görecektik. Falaz sabahtan beri ortalıkta yoktu. Hatta günlerdir ortada yoktu. Fırtına öncesi sessizlik gibi bir yerlere çekilmiş burnunu bile uzatmamıştı. Masa kurulmuş, Beste giyinmiş, hatta Timur bile eve dönmüştü; ama Falaz yine ortalıkta yoktu. Beste'nin neyi umut ettiğini bilmeden bakan endişeli gözlerinde, onun ifade etmek istediğinden fazlasını görebiliyordum. O umut denen habis; hiç yılmadan, köklerini her koparttığın parçana daha da derin batırarak yüreğini sarıyordu insanın. Arsızca çağlıyordu içinde ve zihnini esir alarak yalan sözler fısıldıyordu. Kim demişti umut bir lütuftur diye? Umut kimi zaman bir lanetti ve işte şu anda karşımda duran Beste'nin naif bedenini ele geçirmiş, hunharca parçalara ayırıyordu.

Timur sıkıntılı gözüküyordu. Sanki üzerinde bir hayal kırıklığı, bir pişmanlık taşıyor gibiydi. Geldiğimiz günden beri pek fazla konuşmamış, seraya da gitmemiştik. Sadece günlük şeyleri konuşuyorduk, kimi zaman erken saatteki kahvaltılarda. Birkaç kere gece geç çalıştığı zamanlarda çalışma odasına yiyecek bir şeyler götürmek istemiştim; ama kapı kilitliydi. Eve de geç geliyordu; ama her gün seraya uğruyor, orada tek başına vakit geçiriyor, beni çağırmıyordu. Sadece bir kere çok geç bir saatte odama gelmişti. Gözlerimi kapayarak başımı iyice yastığıma gömmüştüm. Sessizce başucumda beklemiş, varla yok arası bir hafiflikte saçlarıma dokunup odadan çıkıp gitmişti. O zaman anlamıştım ki, ben onu özlüyordum. Varlığındaki yokluğu bile özlüyordum. Hayatımda hiç paylaşmadığım anları, ruhumun gömmeye uğraştığım karanlığını paylaşmıştım onunla. O bildiği tek yöntemle hakimiyetini kurarken, ben de bildiğim tek yöntemle onunla arkadaş olmuştum. Yöntemimiz aynıydı; sessizlik.

Nihayet kapı çaldı ve hep birlikte Tansel'i karşılamak için geniş hole ilerledik.

"Hoş geldin Tansel Beyoğlum."

"Hoş bulduk teyzecim." Tansel eğilerek Hikmet teyzenin elini öperken, bir yandan da ayakkabılarını çıkartıyordu.

"Beste terlik ver Tansel Bey'e." Timur ayağında kendimi görebileceğim kadar parlak cilalanmış ayakkabıları ile dikilmiş, ellerini de gerisinde kavuşturarak tüm sertliğiyle bakıyordu. Ayakkabılarını çıkartma dememişti. Beste çekinerek terlikleri Tansel'e uzatırken, Tansel gülümseyerek belli belirsiz bir göz kırpmıştı Beste'ye.

"Merhaba efendim. Siz Beste'nin meşhur Timur Ağabeyi olmalısınız. Sizden çok bahseder."

"Hoş geldin. Nişanlım Cansu."

"Tebrik ederim. Beste ikinizin nişanlandığını söylemişti. Çok memnun oldum, inşallah her şey sizler için çok güzel olur."

"Teşekkürler Tansel. Gerçekten güzel bir dilek bu."

İçimi saran derin bir rahatlama ile gülümseyerek Tansel'in elini sıkarken, Timur'un gerginliğini görmezden geldim. Neden gerilmişti ki şimdi bu mafyatik? Tansel iyi bir çocuğa benziyordu ve madem Falaz Efendi Beste'mizin kıymetini bilememişti, o vakit onun emin ellere emanet olacağını görmekten daha güzel ne olabilirdi? Muhtemelen Falaz sırığından daha da emin ellere...

Hikmet teyze herkesi içeriye yönlendirirken, içim bir an cız etti. Hangi anne Falaz'ı masum kızına damat isterdi? Feleğin çemberinden geçmiş, tehlikeli ve her an hangi su yolunda kırılacağını bekleyen bir su testisi. Timur uğruna kendini ateşin önüne atabilecek, kimsesiz, hazır bir asker. Bir kimsesiz... Salona doğru geçerken mutfağın kapısından arka bahçeye süzülen bir karaltı görür gibi oldum; Falaz. Falaz buradaydı. Bir hayalet gibi dolaşıyor; ama kendini göstermiyordu. Yüzleşmeye cesareti yoktu. Koca, azgın savaşçı, bir küçük hayal prensesine yenilmişti.

Yemek olabileceği kadar neşeli geçiyordu, tabi Timur'u ne kadar neşeliden sayarsak o kadar. Tansel'in GBT'sini çoktan almış biri olarak, neden bu kadar huzursuz olduğunu anlıyordum. O Falaz'ı, can yoldaşını, tam kalbinden bıçaklamıştı. Belki kanatırsa haykırır, içindeki savaşçıyla ortaya çıkar sanmıştı; ama ilk defa yanılıyordu. Aşk yanılsamalarla doluydu. Falaz Beste'nin kusursuz yaşamında siyah bir gölge gibi durmamak için, acısının avuntusuna sığınıp inine çekilmişti.

"Bu sene sen de mezun oluyor musun oğlum?"

"Evet teyzecim. Bir taraftan babamla çalıştığım için okulu bir sene uzatmak zorunda kaldım. O yüzden bu seneye kaldı."

"Öyle mi? Ne iş yapıyorsunuz?" Hikmet teyzenin araştırmacı ruhu devreye girmişti. Ne de olsa Timur'un şu an yukarıda çalışma masasında duran, Tansel ve yedi silsilesine ait detaylı ve kafam kadar kalın dosyayı bizimle paylaşacak hali yoktu. O şu anda daha çok öldürücü bakışlar ve şimşek homurtularıyla misafirin cesaretini ölçeklendiriyordu. Belki birazdan zavallı Tansel'i güreşe bile çağırabilirdi. Allaha şükür giyilecek kıspetimiz yoktu!

"Biz tekstil kimyasalları üretiyoruz. İhracat ağırlıklı çalışıyoruz."

"Maşallah." Beste gözlerini pörtleterek kızarırken Hikmet teyze ne olmuş dercesine omzunu sallamıştı ve ben de ister istemez kıkırdamıştım.

"Beste ile niyetin nedir?"

Timur bu soruyu öyle aniden sormuştu ki, herkesin lokması boğazında takılı kalmıştı, bir tek kişi hariç: Tansel. Tansel sanki bu soruyu bekliyormuşçasına yerinde dikleşerek peçeteyle ağzını sildi ve tam Timur'un gözlerinin içine baktı. İşte şimdi ya kıyamet kopuyordu, ya da bu çocuk gerçekten fazlaca cesur ve düzgündü.

"Bir ağabey olarak Beste ile ilgili endişelerinizi anlıyorum."

"Anlayamazsın, geç orayı. Evet?"

Tansel'in gülümseyen yüz hatları ciddileşirken boğazını temizledi ve Timur hiç terslememiş gibi devam etti.

"Beste'nin nasıl korunaklı bir dünyada büyüdüğünün farkındayım ve onu herhangi bir baskı ya da zorlama ile sıkmak niyetinde değilim."

"İstesen de yapamazsın. Yiyosa dene." Timur ölümcül yarım gülüşüyle bunları söylerken, ne yapmaya çalıştığı bir anda beynimde bir flaş gibi parladı. Korkutup kaçırtmaya çalışıyordu! Aman Allah'ım o pişmandı! Si...! Küfür yok! Panik yok! Tamam! Beste neredeyse ağlayacakmış gibi, medet umarcasına bana bakıyordu.

"Tansel, şey, e... Görüyorsun Timur biraz sahiplenici bir ağabey ve..."

Tansel bana gülümseyerek döndü. "Hiç önemli değil. Çok da haklı. Ben de Beste gibi bir kız kardeşim olsa, onun mutluluğu için elimden geleni yapardım. Hepimizin yöntemleri aynı olacak değil elbette." Ah sen o yöntemleri bir bilseydin... Arka bahçeye seni gübre yaparlar be bunlar!

Gülümseyerek durumu kurtarmaya çalışsam da Timur'un vazgeçeceği yoktu.

"Yöntemlerimle ilgili sıkıntın mı var?"

"Yo, estağfurullah. Sadece demek istediğim, ben de en az sizin kadar Beste'ye değer veriyorum ve şu an birbirimizi tanıyoruz. Elbette niyetim ciddi; ancak bu Beste'nin kararı olacak." Tansel gülümseyerek Beste'ye döndü ve hiç çekinmeden elini uzatarak masanın üzerinden Beste'nin elini kavrayarak hafifçe sıktı. İşte eceline susadığı andı. Kendimi ister istemez gözlerimi yumarken buldum. Dudaklarım gerilmişti, dişlerim gözüküyordu. Hikmet teyze kaşıyla gözüyle Tansel'e işaret etmeye çalışsa bile bir faydası yoktu; çünkü Tansel sadece Beste'ye bakıyordu. Beste ise elini çekmeye çalıştıysa da umutsuzca önce kapı girişine, sonra hayal kırıklığı dolan gözleriyle Timur'a, oradan da elinin üzerini kaplayan Tansel'in eline bakakaldı. Sessizce "Teşekkür ederim," diye fısıldadı.

Timur perdelediği yüzünün ardında acı içerisindeydi. Dostuna lanetler okuyordu, emindim; ama aynı zamanda Beste'yi hak ettiği gibi bir elin kavradığını görmekten de mutluydu. Hiç değilse Tansel cesurdu. Kaçıp inine saklanmamıştı... Peki ya ben olsam? Kaçar saklanır mıydım, yoksa kalır mücadele mi ederdim? Kazananının Beste tarafından belirleneceği bir düelloda onun için çarpışır mıydım? Yoksa onun için geri mi çekilirdim?

"Kahvelerimizi tavla oynarken içelim. Tavla biliyorsundur inşallah."

"Sizin kadar iyi olmasam da fena sayılmam."

Timur gırtlağından hafif bir hırıltı çıkartarak ayağa kalktığında, hepimiz ona eşlik etmiştik. İçini saran kasveti değişmek istercesine, "Tavlayı getir bakalım Beste," dedi.

"Tavla neredeydi Cansu?"

"Mutfakta olmalı, en son Falaz'la... şey... Falaz'la oynamışlardı." Hay dilimi koca eşek arısı soksaydı, emi!

Sanki bir halt varmış gibi hep kekeleyen nefesimin, bu sefer tek kalemde çıkarası tutmuştu hepimizin lanetliymişçesine anmaktan çekindiğimiz ismi. Falaz... İşte o an Beste'nin bakışlarındaki acı çok gerçekti.

"B...ben..nnn...de g...geliyim. Ka...ka...kahve yaparım."

Mutfakta yalnızdık. Beste tavlanın köşelerine sanki Falaz'ın teninin dokunuşunu üzerinde yakalayabilecekmiş gibi dokunuyordu.

"O çok düzgün bir çocuk."

"Evet."

"Aslında birbirimize çok uygunuz."

"Öylesiniz."

"Lanet olsun!" Beste bir anda tavlayı var gücüyle yere çarptı. "Lanet olsun!"

"Sus... Şişt! Sus Allah için sus! N'olur duyacaklar Beste..."

Beste ağlıyordu. Hıçkırıklarını içinde tutmaya çalıştıkça omuzları titriyor ve sarsılıyordu.

"Ama ben onu sevmiyorum, lanet olsun! Sevmiyorum! Ben sadece Falaz'ı seviyorum. Onun kusurlarını, soğukluğunu, alaycılığını seviyorum." Hıçkırıkları boğazında boğuluyor ve sessizliğe gömülüyordu. Sessizliğinden de tek bir isim doğuyordu: Falaz. "Oysa o beni hiç sevmedi. Sevseydi, içinde benim şuramda taşıdığım şeyden şu kadarcık olsaydı, bana böyle arkasını dönmezdi. Bir başkasına razı gelmezdi." Beste ellerini kalbine vura vura konuşuyordu. Oysa bilmiyordu ki bazen sevmek vazgeçebilmekti.

"Hadi, hadi toparlan. Her şey olacağına varır. Gel yüzünü yıkayalım. Ben tavlayı toparlarım." Tavlanın kanatları yuvalarından fırlamış, pulları etrafa saçılmıştı. Bizler de tavla pulları gibiydik. Dünya üzerinde bir yerlere saçılıyorduk, sonra bir el geliyordu ve bizleri üst üste, yan yana diziyordu. Tek fark bizde zarlar hiç düşeş gelmiyordu ve hep mars oluyorduk.

Tansel gidip herkes köşesine çekildiğinde, ben de mutfaktaki son kalan şeyleri toparlayarak oyalanıyordum. Her şeyi toplayacağımı söyleyerek Beste'yi odasına yollamış, Hikmet teyzeye de onunla gitmesini söylemiştim; çünkü Beste'nin bu sefer bir anneye ihtiyacı vardı, bana değil. Timur da günlerdir yaptığı gibi kendisini seraya kilitlemişti ve yine beni çağırmamıştı. Etraf sessiz ve boştu. Odama gitmek istemiyordum. İçimi saran büyük bir huzursuzluk vardı. Son tabağı da yerine yerleştirdikten sonra, tezgah havlusuyla tezgahın üzerini son bir defa kurularken aklım yeniden Falaz'a kaydı. Onu en son bahçe kapısında görmüştüm. Kenardaki şalı alarak bahçenin karanlığına doğru ilerlemeye başladım. İleriki küçük kulübenin önünden cılız bir ışık geliyordu. İyice yaklaştığımda Falaz'ın elinde bir sigarayla kulübenin önündeki banka oturmuş, öylece gökyüzünü izlediğini gördüm. Hiç konuşmadan üzerimdeki şala daha da sarılarak yanına oturdum.

"Soğuk."
"Evet, sen üşümedin mi."
"Hissetmiyorum."
"Sen sigara içiyor muydun?"
"Bugün başladım."
Salak! Allah'ım, gerçekten sen bu fasulye sırıklarına kan dolaşımı verirken, beyne kadar yol döşemedin mi?
"Bunu neden yapıyorsun Falaz?"
"Bilmem, can sıkıntısını alıyor dediler. Sen de ister misin?"

Allah'ım! Bana sabır ver de şimdi şu kütüğü ait olduğu toprağa gömmiyim. Amin!
"Onu demiyorum tabi ki. Beste'nin acı çektiğini görüyorsun. Görüyorsun değil mi? Görmemen mümkün değil!"
"Onun için doğru olan bu. O zibidi düzgün bir piç."
Falaz'ın tiksinircesine sigarasından bir nefes daha ciğerlerine çekişini izledim. Öyle ki her nefeste içinden bir şeylerin kopup yüreğinin hafiflemesini bekler gibiydi ve her nefesi verişinde sanki kurtulamadığı o yükle birlikte yeniden eriyormuşçasına çaresiz gözüküyordu.
"Ama o seni seviyor. Bunu bunca zamandır anlamayacak kadar da salak olamazsın herhalde? Yoksa öyle misin?"
Falaz öfkeyle yerinden doğrularak üzerime korkutucu bir şekilde eğildiğinde, bir milim bile yerimden kıpırdamadım. Beste de olsa benim için aynı cesareti gösterirdi. Ben cesur bir kızdım...
"Sen kendi işine baksana. Nasılsa işini tıkırına koydun." Dalga geçercesine sırıtarak sigarasının dumanını yüzüme üfleyip beni öksürttüğünde, nefesindeki alkol kokusunu da alabiliyordum; ama sarhoş değildi. "Sağlam yere kapağı attın söylemedi deme," dediğinde, bir an içimden hain bir öfke kabardı; onun canını yakmak istedim.
"Ne var biliyor musun? Sana 'oh olsun!' demek istiyorum. Evet, sağlam yere kapağı attım. Nasıl bir his biliyor musun?" Bir saniyeliğine susup alaycı gözükmeye çalışarak kederli gözlerini saklayan tebessümüne baktım. "Aynı senin şu anda acıyla kavrulan kalbindeki gibi. Bana sakın hayır deme!" Elimle, itiraz için açılan ağzını kapaması için işaret ettim. "Öylesine büyük bir aptalsın ki, sana fasulye sırığı derken inan az bile söylemişim. O senin yarın kadar kız, senden çok daha cesur ve yürekli. Onu paramparça ettin, oysa en az onun kadar ona âşık

olduğunu biliyorum. Her gözü olan bunu görebilir. Hoş o, öylesine kendi aşkıyla acı çekiyor ki bunu bile göremeyerek kendine eziyet ediyor."

"Belki de hatalısındır? Belki de kör olan sensin? Ben ona âşık falan değilim. O sadece küçük, yemeğini bile tek başına yemeyecek kadar şımartılmış bir kız çocuğu." Bakışlarında öyle bir öfke ve acı vardı ki, bir an ona acıdım. "O sadece bana âşık olduğunu sanıyor. Korunaklı dünyasında öyle çok bizlere alıştı ki, gördüğü ilk alternatife tutunmak onun için risksizdi. Bana âşık falan değil. Sadece seçeneği yoktu." Basit bir şeyden bahsediyormuşçasına omuzlarını silkti ve elindeki dibine gelmiş sigara ile yeni bir tanesini yakarak sırtını banka umursamazca yasladı. Buna inanıyor muydu gerçekten? Bu kadar aptal mıydı, yoksa buna inanmak onun kaçış yolu muydu? Belki de haklıydı... Olduğum yerde hızla doğrularak bakışlarını bana odaklamasını sağladım.

"Düşündüm de evet, belki de haklısın. Hatta tamamen sana katılıyorum. O çaresizce yalnız, küçük, şımarık kızın senden başka hiç seçeneği olmadı değil mi; kusursuz mükemmeliyetteki korunaklı hayatında. O daha önce hiç bilmediği bir hissi sana duyduğu abi sevgisiyle karıştırdı. Haklısın... Tamamen haklısın... Bu onun aklına eminim hiç gelmemiştir; ama bir şeyden daha eminim, bundan sonra kesinlikle gelecek."

Falaz irkilerek, ne yapmaya çalıştığımı anlamaya çalışırcasına yerinde kıpırdandı. "Artık alternatifi var. Şimdi gerçekten sevmenin, âşık olmanın ne demek olduğunu öğrenebileceği kadar düzgün bir seçeneği var. O zibidi gerçekten düzgün bir piç kurusu." Bir iki saniye bekleyerek sözlerimi idrak etmesini bekledim. "Senin, benim gibilerin olamayacağı kadar düzgün, kusursuz. Artık doğru kişiyi de bulduğuna göre risk alabilir. Belki de hayatının, hayallerinin aşkıdır Tansel. Bunca zamandır sana beslediği hayranlık, onu bulana kadar geçirdiği

bir yanılsamadır. Çok gördük biz böylelerini, değil mi?"
Acımasızca gülümsüyordum. Bir yandan da dirseğimle onun kolunu dürterek rahatlamış gibi geri banka yaslanmıştım. Kaybedecek neyim vardı ki? O çoktan Beste'yi gözden çıkartmıştı ve benim de sadece oynayabilecek bir kozum vardı. Beste'yi acındırmaya çalışsam neye yarardı? Ömrü boyunca bekar kalacağını bilse bile, ondan başkasına bakamayacak kadar ona kör, ona tutkun olduğunu söylesem bir işe yarar mıydı bu taş kafalı adam için? "Sen de iyi rol kesiyorsun ha! Hani bu dertliyim kederliyim havaları falan... Timur'u bile kandırdın. Yok sigaralar, yok içkiler. Hadi iyisin."

Falaz bir anda öfkeyle ayağa kalkarken, beni de iki kolumdan tutarak onunla kalkmaya zorladı.

"Sen kendi işine baksana bücürük! Bırak onun bunun aşkını. Sen kendi tezgâhına bak. Benden kimseye ne köy olur ne kasaba."

"Kolumu acıtıyorsun, bırak!"

Kollarımı savurarak geri çekildi. "Git kendi işine burnunu sok sen. Bırak da kendi derdime kendim yanayım. Hem sana ne? Sen benden nefret ediyorsun, ben de senden. Şu anda Beste benden kurtuldu, ben de acı çekiyorum diye kına yakman gerek senin. Benim aşk hayatımı karıştıracağına git kınanı karıştır."

İşte! İtiraf etmişti! Acı çekiyordu! "Acı çekiyorsun yani?"

Sıkıntıyla ellerini saçlarından geçirdikten sonra, hızla bana döndüğünde bakışlarında ne öfke ne de isyan vardı, sadece salt acı vardı.

"Vazgeçmeyeceksin değil mi? Sen ne yapışkan bir şeysin? Söylersem beni rahat bırakıp gidecek misin?"

"Bir denerim."

"Evet, evet acı çekiyorum. Hem de öyle bir acı ki içim yanıyor. Kalbimi bir el almış sanki boğum boğum sıkıyor; ama kalbim yine de patlamadan lanet olasıca hayata devam ediyor. Ben bu eve geldiğimde kaç yaşımdaydım? Artık hatırlamıyorum bile. Öfkeliydim. Hâlâ da öyleyim. Sadece onun o masum tebessümünde, korkak gözlerinde öfkem bir anda yok olup gidiyordu. Önceleri kendime kızdım. O şımarık, el üstünde tutulan, çırpı bacaklı bir şeydi ve bana kendimi aciz hissettiriyordu. Sonra fark ettim ki sadece o mutlu olduğunda mutlu olabiliyordum ben. O da yalnızdı. En kötü insanda bile iyiyi görebilen bir yan vardı onda. Kırılgandı. Kibardı." Artık beni unutmuş sanki kendisiyle konuşuyordu Falaz. "Bebeklerine çay saati düzenliyordu. Küçük bir hanımefendi gibiydi. Kimse yokken izliyordum onu. Bazen onların yanına gidip aralarına oturmak ve o bebeklere gösterdiği ilgiden bir parça olsun almak istiyordum. Hepimizden özgürdü o. Gözyaşlarını gizlemeden ağlayabiliyordu. Gece korktuğunu söyleyerek Hikmet Anne'nin yanına gidip yatabiliyordu. Kıskanıyordum. Benim elimi tuttuğunda, gözümün içine o gülümsemesiyle baktığında, tüm kederim yerini onu koruma duygusuna bırakıyordu. Sonra Timur vardı. O çocukluğumuzda bile bir ağabey gibiydi. Bazen onun hiç çocuk olup olmadığından bile şüphe ediyorum. Sonra aklıma geliyor, Beste dışında hiçbirimiz çocuk olmadık ki..."

Sözlerini kesmekten korkarak, nefes bile almıyordum neredeyse. Onun böylesine döküleceğini hiç tahmin etmemiştim. Bana açılacağını... Sanki bir çıt çıkarsam içine büründüğümüz bu büyülü an bozulacak gibi ince bir iplikle bağlıydık zamana.

"Oysa Beste çocuktu. Bizim yaşayamadığımız bir lükse sahipti ve hiç büyümesini istemedim. Bir erkeğin bir kadına hissedebileceği şeyler içime dolduğunda, ben de çocuk sayılırdım; ama hiç çocuk olmamıştım ki."

Acıyla omzunu salladığında ağlamamak için kendisini

zor tuttuğunu görebiliyordum. "O yüzden diğer kızlara baktım. Onlarla olursam içimdeki bu şeyin azalacağını düşündüm. Belki birine âşık bile olabilirdim. Kalbimi verirdim..."

"Ama sende olmayan bir şeyi bir başkasına veremezsin..." Kendimi tutamayarak dudaklarımdan bir fısıltı gibi kelimeler döküldüğünde, Falaz ani bir uyanışla uyanmıştı. Bana bakıyordu ve ben bu anı böldüğüm için kendime küfrediyordum.

"Evet, veremezsin. Benim de kalbim bu eve ilk geldiğim günden beri bende değil. Bir yandan da onun kalbini asla alamam. Ben onun temiz kalbini kirletirim. Onun için ben olmaz."

"Çünkü sen hiçbir annenin masum kızı için isteyeceği tercih olamazsın."

"Ellerim kirli benim."

"Senin seçimlerinin sonuçları onu da incitir."

"Ben onu ağlatırım. O her gün eve gelecek bir kocayı hak ediyor. Gideceği en uzak yer iş seyahati olan ve bunu derken gerçekten iş seyahatine giden bir kocayı hak ediyor. Çocuğunun önünde vurulacağı korkusu yaşamadığı bir kocayı. Evinin bahçesindeki kulübesi, sadece bahçe kulübesi olan bir koca. Ona seçme hakkı tanıyacak bir koca."

"Haklısın, senin gibi seçme hakkı tanımadan onu başkasının kollarına atmayacak bir kocayı hak ediyor. Ona fikrini soracak ve fikrine saygı gösterecek birini."

Falaz bana uzaylı görmüş gibi baktı. Allah'ım! Gene o boynuzum çıkmıştı değil mi?

"Yalan mı? Ona hiç seçme hakkı sunmuyorsun. Onu öylece en mükemmel seçeneğin kollarına bırakıyorsun. Oysa o tüm bu saydıklarını bu evde yaşadığı her gün, her saat sizinle yaşadı." Sesimdeki heyecanı kontrol edemiyordum. "O, bu yaşamın içinden geliyor. Senin zannettiğin kadar kırılgan da zavallı da değil. O seni seviyor. Aşk kime gideceğini sormuyor maalesef."

Uzanarak onu kolunun üzerinden yakaladım ve bana bakmaya zorladım. "O sana âşık. Belki seçeneği olmadığı için, belki de âşık olduğunu zannettiği için. Ama şu anda bildiği tek şey sana âşık olduğu. Sana erişemedikçe bu aşkı içinde büyütüyor."

"Lütfen..."

"Korkuyorum bir gün seni de geçecek bu aşk. Artık içini kimsenin dolduramayacağı, senin bile dolduramayacağın bir şeye dönüşecek. Öyle uzun zamandır hissediyor ki, belki de çoktan dönüşmüştür. Sen onu bir ömür boyu mutsuzluğa mahkum ediyorsun. Kimsenin dolduramayacağı bir hayale âşık bırakıyorsun. Ona hiç seçme hakkı vermiyorsun. Onun ağabeyiymiş gibi davranmıyorsun. Olmadığını sen de biliyorsun çünkü. Ona şans da vermiyorsun. Hiç değilse seni içinden söküp atması için, küçücük bir şans da vermiyorsun. Mutlu olması için..."

"Ben... Ben böyle olmasını istememiştim..."

"Ama oldu! Bu böyle, değişemezsin." İnatçı, ikna olmaz bakışlarını görüyor, yine de çaresizce çırpınıyordum. "Hikmet teyze dedi ki *'Seçimler daima bizimdir, sonuçlarına da biz katlanırız.'* Sen onun seçim yapmasına izin vermiyorsun. Bizler buyuz..." Ellerimle kendimi, onu gösterdim. "Bunu değişemeyiz."

Falaz ellerini iki yanında yumruk yapmış, öylece dikiliyordu ayakta. Sert bir rüzgâr esti; ama o yerinden kıpırdamadı bile. Söyleyecek başka neyim kalmıştı ki? Hiç... Belki de o haklıydı. Belki de Beste onu hak eden düzgün çocukla gitmeli ve en az iki çocuk yapmalıydı. Sonra, tüm yaşamında mutluymuş gibi yapıp, kimsenin bakmadığı yerlerde gözyaşlarını kalbine akıtarak büyümeliydi. Özgürce ağlayabilmek çocuklar içindi...

… … …
"Peki, sen neyi seçtin?"
"Ben aşkı seçtim Falaz."
"O halde sonuçlarına katlanacaksın."
"Evet, katlanacağım ama... ama esas mesele aşk beni seçer mi?"

17. Bölüm

Aşk beni seçer miydi bilmiyordum; ama kader Beste'yi seçmişti ve ağlarını örmüştü. O geceden sonra bir şeyler değişmişti. Herkes birbirine mesafeli bakıyor ve mesafeli konuşuyordu. Sanki bir büyü kırılmıştı ve herkes o bir anı bekliyormuşçasına gerginmiş gibiydi. Timur çok yoğun çalışıyor, bazı geceler eve gelmiyordu. Neler yaptığını bilmiyordum; ama Falaz ile konuşurlarken yeni bir tatil köyü açılışından bahsettiklerini duymuştum. Falaz ise benimle göz göze gelmediği zamanlarda taşlaşmış gibiydi. Bu eve geldiğim günden beri gülümseyen alaycı dudaklarında, artık neşeden eser kalmamıştı. Sadece mekanik bir makine gibi işlerini yapıyor ve gidiyordu. Hatta gerekmedikçe evin içine bile girmiyordu. Nerede kaldığını dahi bilmiyordum açıkçası. O olmadığında bu koca ev sanki neşeli çocuğunu tatile yollamış gibiydi ve ben ona bile alışmış olduğumu fark etmiştim. Benimle göz göze geldiği zamanlarda, o kısacık anda derin bir hüzün vardı bakışlarında. Bana hiç olmadığı kadar büyük bir anlayışla bakıyor ve çekingenlikle başını önüne eğiyordu.

Bir gün ona, "İyi misin?" diye sordum.

"Neden soruyorsun?"

"Yılbaşında fasulye sırığına don düşmesin diye, Fesuphanallah!"

"Zaman her şeyin ilacıdır demişler. İyiyim, olacağım."

O gün anlamıştım ki, zaman her zaman her şeyin ilacı

değildi. Acı içinde bazen büyürdü ve bir gün patlayarak seni yutardı. O zaman hissizleşirdin. Benim de hissizleşeceğim, o uyuşuk sarhoşluğu yaşayacağım bir günüm gelecekti. Oysa şimdi içimde acımı büyütme zamanıydı. Erişememenin, dokunamamanın ve asla sahip olamayacağımı bilmenin acısı.

Günlerimi Hikmet teyzeye yardımcı olmaya çalışarak geçiriyordum ve Beste'nin sessizce evde bir hayalet gibi süzülüşüne, belki de herkesten çok üzülüyordum. Onun acısını sanki yüreğimde hissediyordum. Bir insanın sevdiğine elini uzatamaması nasıl bir şeydi biliyordum artık. Ben de seviyordum. Bunu her geçen gün daha da çok anlayabiliyordum. Timur'un çalışma odasına yemeğini götürdüğüm zamanlarda, iki dakika daha fazla oyalanmak ve belki de benimle gerekli şeyler dışında bir iki kelime fazladan konuşur umuduyla beklemek gitgide içimdeki habisi büyütmeye dönüşüyordu. Nişanlılık ve evlilik adını bir daha hiç anmamış, bir kere bile beni hummalı bir şekilde çalıştığı seraya çağırmamıştı. Yemeğini çalışma odasına götürdüğüm o akşam, başını kaldırıp yüzüme bakana kadar aramızdaki her şey, sadece gerektiği kadardı.

"Yarın Nalân'ı görmeye gideceksin."

"Sen ciddi misin?"

"Evet, bundan sonra, istediğin kadar onu görmeye gidebilirsin."

Ellerim havaya kalkmış ve gözlerime yaşlar dolmuştu. Nalân'ım, benim bahtsız yoldaşım... Avuçlarımı ağzıma kaparken, yüreğimden kopan sevinç çığlığını boğazımda boğarak yerimde hafifçe sıçradım. Timur'a sarılmak, ona defalarca teşekkür etmek istiyordum.

"Teşekkür ederim, çok teşekkür ederim."

"Önemli değil." Bakışlarında bir kararsızlık vardı. "Bir süre daha orada kalacak; ama artık daha serbest. Özel bir izinle nikâh alışverişine ve işte, hazırlıklarınız neyse onlara birlikte çıkabilirsiniz. Hayrullah sizi götürüp getirecek."

Beynime balyoz mu düşmüştü yoksa kulaklarımdan akan az önce kaybettiğim aklım mıydı? Nikâh mı demişti o?

"Ni...ni...nikk...nikâh mı?"

"Fazla uzatmanın anlamı yok."

Hadi buyur buradan yak, gel de küfür etme! Lan benim neyim normal ki zaten bu hayatta! Hayır, ben daha nişanlı olduğumuzdan emin olamamışken; adam kalkmış bana nikâh diyordu. Demezler mi adama kardeşim, bu kızın sana diploması var mı? Görebilir miyiz? Yok tabi, ben hiçbir okulda Timur dersi almadım ki!

"Ben s...s...san...sanmıştım ki..." Derin nefes, derin nefes! Kekelemeyeceğim! Derin nefes! "Ben sanmıştım ki, nişan falan dediğin..."

Timur aniden ayağa kalkarak yanıma geldi ve ellerini uzatarak avuçlarımı kavradı. Gözlerime, gözlerimden ta derinlere, ruhuma bakıyordu. Çırılçıplaktım karşısında. Üzerimi örtecek bir derim, bir etim kalmamıştı. Bakışlarımı ondan kaçıramıyor, onun derin karanlığında seve seve boğuluyordum. Buraya geldiğimizden beri neredeyse teninin tenime ilk deyişiydi. Öylesine o avuçların yanan sıcaklığına sığınasım vardı ki... Avuçlarıyla ruhumun çıplaklığını örtmek istiyordum. İlahi bir deyiş gibi duruyordu karşımda. Timur'du o, erişilemez, dokunulamaz... Ama bana dokunuyordu işte. Tiksinmeden tutuyordu ellerimi, küçümsemeden bakıyordu. Bilmediğim bir söylem vardı bakışlarında; ama ondan başka bir şey söylüyordu dudakları.

"Bak kızım, ben bugüne kadar haybeye hiç konuşmadım. Yapmayacağım şeyi söylemedim. Seninle evleniyoruz dedik bitti. Bana böyle şaşırmış gibi bakma." Küfretmiyoruz! Hay ben senin! Yok kardeşim, ben anladım. Bu adamı çocukken tepe üstü indirmişler aşağı! Hızla ellerimi ellerinden çekerken, temasımızın kopmasından canım yanmış, avuçlarım ayrılığa isyan etmişti. Avuçlarımdaki hain karıncalanmayı dindirmeye çalışarak ellerimi birbirine sürterken, sinirle konuştum:

"Benim kimsenin acımasına ihtiyacım yok!" Sırtım dikleşirken omuzlarım gerildi. "Benimle acıdığın için evlenemezsin. Bana bunu sormadın bile! Benim fikrim ne, biliyor musun? Ben sana söyleyeyim; bu saçmalığı burada sonlandırıyoruz ve ben gerekeni yaptıktan sonra, Nalân da hastaneden çıktığında olması gereken gibi biz gidiyoruz. Kendi dünyamıza, ait olduğumuz yere. Beni anlıyor musun Bay Mafya Bozuntusu!"

"Cansu!"

"Ay çok korktum!" Gözlerimi kısarak alaycı bir bakış atarken, içim nedense dudaklarımdan dökülenle aynısını demiyordu. Korkmuştum. Bilinmeyene yelken açmaktan, acıdığı için evlendiği bir kadın olup sıkıldığında beni bir köşeye atmasından, hiçbir zaman ait olamayacağım bir dünyada asla iyileşemeyecek geçmiş yaralarıyla bir yarım olmaktan, bana içimdeki hisle dokunmayan bir kocanın dokunmaya tiksineceği karısı olmaktan ve en çok da bir eş olmaktan korkmuştum. Ben eş olamazdım ki! Nasıl olunur bilmiyordum...

"Hacer!"

Ben yeniden Hacer olmaktan, yeniden incinmekten, yeniden yaralanmaya müsait olmaktan korkmuştum. Cansu'yken iyiydim ben. Cansu'nun zaten yaraları vardı, kurumuş kabuk tutmuşlardı. Aptal hayallere kapılmaz, ne olduğunu bilir ve Hacer'i düşünmezdi. Günlük yaşardı hayatı, anlık gülerdi. Kirpiklerinde değildi gözyaşları. Oysa Timur beni yeniden Hacer yapıyordu. Ben Hacer olmak istemiyordum! Hacer'in yaraları vardı; kanayan, taze. Kabullenemediği gerçeklikleri vardı, omuzlarında bir yük gibi taşıdığı. Hacer daha içten gülerdi belki; ama ağlardı da o. Hayallere kapılıp kanatırdı, hiç kimsenin silmediği dizlerini. Ruhu mikrop kapacak kadar steril değildi belki; ama koyardı be hayat ona!

"Bana Hacer deme! Ben Hacer değilim. Yok! Öldü Hacer." Titriyordum, alabildiğine sarsılıyordum. "Hacer değilim ben, hiçim, hiçbiriyim, Cansu'yum." Hiçe kim el sürebilirdi ki? Kim dokunabilirdi hiç yaralara, kim incitebilirdi bir hiçi?

Timur sert adımlarıyla gerilediğim mesafeyi kapayarak, beni omuzlarımdan yakaladı ve keskin bakışlarının esaretine çekerek kendine adeta yapıştırdı. Genzime onun kokusu doluyor, nefes bile alamıyordum. Daha doğrusu vermeye korkuyordum, ya bir sonraki nefeste onun nefesini alamazsam diye. Tutuşunda öfke vardı; ama bakışlarında başka bir şey vardı. Bilmediğim... İsimsiz... Kaşları çatılmış dişleri sıkılmıştı. Uzun boynunu eğerek bakışlarını benimle aynı mesafeye getirmiş, öylece bana bakıyordu.

"Bırak beni!"

"Sus!"

Hızlı nefes alıp veriyor, beni kendi bedenine bastırarak eziyordu. Bedenim titriyordu; öfkeden olmasını istesem de değildi. Bir kere olsun kendimi bırakmak, onun büyüsüne kapılmak için zihnim bana yalvarıyordu. Sert sakallarının belirmiş olduğu yanağında bir kas seğirerek tehlikeyi haber veriyordu. Bir nefes, bir nefes daha... Soluk soluğa bakıyordu. Dilinin ucundan onlarca kelime geçiyormuş da susuyormuş gibi, ben bin yıllık efsaneymişim gibi bakıyordu. Avuçları yanıyor, gergin bir panteri andıran bedeni hissedilir kavisler çiziyordu. Başımı kollarına dayayıversem... Yüklerimden bir an olsun arınsam... Onun öfkesinde kaybolsam... Oysa o bana öyle bakıyordu ki... Dudakları bir fısıltı eşliğinde kıpırdanırken beni o an ısırsa şaşırmazdım; ama daha fenasını yaptı: Öptü!

Keskin kemikli alt çenesi dudaklarımı kavrarken ben

sadece şaşkınlıkla ağzımı açarak onu buyur edebilmiştim. Beni susuz kalmış gibi öpüyordu. Açlığı, az önce masaya bıraktığım yemeğe değil de banaymış gibi öpüyordu. İki yanımda salınan kollarımı nereye koyacağımı bilemeden öylece duruyordum karşısında. Nefessiz kalana kadar öptü beni ve kısa bir an geri çekilerek, şaşkınlıkla ona odaklanmış gözlerime baktı. O beni, ruhumu öpüyordu. Başı yeniden bana eğilirken, ölüm gibi gelen bir kararsızlık gördüm yüzünde. Kafası karışmış bir an duraksamıştı.

Ben sadece titriyordum. Titreyen yüreğim miydi bedenim mi, bilmiyordum. Yana daha da yatırdığı başı, ömürlük bir yavaşlıkla bana yeniden yaklaşırken fark ettim ki, elleri artık beni tutmuyordu. Ürkek bir kuş gibi çırpınan kanatlarımı uçabilmem için serbest bırakmıştı; ama ben uçmak istemiyordum. Onun sıcaklığında kaybolmak istiyordum. Bedenimi bir adım daha atarmışçasına onun bedenine iteklediğimde, kemikli parmakları yanaklarımdan başımı kavradı. Nefesi nefesimde öylece bekliyordu. Her an fikrimi değişmemi beklermişçesine bekliyor, hızlanan nefesiniyse benden ayırmıyordu. Soluklarım ona çarpıp bana geri dönerken ellerimi nereye koyacağımı bilmeksizin, onun bedenine koymuştum. Belinin iki yanında avuçlarımı açtığımda, sert kasları büyük bir güce hükmediyormuşçasına ellerimin arasındaydı. Avuçlarımı hareket ettirip onların varlığından emin olmak istiyordum. Ellerimin orada durduklarından emin olana dek, parmaklarımı küçük küçük hareket ettiriyor ve bakışlarımı ondan çekmeden dudaklarının dudaklarımın üzerindeki varla yok arasındaki varlığını, derin nefeslerle içime çekiyordum. Sessizlik sinir bozucu bir oyun bozan gibi duruyordu aramızda.

"Unuttun galiba, sen benimsin. Ben adının ne olmasını istersem o olursun Hacer!"

Ve beni bir kere daha öptü beni. Dudaklarımı tatlı

tatlı ezerek, dişlerini dudaklarımın içine hafif hafif geçirerek ve diliyle berelediği yerlerin tadına vararak; ağır, eziyet verecek kadar tatlı öptü. Her nefes alışı için ayrıldığında daha da susayarak geri geldi. Ben sadece onu taklit ettim. Dudaklarını kendi karanlık derinliklerime kabul ederken sadece gitmesine izin vermeyecek kadar ısırıyor, dilimi beceriksizce onun diliyle buluşturarak karşılık veriyordum. Daha yakın olabileceğim, tenimi tenine karıştırabileceğim bir yol arayarak öpüyordum onu. Zihnimde açılan kapıların gerisindekilere bakmıyordum bile. Sadece o vardı. O ve dudakları... Bedeni koruyucu bir melek gibi benim üzerime kavislenirken, elleri sadece çeneme doğru yerleşmiş başımı tutuyordu. İzin alırcasına bekliyorlardı yüzümün iki yanında. Baş parmakları usulca yanaklarımı okşarken, istediğim an geri çekilebileceğim kadar alan bırakıyordu; ama ben çekilmiyordum. Sanki ötesi benim için mümkün olabilirmişçesine onu öpüyordum. Ona tutunmuyor olsam, bana çoktan ihanet eden dizlerim yeri boylatırdı; ama ben ona tutunuyor, hatta asılıyordum. Avuçlarımı daha da yukarı kaydırırken gömleğinin eteklerini beceriksizce yukarı doğru çekiştiriyordum. Saat durmuş, kalbim atmayı bırakmıştı. Timur bir saniye daha geri çekilerek yüzüme anlamadığım bir ıstırapla baktığında, uyuşmuş dilim konuşmayı reddetti.

 Timur derin bir nefesle başını arkaya yatırarak avuçlarını benden çektiğinde, ben kendi avuçlarımı gömleğinden içeri ne zaman sokmuş olduğumu bile bilmeyerek utanmıştım. Avuçlarımın altındaki kaslardan ve hafif gıdıklayıcı tüylerden istemeye istemeye ellerimi ayırdığımda, bakışlarımı kaçıracak yer bulamadım. Oysa o dikleşerek hiçbir şey olmamışçasına elini cebine attı ve sağ elimi kavrayarak parmağıma ince, sarı bir alyans geçiriverdi.

 "Daha sonra istediğin bir alyans seçeriz."

Elime öylece bakakalmıştım.
"Bu... bu... Bu yeterli."

Balıklı Rum Hastanesi'nin kapısına geldiğimizde, içimde tarifsiz bir heyecan vardı. Ne kadar zaman sonra Nalân'ı, bu hayattaki tek dostumu, aile bildiğim insanı görecektim. Ne bulacağımdan emin değildim. Bir harabe mi bulacaktım, yoksa çok fazla umutlar mı büyütmeliydim içimde? Ne beklemem gerektiğini bilmiyordum. Hayrullah ile gelmiştik ve o bir adım bile yanımdan ayrılmıyordu.

"Hayrullah, ben giderim. Sen ben çıkana kadar dolaş istersen."

"Yok ablam, abimin kesin emri var. Sen nereye ben oraya."

Hayrullah'ın ince sesi kulaklarımda uğulduyor, yüreğim sanki ağzımda çarpıyordu. Öyle korkuyordum ki kusabilirdim. Yine o gittiğimiz kapalı binaya doğru yönlenmiştim ki Hayrullah kolumdan yakaladı.

"Bu yandan abla."

Solumuzda kalan nispeten kısa binaya doğru beni yönlendirdi. Burası bir bahçe katı gibiydi ve kapının önüne koyulmuş masa başında oturan, eşofmanlı insanlar sigara içiyorlar, sohbet ediyorlardı.

"Bu tarafta mı?"

"Evet abla. Arkadaşını bir süredir bu tarafa çıkarttılar. Artık diğer hastalarla birlikte kalıyor."

"Sen nereden biliyorsun?"

"Abim her hafta ziyarete geliyor. Gelemese bile beni yolluyor." Hadi canım! Ben niye gelemedim o vakit? Yuh! Hani yanına girilmeyecekti falan? Aklımda onlarca soru sorulmak için hazır beklerken, kapının eşiğinde bir silüet belirdi. Benim için sadece tanıdığım birini çağrıştıran bir silüetti; çünkü tanıdığım Nalân ile alakası olmayan bir kadın ışıldayan korkak gözlerle bana bakıyordu.

"N...N...Na...Na...Nalân?" Aman Allah'ım!

"Cansu..."

Koşarak birbirimize sarıldık. Kollarımın arasında Nalân'ın kemikli, zayıf ve her zaman sağlıksız bir sarılıktaki, beslenmemiş bedeni yerine kanlı canlı, taze bir pembelikte bir kadın duruyordu. Gözleri ışıl ışıl parlıyor ve tüm tedirginliğine rağmen neşeli gözüküyordu.

"Seni çok özledim."

"Ben de. Çok, hem de çok özledim. Gel içeri geçelim üşüme." Üşümek mi? Şu an üzerime bir kova dolusu buz dökseler hissetmezdim. Yine de içeri doğru ilerledim. Burası bir ortak kullanım alanıydı ve ileride bireysel odalar vardı. Boş bir masa etrafındaki sandalyelere oturduğumuzda geçenlerden biri Nalân'a laf attı.

"Kardeşin mi geldi?"

"Evet, bu size anlattığım kardeşim Cansu."

Bir iki kişi merakla bize yaklaşarak benimle tanıştığında, hepsinin bakışlarındaki yorgun umudu görebiliyordum. Yorgundu hepsi. Hayat yormuştu bir şekilde. Kimi şımarıklıktan, kimisi geçmişlerinden yorulmuştu; ama hepsinde bir umut vardı. Ben *'Sadece geçmiş olsun,'* diyebildim. Ne denirdi ki? Bir kısmı alkol bağımlısıydı, bir kısmı da hafif uyuşturucularla dertteydi, kimisi de Nalân gibi tedavilerinin son evrelerindeydi. Çoğu zengin ama mutsuzdu. Kimisi için grip olmak gibiydi buraya gelmek. Kimisi sadece bedenlerini arındırmak için geliyordu, kimisi de bir düşmanı dost belleyerek yıktıkları ailelerini yeniden kurabilme hayaliyle. Geçmiş olsundan başka ne denirdi ki?

"Abla ben bir iki iş halledeyim siz konuşun."

Neyse ki Hayrullah bizi baş başa bırakmayı akıl edebilmişti, biri önümüze iki çay bırakırken.

"Anlat bakalım, nasılsın? Minik kuşlar dedi ki nişanlanmışsın Bay Mafyatikle." *Vay anasını, kötü haber tez duyulur derler!*

"Sen nereden duydun?"

"Hayrullah söyledi."

"Bak sen, minik kuş Hayrullah mı?" İkimiz de Hayrullah'ın cüssesini düşününce güldük. "Onu bunu bırak da, esas sen söyle önce, nasılsın? Gerçekten ama nasılsın?"

Nalân'ın gülümsemesi hafiften solarken bakışları uzaklara daldı. Yeniden tebessümünü odaklarken gözlerimin içine bakmaktan kaçındı.

"Çok zor Cansu. Gerçekten çok zor. İlk zamanlar hiç umudum yoktu. Her şeyden arınsam ne olacak ki, diyordum. Buradan çıktığımda o boktan hayata geri dönmeyecek miydim?" Bir an sustuktan sonra eliyle etrafı göstererek devam etti: "Etrafına baksana, benim aksime zengin delilerle dolu."

"Öyle deme, sen deli değilsin, hiçbiri deli değil."

Yeniden tebessüm ettiğinde, ışığı bir kademe solmuştu sanki. "Deliyiz, deliyiz ama böyle iyiyiz bakma sen." Hafiften koluma vurdu ve hafiften kıkırdadı. "Sonra Timur Abi geldi."

Yok artık! Daha neler! Nalân da mı abi diyordu? Vay anasını, vay anasını! Lan bu adam ne yapıyordu millete? Ne büyüsü var ki Nalân bile abi derken gözlerinde başka bir hürmet ile bakıyordu!

"Cansu biliyor musun çok şanslısın."

"Gel bir de bana sor sen onu."

"Yok kız, öyle deme. Bak vallahi o iyi bir adam. Tamam, az bir yontulmamış odun. Serhat'ın içeri alındığını öğrendiğinde az bir yağdı esti gürledi, milleti bildiğin kurşuna dizecek sandım ama..."

"Dur dur dur! Ne dedin sen?"
"Güvenliği kurşuna diziyordu. Böyle çekti tabancayı..."
"Onu geç!" Sanki o normalmiş gibi umursamıyordum hale bak! "Serhat mı geldi?"
"Ya, sorma. Bir de o var." *Lan, bir ben mi fazla gelmiştim Nalân'ı görmeye! Ah Timur sorucam sana bunun hesabını.*
"Serhat geldi. Güvenlik atlamış bunun yasaklı olduğunu. Sonra işte yağdı, esti, gürledi falan. Haber uçurmuşlar, Timur Abi geldi yanında şu sırıkla, bir de Hayrullah'la. Hayrullah beni aldı, sırık Serhat'ı götürdü. Bok çukuruna atmıştır inşallah. Sonra Timur Abi geldi, benimle konuştu. Bundan sonra o piçe muhtaç olmadığımı söyledi. Buradan çıkınca gideceğim her yeri ayarlamış. Var ya, çok baba adam. Hani böyle çatık kaşlarıyla baktı mı altıma sıçasım geliyor; ama işte böyle *höyt zöyt* derken bir baktım adam meğer bana maaş falan da bağlayacakmış. Neyime yetmez ki? Değil mi ama? Uzağa yollayacak beni. Kimsenin beni tanımadığı bilmediği bir yere. Bir iş bile bulurum namusumla belki." Gözleri dolu dolu olmuştu. "Senden ayrılmak olmasa... Ama söz verdi, getirecek seni hep." Timur'dan bahsederken sesindeki minnet, sanki dokunulabilecekmiş gibi ortadaydı. Minnet duyuyor ve güveniyordu.
"Bunları Timur mu söyledi sana?"
"Evet, düzenli geldi. Eksik hiçbir şey bırakmadı." Üzerindeki Nike eşofmanlar yeniydi. Ayağındaki New Balance ayakkabılar da öyle. "Bir dolu yeni kıyafet almış getirmiş; ama burada en rahat eşofman giyiliyor."
"Neden beni getirmedi? Madem bu kadar..."
"Sakın! Sakın kızma ona. Ben hazır olmadan gelmeni istemedim." Utanmış gibi başını önüne eğdi. "Senin sayende her şey Cansu. Ben hep sana yük oldum. Senin kadar güçlü değildim. Sen de benimle aynı yollardan geçtin; ama sen hep güçlüydün. Hep kafa tuttun. Ben

razı geldim, boyun eğdim. Senin karşına çıkmaya hazır değildim. Karşına yeniden sırtında taşıyacağın bir yük olarak çıkmak istemedim."

"Ah, delisin sen. Gerçekten delisin! Kızım ne yükü, gel buraya." Kolundan çekerek ona sımsıkı sarılırken kulağına fısıldadım: "Sen olmasan ben güçlü kalamazdım."

"E, biraz da sen anlat bakalım. Ne iş? Nişan falan?" Gözyaşlarını silerken bile bana muzırca kaş göz edebiliyordu bu kız.

"Vallahi gördün Timur Ağabeyini. Adam *höt* diyo *zöt* diyo, ne diyosa o oluyor. *Evleniyoruz* dedi işte. Bilmem ki neden? Taktı elime bu yüzüğü."

Parmaklarımı havada hareket ettirirken umursamazca omuz silktim.

"Çok baba adam be." Al buyur, bir Timur hayranı daha! Adam üfürüyor muydu, n'apıyordu bunlara? "Hem vurulmuştur herif sana."

"He, işi gücü yok, onca güzel kızın içinde geldi bana vuruldu!"

"Kız, sendeki kaş göz bende olcak, hey anam, kıçıma mı takardım bunca şeyi!"

"Sen aynaya bakmıyorsun herhalde. Hem saçlarını ne zaman kahverengi yaptın?"

"Timur Abi boyattırdı." Neden şaşırmamıştım acaba? Adamda sarı alerjisi vardı. Nalân'ı bile boyamış ya! "Kendi saçımın rengi gibi olsun dedim." Kendi kendime utanırken Nalân sorularına devam etti: "E, peki de bakalım, sen yanık mısın?"

Az önce utanmış mıydım? O vakit şimdi yerin dibine girmiştim.

"Biz âşık olsak n'olacak kızım? Sanki bütün bu tantana gerçek. Kızım anlamıyor musun? O herif benimle evlenir mi hiç? Bir işine geliyordur öyle, işte ne biliyim

bir şeye lazımdır ondan nişanlıyız demiştir, millete göstermelik falan."
"Ay tabi tabi, herifte bok gibi para var, göstermelik diye kalktı pavyondan seni buldu."
Ne diyecektim şimdi? Az buçuk silah kaçıracak da beni mi kullanacak, diyecektim? Gerçi artık beni o işe de sokmuyordu. Sahi bu herif benle niye nişanlıyım evleniyoruz ayağına yatıyordu ki? Madem artık işine de yaramayacaktım, niye bir dünya para bayılıp benim etrafımı iyileştiriyordu? Neden benden kurtulmuyordu bir an önce?
"Hâlâ cevaplamadın?"
"Hi? Neyi?"
"Aldım cevabımı. Kızım sen çoktan abayı yakmışsın bu adama."
"Öyle deme ama Nalân."
"Ne diyim? Dut gibi âşıksın işte."
"Öyleyim."
"Ha, itiraz da yok."
"Etsem ne yazacak? Değişecek mi?" İtiraz etsem için için Timur diye yanmaktan, tüm umutları ona bağlamaktan vaz mı geçecektim? O bana dokunduğunda tir tir titremekten vaz mı geçecektim? Ama ben ona ne verebilirdim ki, koca bir hiçten başka? "Ben ona sadece yük olurum. Ona ne verebilirim ki? Kadın bile olmamam."
"Neden?"
"Nalân, biliyorsun..."
"Evet biliyorum; ama yetmedi mi artık? Hayatında kaç kere böyle bir fırsat çıkar karşına..."
"O bana fırsat olamaz. Ben onu böyle damgalayamam. Bir gün bir yerde, beni tanıyan biri çıktığında ne olacak? Onu görmüyor musun? İş adamı, etrafında conconlar. Görüyorsun işte. Mafyatikliği bile bizim dünyamızın dışında. Bir gün benden bıktığında ne olacak? Bir gün beni küçümsemeyecek mi? Bir gün olduğum

şeyden tiksinmeyecek, beni suçlamayacak mı? Hadi diyelim ki ben kadın olmayı becerdim, kendi çocuklarına daha temiz bir anne istemeyecek mi?"

Elimde değil ağlıyordum. Yüzümden yaşlar kayarken, sanki Timur da yüreğimden kayıp uzaklara gidiyordu.

"O, öyle biri değil, küçük aptal. O, bir kere karar veren cinslerden. Seni seçmişse seçmiştir. O seni istemiş."

"Ah, Nalân burada sana ne içiriyorlar? Kızım sen kafan kıyakken bile daha gerçekçiydin. Bunlar boş umutlar."

Ayağa kalkmaya yeltendiğimde Nalân beni elimden tutarak geri oturttu. Gözlerinde bilmediğim bir bilgelik ve sanki ben onun gördüklerini göremiyormuşum gibi bir bakış vardı. "Cansu, o bana umutlarımı verdi. İzin ver sana da versin. O farklı. İnan bana o seni sahiplendiğinde kimse ağzını açamaz ve o seni sahiplenmiş bile."

"Ben onun için yetersizim."

"Bence sen onun için gayet yeterlisin. Sen hep kendi başının çaresine baktın. Hep kendi ayakların üzerinde durup, yüklerini taşıdın. Bu sefer bırak da o seninle ilgilensin. Onun en iyi yaptığı şey bu. O insanlarla ilgileniyor. Bak bana." Nalân'ın Timur'a olan inancını kıskanmıştım. Ona böylesine inananın ben olmam gerekiyordu; ama ben korkuyorken Nalân ona sonuna kadar, benim adıma da inanıyordu. "O da sana aşık. Onun da sana ihtiyacı var."

"Onun kimseye ihtiyacı olmaz."

"Öyle mi?" Öyle miydi gerçekten? O sırada yanımıza elinde bir dolu poşetle Hayrullah geldi.

"Bunlar senin için Nalân."

"Ay, kız Hayrullah, esaslı adamsın vallahi."

Nalân canlanmış gibi poşetlere saldırıp, içinden en sevdiği marka gofreti çıkartarak telaşla paketini açtı. "Lan, unutmamışsın. Bayılıyorum buna." Kocaman bir ısırık alırken haz dolu bir ses çıkararak, gözlerini yumup gülümsedi. Daha sonra gofreti Hayrullah'a dayayarak 'ısır' dedi ve Hayrullah da beni şoka sokarak gülümsedi ve ısırdı! Allah'ım! Sen benim gözlerime perde indirdin herhalde de ben de halüsinasyon görür oldum!

"Cansu kız, koca adama nasıl da kıydın ağdayla sınattın." Ups! Bunu da mı anlatmışlardı? Nalân kahkahalarla gülüyordu ve Hayrullah utanarak kızarmıştı. "Hayrullah benim korumamda, bulaşmayın benim koca devime. O benim gofret membağım. O olmasa iki günde bir kim gofret stoklarımı doldurur?" Göz kırpsa da Hayrullah ile aralarındaki iletişimi görebiliyordum. Dost olmuşlardı. Gofret üstüne çıkarsız bir arkadaşlık... Timur hepimizi değiştirmişti...

... ...

"Hiçbiriyim ben."

"*Belki de sendeki hiçliği seviyordur... En azından yorucu değil...*"

Nalân'ı görmek eve dönmek gibiydi. Alışıldık, güvenli... Her şey, hüzün bile, bir başka güzeldi onun yanında. Sahip olduğum ne varsa Nalân'dı sanki. Saatlerce konuşmuş, onun ilaçlarını almasını izlemiştim ve başımı bu defa ben onun dizlerine yaslamak istemiştim. Onun daha iyi olduğunu görmek bana huzur vermiş, bir nebze olsun endişelerimi gidermişti.

Yılbaşı yaklaşmıştı ve bir yandan da yeni açılacak büyük tatil köyünün hazırlıkları hararetli bir şekilde sürüyordu. Timur bazı günler otelin teftişi için Falaz ile Antalya'ya gidip geliyordu. Açılış yılbaşında yapılacak, dediler. Büyük bir balodan bahsedildi. Hep birlikte, Nalân'ı da alıp gidecekmişiz. Daha da önemlisi Timur Beste'den Tansel'i de davet etmesini istediğinde Falaz'ın öfkeyle yumruklarını sıkışını bir tek ben görmüştüm. Gözlerindeki acıyı kimse göremesin diye arkasını dönmüştü; ama ben görmüştüm. Ona kızmakla acımak arasındaki duygularım birbirine karışmıştı ve sadece dua ediyordum, benim kirli bedenimin duaları ne kadar kabul olursa artık.

"Günaydın kızım."
"A, Hikmet teyze kalktın mı?"
"Erkencisin bakıyorum."
"Güneşin doğuşunu izlemek hoşuma gidiyor."
"Sen masayı kurmuşsun, ben de gidip bir iki işimi halledeyim. Kahvaltıdan sonra hazırlanın bugün hamama gideceğiz."
"Gerçekten mi!"

Hikmet teyze ve sürprizleri! Hamam! Yüzüme yayılan tebessüme karşılık, o da gülerek baktı yüzüme ve elini uzatıp avucumu yakaladı.

"Timur oğlum ile konuştuk. Birkaç güne nikâhınızın kıyılacağını söyledi. Alışverişe falan çıkmamızı söyledi. Gelin hamamı yapmaya vaktimiz olmaz belki." Hafifçe avucumu sıkarken anlayış süzülüyordu sanki ifadesinden. "O yüzden şimdiden yapmış gibi olalım. Hem daha kına da var." Bilge bir edayla tebessüm ederken, benim için her şeyi tam da olması gerektiği gibi yapmaya çabaladığını görebiliyordum. Olabildiğince normale çekmeye çalışıyordu ve ben sadece karşımdaki bu yaşlı kadına minnet duyabiliyordum. "Sana güzel de bir gelinlik alırız."

"Ben... şey... Gelinlik istemiyorum." Gelinlik namuslu genç kızların hakkıydı, ben kirletemezdim.

"Olur mu öyle şey! Sana gelinlik alınacak, o kadar!" Hikmet teyze kızmıştı.

"Ama... Ben..."

"Ama sen herkes kadar o gelinliği giymeyi hak ediyorsun. Gel buraya..." Beni kollarının arasına alarak sarılmıştı. Sırtımı okşadığında göz pınarlarıma hücum eden yaşları zor zapt ediyordum. Ben bu evde amma yumuşamıştım.

"Her şey biraz hızlı oluyor olabilir; ama benim oğlum evleniyor küçük hanım. Her şey gelini kadar kusursuz olacak."

Ciddi miydi? Kusursuzluk ve ben... Timur ile ne konuşmuşlardı ki? Hafifçe kıkırdadım. Vay anasını, demek gelin hamamı! Benim gördüğüm tek gelin hamamı Adile Naşit filmindekiydi.

"Nalân'ı da alabilir miyiz?"

"Elbette, ben Hayrullah'a söylerim şimdi, o halleder."

"Ben gidip Beste'ye haber vereyim." Bir an içim içime sığmamıştı. Tam kapıdan çıkıyordum ki Falaz darmadağın saçlarıyla içeri girdi.

"Günaydın millet."

"Ah be oğlum, kaçta geldin sen dün gece?"

Hikmet teyze acı dolu bakışlarla Falaz'a baktı. Hani kimi zaman bir şeyleri değişmek istersin; ama çaresizce sadece izlersin ya, işte Hikmet teyzenin hali de öyleydi. Bu kadında herkesin içini görebilen bir yetenek vardı.

"Takma sen anacım, takıldım biraz. Ne demişler? Acı patlıcanı kırağı çalmaz. Bize bir şey olmaz."

Hikmet teyze bana, Falaz'ın çayını koyduktan sonra Beste'yi uyandırmaya gitmemi söyleyerek dışarı çıktı.

"Günaydın Falaz."

"N'aber?"

Falaz bana *n'aber* mi demişti? Vay canına!

"İyidir, n'olsun. Bugün hamama gidecekmişiz."

Çarpık bir yarım gülümseme ile masaya otururken ben de çayı bardağa koydum.

"Biliyorum, Timur Abi Hikmet Anne'ye birkaç güne nikâhlanacağınızı söylediğinde, bir torba azar işitti, hiçbir şeyi adetine göre yapmıyor bu oğlan diye." Falaz hafifçe Hikmet teyze taklidi yaparak, içten olmayan bir gülüşle güldü. Çayı önüne koyarken yanındaki sandalyeye oturdum ve gözlerinin içine bakmaya çalıştım.

"Timur ne anlattı?" Falaz bakışlarını kaçırmıştı.

"Yok bir şey kızım. İşte yangından mal kaçırır gibi evleniyor seninle, ne bulduysa artık sende! Onu anlattı." Sözleri normalde önündeki kaynar çayı üzerine boca etmeme sebep olurdu; ama bunlar sanki seçmece, zorlanarak, söylemesi gerekenleri söylemeye çalışıyormuş gibi çıkmıştı dudaklarından ve biraz da alaycı, oyuncu bir çocuk gibiydi.

"Başka bir şey?" Derin nefes alarak bana döndü.

"Başka bir şey daha mı anlatması gerekiyordu?" Ciddiydi ve tek kaşını kaldırmış bakıyordu yüzüme.

"Yok, yani... Neyse, sen nasılsın?" Bu defa bakışlarını kaçıran bendim ve o rahatlamış mıydı?

"İyiyim. Ne kadar olabilirsem... O hırtapozu ille de açılışa çağırmak zorunda mıydık yani!" *Hah*, işte bana bunlarla gel oğlum. Oh be! Bir an hislerini aldırdın sanmıştım.

"Değildik tabi de, sonuçta bu aileye katılacaksa onu sıkça görmeye alışsan iyi olur."

"Hatırlattığın için teşekkürler."

"Söylesene, Beste onunla evlenip bu evden ayrıldığında, onu daha az görmek seni rahatsız etmeyecek mi?"

"Mümkünse hiç görmeyeyim." Artık birbirimizle açık açık konuşuyorduk. Benden hislerini saklamıyordu ve bu bizim sırrımız olmuştu. "Yanında o hırtla ne kadar çok görürsem, hanım evladının başına bir kaza gelme ihtimali o kadar artar."

"Tamam, sizin kadar mafyatik olmayabilir; ama o da o kadar hanım evladı sayılmaz. Yani düşünecek olursak, mertçe Timur'un karşısında dik durabildi."

"Mertliğine so... Küfür ettireceksin ille sabah sabah. Kızım işine baksana sen! Evlenmiyor musun? Git gelinlik modeli falan bak."

"Dantelleri mi olsun yoksa incileri mi?"
"Ne?"
"Zönk!"
"Yürü git be deli!"
"Falaz?"
"Ne var?"
"Burnun düşmüş."
"Hı?" Başını eğdiğinde parmağımla burnuna vurarak kahkahayı bastım.
"Neşelen hadi biraz. Ölmedik ya..."
Söverek sayıklansa da o da gülüyordu. "Oğlum, bak hâlâ nefes alıyoruz. Çıkmadık candan umut kesilmezmiş. Hem belki bir gün senin beynine de kan pompalanır bakarsın. Dua edelim de hırt çocuk Beste'yi kapmadan olsun."
"Ya bi yürü git be kızım!"
Hafifçe yumruğumu omzuna vurarak güldüm ve ayağa kalktığımda o da gülerek başını iki yana sallıyordu. "Delisin sen, gerçek deli."
Kapıdan çıkmadan geri döndüm ve son cümleyi söyledim: "Falaz, sen de biliyorsun, pişman olacaksın. Dua ediyorum, umarım o gün Beste çoktan vazgeçmemiş olur. Büyük aşklar büyük nefretlere dönüşür derler. O hâlâ seni seviyor, artık sende ne buluyorsa!" Sonunu alayla bitirmeye çalışmıştım; ama içim acımıştı. Haksızlık mı yapıyordum? Belki, birazcık; ama masallarda aşk kazanmaz mıydı? Bu da onların masalı olsa ne çıkardı ki?

Timur kahvaltı ettikten sonra bugün de Antalya'ya gideceğini söyleyerek evden ayrılmış, gitmeden önce ellerimi tutarak parmağımda duran alyansa bakarak okşamıştı. O alyans takmıyordu. İçim içimi yese de ondan bunu beklemeye hakkım yoktu. Sadece gülümseyip "Güle güle git," diyebilmiştim.

"Gece bekleme. Bu gece dönmem."

"Orada mı kalacaksın?"

"İşim geç biter." İçimi hüzün kaplamıştı. Onunla aynı çatının altında uyuduğumu bilmek bile bana kendimi güvende hissettiriyordu. "Bana bak bülbül." Bir eli çenemi kavramış ve bakışlarımı yukarı, gözlerine çekmişti. "Söz, erken biterse geleceğim; ama sen uykusuz kalma." Yine içime bir umut tohumu ekmişti işte. Her bir tohum yeni bir riskti.

"Peki." Uzanıp alnımdan öperken, derin bir nefes aldı içine ve geri çekilirken sanki bırakmak istemiyormuşçasına yavaş yavaş verdi soluğunu. Bir şey demek ister gibi durdu ve sonra arkasını dönerek gitti.

Hayrullah Nalân'ı alıp geldiğinde biz de hazırlanmış onları bekliyorduk.

"Haydi kızlar, acele edin. Erkenden gidelim ki kalabalığa kalmayalım."

"Çemberlitaş Hamamı'na mı Hikmet Anne?"

"Evet, evet, orası ferah oluyor."

"Yaşasın!" Beste çok sevinçli gözüküyordu. O günden beri Falaz hakkında konuşmayı reddetmişti. Sadece *yapacak hiçbir şey yok, o seçimini yaptı*' demişti ve şimdi kendince küçük şeylerden mutlu olmaya çabalıyordu, her zaman yaptığı gibi.

Arabaya bindiğimizde Hikmet teyzenin Nalân hakkındaki her şeyi bildiğine neredeyse emindim. Hatta benim hakkımdaki her şeyi bildiğine bile yemin edebilirdim. Öyle normal davranıyor ve hiçbir şeyi sorgulamıyordu ki bunu fark etmemem neredeyse imkânsızdı. Sadece gündelik şeylerden konuşuyorduk ve Hayrullah'ın Nalân'ı nereden alıp geldiğini bile konuşmuyorduk. Arabadan inerken Hikmet teyze ile göz göze geldiğimde, bir kınama bekledim. Ufacık da olsa bir üstünlük, bana kim olduğumu hatırlatacak bir küçücük belirti; ama yoktu. Sadece bakışlarında anlayış ve buruk bir hüzün vardı. Başındaki saçlarını kapayan bonesini düzelttikten sonra şalını boynuma doladı.

"Üşüteceksin giderayak. Senin bir atkın da mı yok. Önce gelinlikçiye uğrayalım, bizi bekliyorlar."

"Gelinlikçi mi?"

"Hikmet Anne! Ciddi misin!"

Beste neşeyle ellerini çırparak bu sürprizi hemen kabul etti.

"Ama acele etmiyor muyuz?"

"İki gün sonra Timur nikâh memuruyla kapıya geldiğinde ben sana aceleyi sorarım."

"Daha tarih hakkında bir şey demedi ki ama..."

"Ah tabi! Doğru, evlilik de teklif etmiştir eminim. Kızım benim oğlumu bana mı anlatıyorsun! Düşün önüme sizi başı bozuk ördek yavruları!"

Hikmet teyze bizi önüne katarken, Nalân en içten gülümsemesiyle gülümsüyordu. Onunla yaşadığımız en güzel gündü belki de bu. Oysa ben gergindim, gerilmiştim. Gelinlikçiye gidiyorduk ve bir hayalken, güzel olan ne varsa her şey üzerime geliyordu. Ben o gelinliği alamazdım. Ben bir gelinlik giyemezdim, hatta ben hiçbir erkeğe eş olamazdım! Hele de Timur'a!

Hikmet teyze bizi Çemberlitaş'tan tramvayla bir iki durak götürdükten sonra bir gelinlikçiye soktu. Burası her yanı aynalarla kaplanmış, bir dolu mankene çeşit çeşit gelinliklerin giydirildiği düz ayak bir gelinlikçiydi.

"O, Hikmet Hanım, hoş geldiniz. Gelin kızımız hangisi?"

Kadın daha önceden tanıdığı Hikmet teyzeyi buyur ederken, göz ucuyla Beste'ye bakıyordu.

"Merhaba Keriman Hanım. Gelinim bu genç kızım."

Hikmet teyze *gelinim* diyerek beni gösterdiğinde, ayaklarımı popoma vura vura kaçasım vardı. *Dik dur Cansu! Dik dur! Sen ne badireleri atlattın ve iki fırfıllı dantelaya yenik mi düşeceksin? Asla!*
Omuzlarım dikleşirken oturtulduğum yerde önüme bırakılan kataloga bakarmış gibi yapıp mırıldandım.
"Ben tam gelinlik gibi bir şey istemiyorum."
"Aa! Yok artık gelin hanım! Hayatta olmaz." Bu Keriman denen kadının kaç tahtası eksikti böyle? Kendini ekran yıldızı mı sanıyordu?
"Olur. Ben daha elbise gibi bir şey istiyorum."
O arada gözümün ucuyla önümde açık duran sayfadaki gelinliğe takılmıştım. Elimi eteklerinin üzerinde dolaştırırken, bir gelinlik giyecek olsam böyle bir şey isteyeceğimi düşünmeden edemedim. Nasıl dururdu acaba üzerimde? Hafif kırık beyaz olsun isterdim sanırım. Saçlarımda uzun bir duvak olsa, çocukluk hayallerimdeki gibi olurdu. Sayfadaki modelin göğsün üst kısmından kolları sararak uzanan kırçıllı bir danteli vardı ve sol omuzda belin sağ tarafından aşağı serpilerek uzanan çiçeklerin aynısından vardı. Aynı çiçekten bir tane de sağ bilekte vardı ve bence gerçek bir gelin böyle görünmeliydi. Kabarık etekleri ve dar üstüyle bir masal prensesi gibi...
"Hadi ama Cansu... Sen hep buna benzeyen bir gelinlik isterdin."
"Nalân!"
"Ne?"
"Gelinlik istemiyorum."
Nalân tam yanıma oturmuş, sessizce bizi izleyen Beste yokmuş gibi yüzüme bakıyordu.
"Ama biz çocukken..."
"Biz çocuk değiliz Nalân."
Aramızda oluşan sessizliği Beste bozdu:

"Tamam, sakin. Her gelin gergin olur ve senin için her şey çok hızlı gelişiyor Cansu. Hepimiz anlayış göstermeliyiz, değil mi?"

Beste durumu ele almışçasına aralarında fısıldaşan Hikmet teyze ve Keriman Hanım'a dik dik baktı ve elinde nişanlıkların oluğu bir katalogu bana uzatarak, elimdeki katalogu çekip aldı. Katalog elimden kayarken sanki hayallerimden bir parçayı daha sonsuzluğa yollayıvermiştim. Parmaklarım üzerinden ayrılmak istememiş, kapağı kapanırken itiraz edip kendime yenik düşmek istemiştim.

"Sana şimdi bunlardan uygun gördüğün bir model seçelim ve ölçülerini verelim. Seninle ölçülerimiz aynı gibi."

Beste elindeki gelinlik kataloğunu Keriman Hanım'a uzatırken, yeniden neşeyle bakıyordu. Hep birlikte derin tartışmalar içinde katalogda şarap rengi gözüken düz bir modelde karar kıldık. Etekleri hafifçe kabararak diz altına kadar uzanıyordu ve bu benim için kafiydi. Nalân'ın ısrarıyla beyaz olmasına razı gelmiştim. Daha fazla direnecek gücüm kalmamıştı ve her ne olacaksa, bir an evvel olmasını ve bu rüyadan daha fazla canım acımadan uyanmayı istiyordum.

"Hâlâ eskisi gibi küçük bir aptal olduğunu düşünüyorum."

Tramvaya tekrar bindiğimizde Nalân kulağıma doğru fısıldamıştı.

"Kes sesini Nalân."

"Ne yani? Bay Çok Zengin seninle evleniyor ve sen sadece basit düz bir elbise giyiyorsun." Benimle apaçık dalga geçiyordu. Şükür ki Hikmet teyze ve Beste, diğer uçtaki koltuklara oturmuşlardı.

"Nalân, sus! Şimdi duyacaklar seni."

"Hah, duysalar ne olacak? Eminim bu pamuk teyze beni onaylayacaktır. Kızım yetmedi mi kefaret orucun.

Şans bize de gülecekti elbet bir gün ve çarkı sen döndürdün işte." Nalân hafifçe omzunu salladı ve saçlarını arkaya savurdu. Hayret, Timur Bey onun saçlarının da katlini vacip kılmamıştı.

"Hay ben senin çarkına! Kızım sussana duyacaklar şimdi."

"Cansu"

"Ne?"

"Cansu, mutlu ol. Lütfen ikimiz için de mutlu ol."

Diyecek bir şey bulamamıştım; çünkü bana umut dolu bakıyordu. Sanki ikimizin de kaderi benim ellerimdeymiş gibi, çaresizlik vardı bakışlarında. Ben olsam da olmasam da Timur onu yüz üstü bırakmazdı, biliyordum. Nasıl emin olduğumu ben bile anlamıyordum. Bir şekilde o da biliyordu; ama işte bu bakışta başka bir şey vardı. Döngümüzü benim kırdığıma inanıyordu. Kırmış mıydık gerçekten? Bütün bedelleri ödemiş miydik?

Tarihi hamamdan içeri girdiğimizde, hol beklediğimden daha küçüktü. Hikmet teyze giriş ücretlerimizi öderken, biz aramızda konuşup gülüyorduk. Beste ve Nalân nikâhta ne giyeceklerini kararlaştırıyorlardı. Nalân'ın kıyafeti çoktan hazırmış. Dün Hayrullah onu seçmesi için hastaneden alıp götürmüş. Bu nikâh benim haricimdeki herkes için miydi? Bir benim için mi bir şeyler eksikti? Hayatımın ilk aşkı ama bana aşık olmayı bir yana bırak, kadın ile erkek arasındaki en temel hoşlanmayı bile yaşamayan bir adamla, öylesine evlenecek miydim yani? Her şey benim dışımda gelişiyordu ve benim artık bunu Timur ile konuşmam şart olmuştu. Bu gece gelmiyorsa öyle olsundu; ama gelir gelmez, bu konu artık bir netlik bulacaktı, yoksa ben delirmek üzereydim. Huzursuzluk katil karınca ordusu gibi tenimin altında kıpır kıpır ilerliyor ve beni küçük lokmalar halinde yiyordu.

İç avluya geçtiğimizde, peştamallara sarınmış kadınların oturduğu geniş bir oturma alanı ile karşılaştık. Kadınların bir kısmı bizler gibi müşteriydi ve yayılmış gazozlarıyla kahvelerini içiyorlardı. Orta kısımda oturan kadınlar ise tellaklardı ve içlerinden bir iki tanesi Hikmet teyzeyi görür görmez ayağa kalkıp elini öpmeye gelmişlerdi.

"Ablam yoktun nicedir."

"Kızlar, nasılsınız? Safinaz yok mu?"

"Abla, torunu oldu ondan birkaç günlüğüne yok."

"Allah analı babalı büyütsün. Çıkışta telefonunu aliyim ben."

"Tamam ablam. Sen merak etme biz varız. Bak bu Nurgül." Gençten bir kızcağızı gösterdiler ve kız gülümseyerek başıyla selamladı bizi. "Safinaz'ın kardeşinin gelini."

"Hayırlı olsun. Hadi bakalım biz soyunalım da içeri geçelim."

"Tamam ablam, siz geçin bizler de geliyoruz."

"Acele etmeyin. Az biraz otururuz."

Vay anasını sayın seyirciler, Hikmet teyzeye de bakınız! Kadınların eline belli etmeden para sıkıştırırken, mafyatiği kimin büyüttüğü belli olmuştu. Maşallah Hikmet teyzenin de elinden bir uçan bir de kaçan kurtuluyordu vallahi!

Üst kattaki soyunma odalarının olduğu bölmede soyunup peştamallarımıza sarındıktan sonra hamamın iç bölümüne geçtik. Burası tarihi yüksek tavanı olan mermer kaplı taş bölümdü. Bütün musluklardan akan sıcak suyun dumanı yükselerek, içerinin sıcağına karışırken; mermerden yüksek göbek taşının üzerine denk gelen en büyük kubbenin üzerinde yıldızları andıran delikler vardı. Orta meydanlık alanın etrafını çember gibi saran küçük odacık gibi bölmelerde kurnalar ve sağlı sollu oturma yerleri bulunuyordu. Biz de hep birlikte üç kurnası olan bir bölmeye geçerek, mermer yükseltiye oturduk. İlk defa hamama geliyordum ve Beste elime bir tas tutuşturmuştu. Nalân daha önceden gelmiş olduğu için hemen tasını sıcak su ile doldurarak üzerine dökmeye başladı.

"E, şimdi bu gelin hamamımız mı?"

"Şüphen mi var kızım?"

Hikmet teyze Nalân'ın sorusunu alaycı bir şekilde cevapladıktan sonra, kısa bir kahkaha ile bir tas suyu üzerime atıverdi.

"Bir de genç olacaksınız." Al işte azarı da yemiştik. Nalân gülerek bir şarkı söylemeye başladı. Önce hafiften başlayan sesi Hikmet teyzenin ona eşlik etmesi ile yükseldi. Az önce içeride gördüğümüz kadınlar da bir bir gelerek bize eşlik etmeye başladı.

"Gelinimiz bu mu?"

Yaşlıca bir tanesi beni işaret etti ve aldığı cevaptan memnun olarak, "Pek de güzelmiş maşallah," dedi.

"E, güzel tabi, benim oğlum işini bilir." Allah'ım! Yerin dibine girebiliyor muyduk? Bu utanç daha önceki hiçbir utancıma benzemiyordu. İçimden 'Yalan bunlar,' demek istiyordum; ama herkes öylesine neşeliydi ki sesimi çıkartamıyordum. Bizi bir bir göbek taşının üzerine götürdüklerinde, artık direnmem imkânsızdı. Ben de kendimi bu anın akışına bırakıverdim. Nasılsa daha sonra Timur ile konuşup bu işe bir çözüm bulurdum, değil mi?

... ...
"Beste, bütün kirlerimizi ve günahlarımızı burada bırakabilsek keşke. Ne güzel olurdu, değil mi?"

"Bırakırız tabi Nalân, neden bırakamayalım ki? Her bir tas suya, ruhumuzu da koyarız ve geçmişimizi de yıkarız. Biz istersek her şeyi yaparız. Yeter ki isteyelim..."

Ve biz, tüm geçmişimizi yıkamıştık...

18. Bölüm

Bekledim... İki gece boyunca, hiç dinmeyen yağmur ile birlikte, odamdaki camın önünde Timur'un gelmesini bekledim. İkinci gecenin sonunda pes ettim. Saat gece yarısından sonra ikiyi bulduğunda, o gece de gelmeyeceğine kanaat getirerek yatağıma doğru yöneldim. Nedense o olmadığında her şey boş gelmişti bana. Yalnız gibiydim, ki beni düşünecek olursak yalnızlığın normal olması gerekirdi; ama değildi. Bu başka türlü bir yalnızlıktı ve kalbim eziliyordu. Sanki içimde uçuşan binlerce güve kelebeği kalbimi delik deşik ederken, bir el acımasızca boğazımı sıkıyordu. Şimdi anlıyordum Arnavut Necati'nin bir başına kalan karısını. Kadının gözünden bir damla yaş inmiş ve elinin tersiyle silerek camdan dışarı bakmıştı kırkını yaparken. Bir an gözlerimiz buluşmuştu ve yüzünde tarifsiz bir yalnızlık görmüştüm. İçimi dağlayan, ben olmadığım için şükrettiren bir yalnızlık. Kelle koltukta bir yaşamın gizli kahramanıydı o kadın ve bir bedel ödemişti. Şimdi kendimi onun gibi hissediyordum. Allah bilir kaç gece o da kocasını böylece beklemiş ve her gelmeyişinde yüreği ağzında ruhu parçalanmıştı. Bir gün tüm kabusları hayat bulduğunda, gözünden akan sadece bir damla yaştı. Dimdikti, ayakta ve her şeye hâkimdi. Oysa acı vardı yüzünde. Oğlunun başını okşayan elinde ve alnına kondurduğu öpücükte, gözleri kapanırken saf bir acı vardı. Timur'un karısı olmak da böyle bir şey mi olacaktı?

İlk defa aşıktım ve aşkın ödül mü ceza mı olduğuna

karar veremiyordum. Aşk korkuyla beklemekmiş, bir tek onu öğrenebilmiştim.

Tam yatağıma girecekken, evin içine bir ışık yansıdı. Peşi sıra gelen araba sesi ve yeniden geri gelen karartıyla pencereye koştum. İçimi saran heyecanı ve rahatlamayı tarif bile edemem kimseye. Aklımdaki onlarca söz uçarken, geriye bir çığlık kaldı sadece. Gelmişti!

Hızlı adımlarla odamdan çıkıp merdivenleri üçer beşer inerek ve girişe doğru koştuğumda o beklediğim gibi içeri girmedi. Ne olmuştu ki? Yaralı mıydı? Bir şeye canı mı sıkılmıştı? Ne olmuştu? Hızımı kesmeden mutfağa geçtim ve arka kapıdan bahçeye baktığımda serada ince bir ışık gördüm. Eve gelir gelmez seraya mı gitmişti yani? Ben de hiç düşünmeden üzerime kenardaki şalı alarak dışarı fırladım. Beni çağırsa da çağırmasa da artık o serada ne yaptığını görme zamanım gelmişti.

Seranın kapısını açarak içeri girdiğimde, beni bekleyen şaşkınlığa hiç de hazırlıklı değildim.

"Geldin."

"Sen uyumadın mı?"

Timur ceketini çoktan çıkartarak daha önce orada olmayan yeni ferforje oturma grubunun üzerine bırakmış, gömleğinin kollarını katlayarak ellerini köşedeki lavaboda yıkıyordu.

"Seni bekliyordum."

"İşim uzayınca gelemedim. Beklememeni söylemiştim."

"Konuşmamız gerekiyor." Etrafa bakarken ağzım açık kalmıştı. Şaşkınlığın gözlerimden okunduğunu görüyordu sanırım ki o çarpık gülüşüyle gülümsüyordu. Vay canına! Buraya ne olmuştu böyle? Her şeyin yeri değişmiş ve seradan ziyade bir kış bahçesine dönüşmüştü. Çiçeklerle çalıştığımız tezgâh daha köşeye yaklaştırılmış ve neredeyse divanı andıran bir üçlü ferforje koltuğa eşlik eden tekli koltuklar gelmişti. Üzerinde kahve rengi

battaniyenin durduğu sallanan bir koltuk bile eklenmişti, ki buna inanamıyordum. Kapıdan oturma grubunun ortasında yer alan hafif alçak masaya kadar petunyalar sağlı sollu sıralanarak, sanki bir yol çizmişti. Petunyalar?
"Petunyalar?"
"Onların öylece heba olup gitmelerini istemezdik, değil mi?"
"Sen onları yeniden mi ektin?"
Timur yavaş ama beni yerime sabitleyen adımlarla bana doğru yürüdü. Dışarıda yağmur yeniden hızlanmıştı ve seranın tavanına vurarak müzikal bir ses çıkartıyordu. Bana öyle bakıyordu ki bakışlarımı ondan çeviremiyor, neyi beklediğimi bilmeden onun bana ulaşmasını bekliyordum. Tam önümde durmuş çarpık gülüşüyle bana bakıyordu. Nefesi taze nane gibiydi ve uzanıp yanağıma değen eli ateş gibi yanıyordu. Yanaklarım onun elleri altında buz gibi olmalıydı. Havanın soğukluğuyla üşüyordum; ama onun varlığıyla hissetmiyordum.
"Umut hep olmalı değil mi?"
Umut hep olmalı... Peki, ben neyi umut etmeliyim? Beni öpmesini? Karıncalanarak aralanan dudaklarım hasretle beklerken, kendime *ben neden buradayım* bile diyemiyordum. Yanağımdaki eli saçlarıma doğru kayarken, görünmeyen bir kuvvet beni ona doğru çekti. Bir adım, iki adım... Bedenim tamamen ona dayanarak öylece bekliyordu. Ne hissediyordum? Arzu? Açlık?
"A...a...aç mı...mı...mısın?"
Derin bir nefes almıştı...
"Evet, açım." Ve dudakları dudaklarımdaydı. Onun verdiği soluğu çaresizce içime çekmeye çalışıyor ve açlıkla dudaklarımı talan eden dudaklarına karşılık vermeye çalışıyordum. Ona dayanmıyor olsam, çoktan yere düşmüştüm. Öpüşüyorduk; ama bu başkaydı. Sanki birbirimize karışıyorduk.

"Seni merak ettim."
Tek nefeslik zamanda, dudaklarımdan dökülebilen tek cümleydi bu. Cevabı dilinin maharetli kıvrımlarla dilimi bulmasıyla geldi. Boşta kalan eli belimi kavrarken, ben Timur'un ağzının mabedinde tutuşuyordum. İçimde hükmedemediğim bir titreme yayılıyor, tüm bedenimi ve tüm düşüncelerimi ele geçiriyordu. Öpüyordu, öpüşüyorduk. Bir beklenti bedenimi sarmalayarak kucaklarken, ben neyi beklemem gerektiğini bile bilemiyordum. Hasret? Kavuşma? Özlem? Tutku? Ben hep tutkunun acıtan yüzünü görmüştüm; ama bunda başka bir şey vardı, güven vardı. Ben Timur'a güveniyordum.

Korkak ellerim omuzlarına tırmanırken, avuçlarımı açabildiğim kadar gererek açtım. Onu hissetmek ellerimin içinden geçen binlerce sinir ucuyla beynime kazımak istiyordum. Bir sonraki an yokmuşçasına onu istiyordum. Bu itinayla ondan gelecek her acıya, her şeye razıydım ben; ama o beni acıtmazdı, biliyordum. Yağmurun sesi etrafta çınlarken tek duyabildiğim kendi kalbimin sesiydi. Ne arzuladığını bilmeyen vahşi bir savaşçı gibi atıyordu kalbim naralarını. Dilimin söyleyemediği ne varsa söyleyebilecekmiş gibi tutuyordu avuçlarım kollarındaki kasları. Ellerimin altında kasılıyor ve beni daha da kendisine bastırırken acı çekiyormuşçasına inliyordu. Tüm sert heybetiyle önümde dikilirken korkmuyordum, sadece utanıyordum.

Dişleri alt dudağımı hafifçe ısırarak, dudakları çeneme doğru yalarcasına inerken, gırtlağımdan yükselen inlemeyi bastıramadım. Masumca bir soruydu benimki; aç mısın? Evet açtı; ama artık neye aç olduğuna emin bile değildim. Erkekçe bir dürtünün tatminine açsa, benim bedenimdeki kanın dışarıdaki gök gürlemesi gibi akışı nedendi? O beni ateşliyor, her bir gözeneğimden buharlaşarak ona karışmamı sağlıyordu. Dudakları çenemin çizgisine binlerce küçük öpücük bırakarak kulağımın altından boynuma doğru kayarken, geride bıraktığı ıslaklıkta hissettiğim serinlik içime işliyordu. Mühürleniyordum, onun her dokunuşuyla; ruhum ruhuna mühürleniyordu.

"Ne konuşacaktık bülbülüm?"

Ne konuşacaktık? Adım neydi? Ben kimdim?

"Şey..."

Dudakları arsızca beni bir defa daha yaladıktan sonra, derin bir nefesle, "Ney?" dedi.

"Hiç..."

İlk defa bir kadın gibi hissediyordum ve bunu bana hissettiren oydu. Utanmasam kekeleyen sesimle ona durmamasını söylerdim. Arsızca ister ve alırdım.

"Utanıyorsun?"

Onun bir milim geri çekilmesiyle başım önüme düşerken, tüm kan suratıma hücum etmişti. Üzerimden düşen şalın geride bıraktığı serinliği bile hissedemiyordum. Sadece sessizce başımı salladım.

"Buraya gel bakalım." Beni tek hamlede sallanan sandalyeye götürdü. Üzerindeki battaniyeyi kaldırdığında, bana üşümekten bahsediyordu. Hissetmiyordum. Sadece tenimi yakan bir yangın vardı kanımda dolaşan. Beni kucağına çektiğinde duvarda asılı duran ısıtıcının ışığı üzerimizde yansıyordu.

Timur'un kucağında diken yutmuş gibi oturuyordum; çünkü zaten haliyle bir dikenin üzerinde oturuyordum. İnkar edilemez varlığını altımda bana hissettiren bedeninin dayanılmaz cazibesine kapılmamak elimde değildi.

Parmakları ensemden aşağı sırtımı dolanırken, bir kedi gibi mırıldanarak kucağına kıvrılmamak için kendimi zorladım. Öyle cazipti ki başımı geniş göğsüne dayamak ve inlemek... Dudaklarımdan kaçan inlentiyi fark edememiştim bile. Rahatlatıcı bir ninni gibiydi hareketleri ve beni kendisine doğru çekiyordu. Korkunç bir savaş alanının tepesinde dikilmiş, sakin bir kumandan gibiydi. Hayranlık duymamak elimde değildi, ona hayrandım. Her şeyi, hükmedişi, öylesine cezbediciydi ki onun üzerinde bıraktığım etkiyi göremiyordum bile. Bir şeylerin tadını çıkartıyordu. Huzur? Dinginlik? Her ne ise benden ona akıyor ve onun parmaklarının büyülü uçlarından bana dönüyor, tenimden ruhuma işliyordu. Isıtıcının sıcaklığından mı yoksa ortamın değişikliğinden mi bilmiyordum; ama içerideki erkeksi hava yerini tanımlayamadığım bir şeye bırakmıştı. Titremiyordum artık. Avuçlarında tuttuğu minik bir kuş gibi alışmıştım dokunuşlarına. Hatta artık bedenimin bir parçası gibi geliyordu sessizliğindeki derinlik. Terliklerim ayaklarımdan düşerken, bir eliyle dizlerimi yukarı doğru çekti ve ben de itiraz edemeden göğsüne yaslandım. Bana sunduğu sığınağında olmaya ihtiyacım vardı.

"Nikâhımız burada kıyılsın istemiştim. Sana sürpriz olacaktı."

Bana? Benim için hazırlanmış bir şey? Bana özel, sadece bana ait.

"Te...Te...Teşek.k.kürler."

"Burası artık senin de. Bana ait olan senindir."

Frezyalar? Hayır... Onlara dokunmaya cüret edemezdim daha. Bakışlarımı kaldırıp *'ya sen?'* demek istedim, ama diyemedim. İçimde kavrulan ateşi söndürebilmek için ona ihtiyacım vardı, biliyordum; ama nasıl olacağını bilemiyordum. O sessizce beni bir yangına atıp, sonra da sakince izlememi sağlıyordu. Beni kışkırtıyor ve bir adım geri çekiliyordu. Kedi fare oyunu gibiydi, bense hiçbir kuralı bilmiyordum.

"Ne konuşmak istemiştin?"

"B...Ben, gelinlik istemiyorum." Aptal! Onca planladığım konuşmadan, binlerce kelimeden, sözden sadece bu mu kalmıştı? Bunu mu diyebilmiştim yani? Hadi canım!

"Haberim var. Bu aile içinde bir nikâh, istediğini giymekte özgürsün."

"Teşekkürler." Hayal kırıklığı? Ne beklemiştim ki? Bana ısrar etmesini mi? Başımı göğsüne yasladığım için şanslıydım, yoksa gözlerime hücum eden yaşları görebilirdi. Hayır, görmemeliydi; çünkü ben ait olmadığım bir hayalin umudunu yaşıyordum.

Bir an olsun durmayan elleri; uzun, beyaz geceliğimin üzerinde yumuşak dokunuşlarla kayarak yeniden ensemi bulduğunda, bilinçsiz bir itaatle başımı ona yönlendirdim.

"Nerede kalmıştık?"

Evet, tam da burada, senin beni öptüğün, pardon tenimi dudaklarınla mühürlediğin yerde kalmıştık. Kaldığımız yerden devam ediyor olmak beni korkutsa da memnun etmişti.

Dudaklarıma kısa bir öpücük kondurduktan sonra, sadece bir nefeslik geri çekildi:

"Sen hiç sevildin mi?"

Sorunun cevabını biliyor; ama benden duymak istiyordu. Sadece başımı olumsuz anlamda sallayabildim. Karnımda gezinen avucunun içi geceliğimin altında sertleşmiş göğüslerime doğru çıkarken hırıltıyla mırıldandı.

"O halde izin ver... İzin ver ki sana sevilmeyi öğreteyim."

Hükümdarım izine ihtiyaç mı duyuyordu?

"Öğret..."

Zamanı durdurmak mümkün müydü? Hayatı alabildiğine gönlünce yaşayabilmek ve her şeyin sana sunulduğu haliyle tat almak? Benim için o an zaman durmuş, tat tüm zerrelerimden kalbime hücum ediyordu. Benim zavallı küçük yaralı kalbim... Her şey onunla başlamıştı, bir kalp atımıyla yaşam bulmuştum. Şimdi de bir kalp atışıyla, Timur'un kollarında son buluyordum. Beni yaşatmak ve yok etmek hükmünün tek sahibi gibi kavrıyordu bedenimi. Boğazıma düğümlenen bir yumru gibiydi içimdekiler. Az önce bir şeyler yemiş olsam, her şeyi şu an çıkartıyor olabilirdim. Midem öylesine kasılıyordu ki içimdeki korku muydu heyecan mıydı, onu bile ayırt edemiyordum. Sadece tek istediğim bana ne veriyorsa almak ve anılarımı onunla yıkamaktı. Timur sabunları var mıydı? Saçlarım onunla eskisinden daha parlak olur muydu? Ya ruhum? Timur'la yıkanıp yeniden ilk günkü gibi olur muydu?

Her bir dokunuşunda kasılan bedenim kucağının güvenli derinliklerine kendini bastırırken, artık hüküm bende değildi. İçgüdülerim benim yerime hüküm veriyor ve uyguluyordu.

Uzun ve sert parmakları göğüslerimin hemen altından, hafif ama ısrarlı dokunuşlarla gezinip önden düğmeli, robadan geceliğimin kumaşını zorlayarak bedenimin kavislerini okşuyordu.

"Beyazı seviyorsun."

Evet seviyordum. Sahip olamadığım saflığı, rüyalarımda verircesine geceleri uykumda bana eşlik ediyordu. Geceliklerim hep beyazdı.

"Evet."

"Beyaz kesinlikle senin rengin bülbülüm."

Bana bülbül deyişinde bile başka bir tını vardı; daha hırıltılı, daha derin... Bunun ne olduğunu biliyor olsam ona arzu derdim, belki de tutku.

Parmakları uzunluğunun faydasını kullanıp, meraklı bir araştırmacı gibi göğsümün sınırlarını zorlayarak temkinli bir şekilde yukarıya doğru tırmandı. Timur'sa ısrarlı bir şekilde gözlerime bakıyordu. Bakışlarımı kaçırmak istesem bile kaçıramıyordum. Nefesi nefesime karışırken ben sadece bekliyordum. O ise her an tüm ortamı değişebilecekmiş gibi tepkilerimi takip ediyordu. Konuşsam ne diyebilirdim hiçbir fikrim yoktu. Nereye doğru gittiğimizi tahmin etsem de, *dur* diyemiyordum; çünkü merak ediyordum. Merak, içimi Timur ile dolduran ve beynim dur dese de bedenimin itaat etmemesini sağlayan şeydi.

"Sadece bana bak, bir tek ben varım."

Bir tek sen varsın Timur. Bunca yıl yüreğimden bile gizlediğim tüm hayallerimde bile yalnızca sen vardın. Bir gün çıkıp gelmesini beklediğim; ama zihnimin derinlerine gömdüğüm prensimdin. Şimdi nasıl hayır derim? Diyemem...

"Bir tek sen varsın."

Dudakları yeniden dudaklarımla buluştuğunda, artık avucu göğsümün tamamını kaplıyor ve hiç kıpırdamadan duruyordu. Dikkatimi nereye vereceğimi bilemeden, beceriksizce öpüşüne karşılık vermeye çalışıyordum. Kalbimin atışları Timur'un avucunda yankılanırken, onun da kalbinin benimki kadar hızlı çarptığını anlayabilecek durumda değildim.

Sırtımdaki eli uzanarak küçük bir kumanda ile üç ısıtıcıyı daha yaktığında, ben titriyordum; ama üşümekten değil. Sonbahar geldiğinde ağaçtan düşmeyi reddeden o son yaprak gibiydim. Sadece ona tutunuyordum. Önümdeki düğmeler usta el hareketleriyle bir bir açılırken, serinliğin yaladığı çıplaklığımı onun kayan dudaklarından gelen sıcak nefesi kaplıyordu. İster istemez başım geriye düşürerek, boynumu sunaktaki kurban gibi ona sundum. İçimde hücum etmek için bekleyen kâbus anılar çığlık atıyordu.

"Bana güven."

Güveniyordum.

"Sadece bana güven."

Sadece ona güveniyordum. Kendimi saklamam gerekirken, istem dışı bir cüretle ona açılıyordum. Geceliğimin üstü kollarımdan kurtularak belime düştüğünde, atletimi giymemiş olduğuma şükretsem mi yoksa lanet mi etsem, arada kalmıştım. Her şey etrafımda akıyor, bense Timur'un ellerinin ve dudaklarının her hükmüne itaat ediyordum. Boğazından gelen vahşi hırıltıların aksine, beni tutuşu öylesine sakin ve çekingendi ki; ben her an kaçıp gidebilecek boşluğa sahipken, onun varlığına tutunuyordum. Altımda, daha önce onlarca çirkin yüzünü yaşadığım tehditkar varlığa rağmen, kendimi tenine işleyebilecekmişim gibi ona yaslıyordum.

Çıplak tenime değen elleri, daha önce kendime bile dokunmadığım gibi dokunuyordu bana. Ben banyoda bile kendime çıplak bakmaya tahammül edemezken o bana dokunuyor, bakıyor, öpüyor ve okşuyordu. Dudakları göğsümü bulduğunda yüzünde bir tiksinti, bir acıma aradım; yoktu. Yüz kasları gerilirken görebildiğim tek şey tutkuydu. Saf erkeksi bir tutku ile kasları seğiriyor, avucumun altında şekil değiştiriyordu. Hayır! Bu haksızlıktı. Benim çıplaklığım kadar o da çıplak olmalıydı. Beceriksiz ellerim gömleğinin düğmelerine işkence ederken, o dudaklarını bedenimden hiç ayırmadan ellerimin beceremediğini hızlıca yaparak gömleğinden kurtuldu ve tenini tenimin hizmetine sundu.

Siyah bir panterin ay ışığında parıldaması gibi parlıyordu tüm bedeni. İnce bir terle kaplanmış kasları, her hareketinde büyü gibi beni hipnotize ediyor, aklımda ne varsa alıp götürüyordu.

Arsız parmakları bacaklarımı bularak eteğimi sıyırdığında, dudaklarımdan kaçan küçük çığlığa engel olamadım.

"Bir şey yok, benim." *Oh, evet, sensin.* Kesinlikle bunun bilincindeydim; çünkü hiç kimsenin onun dokunduğu gibi dokunabileceğini zannetmiyordum. Daha önce defalarca başka kadınlara da böyle dokunmuş olduğu düşüncesi, içimi haris bir kıskançlıkla doldururken; istem dışı saçlarına asıldım. Siyah, sert kıllar parmaklarımın arasından asice fışkırırken, benim tek yapabildiğim onu kendime daha da çok bastırabilmekti.

"Beni istiyorsun."

EVET! Gırtlağımda düğümlenen haykırış içimde patlarken, 'BENİM!' diye haykırmak istiyordum, hiç hakkım olmasa da. Sert ve kararlı elleri bacaklarıma eziyet ederken, bir anda sıyrılan iç çamaşırıma ani bir refleksle asıldım.

"Sakin... İstemediğin an durabilirim." Gerçekten mi? Ne sanıyordum ki, o Timur'du. Ona baktığımda tek görebildiğim erilliğin bedene bürünmüş haliydi ve iradenin insanla bütünleşmesiydi. Ellerimi kemerinin tokasına götürdüğümde, sert bir şekilde avuçlarımı yakalayarak beni durdurdu. "Benim de sınırlarım var bülbülüm. Bu gece değil." Nasıl yani? Bakışlarımla sormaya çalışıyordum; çünkü sesime güvenmiyordum. "Düşünme." Her kelimesi emirdi ve ben gönüllü itaat ediyordum; çünkü ona güveniyordum.

İç çamaşırımdan kurtulduğumda, bacaklarımı birbirine yapıştırarak öylece durdum. Geceliğim belimde toplanmış ve ölçülü bir çıplaklık sergilerken ben yeniden utanma hissiyle sarmalanmıştım. Timur'sa her şeyin farkındaymışçasına yüzümü kavrayarak beni yeniden öpmeye başlamıştı. Dudaklarım dudaklarında hapis kalırken, dili damağımı gıdıklıyor, muzır bir çocuk gibi dişlerimin gerisinde kıvranıyordu. Kollarımla örtmeye çalıştığım göğüslerim yeniden avuçlarının sıcaklığında yoğrulurken, ben sessizce ona tutundum.

Dokunmak için ölebileceğim kasları avuçlarımın altında kayarken, her santimini zihnime kazıyordum ki yalnız gecelerimde, gözlerimi yumduğumda zihnimden hücum eden tek anı ona ait olsun. Her şeye hükmeden Timur'un anılarıma, zihnime, kâbuslarıma, bende olmasını istemediğim her ne varsa hepsine hükmetmesini arzuluyordum. Eli bir elimin üzerinden kayarak avucumu saçlarına yönlendirirken, saçlarına kendi vahşi hayvanımın yelelerine asılırcasına asıldım. Onu evcilleştiremezdim; ama bana sunduklarını alabilirdim.

    Eli yeniden bacaklarımda dans etmeye başladığında, iki göğsümün ortasında bir şeylerin koptuğunu ve zıvanadan çıktığını hissedebiliyordum. Onun için açılıyordum. Gündöndüler gibi ona dönüyor, yapraklarımı sadece onun için kendi arzumla açıyordum. Açıldım... Başım omzuna düşerek boynuna gömülürken; utanmadan, arsızca boğazından kopan vahşi iniltilerin aksine çelik bir irade ve şefkatle beni okşayan ellerine açıldım. Genzim onun kokusuyla doluyor, bedenim onunla taşıyordu. Hiç kimsenin dokunmadığı gibi dokunuyordu bana. Ben bu şefkati, tutkulu arzuyu ve merkezimden içime yayılan hazzı bilmiyordum, tanımıyordum. Her şey yabancıydı. Bilmediğim bir şeyi arzuluyordum. Koşulacak bir maratonum varmışçasına soluk alıyor, nerede olduğunu bilmediğim bitiş çizgisine koşuyordum.

    "Lütfen... Lütfen..." Ne için yalvarıyordum? Neye lütfen diyordum, bilmiyordum; ama bana vereceği her ne ise alabilmek için yalvarıyordum. Oysa o inilti ve hırıltıları haricinde hiç konuşmuyor, belimi kendisine bastırarak kendimi güvende hissettirerek beni tutuyordu. Maharetli parmakları katmanlarımı aralayarak içimdeki bilmediğim düğmelere dokunuyor, beni daha da çok açılmaya zorluyordu.

    "Sil... Yalvarırım her şeyi sil..."

    "Silemem." Sesi dokunuşunun aksine sert, kalın ve boğuktu. "Sadece yenilerini verebilirim."

    Eskilerinin yerine koyabileceğim yeni anılar... Sadece her ne verecekse bir an önce almak için çırpınıyordum. Bilmediğim hisleri arzulayan bedenim, alabildiği kadar fazlasını alabilmek için ona tutunuyor, adeta yapışıyordu. Kalçalarım kontrolüm dışında kendini ona bastırarak daireler çizerken; bileğinin mistik kavislerine ayak uydurduğumun bile farkında değildim. Kulağımdaki boğuk hırıltı bana, "Bu sefer benim için gel," diyordu. Gel... Nereye isterse gelirdim...

İçimde bir anda yükselen bir fırtına kasırgaya dönüşerek, bedenimin en saklı karanlığına açılan kapısını talan etti. Parmaklarını derinlerime çekerken, daha fazla tutamadığım bir çığlıkla yıldızları gördüm. Renkler etrafımda binlerce parçacığa bölünürken, ben sadece iniltili bir çığlık atıyor ve Timur'a tutunuyordum. Derin bir düşme hissi ve binlerce parçaya bölünürken yeniden bir bütün olma bilinciyle kucağına yığıldım.

Başımın üzerine dayadığı çenesi küçük hareketlerle başımın üzerini öpüyor, bir yandan da kilometrelerce koşmuş gibi soluyordu. Altımda kaskatı duran eril erkekliği seğiriyor; ama beni korkutmuyordu. Düşünemiyordum. Sadece derin bir yorgunluk beni içine çekiyordu. Sadece bir saniyeliğine başımı kaldırsam ve ona baksam gözlerindeki öldürücü karanlığı görebilirdim belki; ama ben gözlerim kapanırken hiç düşünmeden kendimi onun boynuna gömdüm. Erkeksi kokusunu içime doldururken, gözlerimden akan yaşlara inat gülümsüyordum; Timur, kendi ıstırabını hiçe sayarak, bana sevilmeyi öğretmişti.

... ...

"Bana acıma..."
"Emin ol Hacer, şu an sadece kendime acıyorum."

Öğlene doğru gözlerimi kendi yatağımda açtığımda, bir önceki gece yaşananları hatırlamam bir iki saniyemi aldı. Allah'ım! Ben bir daha Timur'un yüzüne nasıl bakacaktım? Ya evdekilerin? Saç diplerime kadar yanıyordum ve utanıyordum. Bana yaşattığı hissin adı her ne idiyse bu bir ilkti ve ben kendimi hiç olmadığım kadar, dahasını pervasızca arzulayacak kadar, *'kadın'* hissetmiştim. Bedenim Timur'un ellerinde, toprağından yeşeren çiçekler gibi açılırken; ben hiçbir şeyi umursamadan, öylece verdiği her ne varsa almıştım! Utanıyordum. Yastığı suratıma çekip yüzüme bastırdım. Elimde olsa kendimi gömdüğüm bu yataktan bir daha hiç kalkmaz, sessizce kimsenin beni fark etmemesini sağlardım. Ne yapacaktım şimdi? Duş! Evet, evet, yıkanmalıydım. Hızla yataktan kalkarken yatağa yarı uykulu nasıl geldiğimi hatırlayarak bir kere daha kendimi yastıkla boğdum. Bir daha imkanı yok, Timur'un yüzüne bakamazdım! Beni buraya kadar kucağında taşımış ve tam kapıdan çıkacakken alnımdan öperek dudağımın kenarını baş parmağı ile okşamıştı. *Hay bin eşek arısı soksun beni iyi mi!* Hepsini hatırlamak zorunda mıydım?

Duştan sonra işin en dandirik yanı; kimseyle, özellikle adamın gözünden sürmeyi çeken Hikmet teyzeyle, karşılaşmamak için ortalığı kolaçan ederek mutfağa inmeye çalışmaktı.

"Cansu, Cansu!" *Hah, bir bu eksikti.*

"Günaydın Beste."

"Sen de bugün iyice bir uykucu çıktın."

Beste her zamanki neşesi ile karşımda cıvıldıyordu. Kesin bir şey olmuştu. Aha bulmuştum! Fasulye sırığının kafaya saksı düşmüştü. Yok yok, ona gökten fil düşse ancak fayda ederdi.

"Akşam Timur'u bekledim de..." Si... *Küfür yok! Hay beni eşek arıları dürtsün!*

"Evet sabah keyfi yerindeydi."

"Kimin?"

Beste sanki dalga geçercesine bana ters ters baktı.

"Hikmet Anne'nin, kimin olacak tabi ki Timur Ağabeyimin."
"Ha, neden ki?"
"Ay bir de soruyor musun?"
"Beste, bu sabah ya sen Jerry Lewis yuttun, ya da ben beynimi yastıkta bıraktım."
"O kim?"
Hah, o kim? Her haltı benden iyi bilen Beste'yi engin siyah beyaz Amerikan filmleri dağarcığımla dağıtmıştım işte. *Cansu bir, Beste sıfır, gol!*
"Eski Amerikalı komedyen, aktör. Bizim apartmanda oturan yaşlı bir madam vardı. Bütün film arşivini izlerdik birlikte. Frank Sinatra'dan Gene Kelly'e, hepsinin siyah beyaz filmleri vardı. Yeşilçam filmleri de tabi." Beste beni mutfağa doğru çekiştirerek masaya oturturken, o günleri hatırlamanın da damağımda hoş bir tat bırakabileceğini ilk defa fark ediyordum. Demek ki hayatta her şeye rağmen iyi günlerim de olmuştu.

"Ne güzel anılar, kim bilir nasıl biriktirmiş onları... Belki kocasının koleksiyonuydu, birlikte izliyorlardı belki zamanında." Bu kız ve romantikliği, bir gün beni öldürecekti kesin. *Hacer neden öldü? Aşırı doz romantizmden...*

"Madamın kimsesi yoktu, canı sıkıldığında gün içinde bizi çağırır filmleri başlatırdı. Eski bir film makinesi vardı, beyaz eski bir perdeye yansıtırdı. Kocası zamanında sinema işletiyormuş, adam öldüğünde hepsi ona kalmış."

"Gerçekten mi?" *Yok, yalandan!* "Çok romantik."
"Ya ne demezsin. Sinema battığında adam intihar ettiği için madam beş kuruşsuz kalmış ortada. Elinde bir bu eski filmler varmış. Kendisi de eskiden figüranmış. O zamanlar sette çalışan küçük bir çocuk varmış. Madam ona çok arka çıkarmış. Sonrada iş kurup zengin olmuş

falan... İşte o da madama sahip çıkmış, o oturduğu evi vermiş, bir de emekli etmiş."
"Hayatı roman desene."
"E, kızım ne hayatlar var işte."
"Benimki de roman sayılır; ama aşk romanı." Beste önüme yemem için bir şeyler koyarken, bir yandan da yan gözle bana bakıyordu.
"Lafını kesiyorum da herkes nerede?"
"Hikmet Anne Kapalı Çarşı'ya indi, Hayrullah götürdü. Düğün için sana bir hediye alacakmış."
"Ne gerek vardı." İşte utancımın katlandığı anlardı.
"Saçmalama, ben hediyemi aldım bile. Daha doğrusu aldırttım." Beste fare yutmuş kedi gibi sırıtıyordu.
"Geri kalanlar?" Fasulye sırığı ve Mafyatik yani?
"Vay, âşık seni! Demek ağabeyimi merak ediyorsun."
"Ya, ne alakası var, ne aşkı... Ya, işte merak benimki... Öfff! Tamam! Sustum."
"Timur Ağabeyim Falaz'ı da alıp ofise gitti. Paket, teslimat bir şeyler diyorlardı. Onu geç sen esas konuyu sormuyorsun."
"Falaz'a fil mi düştü? Sabahtan beri yüzündeki sırıtmaya bakılırsa..."
"Bu sabah Hikmet Anne gidince mutfakta karşımda kalakaldı. Önce çıkmaya yeltendi, sonra..." Beste heyecanla yanıma oturmuş, ellerini nereye koyacağını bilemeden sallıyordu. "Ah, aynı kitaplardaki gibiydi, önce çarpıştık. Sonra o beni kollarımdan yakaladı, ben tam düşecekken! Cansu! Böyle içimde bir şeyler koptu... Sanki göz göze geldiğimizde bana ilk defa başka bakıyordu, nasıl desem..."
"Perdesiz?"
Şaşırmış gibi bana bakarak gözlerini büyüttü ve "Nasıl bildin?" dedi. Ben omzumu salladığımda hiç dur durak tanımadan konuşmaya devam etti:

"Konuşamadı Cansu, kekeledi. Nefes alıp verişleri hızlandı, gerçi benimkiler de hızlandı. O yüzden o muydu ben miydim emin değilim; ama böyle sanki bir elektrik akımı oldu aramızda. Gözlerinden sanki lav akıyordu."

"Ee?" Beste durmuş hafif bir gülümseme ile ânı izliyormuşçasına boşluğa bakakalmıştı.

"Sonra başını önüne eğdi ve beni bıraktı. Arkasını döndü; ama gidemedi. Bana dedi ki; 'O çocukla mutlu olabilecek misin?'"

"Eşek!"

"Öyle deme... Sesi çok çaresizdi... Ben mi öyle duymak istiyorum?"

Ne diyebilirdim ki? Beste'yi caydırmaya çalışırken, kendi aşkına dair hiçbir şey yapmaya cesareti olmayan adam için ne demeliydim? *'Boş ver Beste o sana âşık. Sen kukumav kuşu gibi bir ömür onu beklerken, o senden ödü patladığı için gözünün önünde çatır çatır başka kadınlarla gezecek; ama seni sevecek, sen bekle,'* mi? Hay ben bu adaletin çarkına çomak sokayım, iyi mi?

"Sen ne dedin?" En iyisi duymazdan gelmektir her zaman. Beste hafifçe omzunu silkip başını önüne eğdi ve "'Denemeden bilemem,' dedim," dedi. Ah be masum keçi... Senin yerinde o conconlardan biri olacaktı ki, tek ayağında döndürürdü o herifi.

"Ama o kadarla kalmadım. 'Benim hiç değilse denemeye cesaretim var. O cesareti hiç bulamayan zavallılar da var,' dedim. Arkasından da onu olduğu yerde bırakıp başımı dik tutarak mutfaktan çıktım. Ha, bir de şey... Nalân'ın hamamda gösterdiği gibi popomu sallayarak yürüdüm."

Vay anasını sayın seyirciler! Dibim düşmüştü. *Ah be Beste'm, sen de az şey öğrenmemişsin o okuduğun afilli kitaplardan.* Şimdi fare yutmuş kedi gibi sırıtma sırası bendeydi.

"Hepsi boy yüzünden. Ben diyim, beyne kan geç pompalanıyor."

"Haklısın." Birlikte gülüyorduk; ama biliyordum ki Beste'nin yüreği talan olmuş yangın yeri gibiydi. Küller savrulsa da ateş hâlâ harlı bir lav denizi gibiydi.

"Ne var Cansu biliyor musun?" Başımı olumsuz olarak salladım. "Madem kaybediyorum hakkını vererek kaybedeceğim. O beni istiyorsa bunu kanıtlayacak, benim için mücadele edecek. Ben sırf o dedi diye Tansel'den vazgeçip, kaderime razı gelerek bir ömür boş hayallerle onu beklemeyeceğim. Karar verdim, madem benim olmuyor, ben de aptal hayallere çakılı kalıp beklemeyeceğim. Madem fırsatlarım var, yaşama tutunup deneyeceğim." Onu hiç böyle kararlı görmemiştim. "Onu hep sevdim ve seveceğimi biliyorum Cansu. Başka kimseyi de onu sevdiğim gibi sevmeyeceğim, onu da biliyorum; ama hayat devam ediyor. Nefes alıyorum ve kendime şans vermeliyim. Belki onu sevdiğim gibi değil; ama başka türlü daha çok severim Tansel'i de. Hiç değilse denemiş olurum. Bu oyunu kuralına göre oynamam gerekiyorsa oynayacağım, ben bir korkak değilim."

Kesinlikle değildi...

Ben evin içindeki herkesten köşe bucak kaçsam da, o gece ne Timur ne de Falaz gelmemişti. Ertesi sabah kazınan karnımla mutfağa erkenden indiğimde her ikisi de yorgun, göz altları mor ve yaralı bir şekilde mutfakta oturuyorlardı. Aman Allah'ım! Yaralıydılar! Falaz'ın yanağının üzerinde bir sıyrık varken, Timur'un ellerinin üzerindeki kemikler sargılıydı ve dudağının kenarında kalınca, henüz tutmaya başlamış bir kabuk duruyordu.

"Abi, camın içinden geçmeyecektin."

"Kaçıyordu pezevenk."
"İyi de nereye kaçacaktı ki? Etraf zaten sarılmıştı."
"Siktirsin piç! Onu ben öldürmeliydim ellerimle!"
"Abi bi sakin ya! Tamam, sen gebertecektin de, zaten herifin tüm kemiklerini kırdın. Vurulmasaydı zaten iç kanamadan giderdi emin ol."
Mutfak kapısında öylece kalakalmış ikisinin konuşmalarını dinliyordum. Ne bir adım içeri atabiliyordum, ne de geri. Şok olmuştum.
"Lan bir tutturdun operasyon da operasyon, ağız tadıyla bir gömdürtmedin ibneyi canlı canlı."
"Abi bizim kim olduğumuzu unutuyorsun. Biz mafya değiliz."
"Ne bokuz? Sanki her işimiz doğru da."
"Hikmet Anne'ye ne diyeceğiz sargılar için."
"Araba kaza yaptı deriz."
"Kapıda gıcır gıcır duran araba mı?"
"Ya kapa bir çeneni. Hatta şöyle yapalım sen git bin o arabaya, sonra kendini vur duvara, belki beynine kan gider."
"Abi böyle işlerden sonra pek bi çekilmez oluyorsun da, bu sefer hepten taze geline bağladın."
"Ha diyorsun ki ille benim de çarkıma sıç!"
"Aşk seni değiştiremedi be güzelim." Falaz bildiğin, alenen dalga geçiyordu.
"Ben şimdi seni bir değiştiricem ortalıkta etekle dolaşacan."
Falaz kahkaha atarken bir yandan da konuşmaya devam ediyordu: "Abi o değil de, herifin kolunu kırarken neden *'mini mini bir kuş'* şarkısını söylettirdin ya. Geberdi gitti hâlâ kulaklarımda piçin sesi." Psikopat! "Bazen harbi psikopata bağlıyorsun, ben bile korkuyorum senden."
"He kardeşim, ortada ne kadar korktuğun."
"Harbi neden ya?"

"Gözünü oyarken de makber söyletecektim; ama bir bırakmıyorsun ki adamı."

Evet, psikopattı. Ruh hastası manyak! Zevk almıştı resmen adamın birini deşerken! Sesindeki hazzı duyabiliyordum. Aman Allah'ım! Aman Allah'ım! Bir gece önce bana hiç bilmediğim hazları, itinalı dokunuşlarla yaşatan elleri, dün gece bir can alırken de sadistçe zevk almıştı!

"Hacer?"

"E...e...e...evet." Yakalanmıştım!

"Ne yapıyorsun orada?" Timur tek kaşını kaldırmış sorgulayarak suratıma bakıyordu. Esas sormak istediğinin *'Ne kadarını duydun?'* olduğunu biliyordum; ama cesaretim yoktu söylemeye.

"Çay, çayı koymaya geldim." Ben şimdi ne yapacaktım? Umutlarım, kurduğumu bile bilmediğim hayallerle üzerime kapaklanırken, kendi utancımı bile unutmuş çaresizce mutfakta dolanmaya başlamıştım.

Benim girişimle her ikisi de susmuştu. Tabakları masaya koyarken kaçamak gözlerle ikisine de bakıyordum. Yaralarını sormam gerekirdi, değil mi?

"K...k...kaza mı oldu?" Kekeleme, kekeleme!

"Zeplinden düştük." Falaz gülerek atılıp cevaplamıştı. Aman Allah'ım! İnandırıcı bile olmaya çalışmıyordu.

"Kes zevzekliği, kaza oldu. Kumandayı versene." Bir iki saniye Timur'un gergin yüz hatlarına baktıktan sonra ne dediğini algılayarak telaşla televizyonun kumandasını uzattım. Hâlâ dün geceki Timur'du. Tehlikeli, karanlık, ruhundaki kabadayının tüm karanlık yüzüyle, hiç saklama gereği duymadan oturuyordu masada. Bakışları sert, sesi keskindi. Gözlerindeki karanlık daha fazlasını yapamamanın hüznü ve yaptıklarının hazzıyla doluydu. Dinmemiş, dinememiş bir öfke vardı hareketlerinde. Falaz'ın rahatlatıp konuyu değişmeye çalışan tavırlarına rağmen, ısrarcı bir şekilde ölüm kokuyordu.

Üzerini değişmemiş olsa beyaz gömleğinde kan zerreleri göreceğime yemin edebilirdim; ama siyah bir tişört ile aynı renk eşofman altı giymişti. Ruhu gibi karanlıktı. Önüme bakmaya çalıştım. Ne diyeceğimi bilmiyor, sadece kaçıp gitmek istiyordum. Otomatik hareketlerle kahvaltı masasını kurmaya çalışıyordum; ama ellerim titriyordu. Ben beladan kaçsam bela gelir beni bulurdu zaten. Uğuldayan kulaklarımı televizyonun sesi dolduruyordu oluşan sessizlikte. Sabah haberlerinde genç bir spiker bir operasyondan bahsediyordu ki Timur bilinçli bir şekilde televizyonun sesini açtı.

"İstanbul, Bahçeşehir'de dün gece emniyetin düzenlediği fuhuş operasyonunda, on bir kişi göz altına alındı. İçlerinde ünlü bir iş adamının kızının da isminin geçtiği operasyonda çıkan çatışmada, yetiştirme yurdunda kalan on sekiz yaşından küçük kız çocuklarını fuhuşa teşvik ettiği iddia edilen bir kişi vurularak hayatını kaybetti. Emniyet kaynaklarınca Mehmet Yağdan olarak bilinen şahsın tüm ekipmanına inceleme için el koyuldu ve çok sayıda..."

Elimdeki kahvaltılık tepsisi bir boşluktaymışım gibi kayarak büyük bir gürültüyle yere indi. Mehmet Yağdan... Piço Mehmet... Kabusum, çocukluğumun katili. Sesler uğulduyor, beynim serbest salınımdaymış gibi duvarlarına çarpıyordu. Kaybolan hayallerim, öfkem, nefretim... Defalarca büyük bir çaresizlik içinde parçalamak istediğim iki isimden biri... Az önce umutsuz bir korkuyla baktığım adamın gözlerine sığınırken, göz pınarlarım kurumuş gibi batıyordu, ağlayamıyordum. Karşımdaki karanlık gözlerde yaşayan öfkeyi artık anlıyordum. O gözlerde yaşayan benim öfkemdi...

Adım adım yürüyerek Timur'un yanına çöktüğümde, boğazıma bir bıçak saplanmış gibiydi. Ne bağırabiliyordum, ne de gülebiliyordum. Öylece onun yüzüne, kendi öfkeme bakıyordum. Falaz bizi yalnız bırakmak için yanımdan geçerken, koluma dokunup fısıldadı: "Klasik bir düğün hediyesi istemezsin diye düşündüm."

Onlar benim ailemdi... Ben Hacer'dim...

Ertesi gün öğlene doğru, Timur elinde büyükçe beyaz bir kutu ile geldi. Beste ile yorgunluk kahvelerimizi yapmış mutfakta oturuyorduk. Sabah sabah Hikmet teyze bizi fazlasıyla çalıştırmıştı. Timur'un kirlilerini odasından toplamak da bana düşmüştü. İtiraf ediyorum ki, her zamankinden fazla vakit geçirmiştim erkeksi odanın içinde. Her taraf artık bana daha fazla anlamlı geliyordu ve Timur'u tanıdıkça odasının nasıl da onu yansıttığını görmek beni şaşırtıyordu. E, ne demişler aslan yattığı yerden belli olurdu. Yatak çarşaflarını değiştirirken, aklıma ister istemez geçen gecenin çağrıştırdığı tuhaf hislerle karışmış sorular takılıvermişti.

O gece serada olanların bir tekrarı daha olur muydu acaba? İçimi saran o his... Adını söylemeye cesaret edemediğim, utandığım o şeyler... Resmen adamın kollarında kendimi kaybetmiştim ve kendimi, daha fazlasını isterken bulmuştum. Hoş, ben daha fazlasını istedim diye o da hazır olda beni bekliyordu sanki!

Elimi yeni serdiğim çarşafın üzerinde gezdirdiğimde bir an bu çarşafa uzanan Timur'u hayal ettim. Bende yalan yok, aşağı odaya kurulmuş egzersiz salonunun hakkını veriyordu Alimallah! Etraftaki onca şöbiyetten sonra onun baklavalarını fark etmemek mümkün değildi tabi. Eh, bizim de o kadar gözümüz vardı herhalde. O an içimi bir sancı sarıvermişti. Üç güne kıyılacak nikâhtan sonra, beni odasında ister miydi? Normal bir çift gibi aynı odayı mı paylaşacaktık, yoksa formaliteden bir evliliğin gereksiz bir teferruatı olarak kendi odalarımızda, hiçbir şey yokmuş gibi devam mı edecektik? Bu formalite evliliğin neden olduğunu bile tam anlayamazken, kendimi yeni bir karmaşanın içine atıvermiştim. Kalbim bir anda hızla çarpmaya başlamıştı.

Bir gün önce mutfakta yanında öylece oturmuş ve boşluğa bakakalmıştım. Öylesine içimden bir şeyler kopup gitmişti ki, yerini dolduran yeni duyguları fark etmemiştim bile. Dolabın içerisinde saklanan canavarlardan biri uçup gitmişti sanki. Timur uzanıp elimi tuttuğunda, bakışlarım avuçlarına kaymış ve elinin üzerindeki yaraları daha yakından görmüştüm. "Elin kanıyor," dediğimde, bana "Önemi yok," demişti. Önemliydi. Benim için kanamıştı o eller. Yeniden "Elin kanıyor," dediğimde uzanmış ve dudaklarıma bir öpücük kondurmuştu. Küçük, kısa ve hızlı bir öpücük. Ağzım aralık bakakaldığımda, yarım gülümsemesini takınarak parmaklarının yaralı üstlerini yanağıma değdirmiş, "Buna değer," demişti.

Tüm kutsal şeyler üzerine yemin ederim ki, o parmakların kemiklerini kaplayan her bir yarayı tek tek öpmek istemiştim. Kalbim deli gibi çarparak çaresizce teşekkür etmek ve avuçlarını göğsümün tam ortasına bastırmak istemiştim; ama yapmadım, yapamadım. Sessizce ayağa kalkışını izledim. Bedeninin salınışına hayranlıkla baktım ve kıskandım. Sadece bana ait olmasını dileyecek kadar çok kıskandım. İkimize çay koyarak masaya getirdiğimde, içimden onun üzerine atlayarak, *'benim'* diye haykıracak kadar çok kıskanıyordum onu. Sadece benimle ilgilenmesini, yalnızca bana dokunmasını, bir tek benim bedenime tapınmasını arzuluyordum. Allah'ım! Onu ısırmak istedim! Isırıp benim diye işaretlemek! Ama sakince çayımı yudumladım. Sessizce normal bir günmüş gibi yan yana kahvaltı etmiştik. Kıyafetlerimi deli gibi savurup çıkartarak karşısında dikilme arzum, sadece zihnimdeki bir oyundan ibaretti. O yüzüme bile bakmıyordu. Ara ara boğazını temizlemiş; ama başını tabağına gömmüştü, sadece bir iki önemsiz günlük şeyi konuşmuştuk. Didiklediğim tabağım beni doyurmamıştı; çünkü kasılan midem tüm organlarım gibi sadece ona açtı.

İşte şimdi onun odasında geçirdiğim hayal dolu saatlerin ardından, o rüyalarımdan fırlamış gibi karşımda dikiliyordu ve bana, direkt gözlerimin içerisine bakıyordu.

"Hacer? Sana diyorum?"
"Hı? Ne? Evet..."
"Hızlı hazırlanmanız gerek."
"Ne? Neye?"
"Sen beni dinlemiyor musun?"
"Yok, şey, Beste..."

Beste? Beste nerede? Çoktan ayağa fırlamış sade kahvesinin son yudumunu başına dikiyordu.

"Ben hemen fırlıyorum abi. Saçıma bir fön çeksem yeter."

N'oluyorduk? Nikâh şimdi miydi yoksa! Allah'ım ne kaçırmıştım ben? Adam, tanrı gibi karşımda dikilmiş, beyaz kolalı gömleğinin altından bana sinyal çakan kasları ile gözümün içine derin bakışlarla bakıp dururken, kıvrımlı dudaklarından duyabildiğim tek cümle 'öp beni'ydi ve o da sadece benim hayal ürünümdü. Öpüşmenin bu kadar bağımlılık yaratacağını kim bilebilirdi ki? Uf, yüzüm yeniden kızarmış ve zihnim yine o seradaki gecenin anılarıyla dolup taşmıştı. Tamam, kabul, öpüşmekten çok fazlasıydı!

"Hacer? İyi misin? İstersen gelmeyebilirsiniz. Ben Falaz'la iki dakika uğrar çıkarım."

"İyiyim!" Sesim biraz fazla mı yüksek çıkmıştı? Allah'ım ben ne için iyiyim demiştim? Boş bakıyordum kesin.

"Akşam sünnet düğününe? Hengâmede Falaz da

ben de unutmuşuz. Şu olanların ardından orada bir gözükmemiz iyi de olacak." Vay anasını sayın seyirciler, meğer adam bana bir saattir, *sünnet düğününe gidiyoruz* diyormuş.

"Falaz da geliyor mu?"

"Evet, neden sordun ki?"

"Beste... Neyse boş ver. Ben hemen hazırlanmaya başlıyım. Ne giymem gerek."

"Sen cidden beni dinlemiyorsun. Aklın nerede?" *Sende, sadece sesinden başka yerlerinde.*

"Olur mu hiç canım! Dinliyorum tabi ki de... Biraz yorulmuşum."

"Kutuyu odana çıkartalım da hazırlan." Anlaşılan kutuda yine bir servet yatıyordu.

"Geçen giydiğim şeyleri giyerdim. Ne gerek vardı ki?" *Hayır, bana uzaylı görmüş gibi bakma Bay Züppe!*

"Tabi ki de benim yanımda adam gibi giyineceksin." Öküz! Tabi ben burada senin sipalileri düşünürken, *esas öküzlüğü yapıyordum, değil mi? Bir de 'Sen benim vitrinimsin!' de de tam olsun. Agresif manda!*

"Agresif manda mı? Kızım sen canına mı susadın!" *Hay beni binlerce eşek arısı dürtsün! Yüksek sesle söylemiştim! Evet, ah! Allah'ım bana neler oluyordu?*

"Ya ben sadece... Bu kadar masrafa benim için gerek yok. Ben bu işi kendi yöntemlerimle de hallederim aslında. Zaten sana fazlasıyla borçluyum."

Timur önüme dikilmiş, ateş saçan gözleri ile tenimi delip ruhumu işgal ediyordu. Sert eli çenemi kavrayıp yukarı kaldırarak bizi burun buruna getirirken, yavaşça eğildi. Nefesi varla yok arası yanağımı yalıyordu. Dudakları kulağıma hafifçe değerek beni bayılmanın eşiğine taşırken fısıldadı: "Sen benimsin unuttun mu? Bunu sana daha ne kadar hatırlatmam gerek?" Kısa bir sessizlik ve derinden gelen öfkeli bir nefes daha... Kulağımda hırlayan bir gerginlik gibi; ama son derece... seksi... "Ben benim olana bakarım." İşte ölmüştüm, kıyamet kopmuştu. Surdan üfürülen nane kokulu nefes, tüm cenneti sarmıştı. Tüm cesaretimi topladım ve ayaklarımın üzerinde yükselerek Timur'un kulağına iyice yaklaştım.

"O halde..." Derin bir nefes... Kekeleme! "O halde... yakında... bana..." Çenemi kıpırdatarak deminden beri beni öldüresiye çağıran, yeni belirmiş sert sakallarla kaplı tenine değdirdim. "... bir ikinci el mağazası açarız." Ben alev saçıyordum; ama o, kısacık bir sessizliğin ardından kahkaha atmıştı. Ben sanırım hâlâ hayatta olduğum için şükretmeliydim!

"Seninle çok işimiz var bülbül..." Timur içten kahkahalarla gülüyordu. "Beni eğlendiriyorsun." Bunu söylerken tek kaşını kaldırarak hınzır bir ifade takınmış olmasından korkmalı mıydım? Boyundan büyük işlere kalkışmak, tam da benlikti, her zamanki gibi.

Birkaç saat sonrasında Timur kapımı tıklattığında hazırdım. Benim için seçtiği, arkadan derin yırtmaçlı dar tuvalet, düşük omuzları ile hafif bir göğüs dekoltesi bırakarak üzerime tam olmuştu. Bu adam her seferinde bedenimi arşınlamışçasına tutturuyordu. Aynada kendime son defa bakarak kapıya yöneldiğimde, zayıf ama kavisli kalçalarımın üzerinde duran irice fiyongun ne kadar neşeli gözüktüğünü düşünüyordum. Allah'tan saçlarım kısa olduğu için hazırlanmak fazla uzun sürmemişti ve kendim halledebilmiştim. Ayağımdaki saten kırmızı stilettolar hangi kadının hayali olmazdı ki? Nalân olsa şimdi, 'Bunlar için sol böbreğimi satarım,' derdi. Hafifçe gülümsedim. Ne zaman Nalân aklıma gelse, içimde buruk bir neşe oluyordu.

Kapıya tam uzanmıştım ki benim açmamı beklemeden kapı açılıverdi ve Timur bir anda içeriye daldı.

"Hazır mısın?"

"Evet, Beste'ye bakacaktım."

"O çoktan aşağı indi. Hadi çıkalım o zaman, ancak gideriz."

"Nerede ki yer?"

"Ortaköy'de, Four Seasons." *Vay be, desene kalantor düğündü. Adamların şeyi bile para ediyordu. Ayrıca Timur ne güzel, 'for' mu ne o kelimeyi telaffuz ediyordu öyle. Dudakları... Hay ben seni Hacer gibi! Şimdi tam da o dudakları düşünme sırası tabi, emin ol!*

"Olmuş muyum?"

Odaya girdiğinden beri gözleriyle üzerimi soyarcasına tarayan Timur, sıkıntılı bir biçimde pahalı takım elbisesinin yakasını çekiştirdi. Amma afilli olmuştu mafyatik. Kravatı gevşetirken yeni tıraş olmuş çenesini ovuşturdu. "Yakasını hesap edememişim." Ne?

"Olmamış mı?" Hayal kırıklığı... Oysa ben çok beğenmiştim.

"Fazlasıyla olmuş." Yakasını bir kere daha asabi asabi çekiştirdikten sonra, "Hem de fazlasıyla. Yürü gidelim artık." Hop dedik! Neyin gerginliğiydi bu böyle?

"Yırtmaç, baksana o nasıl duruyor? Düzgün mü? Popomun üzerindeki fiyonga bayıldım. Nasıl bu kadar zevkli olabiliyorsun?"

Arkamı dönerek fiyongu sallarken o arkasını dönüverdi. "Yürü gidelim, yoksa bir saniye sonra geceyi evde geçireceğiz."

"Niye ki?"

"Anlatırım başka bir zaman." Timur ceketini düzelterek pantolonunun belini çekiştirirken, fazlasıyla rahatsız gözüküyordu. N'olmuştu ki? Biz de manken değildik, değil mi? Ne bekliyordu ki agresif manda?

"Dur bir dakika, az kalsın unutuyordum."

"Neyi?" Timur cebinden bir kutu çıkarttı ve açarak içinden ışıl ışıl parıldayan bir kolye çıkartarak arkama geçti.

"Umarım beğenirsin. Biraz aceleye geldi." Çüş! Acelesi buysa... Kırmızı yakutların pırlantalarla bezendiği kolye için, değil sol böbreğimi iki böbreğimi bile satsam yanına yaklaşamazdım.

"Bu...bu... bu..."

"Beğenmediysen yarın değişiriz. Ama şimdi tak."

"Beğenmemek mi? Sen kafayı mı yedin? Bu inanılmaz! Çok, çok, çok teşekkürler." Timur'a sımsıkı sarılmıştım. Dışarıdan gören memelerimin arasına gömerek boğmaya çalıştığımı düşünebilirdi; ama ben sadece ona daha da yakın olmak istiyordum. Bütün bunların hayalini bile kurmazdım ben. Oysa Timur benim için kurulmayan hayalleri gerçekleştiriyordu. Benim için! İlk defa biri benim için bir şeyler yapıyordu. Bana kurmadığım hayalleri veriyordu.

Havada asılı duran elleri bir iki saniye sonra sırtımda dolaşıyordu. "Hacer, gitmezsek..." Boğazını temizledi ve güçlükle konuşurcasına devam etti. Fazla mı sıkmıştım? Nefes mi alamıyordu? "...gitmezsek emin ol bu odadan üç gün çıkamayacaksın." Ne yani cezalı mı olacaktım?

"Tamam, tamam, hadi gidelim." Ağzım kulaklarımda, elini tuttum. Canımı hiçbir şey sıkamazdı. Mutluydum. Kırmızı kesinlikle benim rengimdi.

... ...

"Kırmızı senin rengin."
"Bana güven veriyor."
"Cesaret verdiği kesin."

19. Bölüm

Uzun bir Ortaköy trafiğinden sonra, nihayet sünnet düğününün yapılacağı otele varmıştık. Otelin geniş girişinde bizi karşılayan görevliler kapımızı açtığında, soğuk rüzgâr yüzüme çarparak hafifçe ürpermeme sebep olmuştu. Tek araba gitmeye karar verdiğimizde, Timur ile Falaz öne oturmuşlardı, Timur arabayı kullanmıştı. Timur çoğunlukla arabayı kendisi kullanmayı tercih ediyordu. Sadece Hayrullah ve Falaz'ın şoförlüğüne güvendiğini birkaç defa söylemişti; ama ben onlarda bile, yan koltukta oturduğunda gerildiğini görebiliyordum.

Ben dar eteğimle arabadan inmeye çalışırken, Timur çoktan araçtan inmiş yanıma gelmişti. Bakışları belli belirsiz bir tedirginlikle etrafı süzdü. Kapıyı benim için açık tutan görevlinin uzattığı eli kabaca ittirerek inmeme yardım ettiğinde, gülümseyerek teşekkür ettim. Yol boyu artan belirsiz gerginliği, çarpık tebessümünde bile hissedilebiliyordu.

Falaz'ın da ondan aşağı kalır yanı yoktu hani. Dahası sorun her ne ise Beste'nin de varlığıyla ikiye katlanmıştı Falaz için. Beste çivit mavi bir elbise giymişti. Elbisenin dar inen bel kısmı incecik bedenini gözler önüne sermiş, onu kırılgan göstermişti. Elbisesinin kalp yakasından gözüken beyaz teni, Falaz'ın varlığının yarattığı gerginlik ile belli belirsiz bir hızla inip kalkıyordu. Hızlıca gidip geldiği kuaför, saçlarını iri dalgalar haline getirerek sağ yanına doğru taramış ve bir yan atkuyruğu halinde toplamıştı. Hafif gözüken kusursuz makyajı ile büyüleyici masumluğu, etkileyici bir güzellikle buluşturmuştu. Kapak kızları gibiydi. Falaz'ın bunu göremiyor oluşu imkânsızdı elbette.

Otelin geniş girişinden girdiğimizde, hâlâ soğukluğunu hissettiren hava yüzünden, boğazımdan aşağı doğru pelerin gibi yayılan ipek ve kaşmir karışımı etolüme şükrettim. Beste de kendi etolüne sıkıca sarınmış, Falaz'ın yarım adım önünde ilerliyordu. Falaz'ın iri cüssesinin her hareketinde bariz bir sahiplenicilik vardı. Bu gece daha önce gözüme hiç gözükmediği kadar tetikte ve tehlikeli gözüküyordu.

Adımlarımız parlak zeminde gürültülü sesler çıkartarak ilerlerken gergindim. Neden bilmiyordum. Ortamın lüks şıklığında bir falso vermek mi beni geriyordu, yoksa yanımdaki iki mafyatiğin sağa sola saçtığı kartal bakışlar mı etkiliyordu, emin değildim. Sanki her adımda nefesim daha da daralıyor gibiydi.

Etrafımızda koyu takım elbiseli adamlar ve birbirinden şık, pahalı elbiseli kadınlar arttığında, içeri girdiğimizde görevlinin bize tarif ettiği, balo salonunun girişine yaklaşmıştık. İleriden siyah smokinli bir adam bize doğru el kol sallayarak içten bir gülümseme ile yürürken, arkamızda kopan gümbürtü ile anladım ki bu klasik bir sünnet düğünü değildi. Neden mi? Çünkü klasik sünnet düğünlerinde, kimse gümleme ile Timur ve Falaz'ın yaptığı gibi eş zamanlı bir hamle ile beni ve Beste'yi kollarımızdan sert bir çekişle arkalarına savurmazdı. Hiçbir normal sünnet düğününde, bir gümleme için Timur ve Falaz gibi birçok erkeğin elleri, doğal bir refleks gibi ceketlerinin içerisinden bellerine yönelmezdi. Hiçbir klasik sünnet düğününde, sivil giyimli paşalara, emniyet amirlerine ve daha nicelerine korumalar eşlik etmezdi. Kimdi be bu düğün sahibi olduğu her halinden belli olan adam? Belli ki kodamanın tekiydi ve bu gece burada sadece gazete ve haberlerde, birinci sayfadan gördüğüm adamlar vardı. Oysa ben üçüncü sayfa haberiydim. Ne işim olurdu ki benim birinci sayfa manşetleriyle? Onlar beni aralarına almazdı ki... İkinci sayfa sosyetesi olsam bir dereceydi; ama ben hunharca bir cinayetin ya da kadına şiddetin manşeti olurdum ancak. Benim birinci sayfaya bu adamların yanına geçebilmem için, ancak bir fuhuş operasyonu olması gerekirdi. Güvensizlik kanatlarını yüreğimde çırparken, bize yaklaşan adam keskin bakışlarına uymayan neşeli bir gülümseme ile Timur ve Falaz'ın omuzlarına dokunarak konuştu:

"Rahat olun beyler, bu gece eğlence var. Sadece düşen bir dekor." Gerçekten mi? Düzelerek silkelenen ceketler gösteriyordu ki gerçekten bir dekordu. Bu salonda beli boş olan bir adam var mıydı acaba, merak etmeden duramıyordum.

"N'aber kardeşim?" Timur gerginliğini atamamış olsa da, gelen adamın elini sıkıp kendine çekerek hafifçe sarılırken fazlasıyla sıcak ve dost canlısıydı.

"E, olum bizden hızlı çıktın sen. Ne zaman oğlanı kucağına aldın da sünnetlik ettin." Falaz da her zamanki şakacı haline anında geri dönmüştü. Oysa hissediyordum ki her ikisi de hâlâ tetikteydi.

"Görmen gerek Fikri'yi. Çok cesurdu abisi. Bizim hatun ondan tabansız çıktı. Ağlamaktan gözleri şişti." Derin bir kahkaha atarak Beste ve bana döndü.

"Selam yenge. Tanışmadık daha önce; ama hadi hayırlı olsun. Sonunda bu adamın da elini kolunu bağlayan biri çıktı." Bir anda şaşırmıştım.

"Yok estağfurullah."

"Ne bağlaması lan oğlum, biz senin gibi hanım köylü müyüz?"

"Bir nikâhı bas da göreceğim seni Timur Efendi." Timur ağzını açamadan Falaz atlayıverdi lafa.

"Oho, sen geç aldın abicim. Bu çoktan hanım köylü

oldu bile. Bakma bu trip hallerine. Hepsi fos! Yakında 'peki karıcım'dan başka söz duyarsam ön dişimi kırarım."

"Yok oğlum, kıramazsın." Timur çatık kaşlarıyla Falaz'a öldürecek gibi bakıyordu; ama bir şekilde her üç adam da eğleniyordu.

"Nedenmiş o? Diş benim abi."

"Yok lan oğlum. Ben her birini sökeceğimden sen ancak kıçını kırarsın."

"Hah işte abicim, ben de onu diyorum. O zaman dibinde oturacak bir diz bulur bu sırık da." İşte, düğün sahibi de Falaz'ın sırık olduğunu fark etmişti. Sırıktı işte!

"Küçük ablam, kusura bakma sen de. Alışıksındır gerçi bu adamlara ama."

Beste kibar bir tebessümle hafifçe başını eğerken, "Hayırlı olsun Hilmi Bey. Suzan eminim çok gururlanmıştır," dedi. Belli ki bu çifti önceden tanıyordu.

"Ah, ah, sorma. Biz Fikri'yi evlendirirken içinden canavar kaynana çıkacak ona korkuyorum. Olmadı bağlarız artık bir odaya."

"Öyle demeyin, Suzan çok özverili bir anne."

"Şaka tabi canım. Suzan'ım bir tanedir, kimse eline su dökemez. Harika bir anne oldu. Sizi ayakta tutmayayım." Timur'a dönerek avucunu kavradı ve dostane bir tavırla ellerinin arasında sıkarak devam etti: "Siz önde üç numaralı masadasınız. Protokolün yanında, babamların masasının bitişiğinde abicim."

Hep birlikte masamıza yöneldiğimizde Hilmi denen adam ardımızdan gülerek sesleniyordu:

"Cimrilik etmeyeydin, adam başı iki buçukluk isterdim."

Timur yarım gülüşüyle gülerek arkasına hafifçe döndü ve "Madalyon getirdim, olmaz mı? Esas sen cimrilik etmeyeydin de menüye Norveç somonu koyduraydın!"

Arkamızdan bir kahkaha patlarken, biz çoktan salonun kalabalığına dalmıştık. Bir yığın insanla el sıkışıp karşılarında hazır ol vaziyette tanıştırılırken, yutkunamıyordum bile. Bilmem nerenin valisi, falanca generali, fişmanca emniyet müdürü... liste upuzundu. Diğer yandaki daha samimi; ama tepeden bakmaya meyilli iş adamlarını sayamadım bile. Timur da Falaz da bambaşka kişilerdi. Saygıyla karşılanıyor, hürmet ediliyorlardı. Gıpta ile bakan kadınları görebiliyordum. Beste dimdik duruyor, her bir iltifatı kibarca kabul ediyor, tüm bunlara tanıdık olduğunu belli edercesine olaya hâkim konuşuyordu.

Gazetelerden tanıdık gelen bir adamla kadın nişanımızı tebrik ederek ne iş ile uğraştığımı sorduğunda, kilitlenip kalmıştım. Ben yabancıydım, buraya ait değildim. Timur imdadıma yetişircesine atlayarak, sanatla ilgilendiğimi söyledi ve kibarca konuşmayı sonlandırarak, daha fazla kimseyle konuşmamızı engellercesine beni masamıza yönlendirdi. Oturduğumuzda sadece biz vardık. Az önceki kaçmak ile ağlamak arasındaki his hiçbir yere gitmemiş; ama biraz olsun sakinlemişti. Hafifçe eğilerek Timur'a fısıldadım:

"Somon pahalı mı?"

"Yok canım, bu herife koymaz. Amerika'ya uçarken yaşadığımız bir anıydı, alerjisi var da." Yine o his geri geliyordu artarak; buraya, her şeye yabancıydım işte.

"Yakın mısınız?"

"Fazlasıyla."

"O da mı sizin gibi?" Sesimi iyice alçaltmış, ifade edebilmek için mimiklerimi kullanıyordum. Ne deseydim yani *mafyatik* mi? Timur gülerek yanağımdan bir makas aldı ve hareketlerine göre daha sert bir sesle "Bunları düşünme sen," diyerek konuşmayı kesti.

Sağımdaki ve solumdaki uzay yolu masaları beni geriyordu. Aklımda binlerce soru uçuşuyordu; ama hiçbirinin cevabını alamayacağımı biliyordum. Tek kaşını kaldırmış etrafı süzen Timur'un yanına yakışmıyordum sadece. Her an bir falso verecek, basit bir eskort gibiydim. Boğazım düğüm düğüm olurken, gelirken hissettiğim neşeden geriye hiçbir şey kalmamıştı. Sanki bir felaket üzerime çökecek gibi kalakalmıştım. Herkes bana bakıyordu. Efsane kadar yakışıklı ve başarılı iş adamı Timur Bey'in kim olduğu belirsiz nişanlısına. Boyumdan büyük işlere kalkmıştım. Eh, bu boyla da pek çok şey boyumdan büyüktü haliyle.

"Küçük çocuğun adı Fikri mi?"
"Evet."
"Yazık."
"Neden ki? Hilmi'nin dedesinin adı."
"Gene de küçük bir çocuk için ağır bir isim."
"Hep küçük kalmayacak ya." Hafifçe kıkırdadığında çok çekiciydi. Hatta çoktan fazla, nefesimi kesecek kadar. Parfümünün keskin kokusu burnumdan genzime yol kat ederken, daha da derin nefeslerle kokusunu içime almak istiyordum. "Bir gün o da büyüyecek ve babası gibi bir yiğit olacak. Hem aile işlerini de muhtemelen o devralacak." Daha şimdiden belirlenmiş kaderler ve yazılmış alın yazıları mı? Belki çocuk sadece bir doktor olmak isteyecekti? Belki de sadece aşçılık yapmak isteyecekti?

"Olsun ama o daha bir çocuk. Hem eski bir isim."
"İsmin demodesi mi olurmuş canım!"
"Olur tabi. Daha ferah isimler olmalı."
"Bak sen, sen peki oğluna ne isim koymak isterdin?" Oğlum! Benim oğlum... *Aman Allah'ım gene çalışmadığım yerlerden soruyorsun hocam. Benim bir çocuğum... Yok artık, daha neler!*

Timur karşımda öyle şakacı, öyle genç bakıyordu ki bir şey diyemedim. Birkaç saniye gözlerine öylece baktım. İçinde kaybolmak istediğim gözlere... O gözlere baktığımda her şey fazlasıyla kolay ve normaldi. Kendimi onun karısı gibi hayal etmek ve karnımda onun çocuğunu taşıdığımı düşünmek... Elim istem dışı karnıma kaydığında içimde derin bir sızı hissettim. Arzu ile karışık bir bilinmezlik gibiydi bu his.

"Cengiz..."

"Cengiz? Çok mu modern?"

"Tamam; ama ferah bir kere, hem anlamı güzel."

"Neden peki? Eski bir aşk falan değil umarım?" Kalkan kaşı, bir anda tehditkâr bir hava vermişti.

"Ben hiç âşık olmadım ki. Beste'nin kitaplarından birinde vardı."

"Timur'un oğlu Cengiz. Oğlum için iyi bir seçim, kabul." Ne? Ne demişti o? Ti.. ti... Timur'un oğlu mu? Aman Allah'ım iç sesim bile kekeliyordu. "Ama kızımızın ismi Ayza olacak. Ay gibi güzel yüzlü olacak, annesi gibi." Bizim mi? İmkânsız! Olmaz olamaz... Hayır! Panik yükseliyor, boğazım düğüm düğüm oluyordu.

"Ben anne olamam."

"Bunun sırası değil. Tabi ki olacaksın. Benim çocuklarımı doğuracaksın."

'lar' demişti! Bir de değil, birden fazla... Ben nasıl hamile kalacaktım ki? İmkânsız, ben doğuramazdım... Kimseye, hiçbir çocuğa annelik edecek kadar temiz değildim ben!

"Hacer... Hz. İsmail'in annesi. Yılmadan büyük bir çaresizliğe göğüs geren cesur anne." Bakışları üzerimde öyle derindi ki, söylediklerinden fazlası vardı. Arkada çalan müzik kulaklarımda sessizleşirken, yerini büyülü bir fısıltı gibi sadece Timur'a bırakmıştı. Timur nasıl çalacağımı bilmediğim bir enstrümandı. Onunla mücadele etmek benim için mümkün değildi. "Sen anne olmak için doğmuşsun bülbül, isminin hakkını vermek için. Şimdi bak Muazzez Ersoy sahne alıyor."

"Ne? Muazzez Ersoy mu? Amanın! Cidden mi? Canlı mı?"

"Yok öldü, biz buraya Fatiha'sını okumaya geldik."
"İnanmıyorum, inanmıyorum!"

Sazlar başlamış alkışlar kıyamet olmuştu. İçeriden gelen puslu tok sesin hemen ardından, bir iki saniye içinde muhteşem sahne kostümü içerisinde Muazzez Ersoy kanlı, canlı karşımda duruyordu. İnanamıyordum! Hayranı olduğum o muhteşem gırtlak karşımda, sanki bana özel konser veriyormuş gibi duruyordu. Masamız en öndeydi ve o da gelip direkt önümüzde durdu. Gülümseyerek Timur'u bir baş selamı ile selamladı.

"Çeneni kapat istersen." Koluma bir dürtük yemiştim Beste'den. Ama, ama, ama ben nasıl toplardım ağzımı? Muazzez Ersoy'du bu, kolay mı? Tam önümüzde duruyor bizim masaya söylüyordu resmen! Fırlayıp boynuna sarılmamak için irademin son gücünü kullanırken, Timur avucumu yakalayıp kendi avucuna hapsetti. Ben işte şimdi mutluydum. Bu kadar mutlu olmasam arkamdan delercesine beni izleyen o bir çift hain bakışı hissederdim belki; ama hissedemedim.

Beste ister istemez devamlı Falaz'a bakıyordu. Falaz her zamanki gibi alaycı bir neşe ile etrafa laf atıyor, daha önceden tanıdığı belli olan Muazzez Ersoy'a eşlik ediyordu. Muazzez Hanım bir ara masamıza kadar gelerek Timur'a şarkı arası şahsi bir selam verdiğinde, kalbim neredeyse yerinden çıkacak gibi olmuştu. Her şey öyle yabancıydı ki, etrafın şaşaası, süslü peçeteler, her tabağın önüne bırakılmış gümüş kutucuklar... Işıklar parıldıyor, o muhteşem sesin boğuk, puslu ve güçlü tınısına eşlik ediyorlardı. Sandalyelerdeki kocaman mor fiyonkların üzerine hakiki orkideler bile yerleştirilmişti. Müziğin eşsiz tınısı etrafta yankılanırken, böylesine hayran bakan sanki bir tek benmişim gibi hissediyordum. Masamıza geldiğinde elini bendeniz Hacer'e uzatarak, elimi sıktığında ben heyecandan titremiş, yutkunamamış, ne yapmam gerektiğine bile karar verememiştim. Hani Timur diğer elimi tutmuyor olsa, kalkar o eli öper bir de başıma koyardım. Rezillik! Sazlar her yeni şarkıya geçerken, ben de benden geçiyordum. Hani var ya, başka zaman olsa, mesela Timur'u tanımadan önce, fırlar yalvarırdım sesimi dinlemesi için. Oysa şimdi yanımdaki Timur'un ağırlığı bana başka bir kalıp vermişti. Ayran ağız izliyor olsam da, elimi tutan eli sanki bana kiminle olduğumu hatırlatır gibi elimi kavrıyordu. Frene basmıyor sadece direksiyonu kontrol ediyordu. Sevmemiştim bunu! Hayır, buraya kadardı. Ben bendim.

"Elimi rahat bırakır mısın?"
"Böyle iyi."
"Rahat bırak beni."

Tek kaşı tehditkâr bir şekilde havaya kalkarken, ateş saçan gözleri gözlerimle buluştu. Avucu elimi biraz daha fazla sıkmıştı sanki.

"Rahatsız mı oluyorsun benden?" *Bingo! Sen misin ava çıkan Hacer? Al işte böyle avlanırsın.* Adam durumu tersine çevirmişti.

"Yok canım ne münasebet. Tuvalete gideceğim de."
"Eşlik edeyim."
"Hayır!"
"Ne demek hayır? Birlikte gideceğiz."
"Gerek yok. Beni kimse alıp bir yere götürmeyecek. Etrafımıza baksana uzay yolu gibi, sanki yıldız savaşları var. Sadece nefes almak istiyorum." Timur bu defa düşünceli bakıyordu. Eli gevşemişti ama beni bırakmamıştı.

"Seni rahatsız eden bir şey mi var?"
"Hayır... Ben... Yok bir şey."

Muazzez Ersoy tebrikler ve alkışlarla sahneden inerken, biz de geçici olarak etrafa tebessüm ederek alkışladık.

"Ne oldu Hacer?"

"Beni kontrol etmek zorunda değilsin. Hatta beni kontrol etme! Benden utanacaksan benim yanımda durma. Senin kalıplarına sığmam ben."

İşte şimdi gülüyordu. Hem de hain bir çapkınlıkla, acımasızca hınzır bir gülüşle. *Allah'ım! Sen bu adamı benim sonum olsun diye mi yarattın?*

"Seni kontrol etmiyorum, koruyorum. Arada büyük fark var. Ayrıca ben çok utanmaz bir adamım küçük hanım. Sen daha benim utanmaz yanlarımın kırıntısını bile görmüş sayılmazsın." *Ah! Öldüm! Evet, hayır... yok yok... dilim tutuldu...* Bana kırptığı gözü ne ima ettiğini gayet güzel izah ederken, ben saçlarımın dibine kadar kızarmıştım.

"Su iç." Bardağı dudaklarıma tutarken, etrafta hiç kimse yokmuşçasına bana odaklanmıştı. Kalbim yerinden çıkarcasına atıyordu yeniden. Nefesim sanki ciğerlerimi dolduramıyordu. Tenimdeki her bir kılcal damar, alev akıtırmışçasına zonkluyordu. Bardak davetkâr bir şekilde dudaklarıma dokunurken, o yarı muzip halde gözlerime bakıyordu. Bakışlarında anlık değişiklikler tutku ve tanımlayamadığım başka bir şeyin arasında gidip geliyordu. Yeniden bir kaşını kaldırarak etrafa kısa bir bakış attı ve "Çabuk gel bülbül. Seni özlerim," dedi. Bunu söylerken yarım gülüşüyle gözünü kırpmıştı; ama bedeninin tedirginliğinden bu geceyi sağ salim atlatmak istediğini görüyordum.

Yutkunarak masadan kalkarken Beste ve Falaz'ın masada olmadığını fark ettim. Sahneye öylesine dalmıştım ki her ikisinin de kalkmış olduğunu fark etmemiştim bile.

Büyük salondan dışarıya doğru ilerlerken müziğin

gürültülü tınısı da arkamda kalıyordu. Dışarı çıktığımda kulaklarımda büyük bir rahatlama hissettim bir an için. Sanki tüm sesler kesilmiş gibiydi ve kulaklarım uğulduyordu. Şık bayanlar ve beyler sigara içmek için dışarıya açılan kapıya yönelirken bir kısmı da tuvalete ilerliyor, kimileri de ayaküstü muhabbet ediyorlardı. Kimseyi tanımıyor oluşuma şükretmiştim, şu anda konuşacak halim yoktu. Tuvalete gitmekle dışarı açılan kapıdan terasa çıkmak arasında kısa bir an düşünüp içimdeki yangına soğuğun iyi geleceğine karar verdim.

Geniş bahçeli terasta nispeten sakin bir köşeye doğru ilerledim ve kendimi açık hava sobalarının ısıttığı kuytu bir köşeye yasladım. Hava soğuktu ama ben uyuşmuş gibiydim yine. Kollarımı avuçlarımla sarmalayıp, karanlık gökyüzünü süsleyen yıldızlara baktım bir süre. İçim karman çormandı. Ne yapacaktım şimdi? Evet âşıktım. Bu artık hayatımın değişmeyecek bir gerçeğiydi ve bir şekilde hayatım âşık olduğum adam tarafından ustaca yönlendiriliyordu. Bana müdahale de etmiyordu işin komiği, sadece yönlendiriyordu. Bana korumasını sunuyordu, benden almıyor sadece veriyordu. Karşılığında onun istediği gibi bir kadın olmaya çalışsam ne olurdu ki? Aklım çok karışmıştı. Düşünmek istemiyordum, sadece sahip olmayı hayal dahi edemeyeceğim bunca şey, kaybedemeyeceğim kadar kıymetliydi. Derin bir nefes daha alıp tam içeri geri yönelecekken durduğum noktada bir an tanıdık sesler duydum.

"Beni takip etmeyi bırak Falaz."

"Seni takip etmek zorundayım küçük hanım. Bu gece burası karışık."

"Ah, hadi ama, bu kadar korumanın ve arttırılmış güvenliğin içinde hiçbir şey olmazsa başıma gökten gök taşı düşer neme lazım!"

"Geç dalganı çırpı bacak. Hem o elbisenin daha kısası yok muydu?"

"Sana ne? Sana mı soracaktım!"
"Soracaksın elbet."
"Bak sen, ne sebeple?"
"Güvenlik açısından."
"Ya, tabi tabi! Benim bacaklarım milli güvenlik kurulunun bir numaralı dış tehdit gündemi değil mi!"
"MGK'nın olmasa da benim gündemim çırpı..."
"Kes şunu! Fasulye sırığı... Sen git kendi sürtüklerinin bacaklarına karış. Benim bacaklarım Tansel'i ilgilendirir."

Hay bin Louboutin aşkına! Bulunduğum kör noktanın tam arka paralelinde, Beste ve Falaz bir banka oturmuş konuşuyorlardı. Diğer kapıdan çıkılan bölme boş ve karanlıktı. Belli ki onları görüp duyabilen benden başka kimse yoktu; ama aradaki ağaçların konumundan dolayı kıpırdamadığım sürece onlar beni göremiyordu. Yaptığım çok kötü bir şeydi, onları dinliyordum; ama kıpırdarsam da belki de yakaladıkları o tek anı bozmuş olacaktım.

"Hay ben Tansel'i...!"
"Ağzını topla *'ağabeyciğim'*, yakında ailemizin bir parçası olacak."
"Bir bokum olmayacak."
"Hadi ya, nedenmiş?"

Falaz sinirlenmiş, öfkeyle nereye koyacağını bilemediği ellerini saçlarından geçirerek, sanki tüm hıncını onlardan almıştı.

"Benden uzak dur!"

Beste neredeyse hiç olmadığı kadar cesur ve davetkârdı. "Ben mi senden uzak duracakmışım? Bence sen bir kere daha düşün. Benden uzak duramayan sensin Falaz!" İsminin üzerine basa basa söylemişti. "İtiraf etsene? Hadi, ne duruyorsun? Sen koca, cesur adam, ne oldu? Korktun mu? Bu eve ilk geldiğin günden beri benden uzak duramadığını söyleyemiyor musun?"

"Kapa çeneni!"

"Kapatmayacağım!" Beste kuruyan dudaklarını bir kez yalamış ve hızlı hızlı inip kalkan göğsüne aldırmadan dimdik durmuştu. "Baksana bana! Bana bak!" Beste'nin gözleri alev alev parlıyordu. Omuzları geriye doğru gerilmiş, titremesini bastırmaya uğraşıyordu. Aniden kalçası üzerinde yarı dönerek yüzünü Falaz'a döndü.

"Bana bak dedim! Gözlerime bak. Söyle! Söylesene! Daha ne kadar susacaksın? Ben Tansel'le evlendiğimde de susacak mısın? Onun yatağına girdiğimde? Onun karısı olduğumda? O bütün bedenimde istediği gibi hak iddia ettiğinde de susacak mısın?"

"Sus!" Falaz'ın sesi gırtlaktan boğuk bir hırıltı gibi çıkmıştı. Tehlikeli, soğuk; ama aynı anda alev alev yanan bir hırıltı... Arkama doğru hafifçe baktığımda, terasın boşaldığını gördüm. Bir başka sanatçı sahne almıştı ve herkes içeri geri dönmüştü. Beste ise kararlı bir savaşçı gibiydi, susmamıştı.

"Söylesene? Ağır mı geliyor? Başka bir erkeğin tohumlarını içimde taşıdığımda da ağır gelecek mi? Avazım çıktığınca bağırarak onun soyunu doğurduğumda, tebrik etmeye geldiğinde de bakışlarını benden böyle mi kaçıracaksın?"

"Sus!"

"Sus ha? Sus? Bu kadarcık mı? Bu kadarcık mı? Ben yeterince sustum. Senin fahişelerini izlerken, yeterince sustum ben. Bunca senedir kalbime söz dinletmeye çalışırken de yeterince sustum. Şimdi ben konuşacağım ve sen dinleyeceksin." Beste ayağa kalkarak olduğu yerde sinirli bir dönüş yaptı. Tekrar Falaz'ın karşısındaydı. Ayakta dikilmiş ona yukarıdan bakıyordu. Kendinden öyle emin, öyle öfkeliydi ki, öfkesinden ben bile korkmuştum. Her şeyi göze aldığı belliydi.

"Bu, şu an... şu yaşadığımız an, son şansın Falaz. Bir ömürde elinde tuttuğun, benimle ilgili son şansın! Ah, cesursun değil mi? Her tehlikeye koşarsın, ölüme balıklama atlarsın, değil mi? Arızasın ha?" Falaz'ın omzuna alaycı bir şekilde vurmuş; ama onu yerinden bile sarsamamıştı. Falaz kaskatı oturuyordu. Dirseklerini dizlerine dayamış, yıkık bir boksör gibi başını omuzlarının arasına düşürmüştü. "Kaç adam dövmüştün? Silahlar, onca hengâme... Peki, korkunç Falaz Bey hiçbir şeyden korkmaz mı? Hiç ağlamaz mı?" Beste bir saniye durdu ve gözlerini kısarak hakaret edercesine, puslu bir sesle haykırdı: "Korkak! Korkaksın sen! Aşktan, benden korkuyorsun." Şimdi arkasını dönmüştü ve ben soluksuz her ikisini izliyordum. Falaz sanki bir heykele dönüşmüştü. Yerinden kıpırdamıyordu bile. Beste yılmış bir sesle, "Yoruldum," dedi.

"Yoruldum, anlıyor musun? Beklemekten, umut etmekten, beni bir gün fark edeceğini hayal etmekten... En kötüsü de seni her zaman güvenebileceğim kadar cesur sanırdım. Oysa sen, benim yarım kadar bile cesur değilmişsin, sadece bir hayal kırıklığıymışsın." Tekrar Falaz'a döndüğünde artık ona gerçek anlamda tepeden bakıyordu. "Sana âşığım, içim acıya acıya seviyorum seni; ama ne var biliyor musun? Geçecek! Çivi çiviyi sökecek ve içimde her ne varsa sökeceğim. Görürsün bak! Tansel ile mutlu olacağım. Onun karısı olacağım ve onun çocuklarını doğururken inan bana içimden sana dair ne gelip geçtiyse hatırlamayacağım. İnan bana onun altında..."

Ve işte buraya kadardı! Ağzım açık izlerken, Beste'nin ne yapmaya çalıştığını şimdi idrak etmiştim: intihar etmişti. Kamikaze uçuşu yapmıştı, onu kışkırtmıştı. Uyuyan devi kışkırtmıştı. Ayıyı kış uykusunda dürtmüştü.

Bu soğukta boncuk boncuk alnı terlemiş Falaz, alayına dudak uçuklatacak bir küfürle olduğu yerden kalkarak, birkaç adım gerileyen Beste'yi kollarından var gücüyle yakalamıştı. Beste'yi kendine çekip, dudaklarına yapışmıştı. Tek duyabildiğim o arada, "Ben de erkeğim ulan..." gibi bir şeylerdi ve Beste'yi öpüşüne bakılırsa bu su götürmez bir gerçekti.

Onlar birbirlerinin dudaklarında yılların birikmiş arsızlığıyla kaybolmuşken, sessizce uzaklaşabilmek için tam bir adım atmıştım ki, yüzüme kapanan kaba bir el beni soluksuz bırakarak sürüklemeye başladı. Bağırışlarım ağzımın içinde boğuluyor, çırpına çırpına sürükleniyordum. Bir el kolumun üzerinden bedenimi kavramış, canımı deli gibi acıtıyordu. Panik olmuş vaziyette boğuşmaya çalışıyordum; ama nafileydi. Ne bağırışlarımı duyurabiliyordum, ne de beni kavrayan elin acıtan tutuşundan kurtulabiliyordum. Düşmanımın yüzünü bile görememiştim. Korkuyu hissedemeyecek kadar paniklemiştim. Bedenim zorlanırken, ciğerlerim nefes alabilmek için patlayacak gibi genişliyordu. Tırmalamaya, çimdirip tutuşu gevşetmeye çalışıyordum; ama nafileydi. Kaba ellere geçirilmiş deri eldivenler de, kalın kaban da buna izin vermiyordu. Kabanın kaşmir kumaşı avuçlarımdan kayarken; gözlerimin kararmak üzere olduğunu hissetmiştim. Bayılmamalıydım, bayılamazdım. Timur elbette kaçırıldığımı anlayacak ve bana yardım edecekti. Beni bulurdu o, ortadan kaybolduğumu fark ederdi. Belki de benden kurtulmuş olurdu? Boynundaki bir yükten, acıdığı bir kenar mahalle dilberinden kurtulmuş olurdu? Benim için mücadele eder miydi? Her şeyi riske atmasına değmezdim ki... Burada rezillik çıkmasına...

Çırpınışlar arasında çekildiğim karanlık köşede, bir anda fırlatılarak yere yapıştım. Beni fırlatan kaba ellerin sahibini görebilmek için yüzümü kaldırdığımda, yüzüme inen okkalı bir tokatla yeniden yere savruldum.

"Seni pis orospu! Seni bir yerden tanıdığımı biliyordum."

Hamza! Bütün bedenim tir tir titrerken, ben bir kez

daha bu pisliğin insafına kalmıştım. Elimde olsa çoktan kendimi öldürerek bu zevki onun elinden alırdım. "Seni sürtük, bakalım hâlâ eskisi gibi asi misin? Hatırlıyorum seni. Timur boyun eğdirtmeyi becerdi mi sana görücez bakalım."

Kelimelerine kulaklarımı tıkamak istiyordum. Her şey yeniden oluyordu sanki. Hakaretler, acı... Hayır, şimdi dağılamazdım, şimdi olmazdı. Etrafta yardım isteyebileceğim birilerine bakınmaya çalıştım; ama sesim bile gırtlağıma kilitlenmişti. Karnıma bir tekme indiğinde acıyla inleyebildim sadece.

"İntikam nasıl olurmuş görecek o piç. Seni öyle bir benzeteceğim ki, seni bulduklarında ölmüş olmanı yeğleyecekler." Başıma yapışan eller saçlarımı çekerek, beni suratıyla yüz yüze getirdi. İğrenç kokusunu alabiliyordum. Midemi bir bulantı kavrarken, nefesi yüzümü yalıyordu. Zaman sanki geri sarmıştı ve ben yeniden on altı yaşıma dönmüştüm. Çaresizdim; ama boyun eğmek istemiyordum. Ben Cansu olmuştum, yıkılmamıştım, direnmiştim ve yine direnmeliydim. Yüzüme bir tokat daha yiyene kadar var gücümle bağırdım.

"Kapa çeneni sürtük! Seni burada kimse duyamaz. Bu oteli avucumun içi gibi biliyorum."

Umutsuzluk çaresizce beni sararken, üç adam daha geldi. Önce yardım istemek için bağırmaya çalışsam da, Hamza'nın adamları olduklarını anlamam uzun sürmedi. Arabanın hazır olduğunu ve etrafın temiz olduğunu söylediklerinde dünya başıma yıkıldı. Timur beni asla bulamayacaktı.

"N...n...ne is...is...istiyorsun benden?" Zorlukla dökülmüştü kelimeler ağzımdan.

"Senden mi?" Bir küfür daha bana geçmişi hatırlatırcasına kahkahayla karışık çınlarken, öfke yeniden yüzümde acı bir sızıyla patlamıştı. Dudağım kanıyordu. "Bana ne senden gerzek! Timur Efendi kızımı fuhuştan içeri attırmanın ne demek olduğunu öğrenecek." Hırsla saçlarımı geriden daha da çekerken, dişlerinin arasından tısladı: "Onun için iyi bir ders hazırladım."

Operasyonda tutuklanan sosyetik kadın Ayşen miydi yani?

Yeniden sürüklenirken, ilerlediğim karanlıkta tüm umutlarım ve hayallerim sönüyordu. Kullanıma kapalı bir koridordan merdiven boşluğuna doğru ilerliyorduk. Ben bir defa daha kaybetmiştim. En kötü yanı da artık sevmenin ne olduğunu biliyordum. Kalp yerine Timur taşıyordum, iflah olmazca. Tam da bu yüzden, bu sefer kaybederken en çok canımı yakacak olan Timur'un beni bulduğunda hissedeceği suçluluk duygusuydu. Beni bulurdu, değil mi?

... ...

"Neredesin Hacer? Neredesin? Seni kaybedemem... Böyle değil..."

"Beyefendi, burası kadınlar tuvaleti."

"Ettirme lan tuvaletine! Tüm çıkışları kapatın!"

İnsan ne zaman ölürdü? Bedeni gömüldüğünde mi? Hayır, insan ruhu öldüğünde ölürdü asıl. Benim ruhum ölüyordu. Ağır kanamalı hasta gibi can çekişiyordum ve ruhum adım adım ölüyordu. Arka koridorlardan ve depodan geçerek vardığımız köhne çıkıştan tam çıkacakken, dışarıdaki hareketlilikle gerisin geri karanlık depoya dönmüştük. Beni kuytu bir köşeye sürüklediklerinde; Hamza kafama bir tabanca dayayarak, sanki istesem de sesim boğazımdan sökülebiliyormuş gibi, sessiz olmamı söyledi. Direnmiş ve daha da tartaklanmıştım, canım acıyordu. Kaburgalarıma batan bir yanma, üst bedenime yayılıyordu; ama umursamıyordum, çünkü ölüyordum.

Hamza yanındaki adamlarla sessizce konuşup küfürler yağdırmaya başladığında, bir şeylerin ters gittiğinden şüphelenmiştim. Hamza'ydı karşımdaki, kâbusun benim için ayaklı adı. Yeniden yüzleştiğim ve her gece bir gün yüzleşirsem nasıl da ellerimle parçalayacağımı hayal ettiğim, çocukluğumun irin tutmuş, kanlı kesiğiydi. Şimdi ise yeniden aciz, hazırlıksız yakalanmış ve acılar içerisindeydim karşısında. Beynim isyan ediyordu, ne olursa olsun saldır, parçala, tükür diye bağırıyordu; ama öyle çok acıyordu ki canım, korku bedenimi kilitlemişti.

Onu hep perişan hayal etmiştim, Allah yanına bırakmaz demiştim; ama Allah'ın bizimki kadar basit bir hesap anlayışı yoktu. Düşünmeliydim, buradan bir çıkış yolu bulmalıydım. Hemen çıkamamış olmamız bir işaret miydi bana? *Eh, be Rabb'im, şu mesajlarını az daha açık yollasan şu kullarına. Tövbe billah isyan değil ama... ama...*

"Beceriksiz!"

Hamza'nın hırlayan sesiyle irkilerek yerimden fırladım. Az önceki sessizliğe aldırmadan, bağırıyor küfürler ediyordu. Yanındaki korumalardan bir tanesinin kafasına silahının kabzasıyla vurduğunda artık emindim, hiçbir şey istediği gibi gitmiyordu! Vay canına yandığımın adaleti, bir tekme daha yiyeceğimi bilmesem, işte şimdi sevinç çığlığı atardım. Edilen küfürlere bakılırsa Timur buralarda bir yerlerde beni arıyordu ve bu demekti ki belki de şu an son umuda tutunuyordum.

Düşün, düşün, düşün! Kaburgamdaki sancı her kıpırdamamla etime batıyormuş gibi yayılıyor, nefes alışımı zorlaştırıyordu. Çaresizliğin gözyaşları kirpiklerimi zorlasa da onlarla mücadele etmeliydim.

Ben değişmiştim, artık ağlıyor, yaşlarımı gizleyemiyordum; ama bunca yıl edinilen meziyetler kolay unutulmazdı. Çok şey öğrenmiştim bu kadarcık yaşamımda. Hayatta kalmayı öğrenmiştim ve o mücadelede kendine acımanın yeri yoktu, ağlamanın yeri yoktu. Dimdik durmak vardı, direnmek ve nefes alıyorsan hâlâ hep bir çıkışın olduğunu bilmek vardı. Bir umuttu içimi aniden saran, belki bir yanlış anlamayla ya da boş bir hevesleydi ama öyle de böyle de umudun adı Timur olmuştu. Gözlerimi avuçlarıma bastırdım, o yaşlar Timur beni bulana kadar gözlerimde kalmalıydı.

Etrafa daha dikkatli baktım. Hamza adamlarla meşguldü. Etrafta koliler ve tozlu eşyalar vardı. İçerisi karanlık derecede loştu; ama görebildiğim kadarıyla yüksek raflar çoğunlukla boştu. Girdiğimiz koridora açılan kapı, fazlasıyla uzağımda kalıyordu; ama belki anlık sıkı bir koşma ile koridora varabilirdim. Koridora varırsam en azından kopacak gürültüyü Timur'un duyma şansı olurdu.

Gözlerimi yumdum ve derin bir nefes aldım. *Bir, iki, üç... Bu son şansım... Rabb'im, eğer bundan kurtulursam; söz, yeminle Timur'a onu sevdiğimi söyleyeceğim, söz veriyorum.* Dudaklarımdaki duaydı artık Timur.

Kaburgamdaki acıyı hiçe sayarak gözlerimi açtım ve koşmaya başladım. Arkamdan gelen seslere dönüp bakmıyordum; küfürler, haykırmalar ve ayak sesleri. Ne kadar yakınımda olduklarını görsem koşamazdım. Nefesim göğsümü parçalayarak çıkıyor, burun kanatlarım yanıyordu. Çok yaklaşmıştım, özgürlük bu kapının ardındaydı. Elimi uzattığımda aynı anda bir el de bana uzandı arkamdan. Kapıyı yakalamış itiyordum; ama kapı sadece diğer taraftan açılacak şekilde kilitliydi! Kahretsin! Lanet olsun!

Beni yakalayan el bir yanda, açılmayan kapı diğer yanımda donup kalmıştım. Hayal kırıklığı, bütün benliğime yayılıyor, az önceki umut kırıntılarımı alıp kalbimden söküyordu. Yüzüme inen tokadın acısı suratıma yayılsa da umursamıyordum. Sesimi duyuramamıştım, koridora çıkamamıştım. Bağırmaya başladım. Avaz avaz çığlıklar atmaya başladığım an korumalardan biri elini ağzıma kapattı. Boğarcasına yüzüme bastırıyordu bir elini ve diğer eli boğazımı kavramıştı. Ölmek umurumda değildi. Çırpınmaya ve tekmelemeye başladım. Ayakkabımın teki koridorda sürüklenirken çıkmıştı ve şimdi diğer teki fırlayarak az önce açamadığım kapıya gümlemişti. Yerin soğuğu tabanlarımdan bedenime yayılıyordu. Hamza'nın talimatlarıyla beni sürüklemeye başladılar. Dışarı açılan kapıyı açtılar ve diğer iki adam dışarıda koşuşturarak açılan kapıya yönelen güvenlik görevlilerine silahlarını doğrulttular. Beni az ileride bekleyen bir araca soktular.

Hamza direksiyondaki adama işaret verdi ve hızla ara yoldan çıkarlarken arkamızdan silah sesleri duyuldu! Gözyaşlarım akmıyordu. Bitmişti... Artık bitmişti... İsmin –i hali olmuştum; inanılmaz kötü hali... Timur ile bütün yaşadıklarım, ölürken yanımda götüreceğim tek şeydi ve işte şimdi yanımda götürüyordum. Araba Ortaköy'den Etiler'e doğru çıkan yokuşa savrularak girerken, gözlerimi var gücümle yumdum. Beni evine sürüklediği günden bugüne kadar yaşadığımız her şeyi hatırlamaya çalıştım.

Haksız yere idama giden mahkûm gibi hayal kırıklıkları ve pişmanlıklarla doluydum. Timur'a öfkelenmiş, hatta ondan nefret ettiğimi bile düşünmüştüm. O bildiği şekilde beni kapsarken ben kaçmak istemiştim. Ağladığım, meraklandığım, korktuğum anları düşündüm ve güldüklerim geldi hep gözüme. Ben onun yanındayken hiç korkmamıştım ki gerçek anlamda. Başım öne düşmüştü ve zonklayan bileklerim dizlerime salınmıştı. Hiç tatmadığım hazları tatmıştım onunla ve böylesi içten gülebileceğimi bilmezken öğrenmiştim. *'Benimsin'* demişti, *'Benim olana bakarım'* demişti ve bana sahip çıkmıştı. Nalân'ı vermişti bana ve bir aile vermişti. Her bir anı yüreğime batıyordu.

Araç keskin bir dönüş yaparken bir silah sesi patladı arkamızdan ve içinde bulunduğumuz siyah araba savrularak refüje sürttü. Gözlerim bir anda fal taşı gibi açılmıştı! Timur! Yanımda duran adam, ensemden yakalayarak başımı aşağıya dizlerime doğru bastırdığında, arkaya bakmaya çalışıyordum. Bizi takip eden bir araba vardı. Az çok seçebilmiştim! Timur bir kolunu çıkartmış ateş ediyordu. Arkadan gelen ekip araçları vardı; ama çok daha geriden geliyorlardı.

Büyük bir patlama eşliğinde aracın tekerleği patladı ve biz etrafımızda dönmeye başladık. Allah'ım bir cehennem çukurundaydım sanki, tırnaklarımla kazıyarak çıkıyor gibiydim. Refüje çarparak demirleri kopartıp durduğumuzda, ön kaportaya inen bir gümleme ile doğruldum. Solumdaki adam bayılmıştı ve başı kanıyordu. Gümleme bir defa daha indiğinde alev gibi yanan gözleri yakaladım. Timur King Kong gibi vuruyordu aracın dışına. Elleriyle parçalayabilecek gibiydi metali. Bir vuruş daha ardından ön cam şangırdayarak, incecik cam parçaları halinde patlamış ve etrafa saçılmıştı. Önden Hamza'nın dışarı çekildiğini gördüğümde, bir yandan da yanımdaki adamlar araçtan yok olmuşlardı. Falaz iki korumaya vuruyordu.

Sessizce araçtan inerek arkaya dolanıp Timur'un arabasına kendimi kapadım. Gözlerimi Timur'dan alamıyordum. Aracı kullanan iri kıyım adam da inmiş Timur'a saldırmıştı. Timur'un yumrukları havada uçuyordu adeta. Çekilen silahlar bir bir düşerken, Timur bir yumruğu savurup silahını çektiği gibi şoförü dizinden vurdu. Az önce baygın halde yanımda duran adam da inmiş, Timur'a saldırmıştı ki Hamza dudağındaki kanı silerek gerileyip koşmaya başladı, kaçıyordu.

"Timur Bey, daha sonra evinize birini gönderip ifadelerinizi aldırırız biz."

"Tamam, ben size bilgi veririm."

"Geçmiş olsun efendim."

Polis ekipleri gelmiş bütün hengâme bitmişti. Adamları Timur'un elinden güçlükle almışlardı. Kendini kaybetmişçesine Hamza'yı elinden kaçırmanın hırsını da adamlardan çıkartmıştı Timur. Yanıma sadece bir defa gelmiş ve hemen ilkyardım ekiplerini çağırmıştı; ama nafileydi. Şoktaydım hâlâ. Yetkili birileri Timur ile konuşurken ilk yardım ekiplerinin bana müdahalesine izin vermemiştim. Kimse bana dokunsun istemiyordum, hiçbir sebeple dokunulmak istemiyordum. Şu an kanamadan ölüyor olsam bana kimsenin müdahale etmesine izin vermezdim.

"Bizim doktor Barış'a götürelim," demişti Falaz ve beni hemen kendi yaşlarına yakın bir doktora götürmüştü. Timur bizimle gelmemişti. Memurlarla kalıp olayı toparlayıp öyle gelecekti.

"Geçmiş olsun Hacer Hanım."

Hanım? Hanımefendi mi olmuştum yani? Karşımda Timur yaşlarında yakışıklı bir doktor duruyordu.

"Şimdi izniniz olursa sizi muayene edeceğim. Falaz nefes almanızda biraz zorlandığınızı söyledi. Gerekirse bir iki görüntüleme yapacağız. Lütfen sakin olun ve izin verin size yardımcı olayım."

Bana yardım etmek mi? Bana Timur'dan başkası yardım edemezdi!

Doktor Barış bana uzanmamı işaret ettiğinde, başımı sessizce önüme eğerek iki yana salladım. İstemiyordum. Gözlerim yeniden yaşlarla zonklamaya başlamıştı ve boğazım düğüm düğüm olmuştu. Çaresiz hissediyordum ve kimsesiz. İstediğim sadece Timur'u görmekti. Sanki büyük bir manda oturmuştu içime ve kalkmıyordu. Boğuluyordum sanki. Neredeydi Timur?

"Hacer!"

Timur! Gelmişti! Heyecanla ayağa fırladım ve yüzümün şişmiş, acıyan yanına aldırmadan koşarcasına boynuna sarıldım. Ağlıyordum... Nihayet tüm hengâme bitmiş ve prosedürler olmaksızın yanıma gelmişti. Başımı onun geniş göğsünde saklanabilecekmişim gibi ona yasladığımda omuzlarım sarsılıyor, göğüsüm çelikten göğsüne çarpıyordu. Kaşının üzerinde iki beyaz küçük bant vardı. Öylesine yakışıklıydı ki ben karşısında çirkin ördek yavrusu gibi duruyordum. Avucu yanağımı kavrayarak nihayet hesapsızca bana dokunmuştu. Bakabileceği gerçeğiyle rahatlamış bir şekilde beni incelemeye çalışıyordu. Dokunuşları morluklarımın üzerinde gezerken canımı acıtmaktan uzak, hasret ve korku doluydu. Gözlerindeki acıyı görebiliyor; ama onun içindeki acıyı alamayacak kadar acı dolu oluşumla eziliyordum.

"Bülbül? Nasılsın?"

"Kaburgam acıyor." Huysuz bir çocuk gibi mırıldandım. Timur irkilerek beni sarmalayan tutuşunu gevşetti ve "Hadi gel Barış baksın. O tanıdık, çok sevdiğimiz bir dost. İzin ver baksın, bak ben yanındayım," dedi.

"Buldun beni."

Bir başkasının bedenime bakacak oluşu beni ölesiye tedirgin etmişti. İstemiyordum. Yaralarımı, tüm çirkinliklerimi karşımdaki yakışıklı doktora göstermeye utanıyordum. Sanki tüm geçmişimi ortaya döküverecektim en ufak bir çizikle. Oysa Timur... O benim ruhumun yaralarına bakıyordu...

Timur, "Buldum tabi ki, benim olanı benden kimse alamaz, unuttun mu? Sen benimsin." dediğinde gırtlağımdan kopuveren kocaman bir hıçkırık beni daha da ona yakınlaştırdı. Burnumu çekerek yüzümü boynuna gömdüm.

"Berbat gözüküyorum."

Başımın üzerine konan küçücük bir öpücük acı bir tebessüm saklıyordu.

"En iyi görüntün olmadığı garanti; ama tek parçasın. Hadi şimdi Barış bir kontrol etsin, bak ben yanındayım, elini tutacağım."

Sessizce başımı sallayıp izin verdim; çünkü yapılması gerekenin bu olduğunu biliyordum, yine de bir an bile Timur'un elini bırakmadım.

"Sen nasılsın abi? Baktılar mı sana?"

"İyiyim ben iyi, baktı arkadaşlar. Kaşım açılmış biraz o kadar."

Barış beni muayene ederken, bir yandan da Timur'la sohbet etmişlerdi. Doktor Barış en genç profesör adaylarından olan bir ortopedi uzmanıydı ve Timur'un eski dostuydu anladığım kadarıyla. Her iki adamın da birbirlerine saygı duydukları her hallerinden belli oluyordu. Benim muayenem sürerken Falaz Beste'yi kontrol etmeye gitmişti. Zavallı kızcağız otelde bir odaya yerleştirilmiş orada kalmıştı. Hoş, Falaz ile yeni keşfettikleri şeylerden sonra bu geceyi evden uzak ve görünen o ki Falaz ile baş başa geçirecek olması da, bu gecenin *'uzun'* çöpünü çektiğinin kanıtıydı. *Vay anasını şanslı kedi.*

Muayenem bittiğinde, kaburgamın kırılmadığına; ama kıkırdağının zedelendiğine karar verdiler. O arada suratıma da şu soğuk şeylerden koymuşlar ve bazı kremler sürerek şişmesini hafifletmişlerdi. Doktor Barış Timur'a benim için bazı ilaçlar verirken, "Abi bir yardım almalısınız," dedi. "Tüm bunlar, yengenin tüm bu atlattıkları, kolay şeyler değil. Daha sonra başka yerlerden çıkar bak. Böylece bırakıp geçiştirmeyin. Profesyonel bir destek alması gerek. Önerebileceğim arkadaşlar var."

Psikiyatrik bir destekten bahsediyordu ve haklıydı.

Onun sadece bildiği kısmıyla dediğiydi bu, oysa geçmiş, bugün ve gelecek vardı daha. Taşıyamıyordum artık. Sanki herkesin damla damla doldurduğu bardağı, bende patlak musluktan dolar gibi dolmuş ve taşmıştı. Sinir krizi geçirmenin eşiğindeydim ve beni gerçekten ayakta tutabilen tek şey Timur'un varlığıydı. "Psikiyatrik destek almak kötü bir şey değil, herkesin bardağı arada taşabilir. Seni anlayacak biriyle görüştüğünde birçok şey daha sağlıklı olacak."

Ah be gülüm, bunu sen diyorsan tüm genç kızlar psikiyatride sıraya girer de işte benim gönlüm Timur'da. Vallahi ne yalan diyim, hani bizim fasulye sırığı olmasa derdim ki bu doktor Barış'ı niye bizim Beste'ye ayarlamayalım; ama işte nedicen, kader. Kara bahtım kem talihim!

Olası bir sinir krizinin eşiğindeydim, avazım çıktığı kadar bağırasım vardı, sadece Timur'un varlığına tahammül edebiliyordum. Az önce dibe vurmaktan son anda kurtarılmıştım; ama *horoz ölmüş gözü çöplükte* misali hesap ettiğim şeylere bakar mısınız? İşte tam da bu yüzden her şey içimde korkunç bir ağlama tufanı yaratıyordu ve hönkürerek ağlarken katıla katıla da gülmeye başlamıştım.

"Sakin küçük bülbül, ağlamana gerek yok. Hadi evimize gidelim ve orada düşünelim bunu." Timur bana, beni anlamaya çalışan korku dolu bakışlarla bakıyor ve beni kolunun altına alarak göğsüne çekiyordu. Sanki tüm acılarımı emerek alabilecekmiş gibi, teni tenimden bir saniye olsun ayrılmıyordu. Elleri devamlı bana dokunuyor ve varlığını en ücra köşelerimde bile hissettiriyordu.

Doktor Barış ağzıma teskin edici bir hap verirken, ben sadece mırıldanarak "Evimize götür beni. Çok yorgunum..." diyebildim.

Eve dönüş öyle uzundu ki, sanki bir asır geçmişti yolda. Evimiz... Evim, ait olduğum, güvende olduğum sığınağım. Ne zamandır böyle hissediyordum bilmiyordum, ilk defa aittim. Bağlarım vardı, boşta gezen köklerimi bir yere gömmüştüm. Biri çıkıp dese ki, 'Ne işin var bu toprakta? Sen ayrık otusun,' hakkıydı. Bu zamana kadar kimim vardı ya da nereye aittim ki? Yine de benim hissediyordum, ait hissediyordum. Kendimi içinde Timur yazan her başlığa iliştirebiliyordum ve bu benim dengemi bozuyordu. Bir yanım *'Ne hakla?'* diye bağırırken, öteki yanım *'Sana benim deyip durmuyor mu? O halde o da senin,'* diyordu. Benim! Beş yıldızlı lojmanımdı Timur, kırk çakar bir yakar hayatın en hesapta olmayan kurasından çıkmıştı.

Başımı çevirip sessizce Timur'un karanlıktaki silüetine baktığımda, ihtişamından hiçbir şey kaybetmeksizin arabayı kullandığını gördüm. Çok yakışıklıydı. Öyle ki, istediği herhangi bir kızı elde edebilecek kadar yakışıklıydı. Yüreğim yanarak cızırdarken merak ve şüphe bir kurt olmuş içimi kemiriyordu; beni neden isterdi ki bu adam? Ben ki hayat yorgunu, ne Hacer olabilmiş ne de Cansu, bir gariban kenar mahalle dramı. Benim ondan sökerek alacaklarım karşılığında verebileceklerim öylesine azdı ki, yoktu. Kendi camımdan yansıyan yüzüme baktığımda irkildim! Moraran yanağım olmasa da, onun ihtişamıyla baş edemezdim ben. Yorgundum, mücadeleden ve her şeyden yorgundum. Öyle ki, geçmek bilmeyecekmiş gibi bir histi bu kemiklerimin içindeki, iliklere kadar sızlatan.

"Sessizsin?"

"Yorgunum."
"Konuşmak ister misin?"
"Sessizliği paylaşsak?"
Cevabı beklemeden, bir kelime daha ederse yeniden bir ağlama atağı geçireceğimi bilerek, gözlerimi yumup başımı geriye yasladım. Doktorun verdiği hap etkisini göstermiş, beni bedenimde bir yabancıya çevirmişti. Sinirlerim salınmış, uyku ağır varlığını hissettirmeye başlamıştı. Eve vardığımızda içeriye yürümek bile zor gelmişti.

"Aman Allah'ım! Kızım sana ne yaptılar böyle?"
Bana ne yaptılar? Bugüne kadar yaptıklarından daha farklı bir şey değildi; işin gerçeği, bunca zamandır olan bitenden çok daha hafifi. Hikmet teyzenin bana bakan acılı gözlerini görünce, hesapsızca ağlamaya başladım ve istem dışı onun kollarına sığındım.

"Buraya gel kara kuzum, ah benim talihsiz kuzum..." Hikmet teyze acılı sözler mırıldanarak beni kollarının arasında bağrına basıyor, el işaretiyle Timur'a bizi yalnız bırakmasını söylüyordu. Yalnızlığım uçup gitmişti adeta. Ağlıyor ve onun kollarında sürükleniyordum. Kulaklarım uğulduyordu, sözlerini seçemiyordum. Saf bir acı vardı dilinde, onu ilk defa böyle görüyordum. O bakışlarıyla bile sorguya çekebilen, dik ve sert, sivri dilli kadın kaybolmuştu. Yerinde şefkatle beni büyük banyoya götüren ve soyarak suya sokan, yıkayan kadın gelmişti. Ben kocaman küvetin içerisine büzüşmüş dizlerimi karnıma çekmişken, o tek tek her yerimi sabunlamış ve saçlarımı şampuanlayarak durulamıştı. Bir yandan havluyla kuruluyor bir yandan da yaralarıma, morluklarıma bakıyordu. Hassas elleri eski yara izlerim üzerinde gezerken gözlerindeki acıya bakamamıştım.

"İsmi gibi cefa çeken Hacer'im... Geçecek bak bunlar, hepsi geçecek... Ben sana süt yaparım şimdi, bir de uyudun mu bak sabaha bir şeyin kalmaz. Geberememiş pislik herif... Neyse unut şimdi onu..." Hikmet teyze bir yandan söyleniyor, bir yandan sesindeki öfke yükselişlerini toparlamaya çalışıyordu beni giydirirken. Kaburgamdaki acı aldığım ağrı kesicilerin etkisiyle daha bir hafifti; ama yine de tek başıma hareket etmek zor geliyordu. Bir an önce yastığa gömülmek ve her şeyi unutmak istiyorsam da Hikmet teyzenin ilgisi şımartacak kadar cazipti. Birçok çocuğun çocukluğunu süsleyen bu ilgi, bu yaşında sevgiye aç ben için vazgeçilemeyecek kadar cazipti.

"Hadi otur önüme de saçlarını kurutayım." Hikmet teyze beni yatakta önüne oturturken bir eliyle de kısa saçlarımı okşuyordu. Bir kedi gibi mırıldanarak onun şefkatli anne dokunuşlarına sığınmak istedim.

"Ben kuruturdum."

"Hadi oradan çok bilmiş, uslu bir çocuk ol ve otur." Dolu dolu olmuş gözlerini hiç kırpmadan, gülümsemeye çalışarak şakaya vurduğunu görebiliyordum. Sessizce boyun eğdim ve bu gece annem olmasına izin verdim. Beni yastığıma yatırıp alnıma öpücüğümü kondurana kadar sessizce itaat etmiştim. Gözümden süzülen bir damla yaşı avucuyla silerek tebessüm ettiğinde, gözleri yaşlarla parıldıyordu.

"Hikmet Anne, uyuyana kadar yanımda kalır mısın?"

Yaşlar gözlerinden süzülürken, eğilerek yanıma uzandı ve beni sımsıkı kavrayarak sarıldı.

"Tabi ki beklerim kızım, istersen hiç gitmem."

"Gitme Hikmet Anne, gitme lütfen..." O gece hiç gitmedi, kâbuslarımdan uyandırdı, saçlarımı okşayarak inlemelerimi dindirdi; ama sabah ezanı göğü aydınlatana kadar, beni terk eden öz anneme inat, beni hiç terk etmedi.

"Nasılsın bakalım uykucu?"

Soğuk havanın aksine öğle güneşi odayı doldururken, ağırlıktan sanki yapışmış gibi hissettiğim göz kapaklarımı kırpmaya çalıştım. Timur'un sesi kulaklarımda ahenkli bir melodi gibiydi. Kendimi toparlayıp doğrulmaya çalışsam da, her yanım ağrıyordu. Gözlerim ağlamaktan şişmişti ve emindim ki kurbağa gibi gözüküyordum.

"Günaydın. Ne zamandır buradasın?"

Timur başucumda oturduğu sandalyeden kalkıp, yerini değişerek yatağa yanıma oturdu. Yanda duran incelenmiş dosyaları ve diz üstü bilgisayarı işaret ederek, "Epey zamandır," dedi. "Bırak şimdi beni, sen nasılsın?" Vurgulamasında endişe ve merak okunuyordu.

"İyiyim. Hâlâ yorgun gibiyim, sanırım ilacın etkisi." Timur bana temkinli hareketlerle uzanarak, alnıma yapışan saçları geri itti. Hiç tepki vermeden yastıkta yatmaya devam ettim. "Acıların nasıl? Barış bir iki ağrı kesici verdi, acın şiddetli olursa diye." Acılarım? Acılarımı kesebilecek ağrı kesici var mıydı?

"Yok iyiyim, acıktım. Saat kaç?"

Timur gülerek "Saat bire geliyor, biraz daha uyanmasan bitkisel hayata girdiğini düşünecektim."

"Aman Allah'ım bu kadar uyudum mu?"

"Görünüşe bakılırsa evet." Ben yatakta doğrulmaya çalıştığımda, üzerimde Timur'un uzunca bir tişörtüyle yatıyor olduğumu fark ederek gerisin geri yorganı bacaklarıma örttüm. Kimden neyi saklıyordum ki?

"Bir ara çok terleyince ben de Hikmet teyzeyi uyandırmak istemedim. Üzerine benden bir şeyler geçirdim."

"T...Teşekkürler."

"Benimle mutfağa gelecek misin bir şeyler yemeye?" Sessizce başımla onayladım ve beni tüm dikkatiyle izlediğini bile bile yataktan çıkarak titrememi saklayıp lavaboya gittim. Aman Allah'ım! Berbat gözüküyordum! Gözlerim Kermit'i bile geçmiş derecede pörtlemişti ve saç tellerimin biri *horon tepelim* derken diğeri *yerimiz dar, halt yeme otur* diyordu. Alelacele dişlerimi fırçalayıp kendimi düzeltmeye çalışarak banyodan çıkacağım sırada, üzerime giyeceklerimi yanıma almadığımı fark ettim. İşin tuhafı çekindiğim Timur'un beni çıplak görmesinden ziyade, beni bütün o morluklar ve çirkinliklerim ile görmesiydi.

"İyi misin Hacer? Canın mı acıyor?" Timur telaşla odadaki banyonun kapısına dayanmıştı. İçeride uzun kaldığım içindi sanırım. Kapıyı açarak hemen dışarı çıktım. "İyiyim..." dediğimde Timur ellerimi tutarak yüzümü inceledi.

"Yanağın fazla morarmamış, vücudundaki yaralar nasıl? Kaburgan nasıl? Gel hadi bakalım. Hem seni de giydirelim."

"Gerek yok, ben giyinirim, iyiyim ben. İyiler hepsi."

"Ellerimden de öperler mi?"

"Hı?"

"Yok bir şey, gel buraya bakalım. Ben kendi gözlerimle göreceğim." Hah, o gözlerden bir halt saklayabilirdim sanki. Şimdi direnmem yine bana, 'Benimsin, benim olan...' zırvalığı çekecekti ve ben hiç içimi titretecek havamda değildim. Ya da ben öyle zannediyordum, belki de duymaya ihtiyacım olan şey oydu, kim bilir?

Beni yatağa geri oturturken yavaş hareketlerle, üzerimdekini yukarı çekerek başımdan sıyırdı ve beni bir tek külotumla bırakıverdi. İlk tepkim ani bir refleksle göğüslerimi kapamaktı; ama bu fazlasıyla acı vererek yüzümü buruşturmama sebep olmuştu.

"Yavaş ol bakalım bülbül, onlar da benim." Yarım

ağız gülümserken bir eli de geçtiği yerde tenimi talan ediyordu. "Benim olan güzelliği dilediğim gibi izleyemez miyim?" *Arsız sapık!* Gerçi emretmemişti... Yine haince benim kararıma bırakmıştı. Ah Allah'ım, ben bu adama nasıl direnecektim, iradem neredeydi benim? Dokunuşları altında iradesinin son kırıntılarını da kuşlara teslim ederken, mantığımın kanat takıp uçtuğunu resmen gördüm sayılırdı. Göğüslerim gerinerek ona doğru yükseliyor ve neyi beklediğimi bile bilmeksizin onun dokunuşuna bedenimi açıyordu. O ise tenimde ellerini dolaştırıp her bir morluğun ve çiziğin üzerinden geçiyor; ama kabarmış iki yuvarlak portakala dokunmuyordu. Dokunuşların ardında dayanılmaz bir işkence ile saf bir haz karışımı vardı. Öyle ki gözlerim kapanarak başım geriye düşmüş ve onun teninin varlığına tam anlamıyla teslim olmuştum. Göz kapaklarımı bir milim oynatsam, onun temkinli bakışlarının her hareketimi gözlemlediğini görebilirdim; ama bakamıyordum, utanıyordum. Daha doğrusu o bakışlarla bir defa karşılaşırsam, korkup bu hazza son vermekten korkuyordum. Öyle bir ince çizgideydim ki anıların beni teslim alması ile yeni anıların onları bastırması arasındaki sırat çizgisinde gidip geliyordum. Bir yanım durmadan, 'Bu dokunuşu biliyorsun, o sana hayal bile edemeyeceğin hazzı veren,' diyordu. Kaburgamın kan oturmuş acı noktasında, ıslak bir dokunuş hissetmemle gözlerimi fal taşı gibi açarak geri çekilmeye çalıştım.

"Ne yapıyorsun?"

"Öpüyorum." Omzunu çok normal bir şey yapıyormuş gibi silkmişti ve benim gözlerim de o omuzla bir yukarı bir aşağı kayıvermişti. "Acımış gözüküyor. Acımıyor mu?" Öyle doğal ve arsızdı ki hem yüreğim yerinden oynamıştı, hem de verdiğim tepkiyi şaşırmıştım. İstem dışı paniğim boğazımda düğümlenip kalakalmıştı.

"A...A...Acıyor."
"Hah, işte ben de onu diyordum, öpersem hafifler."
Ve dudakları bir defa daha tenimle buluşmuştu. Avuçlarının kasılarak gerildiğini hissetmiştim; ama ne yüzünde ne de bana olan temasında bu gerginlikten eser vardı. Her bir izle içinde kabaran öfkeyi öyle güzel saklıyordu ki gören beni sadece kayıp merdivenlerden düşmüşüm sanırdı. Oysa içinde kopan fırtına ve intikam arzusunun tek şahidi sol elinde buruşarak şekilden şekile giren yatak çarşafı olmuştu.

Dudakları tenimi talan ediyor ve elleri şifalı büyü gibi hiç durmadan her bir yarama dokunuyordu. Kendimi dışarıdan izliyormuş gibiydim. Günün ışıkları odayı doldurmuş hiçbir hareketi gizlemiyordu. İçimdeki korku yerini utanmaz bir arzuya bırakmış, onu izliyordum. Beynim durmadan bana, *'Karar ver'* diyordu, *'Ya hep ya hiç!'* diye haykırıyordu. Onu ya kabul edecektim ya da reddedip bütün kapılarımı sonsuza dek kapayacaktım. Dur dersem dururdu. Bir daha gelme desem giderdi... Bu gücü elimde tutuyor olmak beni ürkütüyorduysa da güven veriyordu. Ona güveniyordum, güvenmediğim kendimdi.

Onun varlığının yoğunluğuna cevap verememekten çekiniyor, ne yapacağımı bilememenin acizliğiyle eziliyordum. O bana daha önce de haz vermişti. Almadan veren bu hayatta bir tek onu görmüştüm ve o alabileceğini bile almamış, hakkından tek taraflı feragat etmişti. Kim yapardı ki bunu ondan başka? Onu nasıl sahiplenir, onu nasıl elimde tutabilirdim ben?

"B...ben bilmiyorum."

Dudakları boynumdan kayarcasına çeneme doğru yükseldi ve içimi saran karınca istilası beraberinde dudağımın kıyısına çöreklendi. Ağzımın kıyısından bir an olsun ayrılmadan dudağımın kıyısında fısıldadı: "İzin ver öğreteyim."

Nasıl vermezdim ki? Timur başöğretmen olmuştu, ben nasıl sınıftan kaçardım? Sınıftan kaçmak bir yana etüde bile kalırdım be! Ah Timur, ah... Sende bu erillik, bende bu aşk olduktan sonra ben Everest Dağı'nın sekiz bin sekiz yüz kırk sekiz metre olduğunu bile ezbere söylerdim. Oysa ben Mauna Kea Dağı'ydım. Altı bin metrem suların altındayken dışarıdan bakıldığında hiçbir 'en' yoktu başımda. Yine de sırtımdan kayan parmaklar kadar lavlar akıyordu bedenimde. Kaynayan bir volkan gibi patlamaya hazır dilinin kayışını, gözlerimi yummuş hissediyordum. Kadınlığım *'Ben kadınım,'* diye bağırıyor kendini Timur'un erilliğine atmak için çabalıyordu. Hücrelerine kodlanmışçasına biliyordu Timur'un dokunuşlarını ve arzuluyordu.

Silinebilir miydi anılar? Beden unutur muydu hunharca istilaları? Yoksa hücrelerine mi işlerdi insanın? Bir merhametli dokunuşun ardında bile acımasız bir gerçeklik mi arardı? Peki, yürek severse? İyileşir miydi kanayan yaralar? Onca yılın kanlı yaraları tek tek kabuk bağlar mıydı, sevdiğinin ten kokusunu aldığı koynunda? Adak adamıştım, söyleyecektim Timur'u sevdiğimi; ama söylediğimde ya kabuk tutarsa yaralarım? Ya unutur da acılarımı zayıf düşersem? Ben onca zaman acıdan beslenmişken ve beni var eden yaralarımken, onlarla vedalaşmaya hazır bile değildim. Ansızın gelmişti Timur bana, Timur çarpması olmuştum. Tuttuğum, tutunduğum, beslendiğim ve hınçlandığım acıları şimdi onun erilliğine teslim etmek, altında onun ezilip ezilmeyeceğini görmek demekti. Yüzleşmeye hazır değildim...

"Dün gece çok korktum bülbül." Ansızın gelmişti kelimeler. Derin nefes alışları içerisinde alnı alnıma dayalı, gözleri sımsıkı kapalıydı. İki bacağımın arasına yerleşmiş, dizlerinin üzerinde belime sarılmış, beni kendine sabitlemişti. Üstünü az önce öpüşmemiz alevlendiğinde çıkartmıştık ve kaslarına yapışan kadınlığımla arada sadece külotumun ince kumaşı duruyordu. Elleri yavaşça kaymış, gergin avuçlarının içinde göğüs uçlarımla yumuşak daireler çizerek yanaklarıma yükselmişti. Tenimdeki karıncalar hangi yana koşuşacağına karar veremeyerek, en son kadınlığımda karar kılmışlardı, utanmazca beni ona sürtünmeye zorluyorlardı.

"Çok korktum bülbül. Zamanında gelememekten, sana dokunmasından... Benim hatam..." Dudakları sahiplenircesine göğüslerimi kavrayarak emdi. Meme uçlarım ağzının içerisinde sağdan sola çekilirken, onun suçlu hissetmesi beni acıtıyordu.

"Ben seni dinlemedim, yalnız gitmemeliydim."

"Hayır, ben seni koruyamadım." Bakışları bedenimi talan ederken hırıltı halinde, "Her bir yaran benim yaram," dedi. Başını kaldırıp dudağımın hemen yanındaki küçük yaranın üzerini hafifçe öptü ve bariz bir şekilde yaladı. "Hepsi benim yüzümden." Şaşkındım.

"Seni..." Durdu ve yutkundu. "Seni kaybetseydim, yetişemeseydim..."

Akışkan lav gözleriyle gözlerime bakıyordu. O gözlerden bana sıçrayan kıvılcımlar ruhumu aleve veriyor, beni tutkuyla titretiyordu. Soluğu tenimde titriyor, hızlı nefes alıp verişlerinde neye ihtiyaç duyduğunu görüyordum.

"Ben korktum bülbül." Dudakları dudaklarıma tutku dolu bir öpücük ile yapıştı. Varla yok arası, yeni belirmiş sakalları dudaklarımı paralıyor, tüm sinir uçlarımdan kadınlığıma haber yolluyordu. Sen benimsin kadın, diyordu bedenimin haz merkezine. Beceriksizce ona karşılık vermeye çabaladım. Dudaklarını emiyor, dilimi ağzının içerisinde, dişlerinin arkasında dolaştırıyordum. Ellerimin altında inleyerek titrediğini duydum. Karşılığında bedenini bedenime iterek, pantolonunun içindeki sert erkekliği bana tüm varlığıyla hissettirdi ve bir anda yeniden durdu. Alnını bir daha alnıma dayadığında, soluğu ciğerlerimi dolduruyor ve ben daha fazlası için göğüs kafesimi zorluyordum.

"Seni kaybedersem yapabileceklerimden korktum. Seni... Sana... bir... Ah! Anlasana be kızım..." *Ne diyordu şimdi bu? Kekemelik bulaşıcı dememişlerdi ki? Allah! Bak vallahi dil dile değdi, kekemelik gitti bulaştı. Tüh yazık, garibim karizmaydı da!*

"Seni kaybedemem, kaybedemem anlıyor musun? Sana... Benim sana ihtiyacım var Hacer." Öyle acı dolu çıkmıştı ki sesi gırtlağından, onu bilmesem ağlayacak derdim. "Sana muhtacım ben, sen olmasan ben iyi bir adam olmam, benim limanım olmaz." Sinirliydi, asabiydi, soluk soluğa bir savaşın içindeydi. "Yalnızlığımı kimse paylaşmaz... Sessizliğimi kimse paylaşmaz..."

Yüzümün her yanını binlerce küçük öpücükle öpmeye başladı. "İhtiyacım var sana Hacer, benim olmana ihtiyacım var... Yüklerini ben taşıyayım; ama sen de beni taşı..." Duruyor, geriliyor sonra da her bir kelime ile erilliğinin varlığını kasıklarıma bastırırken, tenimde bir yeri öpüyordu. Omuzlarım dilinin hassas darbeleriyle paralanmıştı. İnce kavisli burnunun ucu bedenimde kayarak, göğüslerimin arasına kadar indiğinde; boğuk bir hırıltı gibi ismim tenimde yankılandı: "Hacer..." Ulaşamadığı bir karaya doğru durmadan kulaç atan, batık geminin denizcisi gibi acı çekiyordu.

"Seni seviyorum..."

"Hacer?"

"Seni seviyorum... Elimde değil seviyorum..." Bu defa saçlarına avuçlarımı geçirmiştim. Aslanı yelelerinden yakalamak gibiydi. Vahşi bakışları o an hükmedebildiğim tek şeydi. Gözlerini gözlerime hapsederken, "Sana hiçbir zaman benim demeye hakkım yok, biliyorum," dedim; "Ama seviyorum. Çaresizim..." Avuçlarımı iki yana açarak çaresizce salladım. "Seninim Timur..."

Cümlemi bitirmemi bile beklemeden, Timur dudaklarıma dişlerini geçirircesine yapıştı. Bir yere kaçıp gidebilecekmişim gibi öpüyor, avuçlarıyla kalçalarımı sıkarak o ince kumaş parçasını çekiştiriyordu.

"İçinde olmaya ihtiyacım var bülbül. İstemezsen anlarım, bir ömür de sürse beklerim. Ama buna muhtacım, benim olduğunu tatmaya muhtacım."

Yaralarım kabuk bağlarken, ben hükümdarıma tüm yüklerimi teslim ettim.

... ...

"Dur de bana..."
"D...d...du...du...dur...ma..."

20. Bölüm

Kırılganlık... Durumumu, en iyi ifade edebilecek şey bu muydu? Kırılgan mıydım ben? Belki... Oysa karşımdaki hoyrat adamın naif dokunuşları altında kendimi güçlü hissediyordum, her şeye muktedir ve hâkimmiş gibi. O bana dokunuyor, adım adım tenime işliyor ve dudaklarının geçtiği her yerde nemli bir yol çiziyordu. Gözlerini yumuyor, yutkunuyor, kokumu tarifsizce içine çekiyordu. Bir tek ben yeni tanışmıyordum onun bedenini kaplayan kasların eşsiz çıplaklıktaki güzelliğiyle; o da benim bedenimi tanıyor, her bir noktasını sanki karanlık zihninde resmediyordu. Gözlerimi kapayamıyordum. Sımsıkı tutunmuş, içimi saracak paniği bekliyordum. Tam da bu yüzden ruhuma dokunan tenin Timur olduğunu görmeye ihtiyacım vardı. Bana hoyrat kötüleri hatırlatacak tek bir benzer dokunuş bekledim. Yoktu...

Avucu kolumdan kayarak göğsümün yumuşak kavisleriyle buluştuğunda, güç fark edilir şekilde titriyordu. Önce şakacı bir şekilde, hafifçe göğsümün ucunu sıkarak çekiştirdi, ardından parmaklarının arkasıyla iki göğsümün arasından boynuma doğru varla yok arası dokunuşu süzüldü. Bir eli sırtımdan beni havada tuttu. Uçma hissi veriyordu. Kalın kol kasları öylesine belirginleşerek gerilmişti ki düşmezdim, Timur tutuyordu. Parmakları boynuma vardığında bana büyük bir şaheseri izlermiş gibi baktı.

"Çok güzelsin."

Ne denirdi ki? *Teşekkür ederim teveccühünüz*, mü?

Hayır! Güzeldim işte! Timur diyorsa güzeldim. Bunu sarhoş ağızların pis kokulu nefeslerinden binlerce kez duymuştum; ama bu ilkti, inanıyordum. Ne gördüğüm değil, onun ne gördüğü önemliydi. Benim gözlerim Timur'du, yüreğim de onun emaneti.

"S...S...S...Sen de."

Yan tebessümüyle hafifçe gülümsedi.

"Ben de mi güzelim?" Sesi derinlerden hırıltılı tutku melodisi gibi çıkıyordu.

"E...E...Evet, güzelsin. He...hem de çok gü...güzel."

"Bu sırrımız olsun, tamam mı? Düşmanlarım güzel olduğumu duymak istemezler. Onlar için daha korkunç sıfatlar bulalım, mesela; *'Muhteşem Timur'.*" Göz kırparak güldüğünde çok gençti, hiç olmadığı kadar... Ben de güldüm.

Başını derin bir iç çekişle alnıma dayadı.

"Hep böyle masum kal." Ne demiştim ki ben şimdi? Dudakları dudaklarıma aniden tutkuyla kapandı. Daha da tutkulu ve tehlikeliydi. Korkmadım. Karşılık verdim. Cesurca, çekinmeden, dudaklarımla, dilimle ve ruhumla öptüm. Bana dilinin öğrettiği her şeyi, dersine çalışmış bir öğrenci gibi geri verdim ve takdir bekledim.

Sırtım bir yay gibi kasılarak açlıkla ona doğru kıvrıldığında, iki eli bizi ayıran tek ıslak parçayı tuttuğu gibi bacaklarımdan sıyırıverdi. Aman Allah'ım! Onun için alev alev yanarak içimdeki buzulları eritmiştim işte ve o yüzden her yanım sırılsıklamdı. Kulaklarımdaki hırıltılar kendi gırtlağımdan yükseliyordu, dudakları dudaklarımda bir an bile kopmadan, inlemelerimi inlemelerine hapsetmiş, hareketleri gitgide yoğunlaşmıştı. Dokunuşları tutarsızca bir sert bir yumuşaktı. Kaslı gövdesi iki bacağımın arasında bedenime sürtünürken, azgın kara kısrağı bacaklarımın arasına hapsetmiş gibiydim. Benimdi.

Bacaklarımı beline dolamak ve ellerimi siyah saçlarından geçirerek, olduğu yere hapsetmek istiyordum. Oysa o, izin vermeksizin bana hizmet ediyor, bedenimin hırçın çırpınışlarını kucaklıyordu. Her yerimdeydi. Alt dudağımı ısırarak bacaklarımın arasına doğru iz bırakırcasına kayarken, nefesim ciğerlerimde tıkanmıştı. Çömez ellerim kısa saçlarına telaşla tutunarak, tatminsiz bir arzunun merkezine kılavuzluk etti. Parmakları beni nazikçe geriye iterken, sırtıma değen soğuk çarşafla ürperdim.

Dışarıda yağmur yağmaya başlamıştı. Yağmurun hırçın sesi camları dövüyor, amansızca bir ritim tutturuyordu. Ritmin büyüsüyle Timur'un arsız dili bacaklarımın arasındaki sızıyı okşamaya başlamıştı ki irkildim. Bacaklarımı kapamak, o kadar da güzel olmadığımı söylemek istedim. İzin vermedi. Parmakları bir pençe gibi etime batarken, hırçın bakışları gözlerimi buldu: "Sen benimsin... her şeyinle!" Avını avından bile koruyan bir avcıydı o.

Beni işaretliyordu. Tehlikeli, tehditkâr ve sınırın ötesindeydi sesi. Derin bir nefes aldığında içine hapsolmuş, ona teslim olmuştum. Dilinin kıvrak hareketleri önce yavaştı ve ardından kapanan gözlerime eşlik eden yay sırtımın iniltili kavisleriyle hızlanarak, beni merkezimden içeriye istila etti. Kadınlığım onun dudaklarının dokunuşu arasında aralanıyor, bacaklarım altından dolanmış kollarından destek alıyordu. Avuçlarım tutunduğu yelelerine asılıyor, tüm arsızlığımı gözler önüne sererek pervasızca zevk alıyordu. Hayır, esas o benimdi! Sıktığım avuçlarımın arasında tuttuğum başının üzerine yemin ederim ki, her ne pahasına olursa olsun benim olacaktı. Kadınlığımın aralanmış yaprakları arasında belirginleşmiş merkezimden ruhumun derinliklerine açılan karanlığıma son bir darbe daha indirdiğinde, ben çığlık çığlığa bağırarak titremeye başladım.

"Daha! Daha!" Dahası neydi? Bilmiyordum! Sadece istiyorum.

Havanın serinliğine inat ince bir ter kaplamış tenim parıldıyor, onun dalgalanan kaslarına eşlik ediyordu. Timur ani bir hareketle onu bacaklarımın arasına hapseden tutuşumdan kurtularak, her bir azâsı gibi kusursuz erkekliğini bedenimin kapısına dayadı. Tüm ihtişamıyla gözlerime şölen eden kasları seğiriyordu. Bütün karın kasları tek tek sayılabilecek şekilde kavisler yapmış, göz bebekleri büyümüştü. Gözleri karanlık bir kasırga gibi düşüncelerimi darmaduman ediyordu. İstiyordum, arzuluyordum, içimdeki varlığını bile bilmediğim kadın onu çağırıyor, tırnaklarını etine geçirmek istiyordu. Çaresizce onu tutarak çekmeye çalıştım. Ne zaman bu kadar çıplak kalmıştı? Her anını izlediğimi zannederken gözlerimi yummuş olmalıydım. Çenesindeki kas gözle görülür bir şekilde hareket ettiğinde, dişlerini sıkmıştı. Her bir hareketini izlemek istiyor, gözlerimi yummak istemiyordum. Onun Timur olduğunu görmeye ihtiyacım vardı. Bana dokunan eller Timur'undu ve ben sadece ondan haz alıyordum. En ufak bir tiksinme aradım hep yüzünde, küçücük bir şüphe... Tek bulduğum saf bir tutkuydu, bütün benliğimi bilincimden ayıran bir ateşti.

"İstediğini söyle."
"İstiyorum."
"Beni istediğini söyle."
"Seni istiyorum, Timur."

Boğuk bir hırlamayla üzerime kapanarak, bedenimi altına hapsettiğinde; artık içimde, en derinimdeydi. İçime kayışı uzun bir yolculuk gibiydi ve ben yükselen paniği avuçlarımı sırtına sımsıkı yapıştırarak bastırmaya çalıştım.

"Benim bülbül, sadece ben."
"Seni seviyorum. Hem de çok."
"Biliyorum güzellik." Derin bir inlime kaçtı gırtlağın-

dan, tamamen içimdeydi. "Çok darsın." Canım birazcık acımıştı; ama kendimi hazırlamaya çalıştığımın çeyreği bile değildi hissettiğim acı. Hafifçe kımıldamaya başladığında ise bedenimi hiç terk etmeyen haz baldırlarıma ve göğüslerime doğru yayıldı. Bir eli yeniden sıkıp çekiştirerek memelerimle oynamaya başladığında, boynu geriye kavis yapmış gırtlağını tüm erkeksiliğiyle bana sunmuştu. Kalçalarımı onun ritmine uydurabilmek için bacaklarımı belinde kilitledim ve bir anda kendimi onunla birlikte yükselirken buldum. Yatağın kenarına oturarak beni kucağına almış ve yarım geriye kaykılarak beni üstte bırakmıştı. Ne yapacaktım şimdi ben?
"Sür."
"Ne?"
"Kontrol sende bülbül."
Kontrol? Neyin? Göğüslerime eğilen başı meme ucumda tatlı bir ısırık bırakırken "Ben cennetteyim," dedi. Bedenim ne yapacağını kavramışçasına ileri geri utangaçça hareket etmeye başladı. İşte şimdi gözlerim yumulmuş, sırtım geriye bir yay çizmiş, tatlı ısırık ve öpücüklerine göğüslerimi açmıştı. Emiyor, çekiştiriyor ve her bir inlememle kalçalarımdaki elleri yolumu bulmama yardım ediyordu. Sırılsıklam olmuş bacaklarımın arası, tutturduğum ritmi hızlandırmam için bana yalvarırcasına kasılıyordu. Tırnaklarımı omuzlarına geçirirken çılgınlar gibiydim. Bu defa onu ben işaretlemek, emmek ve içime doldurmak istiyordum. Yetmiyordu, daha fazlasına ihtiyacım vardı. Maraton koşmuş gibiydim ve erkekliğinin uzunluğu üzerinde yükselip alçalarak, kendimi boşluğa bıraktım. Bedenim kasılırken Timur'un kükremesi odayı doldurdu. Birlikte titriyor, birlikte boşalıyorduk. Vücut sıvılarımız birbirine karışırken dudaklarımdan kaçanı kulağım duymamıştı.

... ...

"Benimsin Timur, sen de benimsin."

Harikasın kızım sen! Bir numarasın! Süpersonik zeki!
Ya ben kim Timur'a *benimsin* demek kim! Aklım neredeydi bilmem; ama beynimin içinde olmadığı kesindi ki Timur dudaklarımdan dökülen o kelimeleri, onca patlayan yıldızlar içinde bile kaçırmamıştı. Hoş o yıldızlar bana patladığı gibi patlamıyordu ona anlaşılan. Yoksa Timur Abi Kanunları sekteye uğrar, hayat bendeki gibi durur, mafyatiğin emir kipleri işlemez olurdu. Oysa tüm çark tıkırında çalışmıştı vallahi. Maşallah diyorum; ama içimden. Ben kendimi onun kollarına bırakıp, sessizliğin huzurunda utancımı göğsüne gömerken; adam kalkmış nikâh planlarını tamamlamıştı, yetmemiş bir de talimatları Poseidon'un mızrağı gibi kullandığı cep telefonundan yağdırmıştı. *Atomların mı patladı, izotopların mı çarpıştı? Yok yok ben biliyordum deli dürttü.* Hayır, onca hengâmede ben nasıl tekrar uyumayı başardım da, Timur'un gazabını kaçırdım anlamıyordum ki. Ölü toprağı serpilmiş olacak ki üstüme, ben gözlerimi açtığımda, Hikmet Anne ayakucumda bir tepsiyle dikiliyordu.

Yaşadığım utancı nikâh günü, Timur baskısı ile erkenden teslim edilen beyaz elbisenin içerisinde, karşımdaki boy aynasının önünde dikilirken bile hissediyordum. Saç diplerime kadar kızarmıştım Hikmet Anne'nin çağrısıyla uyandığımda. Hâlâ çıplaktım. Yaşadığım ikilemi hissetmiş olacak ki Hikmet Anne odanın içerisinde gereksizce dolaşarak bana üzerime bir şeyler giyecek vakit tanımıştı. Boğazını temizlediğinde gelecek azarı ve kınamayı bekliyordum; ama onun yerinde sesindeki gülüşü yakalayarak gözlerim kocaman açılmıştı.

"Hadi bakalım gelin hanım, bu kadar tembellik yeter. Yarına yetiştirmemiz gereken bir nikâhın var," demişti. Ve işte o an, az önceki patlamada beyin hücrelerimi kaybettiğime ve duyduğumu zannettiğim şeyleri esasen kendimin uydurduğuna inanmıştım.

"Ne nikâhı?"

"Ayşen'le Timur'un." *Ne? Çüş! Ne? Oha!*

"Fesuphanallah! Sok o gözleri yuvalarına. Kimin olacak senin tabi ki." Hikmet Anne beni banyoya yönlendirirken, midem guruldamıştı; ama aldırmadım, söylediklerini hazmetmem gerekiyordu önce.

"Yarın mı?"

"Evet, Timur'un kesin talimatı var. *'O elbise gelecek, nikâh yarın kıyılacak!'* Tam olarak böyle dedi."

"A... a... ama..."

"Ama ne? Görüyorum ki zaten sen prosedürü halletmişsin." *Ne? Ay inanmıyorum Hikmet Anne, benimle dalga mı geçiyorsun? Hayır kız, azarla, ayıpla da bu muzır muzır sırıtışla şakacı göz kırpmak da ne oluyor?*

"Hadi hadi, taze gelin, kızarıp bozarmayı kocana sakla sen. Acelemiz var. Açlıktan ölmeden duşunu al da bir şeyler ye."

"Ama yüzüm mor." *Hah! Aferin dangalak ben! Taktığım şeye bak, yüzüm.* Ne o? Yoksa fotoğraflardaki çirkin gelin mi olurdum Muhteşem Timur'un yanında?

"Dur bakiyim." Hikmet Anne dikkatle çenemden tutarak gözlerini kısıp yüzümü inceledi. "Suzan'ı çağırırız. Onun halledemeyeceği bir şey yok. Bir iki hile, kusursuz bir gelin olacaksın. Hem zaten... Aman boş ver. Harika olacaksın."

"Nalân da gelsin." Ben ne zaman ikna olmuştum böyle hemencecik. Kendimi aşmıştım ben. Bir de kız evi naz evi derler, ben balıklama maşallah. "Bu kadar çabuk olmasını gerektirecek bir şey yoktu ki." Sesim bunu derken tereddütlü çıkmıştı.

"Tabi, doğru. Hiç gerek yok Allah için. Hatta ben geceleri artık bu oğlanı direğe zincirler öyle uyurum. Kızım bu evde bir de genç kız yaşıyor. Fesuphanallah!" Hikmet Anne'nin sesi kendi kendine konuşuyormuşçasına tatlı bir sinirlilikle alçalmıştı. "Karnın şiştiğinde mi masaya oturacaksınız, yoksa yastık koyduk mu dersiniz?" İşte şimdi yüzüm alev alev yanıyor, ellerim titriyordu. Karnım şiştiğinde! Aman Allah'ım! Yok yok, benden anne olamazdı, onu geçtim Hikmet Anne her şeyin farkındaydı ve yer yarılmış ama ben bir türlü içine girip, karşısında kaybolamamıştım. Suçlu bir çocuk gibi bakıyordum yüzüne. Diğer bir konu ise, ben ölsem bir daha asla yapamazdım ki zaten bu yaşadıklarımızı. Hoş, muhteşem hissetmiştim; değerli, vazgeçilemez... Hatta vücudumda Timur'un dokunduğu her yerde sanki hâlâ izleri duruyordu. Tenim karıncalanıyor, içime doğru bir sıcaklık yayılıyordu, yaptıklarımız gözümde canlanınca. Acı değil; hayır, zevk vardı. Daha fazlasını merak ettiren ve arzulatan, onunla en özeli paylaşmanın verdiği bütünlük hissi vardı. Her şey bir yana sadece onun bedeniyle bir bütün olup onun kudretinin bir parçası olmak bile, hepsini en başından, yeniden istememe sebep oluyordu.

Hikmet Anne'nin kahkahası ile dalıp gittiğim hayallerden geri geldim. "Kızım, hadi. Daha yapacak çok işimiz var. Yüzünü kızartan hayalleri nikâh yatağına sakla. Şimdi acele."

"Hikmet Anne..."

Eşyaları katlıyormuş gibi gözüken Hikmet Anne irkilerek bana baktı. Bir ipucu, bir belirti arıyordu sanki. Beni tüm bu olanlardan sonra nasıl görmeyi düşünüyordu, daha doğrusu bir genç kız annesiyle bu tarz şeyler hakkında ne konuşurdu bilmiyordum. Ben Beste değildim ve o da bunu biliyor, nasıl davranması gerektiğini netleştiremiyordu.

"Hikmet Anne, ben bir daha yapamam." Hikmet

Anne şefkatle gülümseyerek sınırda seyreden titrek bakışlarımı yakaladı.

"Yaparsın tabi. Unuttun mu?" Olabildiğince yavaş yanıma gelerek beni kolumdan tutarak yatağa kendisiyle birlikte oturttu. Tam yanımda oturmuş, bir elini de dizime koymuştu. "O Timur, senin kocan." Benim kocam... Omzunu silkerek, "Azgın teke, biraz sabırsız olabilir; ama o seni asla incitmeyecektir kızım, korkma." Hikmet Anne'nin havada şakacı bir kavis çizen eli omzumla buluştu. Şefkat... O sahip olduğum en şefkatli sivri dildi. İster istemez ona çekildim ve başımı omzuna yasladım. "O, kendisi hariç, sahip olduklarına zarar vermez."

Sesindeki acılı şefkat havada asılı duruyordu. Timur için endişelendiğini biliyordum. "Utanma, bir kadın kocasından utanmaz. Eh, benden de utanmak için artık çok geç." Olanca sevgisini bana hissettirerek sırtımı okşuyor, bana sarılıyordu. Yüzündeki buruk tebessümleri yakalayamıyor ya da benim için nasıl hüzünlendiğini göremiyordum; ama gücünü ve hoşgörüsünü hissettiriyordu. O gerçekleri yüzüme çarparken merhametliydi.

"Teşekkür ederim. Yanımda olduğun için."

"Bir anneye evladının yanında olduğu için teşekkür edilir mi? Hiç duyulmamış. Sen benim kızımsın, Timur da oğlum. Bir tek o seni değil, sen de onu iyileştiriyorsun." Benim yaralarımı kapıyor, tek tek elleriyle merhem sürüyordu. Ben bilmiyordum ki onun zayıflıklarını paylaştığımı, ona duyduğum ihtiyacın onun için nasıl vazgeçilemez olduğunu ve kendine zarar verecek derecede pervasızlıktan onu nasıl geri tutan olduğumu. Hiçbirini bilmiyordum. Hiç susmayan beyninden, benim sessizliğime kaçtığını nereden bilebilirdim ki? Ödeyemediği veballerin ağırlığını günahkârın kendisinden başkası bilir miydi? Hayatında kimse tarafından korunmamış bir erkeğin, korumaya duyduğu açlığı kim anlardı? Geciktiklerinin yükünü hafifletmeye çabalarken, benim sunduğum aşka sığındığını bilmiyordum. Hikmet Anne boğazını temizlediğinde gözlerimden süzülen yaşlara eşlik etmemek için kendini zor tuttuğunu anlamıştım. "Adetleri yok sayan bir oğlum var; ama hep asi oldu, ne yapayım." Hoşnutsuzluk maskesi ile örtülemeyecek kadar neşeli ve halinden memnundu duygu yüklü sesi.

İşte şimdi aynanın karşısında dikilmiş, kendimde kusur ararken; Beste ile Nalân arkamda kıkırdıyorlardı.
"Yeterince harikasın. Hadi ama, ayrıl artık biraz şu aynanın önünden."
Beste o geceden hiç bahsetmemiş, konusu açıldığında geçiştirmişti. Koşuşturmaca ve telaştan üsteleyecek vakit olmayışına müteşekkir gibiydi. Eve dönmesi akşamı bulmuş, nikâh telaşından kimse sorgulayamamıştı. Sadece eve ilk geldiğinde boynuma beni boğacak gibi sarılarak hiç durmadan beni kaybetmekten ne kadar korktuğu hakkında konuşmuştu. Timur'un ölümcül hallerini bir kere de ondan dinlemiştim. Nedense ondan dinlerken bana komik geliyordu. Timur'u cengâver bir boz ayı gibi anlatmıştı. Falaz'ı sorduğumda pembe yanakları kırmızıya çalarak gülümsemişti sadece.
"Ay, kız sen bunu bir de sahneye çıkmadan görecektin. Sanırsın ki Gremlin mi ne var ya hani, ödül mü öyle bir şey?"
"Grammy Müzik Ödülleri."
"Hah, işte ona hazırlanıyor. Bir itina, bir detaycılık. Ay yersiz oldu di mi şimdi? Aptal kafam."
Nalân kendini çimdikleyerek Beste'nin kıkırdamaları arasındaki kaş göz hareketleriyle sesini alçalttı. Benim hiçbirini görecek halim yoktu. Az sonra üzerimdeki beyaz elbise ile serada yürüyecek ve Timur'un karısı ola-

caktım. Beni teslim edecek ne bir babam, ne de ben evet derken gözyaşlarına halim olamayacak bir annem vardı. Geçmişime dair topu topu bir tek ailem Nalân'dı.

"Nalân?"

Nalân hemen yatağın üzerinden fırlayarak yanıma geldi.

"Çok güzelsin fıstık. Harika, kusursuz gözüküyorsun. Hayrullah anlattı her şeyi, hiçbir yara belli olmuyor." Ya ruhumdakiler? Onlar da iki makyaj hilesiyle kapanıyor muydu?

"Şahidim sen olur musun?"

"Ben mi?" Nalân şok olmuş gibi bana bakıyordu. "Lan, kızım, ben kim şahit olmak kim lan!"

"Benim tek ailem sendin. Benim şahidim olmanı istiyorum." Nalân dolu dolu olan gözlerindeki yaşları ilk defa ağlamadan tutuyordu.

"Olurum lan! Abi sen iste yeter ki yoluna paspas olurum." Omzuma vurduktan sonra bir iki saniye durdu ve "Olmadı şimdi buraya değil mi?" Başımı iki yana sallarken gülüyordum. Beste de benimle gülüyordu. Nalân bana kocaman sarılırken, "Olsun lan, biz senle vakitsiz zamanların adamıyız. İki lafımız yersiz olmuş aramızda lafı mı olur!"

"Olmaz tabi kızım. Tüm potlar senin olsun."

"Ay Hayrullah da öyle diyor. Bu arada ne acımasızsınız lan. Nasıl kıydırdınız ayıcığımın tüylere?"

"Ayıcığın mı?"

"He, ayıcık. Çok şirin değil mi? Bu hafta yeni evime yerleşmeme yardımcı olacak. Şu yeni otelin oraya taşınıyorum. Timur Abi oradan bir iş de verecek." Sesinde umudun yanı sıra bir burukluk vardı. "Özleyeceğim çok kişi oldu artık burada." Onun da benden başka kimsesi yoktu ki.

"Geliriz biz, sen merak etme. Timur Ağabeyim ne zaman istersek, günübirlik de olsa getirir. O getirmese

Falaz getirir. Yani ağabeyim izin verir tabi önce. Yani şey..." Beste sözlerini geri çekmek ister gibi kekelemeye başlamıştı ki kapı çalındı ve içeriye Falaz girdi.

"Hah, iti an çomağı hazırla!"

"Nalân!" Nalân'ı dürtmeye çalıştıysam da Falaz çoktan duymuştu.

"Ay pardon ya, olmadı di mi?"

"Ne diyorsun kızım sen?"

"Ebeni..." Nalân'a geçirdiğim dirsekle sözü yarıda kaldı. "Biz de kulaklarını çınlatıyorduk şimdi Falaz. Değil mi Beste? Nalân?"

"İşiniz gücünüz dedikodu."

Nalân sözünü kestiğim için homurdanarak Falaz'a, "Sen bu sevimsizliği özel mi diktiriyorsun yoksa hazır mağazadan mı alıyorsun?" dediğinde boğazıma tükürüğüm takılmıştı bile.

Falaz; "Senin terzin iyi demişlerdi," diyerek ters ters Nalân'a baksa da, Beste ile göz göze gelmemeye çalışır bir hali vardı. Odadaki varlığı gergindi. Bastırılmış bir utangaçlığı kabadayılıkla örtmeye çalışıyor gibiydi. Neyi kaçırmıştım ben?

"Tamam artık Falaz. Hepimiz gerginiz zaten. Zor günler geçirdik." Beste'nin uzanarak elini tutması ile Falaz'ı saran çekingen irkilme, ellerini çekmekle çekmemek arasında kararsız bırakmıştı ikisini de. Bir şey saklıyordu bunlar kesin! Neyi göremiyordum ben?

"Siz ikiniz! Siz birliktesiniz!" Nalân küt diye söyleyivermişti. Ah tabi ya! O gece!

"Yok öyle bir şey!"

Beste itiraz ederek şok olmuş gibi elini çekmeye çalışsa da, Falaz Beste'nin elini sımsıkı yakalayıp dikleşti.

"Evet, birlikteyiz ve bunu şu anda kim Timur'un kulağına uçuracak olursa kendi ellerimle boğarım."

Kastı Nalân'dı. Benimle göz göze geldiğinde saygılı bir çekingenlikle başını eğdi. Beste hâlâ itiraz ederek birlikte olmadıklarını iddia ediyor olsa da, Falaz elinin üzerine narin bir öpücük kondurarak onu susturdu ve Nalân'la ikisini seraya yolladı.

"Sana ben eşlik edeceğim."

"Birlikte misiniz?"

"O olmadığımızı iddia ediyor."

"Ama sen?"

"Sen haklıydın Hacer. Ben göremedim." Derin bir iç çekişle yatağa oturarak, gözlerimin içine baktı. "Ben onsuz yaşayamayacağımı göremedim. Onun yanımda olmasına, benim olmasa bile bir başkasına da ait olmadan yaşamasına öyle alışmıştım ki bir gün bıkıp bir başkasını sevme ihtimalini hiç düşünmedim." Pişmanlık kovasına başını daldırmışçasına, her yanından pişmanlık akıyordu. *Müstahak sana fasulye sırığı!*

"Lakin küçük hanımın, inatçı bacaksızın inadı tuttu. Zevzek dallama diyor başka bir şey demiyor şimdi de. Efendim dingile ayıp olurmuş. O dingil onun için cesur davranırken ben kıçımı gezdirmişim. Görüyor musun Allah aşkına! Siz kadınlar! Tüm o yaşadıklarımızdan sonra şimdi..." Falaz ağzından kaçırdığı son kelimelerle sesini alçaltarak stresli bir şekilde saçlarından ellerini geçirip oflarken, elimde değil gülüyordum.

"Bana söylediklerini hatırlıyor musun? Hani bahçede, şu dallamanın geldiği gece."

"Evet. Hatırlıyorum tabi ki."

"Beste bana dedi ki bana öyle uzun zamandır âşıkmış ki aşkının gerçek mi yoksa abartılmış bir çocukluk aşkı mı olduğunu bile artık bilemiyormuş."

"Falaz! Beni nikâh üstü bayıltıp yerime mi geçmek istiyorsun sen?" Tüm gülümsemem bir anda solup gitmişti.

"Hayır, tam olarak bunu söyledi. Bir şey soracağım, o dallamaya âşık olmuş olma ihtimali var mı? Eğer ona âşıksa..." *Beste kızım sen ne yapıyorsun? Tazecik yaşında in-*

tihar mektubunu mu yazıyorsun? Yok, anladım Tansel sana yamuk yaptı, sen de infazını imzalıyorsun.

Fasulye sırığı karşımda öz güven eksikliğinin dibine vururken, ölü balık gibi bakan gözlerine içim sızlamıştı. *Hayır kızım o kadar öldün, bittin... ve... Aman Allah'ım, seni küçük bacaksız seni!* Vay anası sayın seyirciler! *Oscar adayı Beste, kızım sende ne maharetler varmış be!* Gülümseme yeniden yüzüme yayılırken Falaz'a acımadım değildi hani.

"Sen ona çok âşıksın."

"Bu neyi değiştirir ki? Benden vazgeçmişse..."

"Beste'nin belki birazcık, azıcık, böyle küçücük bir hatırlatmaya ihtiyacı olabilir." İçimi parçaladın be adam. "Ama ben eminim senin usta, maharetli çapkınlığın Kanununu yazmış endamından kaçmaz." Azıcık pohpohlasam ne yazardı ki dostlar arasında? Şefkatle uzanarak Falaz'ın ellerini kavradım. "Vazgeçme Falaz, o senden başkası ile hiçbir zaman mutlu olamaz. Sakın vazgeçme. Çoktan beridir senin olana sahip çık."

Beni kendisine çekerek kucakladığında, gözlerime çıkartma düzenleyen yaşları bastırmakta zorlandım. Tek kelime daha etmemi istese, bu beklenmeyen şefkat dolu hareket karşısında sesimin nasıl titrediğini görecekti.

"Hacer, çok şeyi değiştirdin bu evde."

"Hey, fasulye sırığı! Sen aynı gıcıksın. Şimdi de beni ağlatmaya uğraşarak makyajıma kast ediyorsun." Gülerek birbirimizden uzaklaşırken oluşan havayı dağıtmak için, "Demek aile büyüğüm sen olacaksın," dedim.

Kalbinden gelen sıcak ama buruk gülümseme ile başını salladı. "İlk geldiğin gün başıma bela olacağını biliyordum." Yeniden ayağa kalkarak beni de kaldırdığında, cebini karıştırıyordu. Kırmızı bir kutu çıkartıp bana uzattı.

"Bunu müstakbel damat yolladı."

Ben kutuyu açarken, ağzım bir karış açık donakalmıştım. Gördüğüm en parıltılı ve şık mücevher seti bana bakıyordu. Falaz tek tek kutudan çıkartarak üzerime takarken; gelinlikçiden gelen düz, beyaz ve sade elbisem bir anda mücevherlerin varlığıyla şatafata boğulmuştu.

"Ama bunlar çok pahalı."

"Yok be, cimri kızım senin bu kocan! Sen esas Beste'ye alacağımı gör, ayırttım bile."

Göz kırpıp gülümsedi. Onunla aramızda bahçedeki geceden beri çok şey değişmişti. Falaz her zaman olduğu gibi yine alaycıydı; ama artık her bakışında, her hareketinde daha önce orada olmayan saygıyı görüyordum. Dahası daha önce hiç tanımadığım dostça bir minnet bile duyuyordu bana. Alayının altına saklananları artık benden gizlemiyor, bana bir kardeş gibi içini açıyordu.

"Hacer?"

"Efendim?"

"Mutlu ol kardeşim."

"Sen de... kardeşim."

Geniş tebessümüyle kolunu bana uzattığında, artık vakit gelmişti. Elimi koluna koyarak onunla seraya doğru yürümeye başladım. Hayatımın değişmeye başladığı bu evde, en büyük değişikliğe doğru yürüyordum ve yanımda ailem vardı. Bir insan daha ne isteyebilirdi ki? Kalbim deli gibi çarpsa da, zihnim korku ile alarm çanları çalsa da ben yaşamda ilk defa beni mutlu edeni almaya gidiyordum.

Seranın süslenmiş kapısından içeriye doğru iki yana sıralanmış Beste, Hikmet Anne, Hayrullah ve yanındaki Nalân'ın yanı sıra, Hilmi ve Suzan da gelmişlerdi. Bir adım, bir adım daha ve işte Timur oradaydı. Kalbim göğsümden çıkacakmış gibi atıyordu. Tüm renkler ve kokular birbirine geçmiş, karşımda duran Timur'dan bakışlarımı alamamıştım. Doktor Barış'ın tam yanında nikâh memurunun hemen önünde öylece dimdik ayakta duruyordu.

Çiçekler daha önce olmadıkları kadar renkli ve canlıydılar. Pastel renklerde olanlar, nikâh için yerleştirilmiş masanın etrafını donatıyor, sanki bir çiçek tarlasında ilerliyormuşuzcasına bizi çevreliyordu. Yerlerde kır çiçekleri vardı. Az önce dışarıda yağmaya başlayan kara karşın, Timur'un beni soyarcasına bakan bakışları altında içerisi fazlasıyla sıcacıktı. Bir an olsun bakışları başka bir yöne kıpırdamamış, hatta tek bir kirpiğini bile kırpmamıştı. Keskin çenesi, yeni tıraşlanmış cildi, kenetlenmiş dudakları ve Allah şahidim olsun, üzerindeki koyu renk takım elbisesiyle bile fark edilecek derede kabarmış kasları ile günahın lordu gibiydi. Fonda çalan ne olduğunu bilmediğim güzel bir müzik eşliğinde, yanlarına kadar gittik. Timur'un bakışları farklıydı. O emretmişti, her şey olmuştu; yine de belli belirsiz çatılmış kaşları ile bana bakıyordu. Yolunda olmayan neydi ki? Falaz ile yanlarına geldiğimizde, Timur beni hafif bir dokunuşla kolumdan kavrayarak kendisine doğru çekti ve eğilerek alnıma küçücük bir öpücük kondurdu. Katı fısıldaması ile dondum.

"Üzerindeki gelinlik olmalıydı."
"Yakışmamış mı?"
"Fazlasıyla yakışmış; ama gelinlik değil."
"Seninki de smokin değil."

Nikâh memurunun boğazını temizlemesi ile masaya otururken, Timur'un yüzündeki çarpık tebessümü görebiliyordum. Cevabımdan keyif almıştı. Oh Allah'ım, bu adama bu ölümcül gülümsemeyi verirken insanoğlunun üzerinde ne denemeyi planlıyordun? Her ne ise ben çoktan o günaha gözlerim kapalı teslim olmuştum zaten.

Masallar vardı sonları mutlu biten, bir de rüyalar vardı ucunu kaybettiğiniz; ama uyandığınızda size sadece yaşattığı o mutluluk hissini miras bırakan. Yemek masasında oturmuş herkesin neşeyle birbirine, ortadaki ikramları uzattığı bir rüyayı izliyordum. Sanki bedenimin dışındaydım. Ellerim hareket ediyor, çatal ağzıma gittiğinden daha çok tabağımda oyalanıyordu; ama mutluydum. Sadece hayatın, bundan sonra gelecek hamlesini bekliyordum.

Evet, karısıydım artık Timur'un. Resmen, elime tutuşturulan kırmızı evlilik defteriyle yeni bir soyadım vardı. Kimi kadınlar soy isimlerinin değişmesinden rahatsız olurlardı, değil mi? Neden? Bir aile hatırasını değişmek miydi onları üzen, yoksa kendi benliklerini ifade eden bir parçalarını artık terk etmek miydi? Ya da her şey hayal ettikleri gibi gitmediğinde yeni kazanımlarını terk edip eskisine dönmek zorunda kalacağının bilinci miydi rahatsızlığın kaynağı? Benim diyememek, ne kadar sana ait olsa da aslında bir emanet oluğunu bilmek miydi?

Ne var ki ben hiç de rahatsız değildim. Zaten benim olmayan ve hiçbir aile hatırası barındırmayan bir şeyi, bir emanetle değişmek beni hiç de üzmemişti. Dahası Timur'un değil miydim ben? Hiçbir toprağı olmayan bir çiçeğin köklerini gömeceği saksıydı o artık. Parmaklarımı derinine kadar sokarak kök salacağım bir saksıydı, tabi sahiplenebilirsem. Ama olmuyordu, sahiplenemiyordum bir türlü. Sanki bir şey eksikti, bir tık uzağındaydım. Adını koyamadığım; ama aramızda eksik olan bir şeyin yoksunluğuydu. Şu bir gerçekti ki bana âşık değildi, biliyordum; ama hiç değilse sevmesini umuyordum. Oysa o görev aşkı kadar bile sevmiyor, sadece sahipleniyordu. Yoksunluğunu hissettiğim açlık buydu.

Timur gülüyor, kadehini tokuşturuyor, bedeninin kıvrımları oturduğu yerde ileri geri hareketler ederek ortaya seriyordu. Adeta masayla dans ederken şakalaşıyordu, hayır, dur bir dakika... Konuşuyordu!

"Yemeğini beğenmedin mi bülbül?"

"Yo, hayır harika." Hikmet Anne'nin ek yardımcılar getirtip iki gündür hazırladığı nikâh yemeğimiz gerçekten harikaydı. Sadece benim midem gerginlikten kasılıyordu.

"O halde neden didikliyorsun?"

Kimsenin duymasını istemeden ona doğru hafifçe eğildim.

"Midem kasılıyor, sahneye çıkmadan önce de öyle olurdu. Gerildiğimde yiyemiyorum."

"Gerginsin?" İnanamıyormuş gibi kaşlarını kaldırmıştı.

"Ben, sadece..." İşte şimdi suçlu hissetmiştim. Haddime mi düşmüştü; ne gerginliği, ne münasebet! Oysa o ifadesinin aksine hücrelerimi tehdit edercesine kulağıma doğru eğilerek fısıldadı: "Sana benim yedirmemi ister misin?"

Hayır, bu bir soru değildi. Kesinlikle değildi. Bu olsa olsa, en azılı düşmana edilecek türden bir tehditti.

"B...b...be...ben y...y...yerim."

"O halde yemelisin... Bülbül..." Kelimelerini tamamladığı halde tenime değen dudaklarını kulağımdan çekmiyor, nefesinin enseme doğru yayılışını hissetmeme sebep oluyordu. Başımı azıcık yana doğru eğsem, sırtımı birazcık daha dikleştirsem ve hafifçe onun dudaklarına doğru yükselsem... Kalbim bangır bangır rock müzik tempoları tutturmuş, Gazi Koşusu'nu kazanmak üzere depar atarken düşünebildiğim tek şey yeniden ona tenimle yakın olabilmekti. Oh Allah'ım, kar yağan bir havaya göre fazla mı sıcak vardı? Dudakları boynumdaki damara değdiğinde, sözlerini zorlukla duyabildim: "Yemeğini ye, bülbül."

Yedim. Midemin izin verdiği kadar ve Falaz'ın şakalarını dinlediğim sürece yedim. Hikmet Anne ile göz göze gelsem ağlayabilirdim. İçimdeki her şey taşıyor gibiydi ve ben bu sahneye oturmuyordum.

"Beste darısı başına." Nalân'ın imalı kıkırdamaları bile benim için havada yankılanan bir boşluk gibiydi. Bir eksik vardı; bedenimde, ruhumda bir şeyler eksikti. Gelinliksiz gelinin, çiçeksiz ellerini ovuştururken sarf ettiği bir cılız evetti benimki. Duvaksız başımla onayladığım, altına isim bile yazılmayan ayakkabılarımın yalnız adımlarıydı, yeni bir hayata. Timur'un sunduğu güveni alırken, aslında daha fazlasını hayal etmiş kalbimin buruk kırgınlığıydı. Ne ummuştum ki? İlk dans mı? Yine de onun cazibesine kapılmaktan bir adım bile geri duramıyordum. Onun iki dudağının arasındaki küçücük bir fısıltı kadardı direncim. Yelkenlerim suya iniveriyor ve her şeye razı oluyordum, bu küçücük an için.

"Bakalım, kısmet. Nalân sen hiç evlenmeyi düşündün mü?" Beste'nin belki de haddini aşan sorusuna, Nalân kocaman bir kahkaha ile karşılık verdi.

"Düşünmez miyim hiç? Bütün çocukluğum, bu zillinin istemediği gelinliği giyeceğim günü hayal ederek geçti." Ben gelinliği istememiş miydim gerçekten? Ya da Nalân hiç çocuk olmuş muydu?

"Hayrullah, sen evlenmeyi hiç düşündün mü?" Kızaran Hayrullah soruya nasıl cevap vereceğini bilemeden, köşeye sıkışmış gibi boncuk boncuk terlemeye başladı. İçerisi bir bana sıcak gelmiyormuş demek ki. *Bu evin kaloriferlerini ne ile ısıtıyorlardı acaba? Timur Abi Kanunları madde bilmem kaç, ev harlatılacak!*

Her zaman sessizliği tercih eden Hayrullah utana sıkıla, "Bilmem, abim uygun görürse bir gün belki düşünürüm. Öyle değil mi abi?" dedi. Timur'dan medet umarcasına, imdat çağrısı gibi ona bakıyordu; ama Timur sadece gülerek geriye yaslandı ve bir elini omzuma atarak beni kendisine doğru çekti.

"Evlen tabi oğlum. Evlenmeyip ne yapacaksın, bu halimle bir ömür donlarını ben mi yıkayacağım?"

İmdat çağrısına beklenen cevap gelmişti; ama beklenen yerden değil, Hikmet Anne'den. Masa kahkahaya boğulurken Falaz, "Benimkileri de yıkarsın ama değil mi annem?" dedi.

"Git de karın yıkasın."

"Ah annem, ah! Karım olacak o gaddar kadını bir görsen, saçma sapan hayallere kapılmış topuk diriyor; ama sabrımı çok zorlarsa sonunda alacağım omzuma görecek."

Beste dudaklarının arasından "Kolaydı sanki," diye mırıldanarak başını öbür yana doğru çevirip omuz silktiğinde, tepkisini masada sanırım sadece ben görmüştüm.

"Bence geç bile kaldın." Timur'un omzumdaki elinin varlığı, beni tedirginlikle heyecan arası diken üstünde tutarken; kelimeler ağzımdan kaçıvermişti bile. Bir süre daha böyle bir arada konuştuktan sonra, erkekler yan tarafa kahvelerini içmeye ayrıldılar. Hepsi de sade içiyordu kahvelerini. Bu alemin raconu bu muydu ya? Belki de; Timur Abi Kanunları'nın bilmem kaçıncı maddesi, tüm kahveler bundan kelli sade içilecek, diyordu. Kendi kendime kıkırdayarak kahve tepsisini onlara doğru taşırken, ister istemez Hilmi'nin sözlerini duyunca konuşmalarına kulak misafiri oldum.

"Bu cuma kardeşim."

"Tamam, her şey hazır mı Falaz?"

"Hazır abi."

"Hilmi senin gümrükteki adam o gün orada olacak, değil mi?"

"Sıkıntı yok, halledildi."

"Tamamdır koçum. Ben sabahtan ayrılırım."

"Abi emin misin?"

"Eminim. Bu iş artık bitmeli."

"Abi ben gideyim."

"Siktir git! Nereye gidiyorsun bok herif? Git de gör ananın ayağını."

"Abi sen gidince babanınkini mi görecen?"

"Lan oğlum, bu işe hepinizi ben soktum ben çıkarıcam. Daha önce de yapmadım mı lan? Bana mı güvenmiyorsun?" Timur dişlerini sıkmış bakışlarını öfkeyle elindeki bardağa dikmişti. "Ayrıca o pezevenkle hesabım daha bitmedi."

"Abi bu sefer farklı! Anlamıyorsun, hay senin laz kafana! İntihar bu, diki bok herif!"

"Falaz doğru diyor Timur. O pezevenkle hesabımızı düreriz elbet. Ama bölgede koşullar değişti. Diğer sevkiyatlar gibi olmayacak. Sınırı geçtin diyelim, sonra? Karşıda zamanlamayı da tutturdun, e? Kaç kişi gideceksin abi? Sevkiyat alanına gelmeden tırları durdurman gerek. Haydi onu da durdurdun, sonra? Terminatör müsün abi sen? Seni aşk kör etmiş koçum."

"Başlatmayın lan aşkınızdan bokunuzdan püsürünüzden! Cuma günü bu iş bitecek koçum! Ben hesabımı dürmeye ne beklerim ne de bu işi daha da uzatırım." Timur, yumruğunu hızla öndeki ahşap oymalı sehpaya vurdu. "Ne bok olacaksa olsun lan artık! Bekle bekle..." Hızla ayağa kalktığında benimle göz göze geldi. Bakışları öfke saçıyordu. Hırsla ağzını açtı; ama sonra elimdeki tepsiye gözleri kayınca yeniden kapadı. Elini sinirle saçından geçirip bana gelmemi işaret ettiğinde, dolu dolu olmuş gözlerimi ondan saklayamamıştım. Sevkiyat gerçekleşecekti, hem de bugünü saymazsak bir gün sonra. Timur'u kaybetmeye, tüm hayallerimi onunla birlikte gömmeye bir günüm vardı.

... ...

"Gitme."
"Gitmem gerek bülbül."
"Gidersen üşürüm."
"Üşürsen ısıtırım."

21. Bölüm

Gecenin ilerleyen saatleri olmuş, Hilmi eşiyle birlikte çoktan ayrılmıştı. Beste esnemeye başladığında artık herkesin odalarına çekilme vakti gelmişti. Nalân gitmek için ayaklandığında ona veda etmeye hazır olmadığımı fark ettim. Gece öğrendiğim her şey yaşadıklarım yanında çok daha ağır bir his bırakmıştı. Hiç yalnız kalamamıştık onunla.

"Kalsaydın Nalân?"

"Yok gideyim. Hayrullah beni götürecek. Bu gece hastanedeki tüm kalan eşyalarımı toplayacağım ve sabaha ben de yeni yaşamıma başlayacağım."

"Hazır mısın?"

"Korkuyorum. Ama hazır olmak zorundayım, öyle değil mi?" Buruk bir gülümseme vardı Nalân'ın yüzünde. Yorgundu, hayat yormuştu onu da. Umutluydu da. Yeni başlangıçların korkusu bir yanda, başarısızlıkların hatıraları öbür yandaydı.

"Tek başına idare edebilecek misin?"

"Edeceğim tabi kızım, hayatın boyunca bana çocuk bakıcılığı mı yapacaksın?" Onun da gözleri dolu doluydu. Gülümsemesi zorlanarak, daha da gerilmiş titreyen dudaklarını saklamaya çalışıyordu. "Vazgeç artık beni düşünmekten. Yeni bir hayat var senin de önünde ve artık benimle uğraşmak zorunda değilsin. Temizim ben bak..." Elleriyle kendini göstererek etrafında döndü. "Ayığım ve her şeyle yüzleştim. Artık daha güçlüyüm. Düzenli doktor kontrollerime gideceğim, sonra orada yeni arkadaşlar edineceğim. İşim olacak, hem de bacaklarımı açmadan." Göz kırparak omzuma hafifçe vurdu. "Ben iyi olacağım. Kimsenin kölesi olmayacağım artık, hiçbir şey beni esir almayacak." Bakışları arkamda bir noktayla buluştuktan sonra telaşla uzaklaştılar. Arkamı dönmeden biliyordum ki orada Hayrullah oturuyordu. "Canım acıyacak kimi zaman; ama ben yenik düşmeyeceğim. Ben artık büyük bir kızım." Bu defa gerçekten gülüyordu. Ona sımsıkı sarılacaktım ki Timur'un sözleriyle ikimiz de irkildik.

"Yarın sabah Nalân'ı göremeyeceksin, o yüzden hep birlikte bırakalım mı onu?"

Bana dünyaları verse bunun yanında boy ölçüşemezdi. Büyük bir sevinçle onayladım ve Timur'un emriyle hastaneye kadar Hayrullah arabayı kullanırken ben arka koltukta Nalân'ın elini bir saniye bile bırakmadım. Timur'sa hiç konuşmadan ön koltukta oturarak, tüm yol bizim vedalaşma seramonimize izin verdi. Buna ihtiyacım vardı, Nalân tanıdığım bildiğim tek geçişimdi.

Hastanenin otoparkına vardığımızda artık ayrılma zamanımız gelmişti.

"Hayrullah, koçum, sen bu gece burada kal. Nalân'a toplanmasında yarım et; sabah da havaalanına götür."

Hayrullah başıyla onaylarken sanki söylemek istediği bir şey varmış da diyemiyormuş gibiydi. Ne olduğunu düşünecek halde değildim. Tek istediğim bir kez daha yeni yaşamlarımıza yürümeden; ona, bildiğim tek geçmişime, sımsıkı sarılmaktı. Hiç konuşmadan gözyaşlarımızla sarıldık birbirimize. Ağlıyordu Nalân, ben de ağlıyordum. Geleceklerimizde bizi neyin beklediğini bilmeden, korkulu adımlarımızı cesurca atmıştık ve şimdi ayrı yollara yürüme zamanıydı bizim için. Elbette görüşecektik; ancak eskisi gibi olmayacaktı. Onun bana ihtiyacı olduğunda onun için orada olmayacaktım ben, ya da bir sarhoş bana musallat olduğunda o kendini benim için feda ederek savuşturmayacaktı. Harbilik neydi ondan öğrenmiştim. Oysa şimdi, elimizde sadece umutlar vardı. Bizi nereye savuracağını bilmediğimiz umutlar.

"Büyüdüm artık Hacer, bak kendi kanatlarım var. Sen beni düşünme, mutlu ol."

"Büyüdün artık Nalân. Mutlu ol." Yanaklarımızdan süzülen yaşlar birbirine karışıyordu.

"Olacağım."

İşte tam da o andı. O uğursuz iki el silah sesinin kulaklarımızı yırtarcasına patladığı anda dökülmüştü Nalân'ın son harfleri. Nalân kollarımda şaşkın bir hüzünle bakarken iki kısa, komik, ölümcül sesti uzaktan bizi, umutlarımızı yakalayan; bam bam.

Hayrullah silahını ne zaman çekmiş, ya da ne zaman ateşlemişti, yahut Timur ne zaman üzerime kapaklanmıştı bilmiyordum. Sadece zaman duruvermişti kulaklarımdaki çınlama ile. Üzerimdeki beyaz elbisede kocaman bir hare gibi kırmızılık yayılıyordu; ama ben görmüyordum. Canım tam kalbimden deli gibi acıyordu, Nalân kollarımdan kaydığında. Tutamamıştım! Bedeni ağır bir külçe gibi yere yığılmış; ama bu defa ben tutamamıştım. Sadece onunla birlikte yere çökmüş, başını kendime yaslamış bağırıyordum. Ses tellerim yırtılsın istiyordum, ciğerlerimde tek bir hava kalmasın; ama biri gelip Nalân'ı kurtarsın! Nalân vurulmuştu.

Filmlerde hep olurdu ya hani; adam vurulur ama gözleri son ana kadar açıktır, seninle konuşur ve son bir öksürükle dudağının kenarından kan sızdığında anlarsın ki o ölecektir. İşte ben de tam onu beklemiştim. Oysa Nalân uyurcasına kapanmış gözleriyle, sessiz bir melek gibi kollarımda yatıyordu. Acı büyük bir mızrak gibi tenimi delmiş, çağlayan feryatlar halinde ciğerlerimden fırlıyordu. Yardım! Lanet olsun, bir hastanenin bahçesinde bir Allah'ın kulu doktor yok mu? Oysa dışarıya fırlamış onlarcası vardı; ama ben görmüyordum. Ben sadece Nalân'ı görüyordum. Gitgide soluklaşan bir tenle kollarımın arasında yavaşça salınan bedenini, bir de beni Nalân'ın üzerinden çekmeye çalışan Timur'u görüyordum. Nalân ölüyordu...

"İzin ver doktorlar müdahale etsin!"

"N'olur ölmesin!"

"Kimse Allah değil, geri çekil." Timur'un sesi sert ve acımasızdı. Duygular değil sadece yapılması gerekenler vardı.

"İzin verme, yalvarırım. Sen izin vermezsen ölmez." Timur beni geri sürüklerken saçmalıyordum; ama umurumda değildi.

Hayrullah koşarak yanımıza geldiğinde, beyaz önlükleriyle bir dolu insan Nalân'a bir şeyler yapıyor ve taşımaya çalışıyordu. Hiçbirini anlamıyordum, sadece onu hayatta tutmaları için yalvarıyordum.

"Abi bitirelim demiştim sana. O zaman, ilk saldırdığında gebertecektim pezevengi!"

Hayrullah daha da incelmiş tiz sesiyle Timur'a bağırıyordu. Ağlıyor muydu o?

"Geberdi mi?"

Hayrullah Nalân'ın taşınan bedeninden bakışlarını ayırmadan başıyla onayladı. "Geberdi."

Serhat sonunda ölmüştü. Nalân'ın hayatının büyük bir bölümüne hükmederek içine ettiği yetmiyormuş gibi, şimdi de bütün umutlarının ve yeni başlangıçlarının içine ederek defolup gitmişti cehenneme.

Hayrullah ağlayarak Timur'a döndüğünde, Timur beni bırakarak bir adım ona yaklaştı.

"Senin suçun abi, senin suçun! Ya ölürse? Abi ölmesin... Abi vuracaktık o piçi o zaman, niye durdurdun ki o zaman beni? Niye abi? Abi ölmesin n'olur?" Hayrullah kocaman bir çocuk gibi ağlıyor ve yumruklarını Timur'un omuzlarına vuruyordu. Timur dimdik durduğu yerde sarsılıyor; ama ne bir karşılık veriyor, ne de bir adım geriliyordu. Hayrullah onu suçluyordu; ama benim beynim almıyordu. Ben sadece saatler sürecek ameliyattan Nalân'ın yaşayarak çıkmasını istiyordum. Doktorların yanımıza geldiğinde söylediği, omuriliğinin bel kemiği arasında lanet olası bir yerlere saplanan kurşundan, Doktor Barış'ın onu kurtarmasını ve bize felç kalmadığını söylemesini istiyordum. Ben Nalân'ın yersiz potlarını ve umut dolu bakan yorgun ama çocuksu gözlerini yeniden gözlerime dikmesini istiyordum. Hayrullah'ı tutuklamak için gelen polisler de Timur'un ameliyat bitene kadar onu götürmemeleri için ikna çabaları da, konuşulan tüm bu saçma suçlamalar da umurumda değildi. Ben sadece Nalân'ımı, geçmişimden taşımaya yürekli olduğum tek bir anıyı, bencilce sebeplerden geri istiyordum. Bencildim evet; çünkü Nalân ölürse geleceğe dair umutlarım da onunla ölecekti.

Elimdeki her şey kayıyordu. Her tutunduğum dal kırılmış elimde kalmıştı bugüne kadar ve şimdi her şey bir yana Timur da kırılıyordu. Cuma sabahı bir bilinmezliğe gidecekti ve ben dur bile diyemeyecektim. Ona dur denmezdi ki. O toprağına vuran hırçın dalgaların üzerinde yükselen kayalar gibiydi, aynı kanının uzandığı topraklar gibi. Ona bakabilmek için başını dik tutman gerekirdi ve kumsalına vuran her dalga ile geri çekilirdin. Sana alan tanımazdı, ona ulaşmak için yaylalarına tırmanman gerekirdi. Kışın buzlu yamaçlarında oralara tırmanan olmazdı ki, üşür donar, boşluğa kayardı. Ona dur denmezdi; çünkü o sana seçenek bırakmazdı. O gece hastanenin bahçesinde gözlerinde ikinci defa pişmanlık görmüştüm. İlki, beni eve ilk getirdiği gecenin sabahıydı ki o zaman anlayamamıştım, biri de o geceydi. Soğuk, donuk, sessiz ve pişmandı.

Nalân'ın saatler süren ameliyatından sonra, apar topar hastaneye getirilen Doktor Barış bizi eve yollamıştı. "Burada daha fazla yapabileceğiniz bir şey yok abi. Bu gece yoğun bakımda kalacak, yarın ben size bilgi vereceğim, o bana emanet," demişti, polisler iri bileklerini sıkan kelepçelerle beklemesine izin verdikleri Hayrullah'ı karakola götürürlerken. Filmlerdeki bilge doktorlar gibi zorlu bir ameliyattı girizgâhı yapmamış, yorgun bakışlarını bizden gizlememişti. Yakışıklı suratındaki saygılı ifade bana döndüğünde hüzünle kaplanmıştı.

Hayrullah korkulu kaderine razı, kocaman bir çocuk gibi ayaklarını sürüyerek direnmeden ilerlemişti. Korktuğu gittiği yer değil bıraktığı yerdi. Binlerce defa razıydı içeri girip çıkmaya, hatta ilk defa Timur'u daha önce dinlemiş olduğu için pişmandı; ama sessizdi. Sadece bana bakıp, "Affet yenge, helal et hakkını," dedi giderken. *Helal olsun be Hayrullah, helal olsun binlerce kez. Esas sen helal et göremediklerim için*, diyemedim. Öylece baktım boşluğa bakar gibi uyuşmuş bir sersemlikle. *Sen helal et Hayrullah; sabit bir güvende giden huzuruna, geçmişimi taşıyarak seni de darmadağın ettiğim için.* Ben olmasam ne o Nalân'ı tanıyacak ne de şimdi böylesine dağılacaktı. Sadece "Sevdin mi onu?" diyebildim. "Sevdim," dedi sessizce utanarak. Nalân'ı kim sevmezdi ki? Kim neden incitirdi? Ne alıp veremediği vardı hayatın onunla da, her defasında böyle vururdu? Şu koskocaman cüssesiyle, çocuk kalbi taşıyan bu adam bile sevmişken kim niye sevmesindi?

Eve döndüğümüzde bizi Beste ve Hikmet Anne karşılamış; ama hiç konuşmamışlardı. Beste üzerimdeki kana bakarak kısa bir çığlık atmış ve ağlamaktan şişmiş gözlerindeki gözyaşlarını silerek boynuma sarılmıştı. Kelimeler tükenmiş, umutlarımız beklemeye alınmıştı. Akrep yelkovanla yarışırken ıslak saçlarım bile kurumuş; ama ben duştan sonra uyuyamamıştım.

Sabahın ilk ışıkları geride kalırken mutfağa ilerlediğimde serada bir ışık gördüm. Timur orada olmalıydı. Hiç kimse Hayrullah'ın onu suçladığı gibi suçlanmamalıydı. Timur gibi bir adam, Hayrullah'ın acısına saygı gösterirken hiç kıpırdamadan beklemiş, susmuştu. O da kendini suçlamıştı belki; ama yine de o doğru olanı yapmıştı, bunu biliyordum. Onda üç yanlış bir doğruyu götürmezdi; çünkü o yanlış yapmazdı. Aç mıydı? Kimse aç kalmamalıydı. Tepsiye bulabildiğim, bir iki parça akşamki yemekten kalan böreklerden ve bir bardak da süt koyarak yağan sulu kara aldırmadan seraya ilerledim.

Soğuk hücrelerime işlerken içerideki manzara ile kapının eşiğinde kalakalmıştım.

"Kapıyı kapatır mısın?" Ha, kapı! Unutmuştum değil mi? Timur başını bile kaldırmadan söylemişti. Dirseklerinin üzerine kadar katlanmış beyaz gömleğinin önü toprak içindeydi. Isıtıcılardan yayılan loş ışık, etrafı hafifçe aydınlatırken; yeni ekilmiş bir dolu petunya ve önünde toprağı taze dökülmüş tek başına bir frezya duruyordu. Ellerini tezgâha yumruk yaparak dayamış, başı öne eğik yay gibi gergin bedeniyle ileri geri sallanarak duruyordu. İlk girişte fark etmemiştim; ama frezyalar her yerdeydi. Her birinin toprakları tek tek yenilenmiş ve yeniden içeride en önde görünecek şekilde konumlandırılmışlardı.

"Ben biraz yiyecek getirdim."

"Aç değilim."

"Belki biraz süt içersin?" Sessizce bir fırtına habercisi

gibi başını iki yana salladı. Saçları dağılmış alnına dökülerek, siyah bir kaos yaratmıştı tepesinde. Bir şeyleri kırabilir, etrafı, camı çerçeveyi aşağı indirebilir duruyordu; ama tam tersi kıpırdamıyordu. Daha biz evleneli saatler olmuştu; ama bir yabancıya bakıyordum sanki. Biz ne kadar yakındık gerçekten?

"Belki biraz süt sinirlerine..."

"İstemiyorum!" Sesi çok sert çıkmıştı. Hırladığını bile düşünebilirdi duyan; ama ben arkasındaki acıyı duymuştum. O acı çekiyordu. Temkinli adımlarla ilerleyerek tepsiyi tezgâhın köşesine bıraktım ve elimi uzatarak yumruğunu kavramak istedim. Geri çekti.

"İşin bittiyse çıkabilirsin." Allah'ım ben neyin içindeydim böyle? Rüya bitmiş kötü bir kâbus başlamıştı sanki. Ona en çok ihtiyacım olduğu anda, o acımasız bir duvar gibi önümde dikilmiş, bana çıkışı gösteriyordu karanlık bakışlarıyla. Son bir cesaretti benimki. Havada kalan elimi frezyaya doğru uzattım. Salkım gibi eğik başıyla pembe titrek yaprakları, öylesine kırılgan bir naiflikteydi ki dokunmam için beni çağırıyor, bana eğik başıyla kendimi, Nalân'ı, bu hayatın çaktığı şutları alınlarının dik ortasına yemiş kırık dökük bedenleri hatırlatıyor, acıyan yaralarıma tuz basıyordu, salkımlarının arasında duran dik duruşuyla.

"Dokunma ona!"

Timur'un hırçın sesi bir şamar gibi patlamıştı kulaklarımda. Bir kere daha aşağılanmıştım.

"Bu kadar mı kirliyim? Kefaretimi ödeyemedim mi daha?" Hıçkırık boğazıma yumru gibi takılmış, derin bir nefes gibi kelimelerimle çıkıvermişti. Kirpiklerim titriyordu ama ağlamayacaktım. Ben gözyaşlarımı da günahlarımın yanına gömmüştüm ve onları çıkarabileceğimi zannederek çok yanılmıştım bu rüyanın içinde. Şimdi uyanma zamanıydı!

"Sen mi?" Kırışan yüzüne karşın hayret doluydu Timur'un sesi. Elleri, sararırcasına daha da sıkılı yumruklar halinde iki yanında gardını almış gibi bekliyorlardı. Tezgahtan bir adım uzaklaşarak, bana döndü.

"Hiç sordun mu kendine?" Bir anlık duraksaması derin bir nefesle silindi. "Hiç sordun mu, onlar senin ellerine değecek kadar temiz mi?" Hiç frezya görmemiştim ben bu eve gelinceye kadar. Benim görüp göreceğim çiçekler ancak pavyonun kapısına dayanan çelenklere eklenmiş, yarı solgun ve şişkin gözüksün diye bolca yeşilliğe gömülmüş karanfillerdi en ucuzundan. Bir çiçeğin temiz olmama ihtimali? Neye göre? Kime göre? Hele de böylesi boynu bükük, mağrur süzülürken ince bedeninin üzerinde, benim haddime mi düşmüştü onlardan temiz olmak.

"Nasıl yani?"

Timur önce bir adım attı bana doğru, sonra durdu. Arkasını dönerek yeniden tezgâhta duran saksıya yöneldi. Bir elinin uzatarak parmaklarını frezyanın titrek yaprakları arasında usulca dolaştırırken, "Her biri bir günahım benim," dedi.

Timur; namı diğer Muhteşem Timur, o da olmadı Mafyatik Timur, sevmezseniz insan Timur... O günah işler miydi, yoksa günahın ta kendisi miydi? O günahın ta kendisi olmasa, ben ona bu kadar çekilir miydim her bir hareketinde, her bir kelimesinde? O günahın ta kendisi olmasa, bu çıkmaz ânımızda bile gerçekten kocam olması için yanıp tutuşurken bulur muydum kendimi? Ya da günahın ta kendisi olmasa o, ben şu an hüznümü onun hüznüne katıp onu benliğimde avutmak ister miydim deliler gibi? Ben biliyordum, o cehenneme bekçi diye dikilen günahtı ve bir gün sıkılıp dünyaya kaçmıştı. İşte o gün efsane yazıldı: *Günah yeryüzünde durdukça, bu iri beden kor gibi en kırgın yüreği dağlayacak,* dendi.

"İyi ya da kötü bir sebebiyetim, ellerimdeki her kir..." Timur'un kasları seğiriyordu. Titriyor ya da ağlıyor bile diyebilirdim arkadan bakınca; ama o ağlamaz, olsa olsa gözüne toz kaçardı. Oysa bilmiyordum ki onun da bir kalbi vardı ve o kalp ağlardı. "Bu Nalân, pembe... Neşe." Hiçbir şey diyemiyordum. Sadece şaşkınlıkla irileşen gözbebeklerimle ona bakmaya zorluyordum kendimi. Her bir mimiğini, her bir hareketini yakalamaya çalışıyordum. İçi ne diyordu? Dışı ne söylüyordu? Oysa işitebildiğim sadece derin bir acıydı.

"Karşıdaki, tek başına duran... Kırmızı... Sensin." Sadece tek bir kırmızı frezya vardı, o da Timur'un gösterdiği. Kırmızı da ne demekti ki şimdi? Bir manası var mıydı? Hem, aman Allah'ım! Burada etrafa saçıldıklarında fark etmiştim ki bunlar onlarcaydı!

"S...s...sen..." Dilim tutulmuş, beynim durmuştu. Kekeliyordum. Kelimelerimin devamı gelmiyor, ne diyeceğimi bilemiyordum. Timur'da karanlık olan ne varsa karşımda öylece tüm naifliğiyle duruyordu. Her bir saksı bir kefaretti ve o günahlarının tam ortasında bir dünya kurmuştu.

"Ben onlara her gün bakıyorum... Unutmamak için. Bir daha bir hata yaparsam bedelini kimin ödeyeceğini hatırlamak ve hiç aklımdan çıkartmamak için suluyorum. Bir gün başaramadığımda ne olacağını bilmek ve başardığımda bedellerini kimlerin de ödediğini unutmamak için." İyiler hep kazanmaz, kötüler de hep kaybetmezdi. Kimi zaman iyiler kazanırken, kötülerin verdiği zarardan daha fazlasını verirdi etrafa. Her zaman, her ihtimalde ödenecek bir bedel vardı ve birileri o bedeli öderdi. Artık bana bakıyordu. Bakışlarında kararsız bir korku vardı. Yüzümden bir şeyi okumaya çalışıyormuşçasına beni tartıyordu.

"Yarın, gitmem gerek. Buna mecburum. Ama başaramazsam ve yine de geri gelirsem, buradaki tüm çiçekleri söküp yerlerine frezyalar ekmem gerekecek."

Yine de geri gelirsem' demişti, geri gelmeme ihtimalini

evleneli henüz yirmi dört saatin geçmediği karısından saklayabilmek için.
"Ama..."
"Ama yok bülbül."
Adım adım bana doğru yürüdü; ama ben hiç kıpırdamadım. Parmakları çeneme dokunduğunda şaşılacak kadar soğuk oluşları içimi ürpertti. İçeride ısıtıcılar çalıştığı halde, demirden bir pençe yakalamış gibiydi yüzümü. "Gideceğim yeri biliyorsun? Onlarca kadın... Onlarca çocuk... Hepsi ölmeyi bekliyor." Başını omzuna doğru eğmiş, bir sanat eseri inceler gibi inceliyordu beni. "Başaramazsam köle kamplarında satılarak tecavüze uğrayacak her bir kadın için bir frezya ekmem gerek. Ya da onları koruyamadan ölen direnişçiler için..." Derin bir iç çekerek elini yanağımdan çektiğinde, soğuğunu alev gibi yanan yanaklarımda bırakmıştı. "Başarırsam... İşte o zaman da ben başarırken ölenler için dikmem gerek." Kaçmak istercesine bakışlarını kapıya kaydırdıktan sonra bana geri döndü. "Ben kiri de ölümü de ellerimde taşımaya razıyım; ama..." Susmuştu...

"Ama ne!" Boğazımda bastırdığım hıçkırığımla gırtlağımı yırtarak fırlayan feryadım, onun dönememe ihtimalinde takılı kalmıştı. Ya dönemezse? Geniş omuzları çökmüş, başı öne düşmüştü.

"Ama... Bu defa... Kaybedecek çok şeyim var be bülbül..." Harfler dudaklarında kaybolurken, bendinden taşarak çağlarmışçasına beni bileğimden kavrayarak bedenine çekti. İsyandı bu; günlerdir aç, susuz yol yürümüş yaralı bir kaplan gibi vahşiydi. Bakışlarından yayılan erkeksi ateş, beni hapis alırken; birbirimize bir nefes kadar yakındık. Son nefesim gibi onu içime çekiyor, tüm yaralarını yalayarak iyileştirmek istiyordum. İnsanın yarası bedenindeyse ilaç sürülürdü, peki ya yaraları ruhundaysa? O benim yaralarıma ne yaptıysa ben de onunkilere aynısını yapmak, onun yükünü kendi omuzlarıma almak istiyordum. Tüm hücrelerim 'o' olmak için isyan ediyordu. Bedenim *'ben Timur'um'* diyordu. Göz pınarlarım *Timur* diye zonkluyordu ve artık biliyordum ki ben tüm anılarımla ve beni Hacer'den Cansu'ya ben yapan her şeyle ona aittim.

Alnı alnıma değerken fısıldadı: "Üşüyorum Hacer, öyle uzun zamandır üşüyorum ki..."

"İzin ver, seni ben ısıtayım."

Yanağını büyük bir açlıkla yanağıma sürterken, henüz çıkmaya başlamış sert sakalları tenimi yalarcasına uyardı. "Bir tek sen ısıtabilirsin zaten bülbül." Derin bir iç çekişin ardından da ekledi: "Affet..."

Kısık ve hırıltılı sesi karşısında kuruyan dudaklarımı bir kez yaladım ve ayak parmaklarımın üzerinde yükselerek çenesinin bittiği o keskin hattı nefesimle yalayarak yalvardım: "Ben seninim, sen de benim ol..."

Dudaklarımı istila eden hırçın öpüşleri arasında, beni petunyaların sardığı geniş ferforje kanepeye taşırken; belli belirsiz "Zaten öyleyim," dediğini duyar gibi oldum.

... ...

"Gitme..."
"Döneceğim."
"Söz mü?"
"... Affet..."

Affet... Beş harf. Yorgun kalbim hırçın bir dalgayla savrulurken yüreğimi dağlayarak parçalayan beş minik harfti, *'affet'*. Onun acısını parmaklarım arasında tutup ıstırabına kucak açarken, karanlık gözlerinde görmüştüm yalvarışını. Ne için affedecektim? Hayatın kıyısında bir yerlerde sessizce bitimi bekleyerek, dik yürümeye çalışırken beni çekip aldığı için mi? Bilmeden de olsa insanların bakmadan çiğneyerek ezip geçtikleri topraklardan sökerek; bir saksıya, korunaklı bir seraya köklerimi gömdüğü için mi affedecektim? Canımı bir kere yakarken, bin kere yanmış ruhumun yaralarıyla dağlandığı için mi affedecektim, o bedelini binlerce kez ödemişken? Yoksa hem ilk, hem de son defaymışçasına benimle seviştikten sonra bana tohumlarını bırakıp bildiği tek gerçeklikte çekip giderken, bininci defa daha kalbimi avuçlarıyla parçaladığı için mi affedecektim? Affetmiyordum! Bana tüm bunları yaptığı için, işte tam olarak da bu sebepten affetmiyordum. Önümüzde yalvaracağı yıllar olsun diye affetmiyordum onu. Korkusuzca değil, korkarak bedenini siper etmesin kimselere ve o yalnızca benim olsun diye affetmiyordum. O benim ruhumu kurtarırken, ben onu kurtaramazsam affetmeyecektim de. Korksun istiyordum, korksun ve gitmesin... İmkânsızı istiyordum... Ben belki de son defa, yaralarımı onun yaralarına harmanlamıştım ve o gitmişti... Ben onu affetmemiştim!

Sonraki saatlerimi günler kovaladı. Bir ruh gibi Nalân'ın başına gidip geliyordum. Bir süre daha Nalân'ı uyutmuşlardı. Hayati tehlikeyi atlattığını; ama yürümek için bir süre desteğe ihtiyaç duyacağını söylemişlerdi. Razıydım. Ben onun yürüyebilmesi için hep destek olmuştum zaten, şimdi gocunacak değildim ya. Başladığımız yere dönmüştük işte, ben yine yarımdım ve o yine ayakları üzerinde duramıyordu.

"Avukat diyor ki, Hayrullah çok yatmayacakmış; hatta nefsi müdafaaya bile girermiş. İlk duruşmada zaten tutuksuz yargılama için bıraktırırız falan bir şeyler dedi. Hey? Sen burada mısın?"

Saksıda duran çiçeklere bakıyordum. Tek bir geçmiş olsun çiçeği alınmıştı içeriye, o da Timur'dandı. Özenle seçilmiş beyaz karanfiller: Arkadaşlık, dostluk ve özür.

Nalân konuştukça ben gözlerimi karanfillerin kıvrımlarından alamıyordum. Timur'un elleri değmişti onlara.
"Hacer? Öfkelisin?"
"Yo, nereden çıkarttın?"
"Bu sen değilsin Hacer, bilmeyecek miyim seni?"
Hastane yatağında uzanmış, Doktor Barış'ın fizik tedavi uzmanını getirmesini bekleyen Nalân'ın yanında oturuyordum. İçimi daraltan sıkıntı her gün yeni bir cendereye geriliyormuşum gibi içimi sıkarken, sessizliğimi korumaya çalışıyordum; ama içim bir volkandı ve her an patlayacak gibi kaynıyordu.
"O dönecek..." demişti Hikmet Anne bir önceki gün ve ben belki de hiç kimseye söylemediğim kadar öfkeyle, "Nereden biliyorsun?" diye sormuştum. "Dua ediyorum kızım, hep döndü," demişti anlayışla. İstemiyordum anlayışını! Ona elimde olmayan bir öfkeyle bakmıştım.
"Ya dönemezse?" Sanki tüm bunların sorumlusu oymuş gibi bağırmak, tüm öfkemi ona akıtmak istemiştim. Ellerim titriyor, kalbim deli gibi çarpıyordu. Ağlamak, saatler boyu hıçkırıklarımı göğe yükseltmek istiyordum. Oysa o gittiğinden beri hiç ağlamamıştım. Tüm gözyaşlarımı yüreğime akıtmış, kirpiklerimin nemlenmesine bir an bile izin vermemiştim.
Beste peşimde ben kırılacak bir eşyaymışım gibi dolaşıyor ve beni daha da çok geriyordu. Hepsine öfkeliydim; çünkü kimse bugüne kadar ona 'Gitme' dememiş, o ne dediyse kabul etmişti. Belki biri demiş olsa... Bir tanesi söylemiş olsa belki...
Bir tek Falaz... Sessiz kuytularda karşı karşıya geliyor, hiç konuşmadan birbirimize bakıyorduk. Tüm herkes Timur'un dönüşüne eminken, bir tek o benimle aynı korkuları paylaşıyordu.
"İyi misin?" diye sormuştu bana bu sabah.

"Sence?"

"Haber aldım, şimdilik durum sabit. Orada bir otelde kalıyor tırlar gelene kadar."

"Hangi otel? Gidelim biz de." Heyecanlanmıştım bir şeyler yapabilecekmişim gibi. "Durduralım ne olur! Yalvarıyorum bir şey de, bir şey yapalım. O iş adamı, onun işi değil bunlar, ne olur..."

Falaz acı ve anlayış dolu bakışlarını benden kaçırmıştı şükür ki; çünkü daha fazla anlayış istemiyordum, cevap istiyordum! Timur'u burada istiyordum.

"Hacer biliyorsun... Lütfen, yapamayacağım şeyleri isteme benden."

"Lanet olsun sana! Lanet olsun! O ölürse hepinize lanet olsun! Ona da lanet olsun!" Öfke tüm bedenimi ele geçirmiş çaresizliğimi bana haykırıyordu. Acizdim, dik duramıyordum! Ben mücadele ederdim, hayatta bir şekilde kalırdım, hep kalmamış mıydım? Hem kalmasam ne yazardı ki? Silinir giderdim ve kimse silindiğimi fark etmezdi bile. Ama o? O Timur'du. Timur silinmez, geriye yıkım bırakırdı.

"Onu durduramam biliyorsun, o intikamını almadan durmaz." Falaz beni kollarıyla sararken, ben ona yumruklarımı vurarak geri çekiliyordum.

"Dokunma bana lanet olası! Dokunma o ölmedi! Acımana ihtiyacım yok, git durdur onu. Git durdur ne olur, yalvarırım. Gerekirse çeker giderim hayatınızdan. Bir daha karşısına bile çıkmam. Uzakta olurum; ama iyi olduğunu bilirim. Durdur onu! İntikama ihtiyacım yok benim."

Bu Timur için artık kişisel bir şey olmuştu ve bana bir kere bile sormamıştı isteyip istemediğimi. Ben unutmak, silmek istemiştim; o ise geçmişimi bir kere daha önüme, umutlarımla arama sermişti.

"Geri gelecek Hacer, o hep bir yolunu bulur."

"Ya bulamazsa?"

Acı bir çığlık gibi çıkan sorum, ikimizin arasında cevapsız asılı kalmıştı. O da biliyordu ki bu avuntularla avunamayacak kadar çok şey görmüştü benim yüreğim. İçimi saran ve hiç bırakmayan kalp çarpıntılı bu sıkıntı gibi net biliyordum ki, ya kendi şeytanlarını gömerek gelecek ya da onlarla gömülecek, beni de gömecekti diri diri, hiç bitmeyen bir sonun ıstırabına.

Nalân'ın başucunda otururken işte tam da bu ıstıraplı öfkeyi taşıyordum yüreğimde.

"Öfkeli değil misin yani? Peki. Haklısın, neden öfkelenesin ki? Taze damat seni nikâh yatağında bırakıp aptal saptal bir şeyin peşinden kendini öldürtmeye koşuyor; ama sen niye kızacakmışsın ki? Haklısın. Hatta sersem bir de *intikam* diye bağırıyor; ama sen zerre etkilenmedin, değil mi?"

"Sus."

"Niye ki? Sen öfkeli değilsin ki. Susmam için bir sebep de yok. Gerizekâlı lan, senin bu koca. Abi, insan taze karısıyla figfig yapmak varken, kalkar pala bıyıklı kartoloş heriflerin kucağına koşar mı lan?"

"Sus!"

"Ah, hadi ama..."

"Yeter! Yeter! Yeter! Sus! Kahretsin sus artık!"

"Öfkelisin." Nalân var olan bir gerçeğe parmak basmış gazeteci gibi omzunu silkip, başını yattığı yerden dikleştirmeye çalıştı.

"Öfkeliyim tamam mı? Rahatladın mı? Deliler gibi öfkeliyim. Hırsımdan kendi etimi yiyebilirim! Rahat mısın şimdi? Gerizekâlı kocamın benimle figfig yapmak yerine gitmesine öfkeliyim! Aptalın kendini öldürtmek için bu kadar hevesli oluşuna öfkeliyim, dahası... Dahasını da duymak ister misin?" Ateş gibi bakıyordum Nalân'a. Gözlerimin içi yanıyor, damarlarım zonkluyordu. O ayağa kalkamadığı için onun gözüne sokarmış gibi ayağa kalkmıştım. Yakıp yıkıyordum adeta. O sessizliği yeni bulmuşçasına sabitlenmiş beni izliyordu.

"Dahası; kendime kızıyorum." Artık çektiğim acı, sesimden okunuyordu. "Ben ve lanet olası çocukluk hayallerim olmasa, aldanmamış olsam, o kahrolası yurttan kaçmaya hiç kalkmamış olsam... O... o... o sıçtığımın heriflerine hiç bulaşmamış olsam... Neymiş, meşhur olacakmışım! Bok olacağım!" Gülüyordum kendime, aptallığıma ve bir bedenlik ömürle bedelini ödediğim hatalarıma. "Ben olmasaydım eğer... o... o... o belki gitmezdi. O intikam istemezdi... O benim intikamımı almaya kalkıyor sıçtığımın herifinden! Lanet olsun, benim ederim ne ki intikamım ne olsun lan? Bütün ömrümü toplasan bir Timur eder miyim ulan ben?"

Gözyaşlarım akıyor, ben hâkim olamıyordum. Kekeliyorduysam da umurumda değildi. Nalân öylece dinliyor, ne acıyor ne kınıyordu. "Kızım ben kim, o kim be? Benim için değer mi lan? Söylesene, ne susuyorsun?"

'Susma Nalân konuş!' diye haykırıyordum. 'Şimdi konuş işte, benim ederim neydi?'

"Hacer..."

"Ne?"

"Küfür yok lan."

Üç saniye öylece kalakaldım. Nalân boynuz çıkartmış gibi ona öylece baktım. 'Küfür yok.' Önce büyük bir kahkaha döküldü dudaklarımdan anın anlamsızlığına, sonra da boğulurcasına hıçkırıklar... Burada olmadığı halde Timur'un, hayatlarımızı geçtim, dilimizi bile yönetebilen hâkimiyetine gülüyordum. Dizlerim yatağın yanına çökerken, başımı özür dilercesine Nalân'ın serumlar takılı koluna dayadım. Hıçkıra hıçkıra ağlıyordum. Ben onu kaybetmek istemiyordum işte, ötesi berisi yoktu.

... ...
"Kıymetlisin."
"Değilim."
"Kocan için kıymetlisin, ayrıca kocan aptal."
"Aptal deme kocama."
"EQ[4]'su düşük."
"Olabilir; ama benim kocam."

---

4 Duygusal zekâ

22. Bölüm

Timur gideli bir ay olmasına bir hafta kalmıştı ve Falaz da ortadan kaybolmuştu.
O gece Timur gitti gideli her gece evde yapıldığı üzere, pür dikkat haberleri izliyorduk. İçinde Zaho'da meydana gelen patlamalar, sınırdan kaçak geçişler ve tırların geçtiği bir haber çıkmıştı ve Falaz hızla kalkarak kendisini Timur'un çalışma odasına kapatmıştı. Saatler süren telefon görüşmeleri yaptıktan sonra, hiçbir açıklama yapmadan çıkıp gitmişti. Sonraki günler boyunca ondan haber beklemiştik; ama kimse bir şey söylememişti. Gergin bekleyiş hepimizi esir almıştı, eve çıkartılan Nalân'ın bile ağzını bıçak açmaz olmuştu. Artık bir değil iki beklediğimiz vardı. Falaz nereye gitmiş, nelere bulaşmıştı hiçbir haberimiz yoktu. Falaz gittikten sonra bize Timur'dan haber getiren de olmamıştı.
Falaz Timur'un gidişi ardından belirsiz periyotlarla ondan haber getirmiş, sevkiyatlardan ilkinin başarıyla tamamlandığını; ancak beklediği gibi olmadığını ve silahların ikiye bölünerek tek seferde geçirilmediğini söylemişti. O yüzden Timur orada beklemeye devam edecekti. İkinci sevkiyatı da hallettikten sonra, bu defteri kapatarak geri gelecekti. Ona bir şey olmamıştı ve biz buna sevinmiştik. Oysa şimdi haberlerde izlediğimiz patlamaların direkt onunla bağlantısı olduğuna emindik; ama belirsizliğin dehşetiyle hiçbirimiz konuşmak istemiyorduk. Ne olmuştu? Timur neredeydi? Silahlar kimin elindeydi ve Timur yaşıyor muydu?

Bir gece Suzan ile Hilmi gelmişti. Suzan tebessümle bizleri rahatlatmaya çalışırken, Hilmi bize bir şeye ihtiyacımız olup olmadığını sormuştu. Hikmet Anne tam bir şeye ihtiyacımız olmadığını söyleyecekken, daha fazla bu tevazua yüreğim katlanamadı.

"Evet var!"

"Hacer, yapabileceğimiz bir şeyse..."

"Evet, yapabileceğiniz bir şey. Timur ve Falaz nerede?"

"Hacer inan..."

"İnanmıyorum! Yeter artık! Kimse bir şey söylemiyor, hiçbir haber yok! Lanet olsun birbirimize bakıp bakışlarımızı kaçırmaktan başka bir şey yapamıyoruz. Falaz gideli üç gün oldu!"

"Hacer haklı, bir şey biliyorsanız lütfen söyleyin yalvarırım. Neredeler? Ne durumdalar?" Beste de daha fazla dayanamayarak bana arka çıkmıştı. Çaresizliğimiz her halimizden okunuyordu; ama daha fazla buna katlanacak gücüm kalmamıştı. Her ne olmuşsa bilmek istiyordum. Hikmet Anne sanki günden güne yaşlanmış gibiydi. Gözlerinin altında hepimizinkilerden daha siyah halkalar oluşmuştu. Duaları bir an eksik olmadan umutla bekliyordu. O da umutla Hilmi Bey'e baktı.

"Oğlum, bunun için çok yaşlıyım. Ne olur biliyorsan bir şey söyle... Her ne ise belirsizlikten daha iyidir."

"Ah be annem..."

"Söyle Hilmi onlara da. Bilmek hakları." Suzan acı ve çekincelerle dolu bir ifadeyle kocasına bakarak uzanıp elini sıktı. "Bizi hatırla, belirsizlik en kötüsü." Geçmişlerinde saklı sırlarını ima ederken, bir an gözlerinden korku geçmişti Suzan'ın.

"Bunu söylediğim için Timur da Falaz da beni öldürecek." *Tamam, tamam senin yerine ben ölürüm. Şimdi kısa kes de söyle hadi be adam!*

"İlk sevkiyatı Timur'un Zaho'ya yerleştirdiği adamlar tırlar sınırı geçer geçmez halletmiş; ama sevkiyatın tamamı değilmiş giden. Bir kısmı dağlık bölgeye dağılmış." Evet? Evet, ne olmuştu? Neden susmuştu ki bu adam? Sevkiyatın büyük bölümü hallolmuşsa iş hallolmuş sayılmaz mıydı işte? Nefesimi tutmuş konuşmasını bekliyordum. Yersiz suskunluklar ve o sıkıntılı dudak kemirmeler ne zaman hayrın alameti olmuştu da şimdi olacaktı? Dudaklarından çıkacak iki kelime sanki kaderimi mühürleyecek ve beni sonsuza dek Timur'dan alıkoyacaktı.

"Hamza da o silahlarla takipten çıkınca..." *Gebersin! Ne cehennem olursa olsun, kaç Timur eder o herif? Umurumda mı sanki hangi cehennemin deliğine gittiği?*

"Timur Hamza'nın peşine düşmüş." Hamza! İşte bir kere daha karşımda duruyor ve hayatımı mahvediyordu. "Hamza'nın peşinden sınırı geçmiş." Legal olmayan yöntemlerle olduğunu söylemesine bile gerek yoktu. Devamını duymaktan korkuyordum. Aklımda haberlerde çıkan çatışma ve patlamalar vardı. Korku tüm zihnimi ele geçirmiş, bana hain kelimeler fısıldıyordu. *'O başaramayacak,'* diyordu fısıltıyla, sonra da her kalp çarpışımda *'O asla dönmeyecek,'* diye haykırıyordu.

"Evet, çatışma olmuş." Ve? Timur? İyi miydi? "Elimizdeki bilgi buraya kadar. Timur'dan henüz bir haber alamadık."

"Falaz? Peki ya o?" Beste'nin kahır dolu cılız sesi, kaybolmuş umutlarla Falaz'ı soruyordu. Tüm çocukluk anıları iskambilden kuleler gibi yıkılırken, o bakışlarıyla tutunacak bir ince umut dalı arıyordu.

"İstihbarat doğrulanınca benim Erbil'e giden tırlarla sınırı geçti."

"N...n... ne... Ne yaptı?" Beste tıkanmış gibi kekeledi.

"Timur'u bulmaya gitti."

"K... k... ka... kay... Kayıp mı?"

Kekeleme sırası bana geçmişti. Bildiğim bir gerçeği,

dile getirilmiş olarak duymazsam inanamayacaktım. Söylemeliydi, kayıp demeliydi. Kimse kayıp demezse bir insan nasıl kayıp olurdu?

Hilmi uzun bir süre sustu. Başını öne eğerek derin bir nefes aldı ve tek bir solukta, "Çatışma haberinden beri hiç haber yok," dedi. İşte zaman, o an durdu. Hayat akmayı bıraktı. Hilmi'nin dudakları oynuyor; ama ben onu duymuyordum. Hayatının en zor açıklamasını yapıyor gibiydi yüzü; ama ben artık sözlerini duymuyordum. Ak koyunun kurtlarla otladığı topraklarda Timur kayıptı. Etraftaki uğultu, vücudumu aniden basan sıcağın ardından kısa sürede gelen bir soğukluk hissi ile ağırlaşmıştı. Kalbimden yayılan dalgalanmalar hareketlerimin kontrolünü ele geçiriyor, ruhumu bedenime hapsediyordu. Solumak için bir iki defa ağzımı açtıysam da soluğum kesilmişti. Derinden bir mide bulantısı ile etrafın karardığını varla yok arası görür gibi oldum. Hissizlik ile panik arasında bu kadar ince bir çizgi olduğunu hiç bilmezdim ben, o ana kadar. Oysa, o an, kulağımdaki son sözler, "Şimdi Falaz'dan da haber alamıyorum," olduğunda hissiz bir panik vardı zihnimde. Canımın acıdığını bildiğim ama hissedemediğim, çığlık atmak istediğim ama tek bir harfi telaffuz edemediğim, uğursuz bir panikti yaşadığım. Nefesim kırık cam parçaları gibi ciğerlerime batarken, tek bir damla yaş sağ gözümden aşağı doğru tekleyerek süzüldü. Bir damla, bir damla daha... Etraf tamamen karanlığa boğulurken zihnimdeki tek kelimeydi: "Affetmeyeceğim..."

Hayat bir insanın umutlarına kaç kere tecavüz ederdi? Bir? İki? Her defasında? Her umut beslediğinde, ruhun acımasızca tecavüze uğrar mıydı? Benim uğrardı;

ama ben akıllanmıyordum. Ben yeniden, yine, her şeye rağmen ahmakça umut besliyordum gizli gizli. Umudun sarhoş eden zehri ile zehirlenmeyeyim her defasında diye, kendime bile itiraf etmezdim; lakin yine de umut gelir inat yapar gibi beni bulurdu. Kalbime oturduğu gibi aptal köklerini hemen salıverirdi ciğerlerime kadar ki, söküldüğünce ciğerlerimi de götürsün yanında diye.

İşte bu yüzden Timur'un erkeksi odasında gözlerimi açtığımda, ciğerlerim yerinde yoktu. O yüzden nefes alamıyordum. Bir aptal âşık gibi, giden kocamın ardından ağıt yakıyordum. Öyle bir acıydı ki bu, içimi dağlayarak sökülen ciğerlerimin kanayan boşluğunu kızgın demir gibi dağlayan feryadım tüm bahçede inlemişti. Bilmemek en kötüsü mü demişti? Bilip de çaresiz kalmak? Yetememek, yetişememek, engelleyememek? Bile bile göz yummak ve bile bile göz yumduğuna razı olmak zorunda kalmak? Belki de hiç bilmeden bir meczup gibi beklemeliydim yıllarca. O vakit feryadım ne arşı inletirdi, ne de dualarımı duyardı Yaradan. O vakit isyanın eşiğinde hesap sormak için dikilmezdim, Allah'ın huzuruna. Neden benim de canımı almayarak beni durmadan cezalandırıyordu? Ne içindi bu kefaret? Yoruldum demiştim ben ona! Bıktım ve direnecek gücüm kalmadı demiştim! O ne yapmıştı? Bana dahasını vermişti! Biraz umut ekmiş üzerine ve bir iki güzel anı vermişti, sonra? Sonra dalıp gittiğim hayallerin hepsini, gücünü ispat edercesine elimden çekip alıvermişti. Adalet neresindeydi bunun?

"İsyan etme kızım." Hikmet Anne yanımda oturmuş bileklerimi ovuşturuyordu.

"İsyan etmeyeyim mi? Nasıl?"

"Bugün, bu an geçecek. Sadece sabret."

"Geçmiyor Hikmet Anne, hayatın benle hesabı hiç geçmedi, geçmeyecek! Bıktım anlıyor musun? Yoruldum... Gücüm kalmadı artık!"

"Bilemeyiz ki kızım. Umudunu yitirme asla. Asla arkanı dönme oğluma."

"Ben değil, o bana arkasını döndü. Gitti."

"O geri gelecek. Ben eminim. Hayatta her ne yaşıyorsak göremediğimiz amaçları vardır. O geldiğinde göremediklerimizi göreceğiz."

"Nasıl böyle sakin durabiliyorsun? Nasıl bunları söyleyebiliyorsun? Ya gelmezse? Ya... Ya..." Ya ölmüşse? Dilim varmıyordu; ama havada asılı kalan kelime buydu.

"Öldüğünü kimse söylemedi daha, değil mi? O vakit umut var demektir. Falaz oğlum bulur getirir onu." Umut değil miydi bizleri zehirleyen? Şimdi de onu zehirliyordu işte tam karşımda. Zaman durmuştu benim için, anlamıyor muydu bu kadın? İçime geçmiş pençeler vardı ve etlerim lime lime doğranıyordu. Ne kadar derin nefes alsam da yetmiyordu umut etmeye; çünkü nefesimin gideceği ciğerlerim yoktu artık.

"Hikmet Anne anlamıyor musun? Benim elime değen hiçbir çiçek can bulmaz! Ben içindeysem yaz gelmez! Biz hep üşürüz. Bak dışarıya..." Ona pencereden kar tutmuş yerleri işaret ettim. "Diyelim ki yara bile almadan kurtuldu. Kaç gün geçti, bu soğukta ne kadar dayanacak?" Onu da zehirleyen umutları silip almak istiyordum. Oysa o karşımda ben hiçbir şey söylemiyormuşum gibi dimdik duruyordu. En az benim kadar üzgün olduğuna emindim; ama o isyan etmiyor ve ilahi bir işaret almış gibi umutla bekliyordu.

"Sen sadece doğru yönde beklemesini bil kızım. Bugün canını en çok yakan şey için bir gün şükredersin. Sen bunca şey için direnmedin mi? Şimdi vaz mı geçiyorsun? Bu kadar kolay mıydı oğluma duyduğun aşktan vazgeçmek?" Anlamamıştım? "Başına gelen onca korkunç şey, evet çok kötü; ama seni sen yapmadı mı? Ve sen bütün onları yaşayıp da bugünkü sen olmasaydın, bugün Timur'umun karısı olacak mıydın?"

Belki evet, belki hayır. Olur muydum bilmiyordum. Belki de hiç karşılaşmayacaktık, belki de yine zincirler birbirine yapışıp bizi buluşturacaktı. Ama ne var ki, olsa bile böyle olmayacaktı. O zaman ondan korkacak korkularım olacaktı belki ve asla ilk aşkın kör, sağır, dilsiz umarsızlığıyla sevemeyecektim onu. "Hadi diyelim ki oldun, o sana böylesine âşık olacak mıydı? Yoksa sadece geçici bir ihtiras mı olacaktın?"

"O bana âşık değil ki."

"Anlamadım? Hey Allah'ım, kızım sen salak mısın, salak taklidi mi yapıyorsun?"

"Hiç söylemedi." Hikmet Anne sabrını yoklayarak derin bir nefes aldı ve içinden söylendiğini belli ederek geri verdi.

"Senin gözlerin kör olmuş; ama neyse, Timur döndüğünde açar gözünü. Hadi şimdi beni oyalama, daha börek açacağım, yemek yapacağım. Oğullarım sever." O da korkuyordu; ama eminmiş gibi gözükmeye çalışıyordu. Onlar gittiğinden beri her gün onlar akşam çıkıp gelecekmiş gibi yemek yapmıştı Hikmet Anne. Timur gideli bir aya yaklaşmıştı; ama her gün biz onun sevdiği yemeklerin başında oturup tabaklarımızı didiklemiştik. Şimdi menüye Falaz da eklenmişti.

Hikmet Anne tam arkasını dönmüşken bana geri döndü ve yüzüme bakarak pürüzlü anne eliyle yanağımı kavradı. "Sen çok özel bir kadınsın Hacer. Hepimiz için öylesin hem de." İçimdeki buzlar eriyerek yerlerini bu mucize kadının ektiği umutlara bırakıyordu. "Ne var biliyor musun? Dua et o oğlanlar geri geldiklerinde, bir daha başlarını böyle belaya sokmamaya yemin etsinler. Yoksa ahtım olsun ki her ikisini de kendi ellerimle tencerede boğacağım." Hikmet Anne söylene söylene çıkarken, beni isyanıma olan utancımla baş başa bıraktı. Midemdeki derin bulantı son birkaç gündür hiç geçmese de sanki yeniden tutunacak bir dalım olmuş gibiydi.

Timur serada geçen saatlerin sonunda beni odasına taşıyıp, kendi yatağına yatırdığından beri hiç uyuyamadığım gibi uyumak ve bir daha asla o boş yatağa uyanmamak istedim. O gün sadece bir an gözlerimi kapatmıştım ve Timur gitmişti. Sessizce yatağa kıvrılıp o gittiğinden beri ettiğim gibi dua ettim: 'Ne olur Allah'ım, en azından kendinden bir parçayı içime bırakmış olsun...'

"Hacer, Hacer kalk! Kalksana! Uyan diyorum!" Beste telaşla bağırıyordu. Yataktan nasıl fırladığımı anlamadım bile. Ne olmuştu? Hı? Ne?

"Beste?"

"Kalk! Bu ne derin uyku böyle! Bir saattir bağırıyorum."

"Bağırmak yerine odaya gelmeyi deneseydin."

"Vakit yok, giyin çabuk. Hadi, hadi acele et." Bir dakika! Ne oluyordu?

"Timur? Bir haber mi var yoksa? Yoksa? Geldiler mi?" Heyecan kalbimi iflah olmaz bir sarhoş gibi aniden kaplarken, ihtimalleri hiç düşünmemiştim bile.

"Ah, Hacer... Ben nasıl desem..." Neyi nasıl desen?

"Yoksa kötü bir haber mi? Yoksa?" Devamını getiremiyordum. Gözyaşları kolayca göz pınarlarıma hücum ederken, kan bir an kulaklarımda patladı sanki. Hayır, bunu duymak istemiyordum.

"Hayır, tam olarak öyle değil. Geldiler ama... Hadi giyin, Hilmi Bey geldi aşağıda bizi bekliyor."

"Ama ne? Ama yok!"

"Geldiler ama yaralılar. Daha doğrusu..." Beste başını önüne eğerek nasıl kelimeleri çıkartacağını düşünürken, ben anlamıştım.

"Timur yaralı, değil mi?" Sessiz acı hüzün olup heyecanın yerine gırtlağıma çökmüştü bir anda.

"Falaz omzundan vurulmuş. Hilmi Bey sıyrık dedi, durumu iyiymiş." Ve? Ve ne? Neden söyleyemiyordu? "Ağabeyim, biraz yaralı." Biraz? Birazın dozu neydi? "Haydi ama, giyin ve bir an önce çıkalım."

"Yaşıyor ama değil mi?"

"Yaşıyor. Doktor Barış da orada. Yoğun bakımda, yanındaymış." Bir an ağzından bir şey kaçırmış gibi ellerini dudaklarına kapattı.

"Ne olur Beste, söyle artık. Bak yalvarıyorum ne biliyorsun?" Bir yandan üzerimdekileri çıkartıp, elime gelen ilk şeyleri üstüme geçirmiştim. Timur'a ait bej rengi bir kazak ve bir ara bir yerlere çıkarttığım bir kot pantolon. Kazak neredeyse dizlerime ulaşacaktı; ama umurumda değildi. Kendimi sanki ona daha yakın hissediyordum, onun eşyalarını giydiğimde ve o gittiğinden beri onun gardırobundaki her parçayı, iç çamaşırlarını bile giymiştim.

"Hacer, bak, oraya gidene kadar hiçbir umutsuzluğa kapılmanı istemiyorum. Kötüyü çağırma. Ağabeyim o gece çıkan çatışmada vurulmuş; ama Zaho'daki Ezidi kampına sığınmış. Falaz onu oradan çıkartmış, geri gelmişler. Sonra da işte ilk müdahale yapılıp önce Ankara'ya oradan da buraya hastaneye sevk edilmiş. Ben de detayını bilmiyorum, çok kan kaybetmiş; ama Falaz hep yanındaymış. Haydi gidelim."

Gittik. Florance Nightingale'in büyük yapısını dolduran insanları geçerek, yoğun bakım ünitesinin kapısına kadar geldik. Ben değil ayaklarım gidiyordu; çünkü ben kaybolmuştum. Falaz kapının önündeki banklara oturmuş, üzerindeki hastane önlüğünün örtemediği omzundaki bandaja aldırmadan, ellerini dizlerine dayamıştı.

Yanımızdan geçen, yorgun görünümlü, genç ve alımlı hemşire bezmiş gibi onu payladı: "Falaz Bey, yine mi buradasınız? Size yatağınıza dönmenizi söylemiştim. Bir değişiklik olduğunda size bildireceğim, dinlenmeniz gerek. Ateşiniz yükselecek gene."

Onu bilmem; ama Beste'nin ateşinin yükseleceği garantiydi. Falaz'ın uzun ve iri bedenini üzerindeki mavi şey anca örtüyordu. Zayıf olmasa arkadan efil efil frikik vereceği garantiliydi. Ayağındaki hastane terlikleri ve üzerinde yükselen kaslı bacakları mavi önlüğün etekleri altında sıkıntıyla sallanırken, başka zaman olsa gülebilirdim.

"Falaz!" Beste koşarak tüm sahipleniciliğiyle Falaz'a sarıldı. Hikmet Anne ve ben Hilmi Bey'in yanında ağır adımlarla yürüyorduk. Hikmet Anne yürümekte zorlanıyordu. Bir eli Hilmi Bey'in kolunda, bir eli benim kolumda sürükleniyordu. "Oğlum." Halsiz bir sesle özlemini dile getirdi, dudaklarından çıkıveren kelime. Falaz Beste'nin belini bırakmadan Hikmet Anne'ye sarıldı. "Anam, ah anacım."

"İyi misin?" Hikmet Anne hepimizin cevabını duymak için öldüğü soruyu soramıyordu. O an görmüştüm ki hiçbir dirayeti, direnci kalmamıştı onun da. Son dakikaya kadar dimdik duran kadın bir anda çökmüştü. Ömründen ömür gittiğini orada görmüştüm. Hiçbirimize onca zaman belli etmeden içine hapsettikleri dökülüyordu. Falaz elini öpmek için hamle yaptığında arkadan önlüğü açılınca sessiz bir küfür savurdu. "Naz yapma hakkım saklıysa iyiyim be Hikmoş'um. Bana kıyafet getirdiniz mi?"

"Getirdik bir şeyler. Adamlar odana çıkarttı." Falaz ve Timur için hızlıca birer çanta hazırlamıştık evden çıkarken.

"Falaz Bey, ben size ne dedim? Hâlâ buradasınız."

Hemşirenin yenilenen ikazı ile Beste kadına asabi bir bakış atarak, sahiplenircesine Falaz'ın beline daha da sokuldu.

"Haydi odaya çıkalım. Hem sen giyin, hem de olanı biteni bir anlat."

Falaz arkadaki kapalı kapıya isteksizce bir kere daha baktıktan sonra, başıyla hemşireye yorgun bir selam verip hepimizi asansöre yöneltti.

"Anlatacak çok fazla bir şey yok. Ben gittiğimde zaten kaz beyinli herif, her şeyi halletmiş; ama bir sağlam kalmayı becerememişti." O da kızgındı benim gibi Timur'a. Timur onun için çocukluğu, kardeşi, ağabeyi, babası, ailesi, her şeyiydi. Artık biliyordum ki onun için ölür, onun için yaşardı Falaz. Ben ona nasıl bir aşkla bağlıysam, o da Timur'a öyle bir kardeşlikle bağlıydı. Onlar ayrı DNA'ların benzer genleriydi.

Oda ikili odadan oluşan büyük süitlerdendi. Hilmi, doktorla görüşmeye gittiğinde; biz salon kısmında bekliyorduk, Falaz da içeriye Beste'nin yardımıyla giyinmeye gitmişti. Kolunu gerçekten de kullanamıyor muydu, yoksa bu durumu kullanıyordu muydu düşünecek halde değildim. Yan odadan bir bebek, feryat ettiğinde henüz fark etmiştim ki doğum katındaydık.

"Hah, başladı gene yan komşum."

Elim karnıma doğru sessizce kaydı. Falaz'ın buruk bir keyifle gülümseyen yüzü, karşıma geçmiş beni inceliyordu. "Küçük hanım daha dün teşrif ettiler dünyaya; ama maşallah kırk yıllık buralı gibi istediği olana kadar ortalığı inletiyor."

Minicik bir bebek, yepyeni umutlarla doğmuştu. Yepyeni hayaller getirmişti. Minicik elleri havada boşluğu kavramaya çalışırken, onu tutacak bir annesi ve bir babası vardı. O bir sıfır önde başlayanlardandı. Elimi farkında olmadan karnımda gezdirirken, ben de içimde taşımayı umut ettiğim hayalime tutundum. O da şanslı olacak, benim sahip olmadığım tüm şansa sahip olacaktı. Onun güçlü bir babası olacaktı, dahası bir annesi olacaktı. Bu sefer tüm kalbimle yalvarıyordum Allah'a. Beni duyması, bir kerecik daha beni görmesi için ona yalvarıyordum. Kendi karanlığımda Timur'u doğurmuştu hayallerime ve benim için imkânsız olanı vermişti. Şimdi dilediğim, minicik bir bedenin kaderini bir kanadı kırık belirlememesiydi. O içimdeydi biliyordum, orada benimle birlikte o da bekliyordu.

"Hamza ne oldu?"

Falaz ile göz göze geldiğimizde birden soruvermiştim içimi kemiren soruyu. Ne olmasını beklediğimi bile bilmiyordum artık. Timur olmayacaksa hayatımda, o pisliğin ölümü bile neyi temizlerdi ki? Falaz sadece ikimiz varmışız gibi konuşmaya başladı.

"O gece, Hamza yanına birkaç adam alarak silahların bir kısmı ile kaçmaya kalkmış. Timur fark edince, yanındakilerle birlikte peşine düşmüş. Sınırın öbür tarafında kıstırmışlar. Sonrasını haberlerden biliyorsun; çatışma çıkmış. Hamza patlamanın ortasında kalmış. Timur da Ezidi kampına sığınmış."

"Ölmüş yani?"

"Parçalanmış."

"Emin misin?"

"Parçaları saymadım; ama eminim."

Falaz işi dalgaya vurmaya çalışsa da, benim için bunların ne ifade ettiğini biliyordu. Derin bir nefes aldım. Üzerimden yıllar yılı taşıdığım bir yük kalkmış, her an bir köşeden çıkacakmış gibi beni tehdit eden kabusum hayattan silinmişti. İnanamıyordum. Hayatımın öylesine büyük bir bölümünü kaplayarak, bana her gün kan kusturan anılarımla hortlamaya meyilli hayaletim artık yok olmuştu. Büyük bir boşlukta gibiydim ve tutunabileceğim tek dal, yoğun bakım odasında uyutuluyordu. Tüm hislerim çekilip alınmışçasına ağlayamıyordum bile. Yıllar yılı hayalini kurduğum, türlü şekillerle zihnimde öldürdüğüm adam, hayal dahi edemeyeceğim bir biçimde parçalarına ayrılmıştı ve ben tepki veremiyordum. Daha farklı olur diye hayal etmiştim hep. Bir yerlerde öldüğünü bir şekilde öğrendiğimde, sevinç naraları atacağımı falan hayal etmiştim; ama şimdi sesim bile çıkmıyordu. Uğrunda ödediğim bedel öylesine ağırdı ki ben sevinemiyordum. Hayat bir yandan verirken, hep öbür yandan alır demişlerdi bir keresinde. Şimdi korkuyordum; benden Timur'u ebediyen söküp götürmesi fikriyle yükselen öfke boğazımı tıkamıştı, kıpırdayamıyordum.

O gün, Timur'un dediği gibi ekilecek yeni frezyalar vardı. Bu defa onlar benim frezyalarımdı; yeni başlangıçlar içindi, temiz sayfalar içindi frezyalarım.

Uyumuşum! İnanılacak gibi değildi. Ertesi gün neredeyse Timur yerine yoğun bakımda beni uyutmuşlardı. Onunla aynı çatıyı paylaşmış oluşumun yarattığı inkar edilemez rahatlamaya kapıldığımdan mı bilmem, uyuyakalmıştım ve kimse bana haber vermemişti. Neyi mi? Tabi ki de Timur'un gözlerini açtığını. O birileri beni dürtüp; artık hayati tehlikeyi atlattı, sen de görebilirsin demeyi tamamen fuzuli görmüş olacak ki Timur'un yanına kendisi girmişti!

"Nasıl olur da beni uyandırmazsın!"

"İnan ki denedim kızım ya. Maşallah kış uykusuna yatmışsın mübarek."

"Hiç de bir kere fasulye sırığı! Benim uykum hafiftir. Seslenmiş olsan duyardım."

"Hafif uyku bu mu kız, top patlasa ninni diyeceksin." Falaz uzun bacaklarını odadaki geniş koltuğa uzatmış geriniyordu. "Allah çocuklarına acısın." Hikmet Anne ile Beste bana ihanet etmiş gülerlerken, elimi hafifçe karnıma koydum. İçimi yiyen merakı kimse tahmin bile edemezdi.

"Bizi sordu mu?" Kahretsin! Bir anda ağzımdan kaçıvermişti işte *biz* diye. *Hay beni deli dürtsün!* Elimi belli belirsiz karnımda gezdirirken bir kere daha hayallerimi, gizli umutlarımı belli etmiştim.

"Bence test yaptırmalısın." Hikmet Anne'nin beni dalıp gittiğim hayallerimden kopartan tespiti ile boş bulundum.

"Ne testi Hikmet Anne?"

"Mayasıl testi."

"Ne?"

"Hey Allah'ım, gebelik tabi ki kızım. Hani kan alıyorlar, değerlerine bakıp hop söylüyorlar ya. İçin içini yiyeceğine meraktan, büyük anne miyim değil miyim öğrensek artık." Kıpkırmızı olmuştum utancımdan. Bu kadar mı belli ediyordum merakımı? Ben ve anne olmak... Bunu rüyamda bile görmezdim ben. Yaşam farklı yollarla çizmişti kaderimi, göremediklerimi, acıyı da tatlıyı da ummadığım anlarda sunmuştu. Anne olmak nasıl bir şeydi, belki hiç bilmiyordum; ama nasıl bir anne olmak istediğimi biliyordum: Hikmet Anne gibi...

Falaz'ın oda telefonu çaldığında ben de kızaran suratımı yatıştırmak için kendimi dışarı atmıştım. İçimi kemiren kurt beni peşinden laboratuar katına sürüklediğinde, kolumu delen iğne hayallerimle gerçekliğin arasındaki son çizgiydi. Şimdi geriye birkaç saatçik devirmek kalmıştı ve sanki ben papatya falı bakıyordum. Seviyor... Sevmiyor...

Sonuç pozitif çıkarsa, her şeyin çok güzel olacağını

söylüyordu içimdeki his. Yepyeni bir başlangıç yapmaya hak kazanır, masum bir bebeğin minicik dokunuşlarında tertemiz bir sayfa açardım belki. Belki Timur da beni severdi, kuşkusuz onu seveceği gibi. Sanki o gelirse Timur hep yanımda olurdu ve sanki onu hiç kaybetmezdim. O gelirse içimdeki bu hastalıklı aşkın bir yolu, bir çizgisi olur; nereye varacağını bilmeden savruluşum bir son bulurdu. Belki dinlenirdim o vakit.

O minnacık eller kalbimle buluştuğunda, ben hiçbir koşulda bırakmazdım, arkamı dönmezdim ona. Sevmeyi, sevilmeyi öğrenir, onun minnacık kalbine de öğretirdim. O benim sahip olamadığım her şey olacaktı ve o benim kadınsı bir aşkla sevebildiğim tek erkeğin, bedenimdeki en mahrem parçası olacaktı. Yaşamımda ilk defa talan edilmiş bir rahmin değil, aşkla sunulmuş bir bedenin ispatıydı o. Bütün bu yükleri minicik bir günahsıza yüklüyordum belki; ama gerçek buydu. Daha varlığından bile emin olamadığım yavrum buydu benim için. Koşulsuz şartsız sevgi ve korumaydı. Ve birazcık, küçücük bir ihtimalle de Timur'un bana âşık olabilmesi umuduydu.

Bir süre dışarıda bekledim. Ne kadar zaman geçtiğini fark etmemiştim bile, ısıtıcıların yandığı dışarıdaki kantinde öylece oturmuştum. Kaç saat geçmişti? Hiç haberim yoktu.

"Hacer? Ah Hacer, her yerde seni aradım. Neredeydin, ne işin var burada bu soğukta?"

"Beste, hayırdır bir şey mi var?"

"Üç saattir seni arıyorum. Ağabeyimi odaya aldılar ve sen ortada yoksun. Tüm o doktor falan hengâmesinde kimseyi panikletmeyeceğim diye akla karayı seçtim; ama Timur Ağabey birazdan fark eder."

Beste sözünü tamamlamadan ben çoktan ayağa kalkmış koşturuyordum. Bana verilecek bir hesabı vardı Timur'un. Her ne olursa olsun, daha onu affetmemiştim.

Dahası hırslıydım. Kendini öldürtmeye kalktığı için, bana iki kat borçluydu. Her ne pahasına olursa olsun, bir daha bunların yaşanmasına izin veremezdim!
....

"Hacer, dur, koşma."
"Duramam Beste, yakalayacağım bir hayat var."

"Seni taş kafalı, inatçı! Seni... Seni..."
Deliye dönmüş gibi bağırıyordum. Doktor Barış bakışlarımdan korkmuş olacak ki sessizce selam vererek, Timur'un itirazlarına aldırmadan, "Abi, ben uğrarım sonra," diyerek dışarı kaçtı. Çıkarken de bana "Onu öldürmek istemezsin, emin ol onunla geçirmek isteyeceğin günlerin var daha," diyerek dalga geçti. Umurumda değildi. Şu an istediğim tek şey, bizi düşünmediği için ona parmaklarımı geçirmek ve bir daha beni bırakarak ölmeye kalkmayacağına dair söz verene dek bağırmaktı.

"Sakin ol bülbül. Bak buradayım. Yaşıyorum. Dert etme bu kadar, kolay kolay gitmeye niyetim olmadı hiç."

"Allah'ım, sen nasıl bir kendini beğenmiş, taş kafalı... Ah küfür bile bulamıyorum!"

"Küfür yok bülbülüm."

"Bana bak!" Hırsla titriyordu ellerim, kendimi işaret ederken. "İyi bak bana! Hani bana zarar vermeyecektin? Hani sen senin olana zarar vermezdin?" Onu kurşun geçirmez her şeye bulasam, her dua ile sarmalasam içimdeki korkuyu dindiremezdim. Onu kaybetmiştim neredeyse, o ölümle yüzleşmişti. "Sen bana zarar verdin! Ben ne haldeydim, haberin var mı? Hiç düşündün mü? Bir kerecik olsun düşündün mü beni?"

"Ah bülbül, seni düşünmediğim bir anım oldu mu?"

Timur ciddileşmiş, yüzündeki eğlenen ifade yerini tehlikeli bir zarafete, kontrollü bir tutkuya bırakmıştı. Ona doğru çekiliyor gibiydim. Girdap gözbebekleri irileşmiş, karanlığında ruhumu ele geçirmişti. "Ben benim olana zarar vermem bülbül ve zarar vereni yaşatmam."

"O zaman bir daha sakın, ama sakın! Ölmeye kalkayım deme! Yemin ederim seni öldürürüm!"

"Ah, evet tamam anlaşıldı bülbül. Ölürsem beni öldürürsün." Yeniden alaycı bir şekilde çarpık gülüşüyle gülüyordu; ama bakışlarındaki arzu sanki beni çırılçıplak soyuyordu.

"Ölürsen seninle ölürüm." Çaresizdim. Çatılan kaşlarım yüzümün yanlarına salınmış, gözbebeklerimde titreşen yaşları gölgeliyordu. Onun karşısında güçsüzdüm ve teslim olmuştum. Derin bir nefes alarak tek bir nefeste çıkartıvermiştim kelimeleri dudaklarımdan. Dizlerimde takat kalmamış, dik duran omuzlarım çökmüştü. Ben onsuz yaşayamazdım ki.

"Ölmek yok bülbül, daha değil. Daha ekecek bir dolu tohumumuz var serada." Hınzırca göz kırptığında, karışmış sakalların kapladığı morarmış çenesinde, bir güneş gibi doğan gülümsemesi odayı aydınlatmıştı. "Buraya gel." Neyi ima ettiğini biliyordum.

"Hayır, cezalısın. İyileşmen gerek."

"Hacer! Buraya gel dedim sana! Ben bana itaat edilmesini isterim."

"Emin ol kocam, o vakit bu itaati kendi başına elde etmek zorundasın." Yaramaz gülümsemeyi sergileme sırası bendeydi.

"Öyle mi?" İşte bir meydan okuma daha, seve seve itaat edeceğim bir mücadele. "Şimdi bülbül, buraya geliyorsun ve o merakla beklediğin tahlil sonucunu cebimden alıyorsun." Ama bu haince bir tuzaktı! Ah hınzır adam. Bir dakika! Nasıl? Ne zaman haberi olmuştu ki? "Sence benden habersiz bülbül uçabilir misin?" Bakışları karararak buğulanırken, derin bir iç çekişle hırıltılı bir şekilde fısıldadı: "Benim tek takıntım sensin artık."

Topuğumu yere vurarak olabildiğince sinirli gözükmeye çalışıp yatağa, tam da sargılı elinin yanında duran bacağına doğru yaklaştım. "Hayır, diğer yanım." Nefesimi hızlıca vererek diğer yana uzandığımda tam da tahmin ettiğim gibi sağlam kolu belime dolanarak beni kendisine çekivermişti. "Şimdi bana hakkım olanı ver bakalım." Geri çekilmek için çabaladıysam da onu incitmekten korkmuştum. Geniş göğsündeki biçimli kasların üzerinde duran kurşun delikleri bandajlarla kapanmış olsa da, orada olduklarını bir an bile unutamadığım yaralar vardı. Her biri bana onun ölümlü bir insan oluşunu hatırlatıyordu. Son bir defa öpemeden, onu ne kadar çok sevdiğimi bir kez daha söyleyemeden, bu hayatta yapayalnız kalacaktım neredeyse. Neyim varsa, hayata yeni yeni beslediğim inanca dair; her şeyimle çekip gidecek, beni boş bir kabuk gibi bırakacaktı. Gözlerimden süzülen yaşlara dur diyemedim. Dudaklarım dudaklarına itaat ederken istediğim tek şey ömrümü ömrüne bağlamak, onun güldüğü kadar gülmek, yaşadığı kadar yaşamaktı. Kalp atışları kulaklarımda gümlerken hangisinin bana ait olduğunu anlayamayacak kadar heyecanlıydım.

"Seni seviyorum Timur. Benim tüm yaşamım senin yaşamın kadar." Dudaklarımız bir aralanıyor, bir birbirine değiyordu. Aramızdaki hava sanki yanıyordu. Timur uzaklaşan dudaklarımı bir defa daha yakalayarak tutku ve tehlike dolu bir öpüşle beni mühürledi.

"Seni seviyorum bülbülüm. Sen benimsin, her şeyinle."

"Sen de benim ol." Öpüşlerinden aldığım cesaretle hakkımmış gibi talep etmiştim.

Sustu. Derin bakışları önce tutkuyla yüzümde dolaştı ve alev alarak bedenimi dağladı, sonra özür dolu bir hüzünle arkamda bir yere sabitlendi. "O gün o mekâna bir piyon almaya gittim; ama varlığını bilmediğim şahımı buldum." Kelimeler duraklamalarla dökülüyordu dudaklarından. Utanıyor gibiydi. Ona 'Şah ben olamam, o sensin,' demek istedim; ama itirazımı yarıda kesti: "Ben şah değilim, benim şahım sensin ve ben şimdi, sadece şahı için yaşayacak ve ölecek bir vezirim."

Ölme diye haykırdım içimden. 'Şah ben olamam ki senin kudretinin yanında,' demek istedim bir defa daha; ama o izin vermedi. Beni konuşturmadı. Dudaklarımı emerek ısırırken, dili dilimi esir aldı. Dudağının kenarındaki yaradan hafifçe sızan kan, dilimde bakırımsı bir tat bırakıyordu, bense onun yaşamını emiyordum. Elimden gelse ona yaşamımdan yaşam sunardım. Belime dolanan eli bir an bıraksa kaçarmışım gibi, beni sıkarak kendisine bastırıyordu. Oysa bilmiyor muydu ki, ondan başka gidecek yerim yoktu. O bendim, ben de o. Dudaklarımız ayrıldığında büyük bir boşluk kaldı bedenimde. O yeniden konuşmaya başlamasa, yalvarırdım *bırakma* diye.

"Yunus değilim, senin gibi bir bülbüle şiirler yazamam; ama bil ki yatağımda gözlerini açtığın o günden beri seninim. Bir daha böyle bir risk olmayacak. Oğlumuzu böyle bir riske atmayacağım, o babasız büyümeyecek."

"Ne! Oğlumuz mu?" Hızla dikleşmeye çalıştım. Oğlumuz mu demişti o?

"Hâlâ cebimdeki tahlil sonuçlarına bakmadığına göre ben söyleyeyim. Oğlumuz geliyor."

Timur'un cebini telaşla araştırarak tahlil kâğıdını çıkarttığımda, gözlerime inanamamıştım. Gerçekten hamileydim! Timur'un bebeğini taşıyor, onun bedeninin bir parçasına kendi bedenimde can veriyordum. Onun ömrünü kendi ömrüme katmıştım.

"Kızımız. Belki kızımız olur?"
"Bir sonraki Ayza. Bu Cengiz."

Her ne kadar kızımız olacak olsa da, Cengiz de arkasından doğacaktı. Şimdi bu gerçeği dile getirip bu mutluluğu bir inatlaşmaya çevirmenin âlemi yoktu, değil mi?
"Aslında ne var biliyor musun?"
"Çok konuşuyorsun bülbül."
"Ayza geliyor, hissediyorum. Cengiz bir sonrakine."
"Sana ne kadar çok konuştuğunu söylemiş miydim?"
"Birkaç defa sanır..." Sözümü bitiremeden dudaklarım yeniden Timur'un dudaklarına hapsolmuştu. Aşk ve saygıyla öpüyordu. Çocuğunun annesini öper gibi değil, âşığını öper gibiydi.
"Beni seviyor musun? Birazcık olsun?" Bulduğum ufacık bir boşlukta soruvermiştim. Cesaretim yoktu cevabını duymaya; ama sormuştum işte. "Çok konuşuyorsun bülbülüm." İşte yüzleşmeye korktuğum andı bu. Minnet, sevgi, tutku, ihtiras; bunların hepsi başka bir şeydi; ama benim kastettiğim aşk, içimde taşıdığım, bambaşkaydı. Yüzüm hüzünle düşmüş; ama gülümsemem yok olmamıştı. Ben razıydım, baştan kabullenmiştim zaten. Hem ben kimdim ki...
"Seni sevmiyorum bülbül, tapıyorum. İlle söyleteceksin, düşünme artık. Benim gibi mafyatikler bunu devamlı söylemezler; ama bu seferlik duy." Şakayla göz kırpmış ve iki eliyle yüzümü kavrayarak bakışlarını gözlerimin içine doğrultmuştu. Tüm inandırıcı çıplaklığı ile karşımdaydı. "Sana âşığım, seninle nefes alıyorum ve senin doğuracağın her bir çocuğa, kız ya da erkek hiç önemi yok, âşığım."
Dudakları dudaklarımı esir alıp, yaramaz elleri tüm bedenimi talan ederken; ben şımarık bir kedi gibi onun kollarının arasına kurulmuş, her bir kelimenin tadına varıyordum. Ayrıca hissediyordum; bebek kesin kızdı. Benim gibi terk edilmeyecek, Timur gibi bir baba ile sahiplenilecek, ona nasıl annelik edeceğini bilmeyen; ama

onu kendi canından bile çok seven bir anne tarafından sevilecek, büyük bir aile tarafından şımartılacak bir kız. Cengiz, bir sonrakine gelecekti. Hoş, Timur Abi Kanunları derdi ki; *Muhteşem Timur asla yanılmaz...*

Mutlu Son

Her şey öyle hızlı gelişmişti ki, son bir ayın geçmek bilmeyen yavaşlığından sonra yetişememiştim. Nihayet yıldız savaşlarının galibi tesisin açılış günü gelmiş çatmıştı. Düzenlenen geceyle kutlanacaktı ve bu gece benim yaşamımda bir çok dönümü mühürleyecek şeylerin gecesiydi.

Nihayet Nalân'ı da göreceğim geceydi bu balo. Hayrullah tutuksuz yargılanmak üzere serbest bırakıldığında, onu alarak Antalya'ya götürmüştü. Nalân azimle kısa bir sürede koltuk değnekleriyle de olsa yürümeye başlamıştı, ki bunda en büyük etken Hayrullah'ın içeriden çıkışını yürüyerek karşılama arzusuydu. Başardı; azmin elinden gerçekten de hiçbir şey kurtulamazmış. Falaz Hayrullah'ı eve getirdiğinde, ona sarılmak üzere Nalân ayaktaydı. Onun gelişiyle de ilerlemesi gözle görülür şekilde hızlanmıştı. Timur, Hayrullah'a otelde bir iş tahsis ederek, onları birlikte yollamamış olsa bile ikisinin bir daha birbirinden ayrılacağını sanmıyordum; ama yine de Hayrullah'ın Nalân'ı Timur'dan istemesi görmeye değerdi. Ağlamıştım yine. Bu defa kesinlikle mutluluktandı ve artık emindim ki bu hamilelik beni daha ağlak bir insan yapmıştı.

Doktor Barış, Nalân'ın bir süre daha koltuk değnekleri ile idare etmesi gerektiğini; ama azimle çalışırsa beklenenden daha kısa sürede onlardan kurtulabileceğini söylemişti ve görünen o ki Hayrullah'ın süreyi fazlasıyla kısaltacağı kaçınılmaz bir gerçekti. O kocaman bedenine sığdırdığı telaşsız, acelesiz, kocaman bir kalp varmış meğer bizim Hayrullah'ın.

Hastane çıkışından sonra Beste fazla ortalarda gözükmüyor, devamlı Falaz ile bir şeylerin peşinden koşuyor, açılış organizasyonuna yardımcı olduğunu söylüyordu. Onunla fazla konuşmaya vaktim olmamıştı; ama Tansel'e daha fazla devam edemeyeceğini söylemesinin onun için kolay olmadığını biliyordum. Falaz Timur'u bulmak için kendi hayatını ortaya koyarak gittiğinde, kaçınılmaz konuşmayı yapmıştı Beste. O gün, 'Neden bizim hatalarımızdan hep birilerinin canı yanmak zorundadır?' demişti, cevap bulamamıştım. Devamında konuşmak istememiş, sadece birbirimizin sessizliğine yarenlik etmiştik. Şimdi artık cevabı biliyordum; benliklerimizi oluştururken varacağımız noktayı bilmesek de, bunu belirleyen yürüdüğümüz o dikenli yol ve onu nasıl kabullendiğimizmiş. Aldığımız darbeler, kalbimizdeki çizikler, ruhumuzdaki izler, her biri tek tek bizi biz yaparken; umutlarımızmış bize bir hayat çizen.

Ev ahalisinin dışında, Timur yirmi dört saat ilgi isteyen huysuz bir bebek gibi her anımı dolduruyordu. Ona bakmaktan mutluydum; ama o uyurken bile bir elini, kaybetme korkusuyla üzerimde tutuyordu. *Kontrol manyağı ne olacak!*

Her şey bitmiş, ömrümde ilk defa sakin günler gelmişti. Neredeyse ölecek olan oydu; ancak kendini tehlikeye atan benmişim gibi davranıyordu. Mutluydum, bu inkâr edilemezdi; ama bir yanım hep bir buruktu. Kendime acımıyordum, hayır. Sadece çok uzun süre incinmiştim, bir yanım hep eksik kalacak bu eksikliği tamamlamak için sevgide olan beklentilerimde hep aşırıya kaçacaktım. Kendime olan güvensizliğim bir gün geçer miydi bilmiyordum; ama ben tereddüt ettikçe Timur'un zaman zaman bana kızdığını hissedebiliyordum.

Açılış gecesi de o gecelerden biri olmalıydı, zira Timur ortalardan yok olmuştu. Nereye baktıysam bulamamıştım. Daha da büyük sorun, giyeceğim siyah elbise yok olmuştu! Odadan çıkıp Beste'yi bulmaya gittiğimde, odasının kapısını aralık bularak içeri girdim. Hay girmez olaydım! Ben hep bu uygunsuz anlara tanıklık etmek zorunda mıydım? Allah'ım bu nasıl bir densizliktir, bana bahşettiğin? Hayır, beni başlı başına günahkâr bir röntgenci olmam için mi yarattın anlamıyordum ki! Falaz ile Beste uzun koridorun bitimindeki geniş odanın tam ortasına yerleştirilmiş perdelerle süslü yatağa yarı çıplak uzanmış, Falaz'ın geniş omuzlarından görebildiğim kadarıyla bayâ da tutkulu öpüşüyorlardı! Hah! İşte şimdi yukarı tükürsen bıyık, aşağı tükürsen sakaldı. Yer misin yutar mısın? Evdeki bastıklarımı görmezden geliyordum; çünkü onlar ufak kaçamaklardı ve Allah aşkına, Timur'un çatısı altında ne yapabilirlerdi ki? Falaz'ın galibiyet için o küçük manevralara ihtiyacı vardı, kabul. Peki ya bu? Bu bildiğin alaboraydı. Ne yapmam gerektiğine karar veremeden Beste'nin nefes nefese sesini duydum: "Falaz, kalk üzerimden!"

Ne? Zorla mı? Aman Allah'ım! Ne olursa olsun Beste'yi nikâh masasına oturtacağım derken adam suyunu çıkartmıştı! Yo, bu imkânsızdı! Kim olursa olsun öldürürdüm onu! Falaz'ın kafasına indirmek için sert bir şey ararken, bir anda duyduklarımla şoka girdim.

"Ya Beste ama daha Timur'dan ne kadar saklayacağız? İflahım kesildi kızım kendi karımla gizli kapaklı buluşacağım diye plan yapmaktan." Ne? Dur bir dakika, ne karısı? Kimin karısı? Kim karısı? YUH!

"Onu beni omzuna atıp nikâh memurunun önüne oturtmadan önce düşünecektin beyefendi. O dikişlerin patlamadığına şaşıyorum. Şimdi bu hengâmede, o bu kadar gerginken söyleyelim de kellemizi uçursun di mi? Ben daha canıma susamadım." Yapmış mıydı yani dediğini gerçekten?

"Ya kızım Hikmet Anne'ye bile söylemedik, onu da geçtim Hacer'in bile haberi yok. Bari birine söylesek de o ısıta ısıta söylese şu adama. Belki kaçmaya vakit kazanırız." Falaz kesik bir kahkaha ile başını yeniden Beste'yi öpmek üzere eğdi. Hoş, ben buna öpmek diyemezdim, daha ziyade... Neyse canım, neyse ney.

"Falaz, kalk diyorum, beni yoldan çıkartma. Kutuyu teslim alamadıysa şimdi ağabeyim kapıma dayanır."

"Of ya, of! Nedir benim çilem! Kendi öz karımla sevişemiyorum bile. Ben ne bahtsız bir adamım."

"Ha, bir de üveyi var?"

"Benim tek bir karım, tek bir aşkım var o da sensin ve şimdi tek aşkımla aşk yapmak istiyorum."

"Deme şöyle, utanıyorum."

Falaz bir küçük öpüşü, önce Beste'nin alnına sonra dudaklarına kondurduktan sonra doğrularak Beste'yi kendine doğru çekti.

"Bana bak ufaklık, ne söz vermiştin? Sen benim karımsın, utanmak yok." Beyaz çarşafı çekerek Beste'nin pürüzsüz tenini tüm çıplaklığı ile ortaya sererken, boğuk bir sesle mırıldandı: "Timur Efendi biraz daha beklesin, ben seni yıllardır bekledim." Peki, sanırım bu daha fazla dikizlemememm gereken mahrem bir andı, karı koca arasında. Onlar birbirinin teninde alev alırken ben sessizce geldiğim gibi kapıdan çıkarken, kapıyı iyice çekerek kapattım ki benden başka bir kazaya kurban gitmesinler. Elimi karnıma koyarak hafifçe okşarken bir yandan da kendi kendime gülüyordum.

"Yandık ki ne yandık."

Odama vardığımda Timur içeride volta atıyordu.

"Timur, ben de seni arıyordum."

"Neredesin? Bir haber bile vermeden nasıl gidersin? Ya başına bir iş gelseydi?"

"Her yer koruma kaynıyor, ne olabilir ki? Seni arıyordum. Sen öylece çıkıp gidince, ben sandım ki..."

"Ne demek ne olabilir ki? Delirdin mi kadın? Son defasında it herifin teki seni kaçırdı. Sen beni öldürmek mi istiyorsun?" Öfkeyle yanıma gelmiş, sertçe kolumdan tutarak beni kendine çekmişti. "Ben korkuyorum Hacer. Her an seni kaybetmekten, başına bir şey gelmesinden... İkizlere bir şey olmasından..." Avucunu karnıma koyarak dudaklarını alnıma dayadı. "Çekip gitmenden... Benim ne çekilmez bir herif olduğumu düşünmenden, hepsinden korkuyorum. Hayatta ilk defa renkler var. Ben onları kaybetmekten korkuyorum."

"Bitti Timur, artık o günler geride kaldı. Ben de korkuyorum. Hâlâ bir sabah kalktığımda her şeyin bir rüya olmasından korkuyorum. Tüm o kâbusa geri dönmekten, senin olmadığın bir hayata mahkûm olmaktan korkuyorum. İkizlerin hiç var olmamasından, senin bir anda o ilk tanıdığım adam olmandan korkuyorum. Ama alışmaya çalışıyorum. Normal insanlar gibi olmaya çalışıyorum. Biliyorum, zaman alacak; ama bana destek olacak bir aşk var içimde. Sen varsın." Kafamı kaldırmış parıldayan gözlerine bakıyordum. Binlerce duygu geçiyordu gözlerinde, görebiliyordum. Sevgisini, aşkını durmadan kelimelere döken bir adam olmasa da tıpkı o an olduğu gibi bunu hissettiriyordu. Sessizce benden bir adım uzaklaşarak elimi tuttu.

"Buraya gel. Bu teslimatı almaya gitmiştim, gel sana göstereyim."

Otelin en üst katında yer alan dairemizde, içeri odaya sürükledi beni. İçeri girdiğimde yatağın üzerinde biri büyük biri daha küçük, iki muhteşem kutu gördüm.

"Haydi aç."

Şaşkınlıkla ilerleyerek büyük kutuya elimi sürdüm.

"Bu nedir?"

"Açtığında göreceksin. Sürpriz." İşte yine o yan gülümseme vardı dudaklarında. O tebessümün her bir santimini ezbere biliyordum artık. Kalbim yerinden oynayacakmış gibi hızlı çarparken, yavaşça kutunun kapağını itekledim.

İnanamıyordum! Hayır, bu bir hayal olmalıydı. Gerçek olamayacak kadar muhteşemdi bu. Çimdik, çimdik, çimdik... Kalçamı çimdirdiğimde hâlâ kutunun içindeki yerinde duruyordu. Hikmet Anne, Beste ve Nalân ile gittiğimiz o gelinlikçide beğendiğim gelinlik, daha da muhteşem bir halde karşımda duruyordu. Ellerimi gelinlikte gezdirirken parmaklarım üzerinde işlenmiş incilerde dolandı.

"B...b...bu g...ge...gelinlik?"

"Evet, senin beğendiğin gelinlik. Senin gelinliğin. Benim smokinim de ütüden gelir birazdan. Fasulye sırığı üzerine oturmuş. Hayır, anlamıyorum o aklı nereye uçtu bu herifin!" *Söylerdim aşkım; ama kalpten gitmenden korkuyorum.*

"Haydi önce seni giydirelim. Diğer kutuyu da açmayacak mısın?"

"B...bu g...g...gece bunları mı giyeceğiz?" Sakin, kekeleme yok! Nefes al ve say içinden. Allah'ım nasıl kekelemeyecektim ki? Bembeyaz gelinlik karşımda bana bakıyor ve sevdiğim adam benim olduğunu söylüyordu. Ellerim titreyerek diğer kutuya ulaştığımda, Timur uzanarak avuçlarımı yakaladı.

"Dur sana yardım edeyim. Ellerin titriyor."

Sessizce başımla onayladım. Timur kutuyu açarak bana hayatımın ikinci şokunu yaşattı. Avucumun içerisine gördüğüm en muhteşem gelin buketini bırakırken, hızlanan nefesimi yakalarcasına konuştu: "Beyaz frezyalar umudun, mor frezyalar neşen ve asaletin için." *Asalet? Ben?*

"Sen çok asil bir kadınsın bülbül." Bir elimi alarak parmaklarımı parmakları ile kavradı ve elimin üzerinden tutarak, ince boyunları hafif bükük frezyaların üzerinde dokunuşlarımı gezdirdi. Bütün bunlar ya bir rüyaydı, ya da ben gündüz düşü görüyordum. Elimi kavramış sol elinin yüzük parmağı üzerinde sarı bir alyans parıldıyordu. "Seradan, artık senin." Mutluluk yaşları yanaklarımdan süzülürken, hafifçe burnumu çektim. Dilim tutulmuştu sanki. Bir şey demek istiyordum; ama diyemiyordum. O alyans takıyordu ve ben frezyalara dokunuyordum. Damlalar yanaklarımdan düşerken Timur dudaklarıyla bir tanesini yakaladı.

"Bir şey de."
"Ne diyebilirim ki?"
"Affettiğini?"
"Zaten affettim."
"Ama her şey için affet."
"Çoktan affettim Timur."

Dudaklarımız buluştuğunda öpüşü ilk sefermiş gibi acemi, tutkulu ve muhtaçlık doluydu. Avuçları çiçeğin üzerindeki ellerimden bedenime doğru kayarken, çok yakında kocaman olacak karnımda uzunca bekledi̇ler. Onlarca sevgi sözcüğü fısıldıyor ve ona ait olduğumu kendine ispat etmek istercesine boynumdan aşağıya ıslak dudaklarını kaydırıyordu. Her şey gerçekti. Ben ona aittim, o da bana aitti. Hiç utanmadan ellerim teniyle buluşabilmek için üzerindekileri bir çırpıda çıkarttığında, aşağıya inmek için fazla vaktimizin kalmadığını biliyordum. Ona ihtiyacım vardı, onu içimde hissetmeye, benim olduğunu hatırlatmaya ihtiyacım vardı. Dünyanın tüm geri kalanı bile bekliyor olsa, benim dünyamda sadece o vardı.

... ...

"Anne! Cengiz'e bir şey söyle. Benim frezyalarımı alıyor. Saksımı devirdi."

"Hiç de bir kere. Onlar benim frezyalarım. Sen petunya ekmiştin."

"Çocuklar! Uyandırmayın annenizi. Saksıları bölüşürsünüz olur biter."

"Ben bölüşmek istemiyorum ama baba. Kardeşim doğduğunda ona frezyalardan bir buket yapmak istiyorum."

"Hayır Ayza, frezya buketini ben anneme yapacağım. Sen kardeşimize petunyalardan yap."

"Çocuklar, şimdi karımı uyandırdığınız için ikinizi de seradan atacağım."

"Pardon baba."

"Özür dilerim baba."

"Ayza, Cengiz, bence annenize kırmızı güller götürelim birlikte. Olur mu?"

"Gülün anlamı neydi baba?"

"Aşk."

"Tamam baba... Biz Cengiz ile karar verdik, kabul; ama güller beyaz olacak."

"Bülbül? Uyandırdık mı seni?"

"Uyumuyordum ki, gözlerimi dinlendiriyordum ben."

"Tabi, tabi. İkizlere de hamileyken ne çok göz dinlendirmiştin sen."

"Dalga geçme benimle."

"Çocuklar, kim limonata ister? Hikmet teyze taze limonata yapmış."

"Olley!"

"Hadi siz gidin, benim annenizle ufak bir işim var, hemen geleceğim."

"Timur! Ayıp!"

"Ayıp olan ne bülbül? Sen benimsin unuttun mu?"

"Sen de bana aitsin, unuttun mu?"

"Sabahki hatırlatmandan bu yana unutmuş olabilirim, bir daha hatırlatsana bakiyim."

"Hınzır mafyatik."

"Bir daha söyle."

Biterken...

Kusursuz yaşamların olmadığı bir dünyada yaşıyorduk. Kusurlarımızın hor görüldüğü; ama kusurlarla var olduğumuz... Birbirimizin dilinden konuşmuyorduk; ama birbirimizin gözlerine bakıyorduk.

O benim kusurlarımı sarıp sarmalamış; ben bile kendi dilimi bilmezken, benim dilimden konuşmuştu. Ben onu nasıl seveceğimi bilemezken; o, sert ikliminde bana sevmeyi öğretmişti. Artık toktum ve üşümüyordum...

YAZARDAN NOT:

Konuşmayı çok sevdiğimi bir çoğunuz biliyorsunuz. Bu defa sınırlarımdan buralara taşarak, affınıza sığınıp hafızalarınıza bir küçük not düşmek istiyorum.

Her yıl onlarca kadın, çocuk ya da genç etrafımızda şiddete maruz kalıyor, eğitimlerinden alıkoyuluyor, çocuk yaşta evlendiriliyor, cinsel ya da psikolojik olarak istismar ediliyor ve öldürülüyor. Onlarcası yaşadığı trajedilerle hayatlarına devam etmek zorunda kalıyor.

Kadına karşı şiddetin önlenmesi ve ailenin korunması, ilgili Kanun kapsamında gözetilmektedir. Bu bağlamda ülkemizde, T.C. Aile ve Sosyal Politikalar Bakanlığı tarafınca kurulan, ALO 183 AİLE, KADIN, ÇOCUK, ENGELLİ VE SOSYAL HİZMET DANIŞMA HATTI Sosyal Hizmetler ve Çocuk Esirgeme Kurumu Genel Müdürlüğü'ne bağlı olarak faaliyet göstermektedir.

ALO 183'ün ilgi ve kapsama alanı engelli, istismara uğrayan veya uğrama riski taşıyan ve desteğe gereksinimi olan, kadınlara ve çocuklara yönelik psikolojik, hukuki ve ekonomik alanda danışmanlık ve rehberlik hizmetleri sunmak ve yararlanabilecekleri Sosyal Hizmet Kuruluşları konusunda bilgilendirerek, gereksinim duydukları hizmet türüne en kısa zamanda ulaşmalarını sağlamaktır. Bu bağlamda hattın amacı, kadın ve çocuğa yönelik istismarın önlenmesi, kadınların toplumda statülerinin yükseltilmesi, çocukların yüksek yararının gözetilmesi hedefine ulaşılabilmesidir[5].

7 gün 24 saat esasına bağlı kalarak faaliyet göstermekte olan bu hat, Türkiye Cumhuriyeti'nde seksen bir <u>ilden yapılan</u> tüm çağrılara cevap vermektedir. Çağrı

5 http://sosyalpolitikalar.com.tr/duyurular/414-alo-183.html

yapan herkes dinlenilmekte, ihtiyaç duyduğu hizmet türü tespit edilmekte, hizmetleriyle ilgili danışmanlık ve rehberlik hizmetleri sunulmakta, mevcut veri kayıtları, internet vb. taranarak kurum dışında hizmet alabileceği birimlerin iletişim bilgileri verilmektedir. Bu çağrılar içerisinde acil müdahaleyi gerektiren vakalarda o ildeki Emniyet, Jandarma ve İl Sosyal Hizmetler Müdürlüğü'nde görevli Acil Müdahale Ekip Sorumlusu ile irtibata geçilmektedir[6].

Lütfen çok geç olmadan bu üç rakamı tuşlayın ya da size en yakın idari birime, Emniyet, Jandarma ya da İl Sosyal Hizmetler Müdürlüğü'ne kendi yaşamakta olduğunuz yahut tanık olduğunuz şiddet, istismar veya insan ve çocuk hakları ihlali vakasını bildirmekten çekinmeyin.

---

6 http://sosyalpolitikalar.com.tr/duyurular/414-alo-183.html

TEŞEKKÜR

Bana her bir hücresi ile yaşam vererek, beni güçlü kılan annem Büşra başta olmak üzere, eşsiz öğütleriyle yaşamımı değiştiren anneannem Müberra'ya, benim için bir yaşamdan öte hep orada olduğunu bildiğim kız kardeşim Bahar'a, sevdiğim adamı yetiştiren annem Hayriye'ye, hayata sağlam başlamamı sağlayarak beni hiç terk etmeyen öğretmenim Serap'a, benimle gönül bağı ile yürüyen çılgın kızlar ahretliklerime ve en başından beri benimle olup 'benim kızlarım' olan kızçelerime, satırlarıma elleriyle makyaj yapan Burçin'e, yıllar içerisinde karşılaşarak yüreğimde biriktirdiğim ve bu kitabın ilhamı olan tüm kadınlara, en başta da şu anda bu satırları okuyarak anlam katan sana yürekten selamlar. Beni her gün ben yaptığınız için, hepinize tek tek teşekkür ederim.

Varsın Frezya hepimizin tüm kadınlara ve umutlara ithafımız olsun...

Lemariz Müjde Albayrak